John M. Berecz

Die Frauen der Präsidenten

John M. Berecz

Die Frauen der Präsidenten

Von Truman bis Clinton: First Ladies und heimliche Affären

Aus dem Amerikanischen
von
Peter Zacher

edition q

Die Originalausgabe *All the Presidents' Women* erschien 1999
im Verlag Humanics Limited, Atlanta

Die Deutsche Bibliothek – CIP-Einheitsaufnahme

Berecz, John M.:
Die Frauen der Präsidenten : von Truman bis Clinton:
First Ladies und heimliche Affären / John M. Berecz. Aus dem Amerik.
von Peter Zacher. - Berlin : Ed. q in der Quintessenz-Verl.-Ges., 2002.
Einheitssacht.: All the presidents' women <dt.>
ISBN 3-86124-545-0

Lektorat: Dr. Jürgen Schebera
Covergestaltung: Barlo Fotografik, Berlin
Umschlagfotos: Ullstein Bild, Berlin
Abbildungen im Buch: Ullstein Bild (9), AP Bildarchiv (1)

Druck und Bindung: Ebner Ulm
Printed in Germany

ISBN 3-86124-545-0

Inhalt

Einleitung

Etwa zu der Zeit, als ich mein Buch *Sexual Styles* abschloss, waren Zeitungen und Nachrichtenprogramme übervoll von sexuellen Anschuldigungen gegen Präsident Clinton. Die Namen Bill und Monica wurden zu einer verbalen Verbindung, wie sie Psychologen als Wortassoziation bekannt ist, welche die Eigenschaft besitzt, dass beide einander evozieren, wenn nur eins der Wörter genannt wird – ich sage *Tisch* und der andere denkt *Stuhl*, oder ich sage *Brot* und der andere denkt *Butter*. Zu den Wortassoziationen im Zusammenhang mit Präsidenten gehören *Kennedy* und *Mord* oder *Nixon* und *Watergate*. Solche Assoziationen sind jedoch nicht für immer fixiert, sondern ändern sich manchmal mit den Umständen. Frühere Umstände assoziierten zum Beispiel *Reagan* und *großer Kommunikator*, während heute sein Name mit *Alzheimer* assoziiert wird.

Eine ähnliche Metamorphose vollzog sich mit dem zweiundvierzigsten Präsidenten der Vereinigten Staaten. Am Mittwoch, dem 21. Januar 1998, war im Drudge-Report im Internet zu lesen, Monica Lewinsky habe von „einem Kleid mit Clintons getrocknetem Samen" gesprochen. Bei der Wiederholung ein paar Tage später in den Abendnachrichten der großen Fernsehstationen und in den Klatschspalten von *New York Post* und *Daily News* hatte die Sache schon an Fahrt gewonnen. Am Wochenende berichteten *Time* und *Newsweek*, Lewinsky hätte mit Bezug auf das befleckte Kleid gesagt: „Ich werde es nie wieder waschen."

Fast über Nacht hatte sich die Assoziation verändert. Lautete sie vorher *Weißes Haus* und *Präsident*, wurde sie jetzt zu *Weißes Haus* und *Skandal*. Und statt an Bill und Hillary dachte man jetzt an Bill und Monica. Aber zusätzlich zu den Sensationsmeldungen fragten seriöse Journalisten – mit dem üblichen Vorbehalt, dass sich denn die Anschuldigungen tatsächlich als wahr erwiesen –: „Warum sollte ein Präsident, der so hoch geschätzt ist, eigentlich riskieren, alles zu verlieren?"

In der Tat: warum? Als praktizierender klinischer Psychologe sehe ich mich täglich mit der rätselhaften Frage konfrontiert, warum Menschen Dinge tun, die sich für sie oder andere derart schädlich auswirken. Ich hatte gerade mein Buch abgeschlossen, in dem ich ein knappes Dutzend unterschiedlicher Arten von Sexualverhalten analysiere. Und ich fragte mich, ob man das gleiche Analyseverfahren auch auf das Sexualverhalten von Präsidenten anwenden könnte. Sollte ihr Sexualleben in mancher Beziehung ähnlich sein oder ist jeder Präsident einmalig? Auf der Suche nach einer Antwort brauchte ich nicht lange, um festzustellen, dass hier – mit Blick auf Persönlichkeit und sexuelle Verhaltensweisen – eine bemerkenswerte Spannungsbreite vorlag.

Beginnend bei Harry S. Truman untersuchte ich also die Persönlichkeiten von zehn Präsidenten bis hin zu Bill Clinton, und zwar von dem Blickpunkt aus, der mir am vertrautesten ist: dem des klinischen Psychologen. Tausende von Stunden habe ich zugehört, während meine Patienten ihre privaten persönlichen Lebensgeschichten mit mir teilten. Durch die Unterscheidung von relevanten Informationen und „Füllmaterial" lernte ich, auf Verhaltensmuster und wiederkehrende Themen zu achten. Es ist der ständige sanfte Druck der Verhältnisse, der schließlich die Merkmale unserer Persönlichkeit formt, gleichgültig, ob wir gewöhnliche Bürger oder Präsidenten sind. So wie Stalaktiten und Stalagmiten langsam das Innere von Höhlen formen, formt auch der Druck der Verhältnisse die Umrisse unserer inneren Persönlichkeit. Und wenn sie erst einmal geformt sind, kanalisieren unsere Persönlichkeiten das Verhalten in beständige Muster, die von anderen beobachtet werden können, so wie sich Höhlenbesucher die von Jahrhunderte lang leise tropfender Flüssigkeit geformten Gebilde ansehen können.

Obwohl dies ein psycho-historisches Buch ist, habe ich mich doch bemüht, den Eindruck zu vermeiden, dass jede einzelne Verhaltensform eine tiefe psychologische Bedeutung hätte. In seiner im Übrigen vorzüglichen Analyse Richard Nixons schreibt David Abrahamsen zum Beispiel, dass Nixon seiner Mutter sehr gern half und in der Familie einen gewissen Ruf als Hersteller von Kartoffelbrei genoss. Stolz erklärte seine Mutter: „Bei ihm gab es nie Klumpen. Er arbeitete mit seitlichen Bewegungen, nicht mit senkrechten wie andere Jungen."[1] Noch als er erwachsen war, lobte ihn die Mutter für seine Pürierkunst: „Er macht den besten Kartoffelbrei, den man sich denken kann. Sogar heute noch übernimmt er diese Aufgabe, wenn ich ihn und Pat in Washington besuche oder wenn sie zu mir kommen. Ich habe den Eindruck, dass er einfach Freude daran hat."[2]

Abrahamsen, der von einer traditionellen psychoanalytischen Perspektive aus schreibt, meint dazu, dass „das Pürieren der Kartoffeln diesem augenscheinlich verkrampften und launenhaften Kind erlaubte, seinen unbewussten Zorn auszudrücken."[3] Ich schließe mich hier lieber dem Urteil seiner Mutter an: Nixon hatte vermutlich einfach Spaß am Pürieren von Kartoffeln. Die Herstellung von Kartoffelbrei als Ausdruck „unbewussten Zorns" anzusehen, erfordert eine Reihe psychoanalytischer Schlüsse, die Spezialisten dieses Faches zwar logisch erscheinen mögen, die meisten anderen Menschen aber wenig überzeugen können. Solche akademischen Analysen habe ich zu vermeiden gesucht.

Außerdem beschränkt sich dieses Buch nicht auf eine einzige theoretische Perspektive. Statt dessen habe ich einen weiten Bereich von Gedanken aus der klinischen, Entwicklungs- und Persönlichkeitspsychologie genutzt. Wenn ich in der klinischen Praxis mit einem Patienten zum ersten Mal zusammenkomme, höre ich aufmerksam auf Informationen über die Kinderjahre und suche nach frühen Einflüssen, die die Persönlichkeit geformt haben. Besondere Aufmerksamkeit widme ich dabei der Art der Beziehung zwischen dem Kind und seinen Eltern und der Behandlung durch Geschwister, Spielkameraden und Lehrer.

Das habe ich auch bei den Präsidenten von Truman bis Clinton versucht. Beim Studium ihrer Memoiren, der verschiedenen über sie geschriebenen Biografien und anderer Quellen habe ich mich bemüht, ihre „Fälle" so zu formulieren, wie ich es bei meinen eigenen Patienten getan hätte. Ihrer familiären Herkunft und den Beziehungen im Elternhaus habe ich also mehr Aufmerksamkeit geschenkt, als es Journalisten oder Politikexperten je getan haben.

Das ist auch die Perspektive, aus der heraus das Sexualverhalten beurteilt wird, denn es sind die Konturen der Persönlichkeit, aus denen das Sexualverhalten entspringt. Die Unterschiedlichkeit der Verhaltensweisen war überraschend. Offenbar hat selbst das mächtigste Amt der Welt nicht die Fähigkeit, Persönlichkeiten oder sexuelle Verhaltensweisen in etwas zu vereinigen, was an einen „Typus" erinnern könnte.

Es ergab sich eine Reihe spannender Fragen: Hat Bess Truman ihren Mann traktiert? War John F. Kennedy ein wilder promiskuitiver Playboy oder besaß er nur eine besonders große Liebesfähigkeit? War Lyndon B. Johnson wirklich ungeschliffen oder veranstaltete er nur eine Art

Wildwestaktionen? Beschränkte sich Richard Nixons Paranoia nur auf Pressevertreter und andere Politiker oder war er allen Menschen gegenüber misstrauisch? Und hatte er eine geheime homosexuelle Beziehung zu Bebe Rebozo?

Die Antworten auf solche Fragen bilden den historischen Kern dieses Buches und sind die Grundlage zum Verstehen eines der kompliziertesten Präsidenten unserer Zeit, Bill Clinton. Als klassisches erwachsenes Kind eines Alkoholikers lernte unser zweiundvierzigster Präsident früh, wie man Familiengeheimnisse versteckt. Wie zahlreiche andere Kinder, die bei einem alkoholkranken Elternteil aufwachsen, versuchte Bill mit lächelndem Gesicht, die Freundschaft und Bewunderung anderer zu gewinnen, während er gleichzeitig die dunklen Geheimnisse der elterlichen Trunksucht und der Gewalt in der Familie zu verschleiern suchte. Folglich fehlte Clinton von Anbeginn seiner Präsidentschaft unter dem Motto „Ich bin ein netter Kerl" die innere Stärke für Entscheidungen, die nicht jedermann glücklich machen würden. Es gelang ihm nicht, Lincolns Maxime zu beherzigen: „Du kannst alle Leute eine Weile täuschen, einige Menschen sogar auf Dauer, aber alle Leute die ganze Zeit über täuschen kannst du nicht."

Bill Clinton ist komplizierter als jeder seiner neun unmittelbaren Amtsvorgänger. Er erscheint als gespaltene Persönlichkeit: Zeitweilig ist er der Baptist Billy, der die Sonntagsschule besucht und möchte, dass ihn alle lieben, zu anderen Zeiten aber ist er der manipulative, opportunistische, machthungrige, Hände schüttelnde Politiker. Wie Clintons zwei Persönlichkeiten sein Leben dirigieren, ist historisch faszinierend und psychologisch spannend. Eine sorgfältige psychologische Analyse von Clintons Leben stützt offenbar den Aphorismus, dass Wirklichkeit seltsamer sei als jede Fiktion.

Aber dieses Buch enthält auch zahlreiche Details und Episoden aus dem Leben der anderen neun Präsidenten der jüngeren Geschichte. Wenn Sie die Lektüre beendet haben, können Sie etwa bei folgendem Quiz die volle Punktzahl erreichen:

1 Welcher Präsident war mit seiner First Lady beim Liebesakt derart ungebändigt, dass einige der Latten des Betts brachen und am nächsten Tag ersetzt werden mussten?
2 Wer verliebte sich in seine Fahrerin, versuchte, mit ihr eine Affäre zu haben, war aber im entscheidenden Moment zu nichts in der Lage?
3 Wer schlief im dritten Jahr seines Jurastudiums mit einem anderen männlichen Studenten in einem Bett?

4 Welcher Präsident ließ während seiner Darmentleerung gern die Toilettentür offen und bestand häufig sogar darauf, dass sein Berater dabei ein Diktat aufnahm?
5 Welcher Präsident war so promiskuitiv, dass er sich gar nicht an die Namen all seiner Geliebten erinnern konnte und dabei auch eine in die Liste aufnahm, die er nur als kleines Kind zwei Jahre gekannt hatte?
6 Welcher Präsident lebte mit der traumatischen Kindheitserfahrung, dass er vier Jahre ein Stotterer gewesen war?
7 Wer spielte Strip Poker mit drei Freundinnen, die alle wussten, dass eine von ihnen die Nacht mit ihm verbringen würde?
8 Welchem Präsidenten wurde von seinem Vater geraten, so oft wie möglich Sex zu haben?
9 Wer schleifte seinen wie so oft stockbetrunkenen Vater an einem kalten Winterabend unter Mühen von der Veranda ins Haus?

Wie man sieht: Dieses Buch handelt von unseren allzu menschlichen Präsidenten und davon, worauf sie ansprachen oder noch immer ansprechen. Es wirft Licht auf ihre Persönlichkeiten, ihre sexuellen Verhaltensweisen und die Frauen, die sie liebten.

Das Buch zu schreiben bedeutete Ermutigung und Entmutigung zugleich. Von den persönlichen Eigenheiten unserer mächtigsten Politiker war ich oft enttäuscht, beruhigt hingegen von der Widerstandskraft jenes großen Wunders, das wir Demokratie nennen.

Mit Ehefrau Elizabeth, 1953.

1884	Geboren am 8. 5. in Lamar, Missouri.
1906-1917	Farmer.
1917/1918	Kriegsdienst in Frankreich, anschließend Jurastudium.
1919	Eheschließung mit Elizabeth („Bessie") Wallace (geb. 1885).
1922-1934	Richter.
1935-1944	Senator für Missouri (Demokratische Partei).
1945	Vizepräsident unter Franklin D. Roosevelt, nach dessen Tod (12. 4.) 33. Präsident der USA. Unter seinem Oberkommando Weiterführung des Krieges bis zur Kapitulation Japans nach den Atombombenabwürfen auf Hiroshima und Nagasaki (August).
1947	Mit Rede vor dem Kongress (12. 3.) Beginn des Kalten Krieges (Truman-Doktrin).
1948	Durch Wahl (November) Bestätigung im Präsidentenamt.
1952	Wahlniederlage gegen Dwight D. Eisenhower.
1972	Gestorben am 26. 12. in Kansas City.

1 Harry S. Truman

33. Präsident der Vereinigten Staaten 1945-1953

Harry Spencer Truman, ältestes der drei überlebenden Kinder von John und Martha Truman, kam anderthalb Jahre nach der Totgeburt ihres ersten Kinds, eines Jungen, auf die Welt. Von einem reisenden Baptistenprediger als „kräftiger Junge" bezeichnet, wurde Harry in ein Land hinein geboren, in dem Präriegras unter einem blauen Himmel und einem endlosen Horizont in üppiger Pracht wächst. Das Innere dieses Grenzlands war übervoll von wilden Blumen und Kräutern, aber es war auch die Region mit der ersten Eisenbahnbrücke über den Missouri. Nur drei Jahre nach der Eröffnung der Hannibal-Brücke in Kansas City wurden Passagiere, Vieh und Frachtgüter aller Art von sieben Bahnlinien nach „KC" und aus der Stadt heraus befördert. Pferdewagen und Flussdampfer waren fast verschwunden und mit Eröffnung der transkontinentalen Eisenbahn war „Muzoorah", wie die Einheimischen das Land nannten, nicht mehr der ferne Westen, sondern das „Große Zentrum".

So waren die Umstände, in die Harry Truman hinein geboren wurde. Es waren Umstände voller Kontraste: schmutzige, Rauch speiende Dampflokomotiven, die idyllisches grünes Weideland durchschnitten, dahinter kilometerlange Ladungen von Rindern, Schweinen und Getreide für die weit entfernten Schlachthäuser von Chicago oder die Bäckereien der Stadt New York.

Die Gegensätze Missouris sollten nicht nur Trumans Sprache prägen – er verlor nie sein für Muzoorah typisches Näseln, nicht einmal, als er Präsident der Vereinigten Staaten war –, sondern sich viel tiefer in die Psyche schon des Kindes einprägen und seinen Charakter und sein Urteil in einer Weise formen, die später eine die ganze Welt erschütternde Bedeutung erlangte. Dieses Kind wuchs auf, um nur einige Jahrzehnte später vor der folgenschweren Entscheidung über den Einsatz der Atombombe zu stehen. Die Historiker mögen bei der Frage nach der Richtigkeit seiner Entscheidung durchaus gespalten sein, aber kaum einer stellt Trumans persönliche Integrität bei der Führung der Staatsgeschäfte in Frage. Nur wenige glauben, dass er bei dieser schwierigen Entscheidung von Narzissmus, Egoismus oder anderen Interessen stärker motiviert war als von seiner Vision von dem, was das Beste für Amerika sei.

Eric Sevareid sagte über Truman: „Ich bin nicht sicher, ob er in Bezug auf die Atombombe oder sogar auf Korea Recht hatte. Sich an ihn zu erinnern bedeutet aber, daran zu denken, wie ein Mann in diesem Amt sein sollte. Es zählt der Charakter, nur der Charakter. Jetzt steht er wie ein Fels in der Erinnerung."[1]

Nach Trumans eigenen Worten hatte er „die glücklichste Kindheit, die man sich vorstellen kann."[2] Mit Tandy, einem schwarzbraunen Hund ungeklärter Abstammung, und einer Katze namens Bob war die Farm für Harry und seinen jüngeren Bruder ein wunderbares Gelände, um Vogelnester zu suchen oder wilde Erdbeeren im Präriegras zu pflücken, das höher wuchs als die Jungen groß waren. Von seiner Tante Ada lernte Harry Euchre, und sein Onkel Harry lehrte ihn ein Kartenspiel namens Cooncan, eine verbreitete Version des Rommé.

Harrys Mutter Martha Ellen Young, Matt oder Mattie genannt, war 1,65 Meter groß, schlank, dunkelhaarig und hatte graublaue Augen, die das Gegenüber direkt anblickten. Martha konnte backen und säen, reiten und wie ein Mann mit dem Gewehr umgehen. Weil ihr Vater ihr empfohlen hatte, nicht melken zu lernen, damit sie später keine Kühe melken musste, lernte sie es auch nicht. Sie war dafür bekannt, kein Blatt vor den Mund zu nehmen und ausgelassen zu tanzen. Es war vermutlich auch bei einem Tanz, dass Mattie, die „leichtfüßige Baptistin", John Truman zum ersten Mal begegnete. Mit 1,60 Meter war er fünf Zentimeter kleiner als sie, was ihn aber nicht daran hinderte, die glänzende Mattie zu umwerben.

Beide Eltern hinterließen ihre psychischen Spuren in Harrys seelischer Entwicklung. John war jener Typ von Vater, der alles „nur so" haben wollte. Im heutigen Sprachgebrauch hieße das, dass er in Äußerlichkeiten pathologisch zwanghaft war. Er wollte das Gras um die Zaunpfähle herum geschnitten, wollte seine Pferde glänzend gebürstet haben. Sein Hochzeitsfoto zeigt ihn sitzend (damit war der Größenunterschied zu seiner Braut nicht mehr zu sehen), mit polierten Stiefeln, Glacéhandschuhen und schwarzem Gehrock. Klein und kompakt, gebaut wie ein Jockey, blieb er in Erinnerung. Aber er war auch für sein Temperament bekannt. In Bezug auf seine Größe und seine Ehre war er empfindlich – der klassische Komplex von Männern geringer Körpergröße – und konnte bei der geringsten Provokation explodieren, die seine Männlichkeit in Frage stellte. Harry erinnerte sich später, dass sein Vater „wie eine Kreissäge losgehen“ konnte.[3]

John besaß eine starke und sentimentale Ehrfurcht gegenüber Frauen. „Niemand konnte in Anwesenheit meines Vaters dumme Bemerkungen über meine Tanten oder meine Mutter machen, ohne in ernsthafte Schwierigkeiten zu geraten“, erinnerte sich Harry. Das war eine Haltung, die sich der Sohn ebenfalls zu eigen machte und die er auch in seiner Präsidentschaft beibehielt.

Ein Beispiel mag das verdeutlichen. Der Musikkritiker Paul Hume schrieb – viele Jahre später – über die gesangliche Leistung von Trumans Tochter Margaret bei einem Konzert in der Constitution Hall:

„Margaret Truman ist ein amerikanisches Phänomen mit einer angenehmen Stimme geringer Größe und guter Qualität. Auf dem Podium ist sie äußerst attraktiv. … Aber sie singt nicht sehr gut. Längere Zeit bleibt sie eintönig und das gestern abend stärker als bei anderen Konzerten der letzten Jahre, in denen wir sie hörten. Es gibt ein paar Momente in ihrem Programm, bei denen man entspannen und zuversichtlich sein kann, dass sie ihr Ziel erreichen wird – nämlich das jeweilige Ende des Lieds.“[4]

Der Präsident schrieb dem Kritiker daraufhin einen wütenden Brief:

„Mr. Hume, ich habe gerade Ihren schändlichen Artikel über Margarets Konzert gelesen und komme zu dem Schluss, dass Sie am völlig falschen Platz sind. Ich habe den Eindruck, dass Sie ein frustrierter alter Mann sind, der gern erfolgreich gewesen wäre. … Wenn Sie solchen Schwachsinn schreiben wie im Feuilleton der Zeitung, für die Sie arbeiten, beweist das schlüssig, dass Sie daneben liegen. … Ich hoffe, Ihnen eines Tages zu begegnen. Wenn das geschieht, werden Sie eine neue Nase brauchen und blaue Augen haben.“[5]

Von den Frauen, die ihn umgaben, verinnerlichte Truman ein lebenslanges Gefühl der Sicherheit und ein inneres Wissen um Richtigkeit und Wohlergehen, was ihn durch einen schrecklichen Krieg geleitete und ihm in einer oft unpopulären Präsidentschaft Festigkeit verlieh.

Als kleinem Kind war Harry klar, dass Mama ihn am besten verstünde. Sie brachte ihm bei, aus der Großdruck-Familienbibel zu lesen, bevor er fünf Jahre alt war. Es war Mama, die ihn wegen einer teuren Brille –

sie kostete zehn Dollar – nach Kansas City schleppte. Die veränderte seine Welt. Mit der alten Brille war er mit seinen eigenen Worten „blind wie ein Maulwurf" gewesen, aber nur Mama hatte es bemerkt. Sie war es auch, die sich entschloss, Harry nicht zu verhätscheln. Sein Sehvermögen hatte sich durch die dicken Gläser auf magische Weise verändert, aber zugleich wurde er auch eine lokale Kuriosität, denn Augengläser wie die seinen waren in dieser ländlichen Region fast unbekannt.

Bei den Jungen war Harry nie besonders beliebt, und er war auch nie ein Kämpfer wie sein Vater. Er betrachtete sich selbst in späteren Jahren sogar als „irgendwie feige", denn er lief vor Kämpfen lieber davon. Sein Bruder jedoch erinnerte sich, dass die anderen Jungen Harry nie mit dem gehassten Wort „feig" belegten, denn sie respektierten ihn, betrachteten ihn als „seriös".

„Sie wollten ihn zwar zuerst Feigling nennen", erinnerte sich ein Spielgefährte aus Trumans Kinderzeit, „taten es aber dann doch nicht, denn sie hatten eine Menge Respekt vor ihm. ... Ich weiß noch, dass wir einmal spielten – Jesse James oder Räuber, und wir waren die Dalton-Brüder drüben in Kansas. ... Wir stritten uns deswegen und brachten die Geschichte durcheinander, aber Harry kam dazu und klärte alle Fragen auf, wer die Dalton-Brüder waren und wie viele getötet wurden. Vor so etwas hatten die Jungen viel Respekt. Feigling nannten sie ihn nicht."[6]

Doch es waren zweifelsfrei Frauen, bei denen sich Harry am wohlsten fühlte. Als Küchenhilfe beschäftigte die Familie Caroline Simpson, eine schwarze Frau, die mit ihrem Mann Letch und vier Kindern bei den Trumans lebte. Caroline lehrte Harry kochen und unterhielt sich stundenlang mit ihm. Er zog die Wärme und Geschäftigkeit der Küche und die Gesellschaft der Frauen dem rauen Trubel des Spielplatzes vor. Das war zweifellos durch sein schlechtes Sehvermögen bedingt, denn wegen seiner Brille fühlte er sich für jede Art von Sport ungeeignet und konnte vor allem keinen fliegenden Ball erkennen.

Obwohl sich Harry in der Gesellschaft des „Weibervolks" – Mattie, Caroline Simpson, seine Lehrerinnen in den ersten beiden Klassen Mira und Minnie, Oma Young – wohl fühlte, galt das nicht für Mädchen seines Alters. Während der frühen Elementarschuljahre war ihm nur die Gesellschaft seiner Cousinen Ethel und Nellie angenehm. Mit ihnen spielte er fast täglich. Gegenüber anderen gleichaltrigen Mädchen war Harry von quälender Schüchternheit, so scheu, dass er kaum ein Wort über die Lippen bekam. Seine ersten Erfahrungen mit anderen Mädchen machte er in der Ersten Presbyterianischen Kirche in Independence.

Dort sah er in der Sonntagsschule zum ersten Mal die blondhaarige, blauäugige Elizabeth „Bessie" Wallace und hielt sie für das faszinierendste Wesen, das er je erblickt hatte. Es dauerte aber mehrere Jahre, bevor er das Wort an sie zu richten wagte.

Die Umrisse von Harrys Persönlichkeit zeigten sich schon früh: „Als ich älter wurde, fing ich an, die Menschen um mich herum zu beobachten und herauszufinden, was sie dachten und was ihnen am besten gefiel. ... Ich beobachtete Vater und Mutter aufmerksam, um zu verstehen, womit ich ihnen am besten gefallen konnte. Ebenso verhielt ich mich meinen Lehrern und Mitschülern gegenüber."[7]

An Richtlinien mangelte es Harry nicht. Da gab es etwa den Aphorismus der Familie: ‚Ehrlichkeit ist die beste Politik, und wenn du beim ersten Mal keinen Erfolg hast, dann versuch es noch einmal.' Vieles lernte er in der Sonntagsschule oder bei seinem eigenen Bibelstudium: „Siehst du einen Mann behend in seinem Geschäft, der wird vor den Königen stehen." – „Ein guter Ruf ist köstlicher denn Reichtum." – „Sei guten Muts." – „Ehre Vater und Mutter." Wenn er das Haus verließ, um zur Schule oder zur Arbeit zu gehen, waren die Worte seiner geliebten Mutter: „Sei nun ein guter Mensch, Harry."[8]

Aber Harrys Festhalten an moralischen Richtlinien war keine erzwungene Willfährigkeit, sondern viel mehr doppelt motiviert. Er wollte seinen Eltern gefallen und das Richtige tun, was fast perfekt übereinstimmte. Ein Gebet, das er sich einprägte und fast sein ganzes Leben lang verwendete, beginnt mit folgenden Worten: „O allmächtiger und ewiger Gott, Schöpfer des Himmels, der Erde und des Weltalls, hilf mir, zu sein, zu denken und zu handeln, wie es richtig ist, weil es richtig ist..."[9]

Harrys Pflichtbewusstsein bewährte sich bei seinem ersten richtigen Job in Clintons Drugstore. An Wochentagen kam er früh halb sieben, schloss die Türen auf, kehrte, wischte und entfernte so viel Staub wie möglich, bis Mr. Clinton um sieben Uhr eintraf und es für Harry Zeit wurde, in die Schule zu gehen. An Wochenenden arbeitete er vom Nachmittag bis zehn Uhr abends. Jeden Morgen zu einer regulären Arbeit zu gehen, bedeutete für Harry, sich wie ein Mann zu verhalten, und sein erster Wochenlohn, drei Silberdollar, war in der Erinnerung für ihn „die größte Sache in meinem ganzen Leben".[10]

Von seinem ersten Verdienst kaufte Harry ein Geschenk für seine Mutter. Den Rest des Geldes wollte er seinem Vater geben, aber der riet ihm freundlich, es selbst zu behalten.

Auch während er älter wurde, blieb sich Harry treu. Nur wenige Jungen in der Stadt besuchten die High School, und Klavierstunden waren etwas für Mädchen. In Harrys Klasse in der High School waren dreißig Mädchen und elf Jungen. Wiederum spielten Frauen eine wichtige Rolle in seinem Leben, denn nur der Direktor W. L. C. Palmer war ein Mann, die Lehrkräfte jedoch, wie vom Schulsystem gefordert, waren unverheiratete Frauen.

Harry war in allen Fächern gut, nur nicht in Naturwissenschaften die von Mr. Palmer unterrichtet wurden. Seine Lieblingsfächer waren Geschichte und Englisch und wurden auch von seinen Lieblingslehrerinnen Margaret Phelps und Tillie Brown gegeben. Klavierunterricht nahm er auch weiter, was wieder durch Frauen, seine Lehrerinnen, inspiriert und bestärkt wurde. Wie auch immer sein angeborenes musikalisches Talent gewesen sein mag, Harrys Hingabe war bemerkenswert. Er begann früh um fünf und übte jeden Tag zwei Stunden. Zweimal pro Woche fuhr er nach Kansas City zum Unterricht bei E. C. White, einer begabten Lehrerin, die bei einigen der führenden amerikanischen Pianisten ihrer Zeit studiert hatte. Es ist keine Überraschung, dass Harry seiner Lehrerin äußerst zugetan war, und sie wiederum war ohne Zweifel von der außerordentlichen Hingabe ihres Schülers stimuliert.

Das Mädchen seiner Träume

„Ich habe sie gesehen!" rief der sechzehnjährige Harry aufgeregt seinen Cousinen Ethel und Nellie Nolland zu. Er hatte die beiden in der Stadt besucht, als irgend jemand eine Kuchenteller erwähnte, der Mrs. Wallace zurückgegeben werden musste. Freiwillig hatte Harry „beinahe mit Lichtgeschwindigkeit" die Straße überquert, war die vier Stufen zur Veranda hochgestiegen, hatte die Türglocke betätigt und gewartet. Ethel erinnerte sich: „Bess kam an die Tür", und Harry „kam erst zwei Stunden später zurück."[11]

Er wurde für Sonntag zum Essen eingeladen und saß höflich mit Bessie, ihrer steif-förmlichen Mutter, den Brüdern und Großeltern am Tisch. Danach spielte er für sie Klavier. Bessie nahm die Einladung zu Konzerten und Theateraufführungen in Kansas City an, und schon bald machte sich Harry regelmäßig auf den Weg von der Farm seiner Eltern zur North Delaware Street. Allein dieser Weg war ein Zeichen seiner Hingabe. Zwar betrug die Entfernung nur rund sechsundzwanzig Kilometer, man brauchte aber dafür mit Pferd und Wagen etwa vier Stunden, und kaum weniger mit der Eisenbahn.

Harrys Zuneigung dämpfte das aber nicht. Er machte diese Reise ziemlich oft und verbrachte häufig die Nacht auf einer Couch im Haus der Nolans auf der anderen Straßenseite. Offenbar war Harry nicht der einzige junge Mann, der sich für Bessie Wallace interessierte. Ihre Lebhaftigkeit und ihr Temperament machten sie in ihren Gesellschaftskreisen recht beliebt. Aber mit seiner charakteristischen Beharrlichkeit und dem optimistischen Glauben, dass Hingabe an eine Sache am Ende belohnt wird, hörte er nicht auf, Bessie bei jeder Gelegenheit zu umwerben. Und wenn er die vierstündige Reise nicht unternehmen konnte, schrieb er – vertrauensvoll, häufig und umfänglich.

Die Korrespondenz war kaum romantisch. Harry schilderte, wie er mit den Pferden umging, Gräber aushob oder über David Copperfield sowie die Bücher von Mark Twain dachte. Doch plötzlich und unvorbereitet machte Harry im Juni 1911 einen brieflichen Heiratsantrag, und zwar mit Worten, die ein seltsames Gemisch aus Selbstzweifel und Bewunderung waren.

Harry begann damit, dass er sich selbst als „eine Art nichtsnutzigen amerikanischen Farmer" herabsetzte. Danach erläuterte er: „Ich habe immer die leise Hoffnung gehabt, eines Tages vielleicht doch etwas zu sein. Heute zweifle ich daran wie an allem. Es ist ein Fehler unserer Familie, dass wir in Gelddingen nicht geschickt sind. Auch ich bin dazu verdammt."

Nachdem er sich selbst klein gemacht hatte, als ob er den Sockel, auf den er Bessie stellte, um so höher machen wollte, setzte er fort: „Alles das hält mich nicht davon ab, dich für etwas zu halten, was ein Mädchen überhaupt sein kann. Du wirst es nicht vermutet haben, aber ich war verrückt nach dir, seit wir gemeinsam die Sonntagsschule besuchten. Ich habe aber nie gehofft, dass du mich überhaupt gesehen hättest..."[12]

Harry wartete drei lähmende Wochen auf Bessies Reaktion. Als sie schließlich telefonisch antwortete, war es die Ablehnung seines Antrags. Am gleichen Tag schrieb er zurück und wandelte dabei ihre Ablehnung in eine Geste der Freundlichkeit:

„Liebe Bessie,
du hast mich so leicht abgewiesen, dass ich fast schon glücklich bin. Ich war nie dumm genug, zu glauben, dass einem Mädchen wie dir ein Kerl wie ich etwas bedeuten könnte. Aber ich musste dir einfach mitteilen, was ich fühle. Ich wollte immer, dass du eine guten und reichen Mann bekommst. Es tut mir gut, dass du mir wenigstens ernsthaft geantwortet und dich nicht über mich lustig gemacht hast..."[13]

Ihre Freundschaft blieb bestehen und Harry warb weiter um sie, mit der gleichen Intensität, die er auch bei seinen Klavierstunden zeigte. Woche um Woche versuchte er erfolglos, sie zu einem Besuch auf der Farm zu bewegen. Er kündigte an, einen Rasentennisplatz anzulegen, so dass Bessie mit ihren Freunden dort den Tag verbringen könnte. Er beschrieb ihr den Weg und berichtete, dass seine Mutter ein Huhn kochen würde. Mattie, die das Haus in Toppzustand haben wollte, tapezierte mehrere Zimmer neu. Aber trotz Tennisplatz, Huhn und Tapete kam Bessie nicht zu Besuch auf die Farm.

Schließlich jedoch, zweieinhalb Jahre später, teilte Bessie an einem Sonntag im November 1913 mit, wenn sie überhaupt je einen Mann heiraten würde, wäre es Harry. Jetzt hatte er endlich den Preis errungen, um den er so lange intensiv gekämpft hatte. Aber er wusste, dass da noch eine andere Frau zu berücksichtigen war, nämlich Bessies Mutter. Nach der Verlobung schrieb Harry in einem Brief: „Denkst du, dass mich deine Mutter so sehr mag, dass sie mich in ihrer Familie haben will?“[14]

Madge Wallace hatte nie besondere Sympathien für Harry gezeigt, denn der kulturelle Abstand zwischen ihren beiden Familien schien ihr riesig. Aber es war nicht allein die Distanz, wie sie durch den Kontrast zwischen dem bescheidenen Farmhaus der Trumans und dem geräumigen Heim der Familie Wallace in der North Delaware Street 219 zum Ausdruck kam und Harrys Werben um Bess so mühselig machte. Der Grund lag tiefer und ging auf Bessies Vater zurück.

Am Morgen des 17. Juni 1903 hatte David Wallace, einer der bekanntesten Männer in Independence, leise das Bett verlassen, um Madge nicht zu wecken, sich angezogen, einen Revolver aus einem Schubfach der Anrichte genommen, war über den Korridor zum Badezimmer gegangen, hatte die Mündung der Waffe hinter sein linkes Ohr gesetzt und den Abzug betätigt.

Seine Selbsttötung blieb den Bürgern der Stadt ein Rätsel. Viele von ihnen hatten David Wallace für den bestaussehenden Mann in Independence gehalten. Tragischerweise kostete diese Tat, wie meist, mehr als sein Leben. Das Odium aus Schuld, Stigma und Verwirrung fiel wie Hagel auf die hinterbliebenen Familienmitglieder. Außer seiner Frau und der achtzehnjährigen Bess hinterließ David drei Söhne zwischen drei und sechzehn Jahren. Niemand war härter getroffen als Madge, die mit Bess und den jüngeren Kindern für ein Jahr nach Colorado Springs zog. Ein Jahr später kehrte sie nach Independence zurück, wo die „ehrenwerten“ Leute von der Angelegenheit inzwischen nicht mehr sprachen.

In der Stadt wusste man, dass David Wallace ein Alkoholproblem gehabt hatte und oft von seinen Freunden nach Hause gebracht werden musste. Man munkelte auch über finanzielle Probleme, aber niemand, der der Familie nahe stand, sprach je über diesen Gegenstand, außer in strengster Vertraulichkeit. Von Harry Truman ist nicht bekannt, außerhalb der Familie je ein Wort zu diesem Thema gesagt zu haben.

Als aber jetzt die mögliche Heirat von Harry und Bess zur Sprache kam, wurde Davids Selbsttötung für Madge zu einem Problem des psychischen Überlebens. Nachdem sie ihren Mann verloren hatte, schien ihr die Aussicht, auch noch ihre einzige Tochter zu verlieren, unerträglich. Zunächst aber entschloss sich Harry, für sein Land in den Ersten Weltkrieg zu ziehen, statt gegen Madge um ihre Tochter Bess zu kämpfen.

Im Frankreich der Kriegjahre stieß Harry auf manche Versuchung. Ein amerikanischer Leutnant schrieb: „Laufe durch dunkle Straßen. Frauen allgegenwärtig. So geheimnisvoll und verführerisch im Dunklen. ... Ein Mann muss sich an sich selbst festhalten. Nicht viele tun es."[15]

Aber offenbar blieb Harry sogar im Krieg seiner geliebten Bess treu. Oberleutnant Hinde aus Independence erinnerte sich: „Ich habe nie gesehen, dass er etwas getan hätte, was als moralisch fragwürdig gelten müsste. Er war durch und durch sauber. Für diese Eigenschaft habe ich ihn immer bewundert. Man weiß ja, wenn ein Mann in der Armee ist, bedeutet das einen ganz guten Test für seine Moral."[16]

Als Hauptmann Harry S. Truman nach Haus zurückkehrte und dabei auch manchen der Söhne von Jackson County mitbrachte, wurde er von seinen Männern als älterer Bruder bewundert. Spät nachts hatte er in Frankreich manche Stunde damit zugebracht, Briefe der Eltern von Soldaten unter seinem Kommando zu beantworten. An diese Freundlichkeit erinnerte man sich in Kansas City noch lange. Er war als Soldat erfolgreich gewesen und hatte für viele an Format gewonnen – auch für Bess Wallace. Als sie hörte, dass er in die Armee eingetreten sei, hatte sie sich entschieden, ihn zu heiraten. Zweifellos spürte Bess, dass sie in diesem Punkt ihrer Mutter Widerstand leisten könnte, denn jetzt war Harry mehr als nur ein einfacher Farmerjunge. Bei seiner Heimkehr wurde er zum lokalen Helden, der seinen Dienst ehrenhaft abgeleistet und seine Männer erfolgreich befehligt hatte. Der Hauptmann Harry S. Truman war also jetzt für Madge Wallace mehr oder weniger akzeptabel.

Am Sonnabend, dem 28. Juni 1919, wurde Harrys Jugendliebe Mistress Harry S. Truman. Das geschah neun Jahre, nachdem er den Kuchenteller zurückgebracht hatte. Er war fünfunddreißig, Bess vierunddreißig.

Aber Harry ging nicht mit Bess weg, sondern zog bei den Wallaces in der North Delaware Street 219 ein. Wie Madge es wünschte, nahm er Bess' Zimmer im Obergeschoss. Die Familie bestand nunmehr aus Madge, Harry und Bess, Fred, der ein College besuchte, und Madges Mutter, der alten Mrs. Gates, deren Zimmer sich im Erdgeschoss neben dem Wohnzimmer befand. Hinter dem Haus waren dort, wo früher einmal Garten war, zwei Bungalows gebaut worden, in denen die Brüder Frank und George mit ihren Frauen wohnten. So lebte die gesamte Familie Wallace einschließlich Harrys als „Neuzugang" ineinander verschränkt unter dem wachsamen Auge von Mutter Madge.

Harry eröffnete ein Geschäft gemeinsam mit Eddie Jacobson, einem Sohn verarmter eingewanderter Juden aus Litauen, die sich erst in der Lower East Side von New York und dann in Kansas City niedergelassen hatten. Eddie, achtundzwanzig Jahre alt, verfügte über zwölf Jahre Erfahrung im Textileinzelhandel. Der Name *Truman & Jacobson* prangte auf farbigen Kacheln zwischen zwei großen Schaufenstern mit Hemden, Hüten und abnehmbaren Kragen. Im Laden befanden sich Vitrinen mit Manschetten- und Kragenknöpfen, Gürteln, Unterwäsche, Socken und Lederhandschuhen. Hinter den Schaufenstern gab es Ständer mit Hemden und Seidenkrawatten. Harry und Eddie hielten den Laden frisch und sauber und das Geschäft lief gut. Jedoch muss für den Hauptmann Harry Truman der Wechsel vom Offizier zum Herrenbekleidungshändler eine schwierige Umstellung gewesen sein. Es war aber keine so schwierige Umstellung wie jene etwa fünfundzwanzig Jahre später vom Senator zum Vizepräsidenten und nur wenige Monate danach vom Vizepräsidenten zum Präsidenten.

Präsident Harry S. Truman

Am 12. April 1945, früh 7.09 Uhr, genau zwei Stunden und vierundzwanzig Minuten nachdem Franklin Delano Roosevelt an einer Hirnblutung gestorben war, schwor ein schmächtiger Mann, der durch dicke Brillengläser gerade vor sich hin sah, „das Amt des Präsidenten der Vereinigten Staaten getreulich auszuüben". Der ziemlich kleine Mann aus „Mazoorah" schien kaum der geeignete Kandidat, um in die Fußstapfen des verehrten Präsidenten Roosevelt zu treten, der das Amt in den Kriegsjahren innegehabt hatte. Aber auch in diesem kritischen Moment machte Harry S. Truman mit seiner offenen Art und seiner Bescheidenheit eine gute Figur. Seine Mutter muss stolz auf ihn gewesen sein. Am Ende der Vereidigung küsste Truman plötzlich mit großer Inbrunst die Bibel. Was er einst gelernt hatte, war tief in ihm verwurzelt.

Für die wichtigen Frauen in Harrys Leben – Bess, Margaret, Mrs. Wallace, Mattie – schien sich wenig geändert zu haben. Als Harry abends halb zehn in die Wohnung in der Connecticut Avenue 4701 zurückkehrte, stellte er fest, dass Bess, Margaret und Mrs. Wallace in die Nachbarwohnung gegangen waren und sich die Zeit mit den Überresten von Truthahn und Kuchen vertrieben. Harry registrierte, dass er seit Mittag nichts gegessen hatte, worauf ihm eine der Frauen ein Truthahnsandwich und ein Glas Milch servierte.

Truman selbst war von der Verantwortung eingeschüchtert. Am Tag nach dem Amtseid verließ er gegen die Tradition das Weiße Haus und ging zum Capitol Hill, um Freunde zu treffen. Nach dem Lunch mit einigen Kongressabgeordneten beider Parteien wartete in der Halle eine große Zahl von Reportern auf ihn. Während seiner Jahre im Senat hatte sich Truman bei der Presse keine Feinde gemacht und betrachtete nicht wenige Reporter als Freunde. Bewegt sagte er unter Tränen: „Jungs, wenn ihr je betet, betet jetzt für mich. Ich weiß nicht, ob euch einmal ein Ballen Heu auf den Kopf gefallen ist. Als man mir gestern erzählte, was sich ereignet hat, schien es mir, als ob Mond, Sterne und alle Planeten auf mich gefallen wären."[17]

Einen Monat nach Antritt der Präsidentschaft schrieb Truman an einen alten Freund in Independence: „Es ist eine sehr, sehr schwierige Position, wenn man so in sie gerät wie ich. Sollte es je einen Mann gegeben haben, der in das Präsidentenamt gezwungen wurde, dann bin ich dieser Mann. ... Aber ich muss mich dem stellen und mein Bestes zu geben versuchen. Du solltest weiter beten und das Beste hoffen."[18]

Auf der ganzen Welt wurde die Nachricht vom Tod Roosevelts mit Worten kommentiert wie: „Großer Gott, Truman wird Präsident!" oder „Wenn Harry Truman Präsident werden kann, dann kann es mein Nachbar auch." Für die meisten Machthaber der Welt war das Problem nicht, dass ein so großer Mann wie FDR gestorben, sondern dass ein so gewöhnlicher Mann wie Truman sein Nachfolger geworden war. In einem Haus im deutschen Marburg saßen die amerikanischen Generäle Patton, Eisenhower und Bradley und verbrachten den größten Teil der Nacht deprimiert damit, über Roosevelt zu sprechen und sich zu fragen, was für ein Mensch Truman wohl sein könnte.

Sein erster Test, eine Rede vor dem Kongress am 16. April, war dann ein großer Erfolg. Obwohl ein Teil der Rede von Sam Rosenman und

Jimmy Byrnes, Roosevelts Redenschreibern, stammte, war der Schluss ganz und gar Truman. Mit erhobenen Händen, den Blick nach oben gerichtet, sagte er feierlich:

„In diesem Augenblick habe ich ein Gebet in meinem Herzen. Da ich meine Pflichten auf mich genommen habe, bete ich bescheiden zum allmächtigen Gott mit den Worten des Königs Salomo: ‚Verleih daher deinem Knecht ein hörendes Herz, damit er dein Volk zu regieren und das Gute vom Bösen zu unterscheiden versteht. Wer könnte sonst dieses mächtige Volk regieren?' Ich bitte nur darum, ein guter und treuer Diener meines Herrn und meines Volks zu sein."[19]

Die Frauen des Präsidenten

Die Frauen in Trumans Leben konnten keinesfalls als politisch ambitioniert gelten. Deshalb waren sie auch nicht etwa außer sich vor Freude, weil er Präsident geworden war.

Mattie, die eigentlich voll mütterlichen Stolzes hätte bersten können, äußerte sich alles andere als überschwänglich, als sie zwei Tage nach dem Amtseid ihres Sohns von Reportern in ihrem Haus in Grandview, Missouri, ausfindig gemacht wurde. „Ich kann nicht recht froh darüber sein, dass er Präsident ist", sagte sie ihnen, „denn ich bin traurig, weil Präsident Roosevelt tot ist. Wenn ich gewählt worden wäre, ginge ich mit wehender Fahne hinaus. Aber es ist wohl nicht recht, glücklich zu sein oder eine Fahne zu schwenken. Harry wird es schon richtig machen."[20]

Bess, die nunmehrige First Lady, war von ihrem neuen Umfeld nicht sehr angetan. Als sie und Margaret eine erste Inspektion der Privaträume des Weißen Hauses beendet hatten, waren sie niedergeschlagen. „Die obere Etage des Weißen Hauses ist ein Saustall. … Ich war so deprimiert", schrieb Margaret.[21]

Mary Jane, Harrys Schwester, schrieb in fast beleidigtem Ton:

„Lieber Harry,

wir haben so viel Post bekommen, dass ich mich nicht an alle Details erinnern kann. … Wir versuchen, alles über dich zu lesen und sind so weit ganz gut informiert. Ich habe letzte Woche sieben Pfund abgenommen, aber das ist auch kein Wunder, denn seit du im Amt bist, ist das Frühstück unsere einzige Mahlzeit. … Gestern fragte jemand nach Bildern von Mama. Er sagte, er wäre ein Künstler aus Washington. Ich sagte ihm, es täte mir leid."[22]

In einem Brief, nicht unbedingt mit dem Tenor „Ist das aufregend!", an ihren jüngst zum Präsidenten gewordenen Bruder drückte Mary Jane mehr Sorge darüber aus, ob Harry zum Muttertag nach Haus kommen könnte oder ob sie und die Mutter nach Washington reisen müssten, wie er es vorgeschlagen hatte.

Die Mutter reiste schließlich doch nach Washington, kam sofort bei der Presse gut an und erfreute Harry. Als sie sah, wie viele Reporter sich versammelt hatten, um auf ihre Ankunft mit dem Flugzeug zu warten, rief die zweiundneunzigjährige „Mattie“ Truman, klein und gebeugt, aus: „So ein Unsinn!“ und sagte, sie wäre nie gekommen, hätte sie gewusst, dass darum so viel Wirbel gemacht würde.

Mattie kam rechtzeitig zum Muttertag an und blieb etwas länger als eine Woche. In dieser Zeit bezauberte sie alle im Weißen Haus durch die Direktheit und Courage der Familie Truman. Später fragte Margaret sie, ob sie in Lincolns Bett schlafen möchte. Da wallte ihr Konföderiertenblut heftig auf und sie antwortete, wenn das die einzige Möglichkeit wäre, schliefe sie lieber auf dem Fußboden.

Ebenso wenig konnte sich Bess für die Stellung der First Lady richtig erwärmen oder politischen Ehrgeiz entwickeln. Als sie 1947 doch einmal einen Fragebogen von Reportern beantwortete, machte die Knappheit ihrer Antworten einmal mehr ihren Mangel an politischen Ambitionen deutlich:

„*Glauben Sie, dass je eine Frau Präsident der Vereinigten Staaten wird?*
Nein.
Möchten Sie Präsidentin sein?
Nein.
Möchten Sie, dass Margaret First Lady wird?
Nein.
Wenn Sie einen Sohn hätten, würden Sie ihn für das Präsidentenamt erziehen?
Nein.
Wenn es Ihnen freigestellt wäre, würden Sie zu allererst ins Weiße Haus gehen?
Ganz entschieden nein.
Was war Ihre Rektion auf die Kritik über Margarets Gesang?
Kein Kommentar.
Hatten Sie je in Ihrer Funktion als First Lady Lampenfieber?
Kein Kommentar.
Was würden Sie gern tun und von Ihrem Mann erwarten, wenn er nicht mehr Präsident ist?
Nach Independence zurückgehen.“[23]

Trotz der stürmischen Ereignisse im Zusammenhang mit dem Aufstieg ihres Mannes zur Macht weitgehend unverändert, führte Bess ihren Haushalt so weiter, wie sie ihn zu Hause in Missouri geführt hätte. Anders als die wohlhabenden Roosevelts, die nie von FDRs Gehalt allein leben mussten, hatten die Trumans kein Familienvermögen, auf das sie zurückgreifen konnten.

Die extrem sparsame Bess reduzierte die Zahl der Bediensteten im Weißen Haus. Mrs. Nesbitt, die alte Wirtschafterin, die für Jahre trostloser Gerichte auf dem Tisch der Roosevelts berüchtigt war, musste ihre Sachen packen. Die kalten und harten Brötchen, seit langem ein Hauptnahrungsmittel im Weißen Haus, ersetzte Bess durch ihr eigenes warmes Gebäck nach südlichem Rezept.

J. B. West, langjähriger Angestellter des Weißen Hauses, erinnerte sich daran, wie die Trumans während Harrys Amtszeit lebten. Er meinte, für die Familie Truman hätte das Weiße Haus „ebenso gut in Independence stehen können. In der alltäglichen Lebensführung gab es keine Unterschiede." Er stellte auch fest, dass Truman trotz seiner Behauptung, nicht gern im Weißen Haus zu wohnen, „das Leben hier besser gefiel als im Haus seiner Schwiegermutter in Independence."[24]

Als Bess sich einmal mit einer Freundin in einem vornehmen Bekleidungsgeschäft in Washington umsah, sagte sie der Verkäuferin, sie hätte keinen Grund, irgend etwas anzuprobieren, weil sie sich die Sachen ohnehin nicht leisten könne.

Im Frühjahr 1947 erlitt Trumans Mutter, die sich von einem Bruch der Hüfte nie ganz erholt hatte, einen Schlaganfall, so dass ihr baldiges Ableben befürchtet wurde. Truman reiste darauf mit seinem Stab nach Grandview und richtete dort sein Büro ein. „Sobald sie aufwacht", sagte er den Reportern, „wird sie mich sehen wollen. Dann will ich da sein."[25]

Mattie erholte sich indes offenbar erstaunlich gut und Harry kehrte nach Washington zurück. Doch ein paar Wochen später rief Mary Jane morgens an und teilte mit, dass die Mutter eine Lungenentzündung bekommen hätte und den nächsten Tag wohl nicht mehr erleben würde. Harry ließ sein Flugzeug bereitstellen, zögerte aber den Abflug hinaus. Er wollte vor der Abreise das Gesetz über die nationale Sicherheit unterzeichnen, wofür aber noch die Unterschriften einiger Kongressabgeordneter fehlten. Er wartete fast eine Stunde lang neben dem Flugzeug, unterzeichnete schließlich das Gesetz und ließ die Maschine starten. Er war irgendwo über Ohio, als seine Mutter Martha Ellen Young starb.

Mattie war 1852 geboren worden, als Abraham Lincoln noch Bezirksrichter in Illinois und ihr Idol Robert E. Lee Leiter der Akademie von West Point waren. Sie hatte die Anfänge der Elektrizität, des Telefons, Autos, Flugzeugs, Radios und des Films ebenso erlebt wie zwei Weltkriege, und am Ende saß ihr bewunderter ältester Sohn am Schreibtisch im Weißen Haus. Margaret schrieb einige Jahre später über ihre Großmutter: „Um Mutter Truman herum hatte sich alles verändert, nur sie selbst änderte sich nicht. ... Ihre Philosophie war einfach. Sie wusste, was richtig und was falsch ist, und tat stets ihr Bestes. Das war alles."[26]

Das war die Philosophie, die auch in Harrys Psyche Wurzeln geschlagen hatte. Wenn man elterliche Erziehung als Fähigkeit definiert, Werte an die nächste Generation weiterzugeben, war Mattie tatsächlich erfolgreich gewesen.

Die Trauerfeier für sie im Haus in Grandview war schlicht und fand in privatem Kreis statt. Begraben wurde sie neben ihrem Mann auf einem Hang des Friedhofs Forest Hill.

Für einen Mann, der so viel Zeit seines Lebens mit Männern verbrachte, noch dazu in männlich dominierten beruflichen Bereichen wie Politik und Militär, hatte Truman sehr wenige männliche Freunde und wenige wirklich Vertraute unter denen, die er kannte oder mit denen er zusammenarbeitete. Viel wichtiger waren die vier Frauen in seinem Leben, Bess, Mama, Mary Jane und Margaret.

Als seine Mutter gestorben war, wurden die verbleibenden Frauen für Harry noch wichtiger. In einem Brief an Margaret schrieb er: „Eines Tages wirst du verwaist sein wie dein Vater jetzt."

Später schrieb er ihr, als sie sich auf einer ihrer Konzerttourneen befand: „Du solltest Mama und Papa jedes Mal anrufen, wenn du in der Stadt bist. ... Eines Tags wirst Du vielleicht (?) verstehen, welche Folter es ist, sich Sorgen um die einzige wichtige Person in der Welt machen zu müssen. Du solltest jetzt wissen, dass dein Papa nur drei solche Personen hat: deine Mama, dich und deine Tante Mary."[27]

Da Margaret inzwischen eigene Konzerte gab, witzelte Truman gern, dass er und seine kleine Familie im Showgeschäft Erfolg haben könnten: er selbst am Klavier, Margaret als Sängerin und Bess im Management der ganzen Sache.

Wenn auch Bess die wichtigste Person in Trumans Gefühlsleben war, bedeutete das nicht, dass er sich politisch von ihr abhängig fühlte. Zwar war Bess' Glück stets Harrys erste Sorge, aber er bezog seine Frau zunächst nicht in die Angelegenheiten seiner Präsidentschaft ein. Nach der Amtseinführung fühlte sich Bess erst einmal aus dem stürmischen politischen Leben ihres Mannes ausgeschlossen, „immer überflüssiger", wie Margaret später schrieb. Dass Harry mit ihr die Entscheidung zum Einsatz der Atombombe nicht diskutiert hatte, rief in ihr ein Gefühl hervor, das Margaret später „schwelenden Ärger" nannte, und das war gleichbedeutend mit „emotionaler Trennung". Daraus könnten sich auch einige Phasen ihrer langen Abwesenheit von Washington in jenen frühen Jahren erklären lassen.

Aber trotz der Unterschiede zwischen ihren Eltern sah Margaret, dass Bess einen bedeutenden Einfluss auf ihren Mann hatte. Margaret konstatierte die Abhängigkeit in der Beziehung ihrer Eltern, als sie sagte, ihr Vater sei sich „ihrer Ansichten sehr bewusst und brauche ihre Zustimmung". Und sie führte weiter aus: „Habt ihr Vater je beobachtet, wenn er mit Mutter auf einer öffentlichen Veranstaltung ist?" Einmal bemerkte sie zu einem Reporter: „Er sucht immer ihren Blick, um zu sehen, ob sie mit dem einverstanden ist, was er sagt oder tut."[28]

Doch Harrys Verhalten war geschlechtsspezifisch. Ihm machte es offenbar nichts aus, im Rahmen der Abhängigkeit Männern ihre Wünsche zu erfüllen. Bei den meisten politischen Entscheidungen hatte er es mit Männern zu tun. Wäre Douglas MacArthur eine Frau gewesen oder hätte Truman mit Margaret Thatcher statt mit Winston Churchill zu tun gehabt, der Lauf der Geschichte wäre wohl ein anderer gewesen.

Harrys Verhältnis zu Bess hatte wohl mehr mit der Geschichte ihrer Beziehung zu tun als damit, dass ihre Persönlichkeit etwa einen dominanten Zug aufwies. Als kleiner Junge hatte Harry seine Mama verehrt und mit seinen Cousinen gespielt. Als er lange und hingebungsvoll um Bess von der besseren Seite der Stadt warb, fühlte er sich bei den Frauen seiner eigenen Familie besonders geborgen und bewunderte zugleich die selbstbewussten und wohl überlegenen Frauen der Wallaces.

In Wirklichkeit neigte Bess Truman aber wohl nicht zu diktatorischem Verhalten. Der Eindruck der Unbeugsamkeit entstand vermutlich eher durch ihre stocksteife Haltung und ihren gedrungenen Körper. Sie stand gerade wie ein Soldat, den Kopf erhoben, die Schultern gestrafft. Ihre beeindruckende Gestalt und hartnäckige Resolutheit waren aber wohl nur eine Fassade, hinter der sie eine tiefer liegende Schüchternheit und Unbehagen bei öffentlichen Auftritten verbarg.

Ihre natürliche Schüchternheit wurde durch einen ihrer ersten öffentlichen Auftritte als First Lady, bei dem sie ein Armeeflugzeug taufen sollte, nicht gerade gemildert. Niemand hatte daran gedacht, die Sektflasche im voraus auf ihre leichte Zerbrechlichkeit hin zu prüfen.

Bess warf die Flasche mehrere Male gegen das Flugzeug, aber ohne Erfolg. Die Menge war höchst amüsiert. Bess' Gesicht jedoch wurde vor Verwirrung und Entschlossenheit purpurrot, als sie die Flasche immer aufs Neue gegen den Flugzeugrumpf schleuderte. Den Zuschauern gefiel es; sie brüllten vor Lachen. Schließlich trat ein Mechaniker hinzu und zerbrach die Flasche für Bess. Die Anwesenden und auch diejenigen, die die Episode später in der Wochenschau sahen, hatten ebenso ihren Spaß wie Harry, aber Bess fehlte das Gefühl für den Humor in dieser Sache. Später sagte sie zu Harry, sie habe bedauert, die Flasche nicht nach ihm geworfen zu haben.[29]

Aber diejenigen, die Bess am besten kannten, wussten, dass hinter ihrem scheuen und oft nüchternen Charakter eine warme und sprühende Person verborgen war. Man sprach von ihrer Freundlichkeit und Warmherzigkeit, ihrem „ausgelassenen Sinn für Humor". Lilian Parks erinnerte sich, dass Bess so sehr lachen konnte, dass ihr ganzer Körper bebte, „als hätte sie das Lachen erfunden."[30]

Von den Hausangestellten wurde Bess für ihren Humor und ihre Freundlichkeit geliebt. Auch einige Mitglieder der gesellschaftlichen Elite bewunderten sie. Robert A. Lovett, Absolvent von Yale und weltmännischer Bankier in New York, beschrieb Bess als „eine der tollsten Frauen, die ich im Leben je gesehen habe" und bemerkte, dass sie Truman eine „unermessliche" Hilfe war. „Meine Frau und ich liebten sie ungemein. Sie war einfach großartig..."[31]

Harry Trumans Sexualverhalten

Das Sexualleben, das Harry und Bess führten, war nichts, worüber die Öffentlichkeit spekulierte oder Reporter schrieben, nicht einmal in den täglichen Klatschspalten. Nur wenig von dem, was in ihrem Schlafzimmer vor sich ging, war der öffentlichen Neugier zugänglich, denn beide Trumans waren in dieser Hinsicht sehr zurückhaltend und hatten eine zutiefst viktorianische Haltung gegenüber der Sexualität.

Präsident Trumans Persönlichkeitsstil lag sicher im Bereich der Normalität. Je nach Geschlecht war der Stil aber anders. Anderen Männern gegenüber war er unabhängig, voll Selbstvertrauen, relativ sicher. Bei Frauen war es indes ganz anders. Wenn er sie nur flüchtig kannte, neigte er zu Distanz und Reserviertheit. Standen sie ihm nahe – Mutter, Ehefrau, Tochter –, war er unterwürfig und ergeben, wollte ihnen gefallen. Das traf besonders auf Bess zu, zu der er während der langen Werbungszeit eine Beziehung intensiver Abhängigkeit entwickelt hatte.

An anderer Stelle[32] habe ich argumentiert, dass das Sexualverhalten ein spezifischer Teil des Persönlichkeitsstils ist. Ich halte es für sicher, dass Harry Truman in seiner Sexualität und in seinem Werbeverhalten zur Abhängigkeit neigte. Harrys größte Sorge war, Bess zufrieden zu stellen, was nicht von vorn herein ein schlechter Ansatz ist, aber zu Groll und Bitterkeit führen kann, wenn er nicht auf Gegenseitigkeit beruht. Für die Ehe der Trumans war es ein Glücksumstand, dass Harrys Bemühen, Bess zufrieden zu stellen, auf ihre offensichtliche Liebe zu ihm traf. Obwohl sie in der Öffentlichkeit manchmal ernst und furchteinflößend zu sein schien, hatten beide privat offenbar eine warme Beziehung zueinander.

Wir besitzen zwar nur wenige Informationen über ihr Verhalten im Schlafzimmer, können aber davon ausgehen, dass Harrys abhängige Haltung ihn dazu trieb, Bess zu befriedigen. Augenscheinlich ist Harrys Bestreben, seine Frau zufrieden zu stellen, nie so intensiv geworden, dass es zur Versagensangst und den damit verbundenen Problemen gekommen wäre, wie sie bei älteren Männern häufig auftreten.

Aber Harrys Abhängigkeit von Bess war wohl kaum von Groll begleitet, vermutlich deshalb, weil Bess ein freundliches Gegenüber war und weil die Abhängigkeit nicht in erster Linie auf persönlicher Unsicherheit basierte. Es ist wahrscheinlich, dass Harrys originäre Abhängigkeit auf Selbstzweifeln beruhte, die durch den Widerstand der harten, Besitz ergreifenden und großspurigen Madge Wallace gegen eine Verbindung ihrer ältesten Tochter mit jemandem von der „falschen Seite der Stadt“ hervorgerufen worden waren.

Aber Harrys Abhängigkeit hatte eine breitere Basis. Harry Trumans Meinung von Frauen beinhaltete, wie auch die des Vaters John Truman, die ritterliche Vorstellung, dass man für Frauen sorgen müsse. Ein Gentleman hatte Damen zu dienen und ihnen aufzuwarten. Trumans Abhängigkeit basierte stärker auf Kultur als auf persönlicher Unsicherheit. Auf jeden Fall scheint aber klar, dass Harry und Bess auch als Mittsechziger ein lebhaftes Sexualleben pflegten. Beleg hierfür ist ein Ereignis aus dem Herbst 1949, also nach dreißig Jahren Ehe. Bess war den größten Teil des Sommers abwesend gewesen, um sich um ihre Mutter in Independence zu kümmern. Margaret war wegen ihrer Sängerkarriere in New York. Der Präsident saß beim Abendessen allein im Blair-Haus und vermisste Bess mehr als sonst. Im Blair-Haus hatten beide gern gewohnt, während das Weiße Haus renoviert wurde. Margaret war nicht mehr im Haus, und um das Weiße Haus musste man sich nicht kümmern. Harry und Bess hatten mehr Zeit füreinander, konnten im Garten sitzen und lesen oder gemeinsam essen. „Sehr diskret und sehr höflich verbrachten sie viel Zeit hinter verschlossenen Türen im Blair-Haus", erinnerte sich J. B. West. Die Hausmädchen machten sogar ihre Witze über die „Turteltauben" in der oberen Etage.[33]

Als Bess irgendwann im Herbst aus Independence zurückkehrte, waren sie und Harry so intensiv miteinander beschäftigt, dass das ganze Hauspersonal ein Stimmungshoch feststellte. Als West am nächsten Morgen gegen neun die First Lady besuchte, um mit ihr den Speiseplan für den Tag zu besprechen, sagte ihm Bess „mit ziemlich leiser und bedrückter Stimme", dass es mit dem antiken Bett des Präsidenten ein kleines Problem gäbe. Errötend berichtete sie, dass „in der Nacht zwei Latten kaputt gegangen sind". West versicherte der First Lady, dass er sich unverzüglich der Sache annehmen wolle, und zog den Schluss, dass unabhängig vom Zustand des Betts die Trumans keinesfalls Mumien waren.[34]

Resümee

Harry S. Trumans Persönlichkeit war normal, zeigte aber Tendenzen der Abhängigkeit gegenüber Frauen. Er lebte die Werte, wie sie um 1900 im mittleren Westen üblich und ihm von den Eltern vermittelt worden waren. Zwar war er in erster Linie von den Frauen in seinem Leben beeinflusst, erhielt aber auch einen starken maskulinen Zug von seinem Vater und konnte als Jugendlicher und junger Erwachsener kaum Muttersöhnchen genannt werden.

Es war für die Zeit typisch, dass seine Persönlichkeit geschlechtsspezifisch etwas gespalten war. Seine respektvolle, beinahe servile Haltung im Verhältnis zu Bess kontrastierte mit seiner autonomen Entschiedenheit gegenüber Männern. Letztere zeigte sich erstmalig in seiner Armeelaufbahn und setzte sich während seines ganzen späteren Lebens fort.

Als junger Hauptmann in der Armee bewies er Unabhängigkeit und die Fähigkeit, gute Entscheidungen selbst dann zu treffen, wenn er sich anderen Männern widersetzen musste. Nach einer Erkundungsmission etwa sah er durch seinen Feldstecher eine deutsche Batterie, die gegenüber der 28. Division an deren linker Flanke auf der anderen Seite des Flusses Stellung bezog, was außerhalb des ihm zugewiesenen Sektors lag. Truman wartete darauf, dass die Deutschen in Stellung waren und ihre Pferde von den Kanonen abschirrten. Er entschloss sich, Befehle zu missachten, und kommandierte Feuer nach Belieben und so schnell wie möglich.[35] Diese Entscheidung rettete fraglos das Leben vieler Männer der 28. Division, aber Trumans aufgebrachter Oberst drohte ihm mit dem Kriegsgericht wegen Missachtung des Befehls, nur auf jene feindlichen Batterien zu feuern, die der 35. Division gegenüber lagen.

Als Präsident war er von anderen Männern unbeeindruckt, die von sich selbst eine zu hohe Meinung hatten. An Trumans zweitem Tag im Amt z. B. kam Finanzminister Henry Morgenthau mit der Absicht, dem Präsidenten mit einer Reihe von Fragen auf den Zahn zu fühlen. Truman verlangte jedoch von Morgenthau einen Gesamtbericht über die Finanzlage der Nation, und zwar schnell. So machte er klar, dass nicht er, sondern Morgenthau sich auf dem Prüfstand befand.

Truman ließ sich auch nicht sonderlich von Männern beeinflussen, die versuchten, ihn für ihre eigenen Zwecke zu manipulieren. Weder unterwürfige Schmeicheleien noch Narzissmus zogen bei Truman.

J. Edgar Hoover, Mächtigster unter den Mächtigen in Washington, verlor keine Zeit bei dem Versuch, sich bei dem bescheidenen Mann einzuschmeicheln, auf dessen Schultern der Mantel der Präsidentenmacht gefallen war. Er wählte klugerweise einen FBI-Agenten aus Harrys Heimatstadt Independence, um dem Präsidenten die Botschaft zu übermitteln, dieser brauche nur Bescheid zu sagen, wenn es etwas gäbe, das das FBI für ihn tun könne.

Truman verstand schnell, dass Hoover sich beim Präsidenten beliebt machen wollte, wie er es schon bei FDR getan hatte, indem er ihm Mitschnitte von Telefonaten wichtiger Leute anbot. FDR hatte Hoovers pikante Geheimnisse mit großer Freude entgegengenommen, aber Truman verachtete solche Geheimnisse als Bedrohung von bürgerlichen Freiheiten. Also dankte er dem jungen FBI-Agenten höflich und teilte ihm mit, dass der Präsident der Vereinigten Staaten den Generalbundesanwalt einschalten würde, sobald er der Dienste des FBI bedürfe. Danach, berichtete einer von Hoovers Assistenten, „kannte Hoovers Hass auf Truman keine Grenzen."[36]

„Wir wollen keine Gestapo oder Geheimpolizei", schrieb Truman ein paar Wochen später in sein Tagebuch. „Das FBI tendiert in diese Richtung. Dort operiert man mit Sexskandalen und glatter Erpressung. … Das muss aufhören."[37]

Als Präsident drückte sich Truman nicht vor schwierigen Entscheidungen, zögerte auch nicht, Leute zu feuern, wenn sie sich nicht ordentlich verhielten. Vic Messall, seinen ergebenen Senatsberater, warf er hinaus, als er herausfand, dass dieser in finanzielle Machenschaften verwickelt war, die Truman nicht akzeptabel erschienen. Eddie McKim war einer von Harrys „Boys“ aus den Kriegsjahren, die ihn ins Weiße Haus begleitet hatten. Es wurde dem Präsidenten aber schnell deutlich, dass Eddie überfordert war, und Harry schickte ihn bald nach Omaha zurück. Truman erläuterte das: „Nun ja, er war früher Sergeant in meiner Batterie. Ich habe ihn degradiert und kann das auch wieder tun.“

Er scheute sich auch nicht, den charismatischen MacArthur auf dem Höhepunkt von dessen Popularität zu entlassen, als er davon überzeugt war, dies wäre das Richtige. Der Presse gegenüber bezeichnete er General MacArthur als „einen unserer größten militärischen Befehlshaber“, fügte aber hinzu, dass die Sache des Weltfriedens weit wichtiger sei als eine einzelne Person.[38] Manche nannten die Entscheidung, MacArthur zu entlassen, mutig, aber obwohl Truman diesen Schritt als einen der wichtigsten seiner Präsidentschaft ansah, beharrte er doch darauf, dass „Mut nichts damit zu tun hatte. General MacArthur war widersetzlich und ich habe ihn gefeuert. Das war alles.“[39]

Nach heutigen Standards scheint Trumans Sexualverhalten von Abhängigkeit gekennzeichnet, es war aber, wie fast alles andere in seinem Leben, von einem inneren moralischen Kompass geleitet, dessen Nordpol stets lautete: „Tue das Richtige.“

Seine Haltung zu Frauen, die heute von vielen nicht mehr geschätzt wird, war die, die er von seinem Vater gelernt hatte: Frauen brauchen besondere Fürsorge, Liebe und Aufmerksamkeit. Frauen sollten nicht als Sexualobjekte dienen. Obwohl Harry erst als Mittdreißiger heiratete und einsame Nächte in den Kasernen der Armee verbracht hatte, ist es doch sehr wahrscheinlich, dass er und Bess jungfräulich in die Ehe gingen, denn in seinem Sexualverhalten wie überhaupt in seinem Leben tat Harry Truman stets das seiner Meinung nach Richtige.

Er verehrte seinen Schatz aus der Sonntagsschule von dem Moment an, als er Bessies blonde Haare und blaue Augen zum ersten Mal durch seine dicken Brillengläser wahrnahm, bis zu dem Tag, als er zweiundsechzig Jahre später starb.

Dean Acheson lobte ihn als „Kapitän mit dem starken Herzen“. George Marshall sagte, es sei Trumans Integrität, die die Zeiten überdauern würde. Der Zeitungskorrespondent Eric Sevareid drückte es wohl am besten aus: „Sich an ihn zu erinnern bedeutet aber, daran zu denken, wie ein Mann in diesem Amt sein sollte. Es zählt der Charakter, nur der Charakter. Jetzt steht er wie ein Fels in der Erinnerung.“[40]

Mit Ehefrau Mary, 1953.

1890	Geboren am 14. 10. in Denison, Texas.
1910-1912	Ausbildung zum Offizier im Generalstabsdienst.
1916	Eheschließung mit Mary Geneva („Mamie") Doud.
1941	Ernennung zum Brigadegeneral.
1942	Oberbefehlshaber der US-Truppen in Europa.
1943	Oberbefehlshaber der alliierten Invasionstruppen.
1945	Entgegennahme der bedingungslosen Kapitulation Deutschlands (7. 5.).
1945-1948	Oberbefehlshaber der amerikanischen Besatzungstruppen in Deutschland.
1948-1950	Präsident der Columbia-Universität, New York.
1950-1952	Oberbefehlshaber der NATO.
1952	Als Kandidat der Republikanischen Partei Wahl zum 34. Präsidenten der USA.
1956	Wiederwahl.
1957	Erklärung vor dem Kongress zur Nahost-Politik der USA (Eisenhower-Doktrin).
1969	Gestorben am 28. 3. in Washington, D.C.

2 Dwight D. Eisenhower

34. Präsident der Vereinigten Staaten 1953-1961

Dwight David Eisenhower war deutschen Ursprungs, der Name der Familie lautete einst Eisenhauer. Eisenhowers Vorfahren waren von tiefer Religiosität und praktizierten eine strenge und einfache Form der Gottesverehrung auf Grundlage der Lehren von Menno Simons, dem Gründer der Mennoniten. In ihrer deutschen Heimat wurden sie als Sekte verfolgt, kamen wie die Pilgrims und Puritaner nach Amerika. Hier suchten sie ökonomischen Rückhalt und die Freiheit zur Verehrung Gottes in der Art, an die sie glaubten.

Nach ihre Landung in Amerika 1732 ließen sich die ersten Eisenhowers – Hans Nicol, seine Frau, drei Söhne und ein Bruder – zunächst im Lancaster County westlich von Philadelphia nieder. Zu Beginn des neunzehnten Jahrhunderts schloss sich die Familie der mennonitischen Sekte „Brüder in Christus" an, auch bekannt als Flussmennoniten, weil ihre Anhänger in Flüssen getauft werden.

Jacob Eisenhower, Dwights Großvater, war ein kraftvoller und mitreißender Redner und wurde Pfarrer der Flussbrüder von Lyken Valley. Als der Bürgerkrieg ausbrach, bewahrte ein kompromissloser Pazifismus den Enddreißiger vor dem Dienst in der Armee der Union, obwohl General Lees Truppen nur etwa dreißig Kilometer von seiner Farm entfernt durchzogen. David Eisenhower, Dwights Vater, wurde zwölf Tage nach der Schlacht von Gettysburg geboren.

Die Flussbrüder mit ihren großen Familien und einer religiösen Verehrung der Landwirtschaft suchten erschwingliches Land für ihre Kinder. Als Agenten des Eisenbahnbaus Möglichkeiten im Westen beschrieben und Kansas als zweites Eden anpriesen, verkaufte Jacob seine Farm und zog mit seiner Familie dorthin. Sie siedelten sich im Dickinson County an, fast genau in der Mitte des Staates.

David war vierzehn, als die Familie nach Kansas zog. Ihm missfiel es, von früh bis spät arbeiten zu müssen. Dem endlosen Zyklus vom Pflügen bis zur Heuernte konnte er nichts abgewinnen, wohl aber dem Basteln an Maschinen. So entschloss er sich, von der Farm wegzugehen und Techniker zu werden. Zwar setzte ihn sein Vater unter Druck, um ihn auf der Farm zu halten, weil er die Landwirtschaft für „Gottes Werk" hielt, aber der junge Eisenhower blieb standhaft, bis sein Vater schließlich nachgab. Er war bereit, die Ausbildung seines Sohnes an der Lane University finanzieren zu helfen. An dieser kleinen Universität der Flussbrüder studierte David Mathematik und Mechanik und erweiterte seine Bildung um Rhetorik und Griechisch. Für den Rest seines Lebens bestand David Eisenhowers abendliche Lektüre im Studium seiner griechischen Bibel.

In Lane traf David die anmutige Ida Stover und verliebte sich in sie, die ebenfalls Mitglied der Flussbrüder war. Von tiefer Religiosität und hoher Intelligenz, liebte sie es, Klavier zu spielen und Hymnen zu singen. Nach einer Überlieferung der Familie gewann sie einmal einen Preis, weil sie 1.325 Bibelverse auswendig kannte.

David und Ida waren ein ansehnliches Paar. Er war groß und muskulös, hatte schwarzes Haar, durchdringende Augen und große kräftige Hände. Sie hatte einen schönen Kopf mit braunem Haar, vollen Lippen und einem Lachen, das so breit war wie die Silhouette von Kansas und sich schnell über ihr ganzes Gesicht ausbreitete. Das Funkeln ihrer Augen und ihr spontanes Lachen waren ein gutes Gegengewicht zu Davids scheuer und zurückhaltender Persönlichkeit. Zum Glück erbten ihre Söhne Idas Lachen und ihre blitzenden Augen.

Kurz nach der Hochzeit von Dave und Ida gab sie den letzten Rest ihres Erbes für ein ebenholzfarbenes Klavier aus, das sie ihr ganzes Leben lang behielt. Es war gut, dass sie es gerade zu dieser Zeit gekauft hatte, denn nur drei Jahre später waren die Farm und ein kleiner Gemischtwarenladen, den David erworben hatte, in schlimmen finanziellen Nöten. Eines Morgens erwachte David und musste feststellen, dass Milton Good, der „Partner", der eigentlich den Laden betreiben sollte, mit dem größten Teil des Inventars aus der Stadt geflohen war. David legte die ganze Sache in die Hände eines örtlichen Anwalts, dem er auftrug, die Rechnungen zu bezahlen und die Situation zu bereinigen. Er übergab ihm, was an Geld noch übrig war. Die Hypothek auf die Farm und alle verbliebenen Vermögenswerte mit Ausnahme von Idas Klavier wurden eingesetzt, um die Gläubiger auszuzahlen. Einen letzten kleinen Rest erhielt der Anwalt als Honorar.

Als das Geschäft zusammenbrach, war Ida gerade mit ihrem dritten Sohn schwanger, der David Dwight Eisenhower genannt wurde. Später änderte Ida die Reihenfolge der Namen, denn es war etwas verwirrend, zwei Davids zu haben. Sie mochte keine Spitznamen und meinte, dass Dwight nicht verkürzt werden könne. Aber die elterliche Hoffnung, dass ihr Kind keinen Spitznamen bekommen würde, erfüllte sich wie üblich nicht. Schon am ersten Schultag umringten die Kinder den Neuen und fragten ihn nach seinem Namen.

„Dwight Eisenhower", sagte er. „Wir sollten ihn Ike nennen", rief jemand. „Wir haben aber schon einen Ike Eisenhower", warf ein anderer Schüler ein. Davids älterer Bruder Edgar wurde Ike genannt. „Edgar kann der große Ike sein und der hier der kleine", meinte einer der Achtklässler.[1]

Dwight Eisenhowers Leben begann in bescheidenen Verhältnissen. Zum Zeitpunkt seiner Geburt besaßen seine Eltern nichts als das schon erwähnte ebenholzfarbene Klavier, ein paar Haushaltsgegenstände und ihre Kleidung. Doch andere Mitglieder der Familie Eisenhower übten sich im Schulterschluss mit dem jungen Paar und ermöglichten David und Ida einen neuen Anfang. Chris Musser, Meister bei einer Molkerei in Abilene, Kansas, offerierte David eine Anstellung als Mechaniker für fünfzig Dollar im Monat. Als die Eisenhowers in Abilene aus dem Zug ausstiegen, hatte David sein gesamtes irdisches Kapital in der Tasche – ganze vierundzwanzig Dollar.

Nach der finanziellen Katastrophe mit dem Gemischtwarenladen hüteten sich David und Ida vor neuen Risiken und investierten ihre Hoffnung lieber in ihre Söhne. Sie vermittelten den Kindern die Tugenden der Redlichkeit, des Selbstbewusstseins, der Gottesfurcht und des Ehrgeizes. Nie gaben sie die starken Familienbande der Pennsylvaniadeutschen auf. Zu Haus drehte sich alles um die Verehrung Gottes; der Tag begann und endete damit, dass die ganze Familie zuhörte, wie David aus der Bibel vorlas, und alle zum Gebet niederknieten. Rauchen, Trinken, Kartenspiel, Fluchen oder Glücksspiel waren David und Ida ihr ganzes Leben lang fremd.

Obwohl David und Ida strenge Selbstdisziplin übten, waren sie überraschenderweise ihren Söhnen gegenüber weit nachsichtiger. Es gab keinen Druck in Richtung auf eine bestimmte Laufbahn, wohl aber die Erwartung, dass die Jungen in der Schule ihr Bestes geben würden.

Und obwohl Religion die Mitte war, um die sich die Familie zentrierte, war das Heim der Eisenhowers, randvoll mit jungen Söhnen, alles andere als ein stilles Kloster. Ike und Edgar rauften sich pausenlos und der fast anderthalb Jahre ältere Edgar gewann immer. Ike wurde jedes Mal verhauen, hörte aber nicht mit dem Kämpfen auf. Ida war zwar eine gewissenhafte Mutter, mischte sich aber nicht ein, denn sie meinte, die Jungen sollten ihre Streitereien selbst austragen, um später ihren eigenen Weg in der Welt zu finden.

Hinter dem Haus war eine große Scheune mit einem Heuboden und Ställen für die Tiere, und so gab es auf der Farm und im Haus immer Arbeit, um die Jungen zu beschäftigen. David kaufte ein Pferd zum Pflügen und für den Wagen, zwei Kühe für die Milch, dazu Hühner, Schweine, Enten und Kaninchen für Eier und Fleisch. Ida besorgte die Farm und kochte Obst, Gemüse und Fleisch ein, während David an sechs Tagen in der Woche von früh um sechs bis abends um sechs in der Molkerei arbeitete.

Aber Ida musste nicht alle Arbeit allein tun. Alle Jungen hatten Pflichten, die sie in einem Rotationssystem zugeteilt erhielten. Also lernten alle, Kühe zu melken, Tiere zu versorgen, zu kochen, sauber zu machen, den Garten zu bestellen. Die Rotation der Aufgaben war als Prophylaxe gegen Sexismus am Arbeitsplatz gedacht, ein halbes Jahrhundert schon, bevor dieses Denken Allgemeingut wurde. Da Ida die einzige Frau in der Familie war, wurden viele Aufgaben, die sonst als „Weiberarbeit" gesehen werden konnten, einfach auf die Jungen aufgeteilt: Kochen, Kehren, Geschirrwaschen und Abtrocknen.

In der Familie Eisenhower waren harte Arbeit, Selbstgenügsamkeit und unternehmerisches Denken seit den frühesten Anfängen tägliche Praxis. Jeder Junge hatte im Garten ein eigenes kleines Beet, wo er Gemüse anbaute, das er dann an den Haustüren verkaufte. Es kann kaum überraschen, dass Dwight Eisenhowers lebenslange Vorlieben – Erkunden, Jagen, Angeln, Kochen, Kartenspiele – seine glücklichen Kinderjahre in Abilene widerspiegelten.

„Die netteste Stadt, die ich je gesehen habe"

In der Zeit, als Dwight und seine Brüder barfuß die Gegend durchstreiften, war Abilene eine typische Kleinstadt des Mittelwestens. Bevor aber die Eisenbahn weiter nach Westen geführt wurde und die Eisenhowers sich hier niederließen, war Abilene das Ende des Chisholm Trail gewesen, eine belebte Verladestation für Vieh, Baumwolle und Getreide, die auf dem Schienenweg in die Großstädte des Ostens – Chicago,

Philadelphia, Washington, D.C. und New York – befördert wurden.

Den Cowboys, die ihre Herden manchmal sechs Monate ohne Unterbrechung durch die staubigen Ebenen von Texas, Oklahoma und das südliche Kansas getrieben hatten, musste Abilene mit seinen glitzernden Saloons und den grell geschminkten Prostituierten wohl als die „netteste Stadt" erschienen sein, die sie je gesehen hatten.

So hatte Dwight Eisenhower, mit den anregenden Erzählungen über die bunte Vergangenheit Abilenes im Ohr – sicher durch häufiges Erzählen noch verschönt –, keine Schwierigkeit, sich vorzustellen, wie der Stadtpolizist „Wild Bill" Hickock Gesetz und Ordnung nach Abilene gebracht hatte. Zwar ist es nicht wahrscheinlich, dass einer der Jüngeren in der Stadt noch den Auftrieb einer Herde gesehen hat, und es ist sicher, dass keiner eine Schießerei erlebte, aber trotzdem verbrachten Dwight und seine Freunde zahllose Stunden damit, in den Straßen von Abilene Cowboy zu spielen. Ein Stück des Eisenhowerschen Erbes aus jenen Jahren war seine lebenslange Liebe zu billigen Wildwestromanen.

Ein strenger Vater

David Eisenhower war ein klassischer Vater alten Stils. Das unangefochtene und unanfechtbare Familienoberhaupt besaß ein hitziges und gefürchtetes Temperament. Ida, damals Typus der „guten Frau", akzeptierte alle Entscheidungen Davids und erfüllte alle seine Wünsche. Ihre Jungen lehrte sie, dasselbe zu tun. Jeder im Haushalt der Eisenhowers hätschelte Vaters Ego und gab seinen Wünschen nach. Die Jungen standen abwechselnd um fünf Uhr morgens auf, um im Küchenofen Feuer zu machen, so dass Ida ihrem Mann ein warmes Frühstück zubereiten konnte. Sie brachten ihm ein warmes Mittagessen in die Molkerei, und wenn er am Abend nach Haus kam, wartete Ida schon mit dem Abendessen.

Etwas zwanghaft veranlagt, bestand David auf Ordnung und Genauigkeit – sein Schreibtisch war immer peinlich aufgeräumt. Es war ein Glück für die psychische Entwicklung seiner Söhne, dass er durch seine langen Arbeitsstunden ein wenig wie ein Fremder war und die Jungen zum größten Teil von der sanften und emotional einfühlsamen Ida erzogen wurden.

Eine von Dwights lebhaftesten Erinnerungen betraf den Tag, als sein Vater einmal unerwartet früher heimkam und entdeckte, dass Edgar die Schule schwänzte, um in einem Teilzeitjob zu arbeiten. Noch nach Jahren konnte sich Dwight an den Zorn seines Vaters erinnern: „Sein Gesicht war finster wie eine Gewitterwolke. Ohne ein Argument abzuwarten, griff er nach einem Stück Riemen, … packte Edgar gleichzeitig beim Kragen und legte los.“ Obwohl Dwight damals erst zwölf war, begann er, seinen Vater anzuschreien, wohl in der Hoffnung, er müsse nur laut genug brüllen, damit Ida aus der Scheune käme. Als das Schreien aber nichts half und Ida nicht auftauchte, versuchte Dwight, seinem Vater von hinten den Arm festzu- halten. David wandte sich ihm zu: „Du willst also auch etwas abhaben? Was ist überhaupt mit dir los?“ „Ich glaube nicht, dass irgend jemand so geschlagen werden sollte“, sagte Dwight. „Nicht einmal ein Hund.“[2] Sein Vater ließ den Lederriemen fallen, drehte sich um und stürmte hinaus.

Davids harte Disziplin muss jedoch im Kontext von Fürsorge und Fairness verstanden worden sein, denn Edgar sagte später einem Interviewer: „Ich hatte diese Bestrafung sicher verdient.“[3] Auch Dwight mutmaßte, dass Edgar eine Bestrafung wegen der Schulschwänzerei verdient hätte, und stellte fest, dass sich seine ganze Haltung zum Schulbesuch dadurch veränderte: „Wäre damals nicht Leder zum Einsatz gekommen, mein Bruder wäre wohl ein unglücklicher Handwerker in Kansas geworden, nicht ein prominenter Anwalt.“[4]

Obwohl David und Ida auf harte Arbeit drängten und ein frommes Leben führten, gab es doch viel Lachen und Glück im Hause Eisenhower, manchmal sogar etwas Rabaukentum. Als David älter wurde, wurde er ein leidenschaftlicher Kartenspieler, rauchte stark und fluchte deftig, ohne dass seine Eltern energisch dagegen protestiert hätten. Am wichtigsten für die Persönlichkeitsentwicklung der Jungen war aber, dass ihnen die Eltern ein bemerkenswertes Maß an Entscheidungsfreiheit einräumten, wenn es um ihre Laufbahn und wichtige Tagesentscheidungen ging. Illustriert wurde das besonders durch ihre Reaktion auf Dwights Wünsche in Bezug auf sein infiziertes Bein.

„Lieber sterben als ein Bein verlieren“

In seinem ersten Jahr auf der High School stürzte Dwight eines Tages und schürfte sich das Knie auf – ein nicht ungewöhnlicher Vorfall bei den stets aktiven Jungen der Eisenhowers. Es gab weder eine stärkere Blutung noch eine erkennbare größere Verletzung, so dass er am nächsten Tag wieder zur Schule ging und nicht mehr an die Sache dachte. Die Wunde infizierte sich aber bald und am nächsten Abend lag Dwight im Fieberwahn auf dem Sofa. Die Familie rief Dr. Conklin zu Hilfe. Der legte einen Karbolsäureumschlag um das Bein, um die Infektion aufzuhalten, aber die Vergiftung breitete sich langsam weiter in Richtung auf den Rumpf aus. Ein Spezialist aus Topeka wurde hinzugezogen und war einer Meinung mit Dr. Conklin, dass eine Amputation der einzige Weg sei, um das Leben des jungen Mannes zu retten.

Als Dwight einen Moment lang bei Bewusstsein war, hörte er die Erwachsenen über die Amputation sprechen und sagte leise, aber fest: „Ihr werdet mir das Bein nicht abschneiden." Dann rief er Edgar, seinen ältesten Bruder, und sagte: „Du, Edgar, sie reden darüber, mir das Bein abzunehmen. Sorg du dafür, dass das nicht passiert, denn ich möchte lieber sterben als mein Bein verlieren."[5]

Edgar musste Dwight versprechen, die Ärzte an der Amputation zu hindern. Dann wurde Dwight wieder bewusstlos. Mehrere Tage, während der Edgar Wache hielt und sogar auf der Schwelle zu Dwights Zimmer schlief, hatte Ike extrem hohes Fieber und erlangte nur für kurze Augenblicke das Bewusstsein. Der Arzt warnte: „Wenn das Gift bis zum Magen vordringt, wird er sterben." Aber obwohl Dr. Conklin wütend war und sogar etwas von Mord murmelte, erlaubte ihm die Familie keine Operation.

Eines Abends sagte Dr. Conklin: „Eine Amputation kann ihn jetzt auch nicht mehr retten. Jetzt muss schon ein Wunder geschehen."[6]

Es wird berichtet, dass David und Ida wie auch die Brüder die ganze Nacht beteten. Am Morgen ging es Ike besser. Seine Temperatur fiel allmählich und die Schwellung ging zurück. Nach Tagen des Deliriums und hohen Fiebers begann er sich zu erholen.

Die Geschichte ist in doppelter Hinsicht charakteristisch, denn sie zeigt den Glauben der Familie an Gott und verdeutlicht, wie sehr die Wünsche des jungen Mannes respektiert wurden. Ida und David erkannten offenbar, dass die Befolgung von Ikes Wünschen wichtiger war als die Ausführung der medizinisch gebotenen Prozedur. Ike erholte sich und war bald wieder in der ganzen Umgebung zu sehen.

Ike freute sich über die Gemeinschaft mit Bob Davis, der für ihn bald zu einer Art Zusatzvater wurde. Davis war ein fünfzigjähriger Analfabet, der den Smoky Hill River für seinen Lebensunterhalt nutzte, dort angelte, Enten schoss und Nerze sowie Bisamratten in Fallen fing. Der ältere Mann freute sich über Ikes Gesellschaft und lehrte ihn jagen, angeln, Fallen stellen und die Jagdbeute zubereiten. Er zeigte ihm, wie man auch an Regentagen die Himmelsrichtungen bestimmen und Wild aufspüren konnte. Und er brachte dem Jungen das Pokerspiel bei. Später spielte Eisenhower bei Armeeeinsätzen rund um die Welt, war aber dabei nie leichtsinnig. David wäre stolz auf ihn gewesen.

Die Frauen in Eisenhowers Leben

Ida war zwar eine gute und ergebene Frau, die wir heute wohl abhängig nennen dürften, aber weit davon entfernt, eine Unperson zu sein oder sich an den Rand drängen zu lassen. Sie fügte sich den Wünschen ihres Mannes, zeigte aber keine Unsicherheit, wenn es um die Erziehung ihrer Söhne ging. Wie David verlangte auch sie viel von den Jungen, aber anders als David gab sie ihnen auch viel zurück. Ike formulierte es so: „Mutter hatte den bei weitem größten persönlichen Einfluss in unserem Leben.“[7]

Zusätzlich zur Rotation der häuslichen Pflichten, durch die die Söhne viele Fertigkeiten erlernten, bewältigte sie die Aufgaben des Tages ohne viel Aufhebens, indem sie die sechs Jungen mit ausgeglichener Gelassenheit und liebevoller Anteilnahme erzog. Milton, der Jüngste, erinnerte sich: „Vater und Mutter ergänzten einander. Mutter hatte Persönlichkeit, hatte Freude, hatte ein Lied im Herzen. Vater hatte Autorität.“[8]

Obwohl es an Ikes High School viele Mädchen gab – in seiner Abschlussklasse waren fünfundzwanzig Mädchen und neun Jungen –, war er in ihrer Gegenwart schüchtern. Seine Interessen galten Sport, manueller Arbeit, dem Lernen und erst an letzter Stelle den Mädchen. Es war nicht so, dass er Mädchen nicht leiden konnte, aber wenn man mit fünf Brüdern und ohne Schwester aufwächst, fühlt man sich sicherer, wenn man sich mit Jungen misst. Außerdem riskierte es ein Junge, der in jener Zeit den Mädchen zu viel Aufmerksamkeit schenkte, als Waschlappen angesehen zu werden. Deshalb verbrachte Ike während seiner Jahre auf der High School nicht viel Zeit damit, Mädchen zu umwerben.

Nicht, dass er etwa keine Gelegenheit gehabt hätte. Er war einer der beliebtesten jungen Männer der Stadt und seine Höflichkeit und sein Ernst machten ihn für Mädchen attraktiv. Auch die Jungen mochten ihn, denn er war zwar selbst ein guter Sportler, aber zu allererst ein Mannschaftstyp, der seine Teamkameraden immer anspornte, ihr Bestes zu geben. Er wog bei einer Größe von 1,75 Meter etwas über fünfundsiebzig Kilo und bewegte seinen muskulösen Körper mit der Grazie und Sicherheit eines Athleten. Er wusste, dass er auf verschiedene Weise für sich sorgen konnte – mit Arbeiten, Jagen, Angeln, Pokerspielen – und machte sich keine Sorgen um die Zukunft. Mit einer Zulassung für West Point in der Tasche war Dwight D. Eisenhower schließlich ein junger Mann, der wusste, wohin er ging. So waren Mädchen in jenen Jahren kein wesentlicher Teil seines Lebens.

Seine Reise von Abilene nach West Point unterbrach Ike für einen Besuch bei Edgar, der an der Universität von Michigan Jura studierte. Eines Abends mietete der Bruder ein Kanu und man paddelte mit einigen Collegestudentinnen den Huron hinab. „Das war der romantischste Abend, den ich je erlebt habe", erinnerte sich Ike später. „Es sah so aus, als ob er das richtige Leben führte."[9]

Nach seinem Abschluss in West Point wurde Ike nach Fort Sam Houston versetzt, das 1915 einer der begehrtesten Posten in der Armee war. In Fort Sam lebte man ruhig und genoss das Leben. Ein fähiger Offizier konnte seine Aufgaben bis Mittag erfüllen, so dass der Rest des Tages ausgiebig Zeit für Jagen, Reiten und Geselligkeiten bot. Eines Nachmittags im Oktober war Eisenhower Offizier vom Dienst und wollte gerade die Wachen inspizieren, als von der anderen Straßenseite her, vor dem Offiziersklub, Lulu Harris, die Frau von Major Harris, rief: „Ike, kommen Sie doch mal herüber. Hier sind ein paar Leute, die Sie kennen lernen sollten."

Eisenhower war auf einem Kontrollgang und lehnte zunächst ab. Dann aber ging er doch auf die andere Straßenseite und wurde einigen Damen vorgestellt. „Diejenige, die meinen Blick sofort anzog", erinnerte er sich, „war ein lebhaftes und attraktives Mädchen, kleiner als die anderen, mit keckem Blick und keckem Benehmen."[10]

Als Mamie, die eigentlich Mary Geneva Doud hieß, zum ersten Mal mit dem jungen Leutnant sprach, trug sie ein gestärktes weißes Kleid und einen großen, schwarzen Hut. Als Mamie Ike über die Straße kommen sah, strahlend in seiner gestärkten Uniform mit den Messingknöpfen, dachte sie, wie sie später einräumte: „So ein Schrank. … Er ist wohl der stattlichste Mann, den ich je gesehen habe."[11]

Es war Liebe auf den ersten Blick, dem ein stürmisches Werben folgte. Obwohl Ike bei der Familie Doud sofort gut ankam, warnte ihn Mamies Vater, dass seine Tochter Probleme haben könnte, sich mit dem Soldatenleben einzurichten, denn sie war an ein eigenes Hausmädchen und großzügiges Taschengeld gewöhnt. Ike ließ sich aber davon nicht einschüchtern, sondern machte Mamie am nächsten Valentinstag eine Heiratsantrag, den sie annahm.

Sie heirateten am 1. Juli 1916 in dem großen Haus der Douds in Denver. Ike trug seine weiße Uniform, die so steif gestärkt war, dass er sich vor Ende der Zeremonie nicht setzen wollte. Mamie hatte eine Ponyfrisur und trug ein weißes Spitzenkleid. Nach der Feier fuhr der Chauffeur der Douds beide für zweitägige Flitter„wochen" nach Eldorado Springs. Danach reisten sie mit der Bahn nach Abilene, so dass Mamie Ikes Familie treffen konnte. Als Milton und Earl am nächsten Morgen zum Frühstück die Treppe herunterkamen, bezauberte Mamie sie sofort mit dem Satz: „Endlich habe ich ein paar Brüder."

Mamie erinnerte sich an die Reise nach Abilene im Zusammenhang mit ihrem ersten Streit mit Ike. Eisenhower war eines Nachmittags in die Stadt gegangen, um mit seinen Kumpels ein bisschen Poker zu spielen. Als er zum Abendessen noch nicht wieder da war, rief Mamie ihn an und drängte ihn, sofort nach Haus zu kommen. Ruhig entgegnete er, er würde nie eine Pokerrunde verlassen, wenn er verloren hatte. Wütend forderte sie, er möge unverzüglich kommen oder überhaupt nicht, und legte auf. Als er endlich gegen zwei Uhr früh heimkam, wartete Mamie auf ihn. Ike mochte wohl beim Poker gewonnen haben, bei Mamie hatte er aber verloren. Sie gingen nach oben in ihr Schlafzimmer, schlossen die Tür und stritten bis zum Morgengrauen.

Zurück in Fort Sam, hatte Ike die sichere Erwartung, seine Frau müsse ihr Leben nach dem seinen richten, wie es auch Ida mit David gehalten hatte. Nur ein paar Wochen später wurde Eisenhower vorübergehend abkommandiert und sagte bei dieser Gelegenheit zu seiner neunzehnjährigen Frau: „Zuerst kommt mein Land, heute und in Zukunft. Du kommst an zweiter Stelle."[12] Das war für Mamie, mit ihren eigenen Worten, „ein ziemlicher Schock", aber sie bewunderte Ike und war sicher, er würde ein großer Militär werden.

Kulturell sanktionierte Abhängigkeit

Für eine unterstützende und untergeordnete Rolle war Mamie nicht nur durch ihren Schulbesuch in Denver vorbereitet worden, sondern auch in ihrer Kinderzeit durch die Beobachtung ihrer Eltern. John Doud war das patriarchale Familienoberhaupt, und alle wussten das. Wie Dwights Mutter Ida bewältigte auch Mamies Mutter Elvira die kulturell sanktionierte Abhängigkeit, wie sie in jener Zeit üblich war, sorgte dafür, dass ihr Mann durch nichts „gestört" wurde und tat ihr Bestes, um Ärger zu verhindern oder zu mildern. Dabei musste Elvira ständig einen schwierigen Balanceakt bewältigen, denn sie achtete stets auf die Körpersprache ihres Mannes, indem sie unablässig seine Emotionen beurteilte und sich beeilte, diese zu dämpfen, wann immer es nötig war.

Mr. Douds Temperament musste ständig beachtet werden. Er wurde zum Beispiel wütend, wenn man ihn warten ließ – etwa nach dem gemeinsamen Kirchgang. Da war es manchmal nur eine Sache von Sekunden, bis Mamie, hübsch und herausgeputzt, den Weg herunter kam. Ihr folgten die beiden Schwestern und danach Mrs. Doud. Die sah nach ihrem Mann, um festzustellen, ob sich vielleicht wieder einmal Gewitterwolken hinter seinen blitzenden blauen Augen zusammenballten. Auch die Art, wie er an dem schwarzen Band an seinem Zwicker herumfummelte, konnte auf Ärger hindeuten. Mrs. Doud, in dieser Episode wie immer die Friedensstifterin der Familie, stellte die unschuldige Frage nach den Orgelpfeifen. Mr. Doud, ein eingefleischter Orgelpfeifenzähler, brüllte vor Lachen. Es sei eine sehr große Zahl gewesen, aber er wäre mit dem Zählen schon fertig gewesen, bevor der Prediger zu Ende gekommen war.[13]

Als Elvira einem Biografen die Dynamik ihrer Familie beschrieb, sagte sie, ihr Mann hätte viele Bekannte, hüte sich aber vor engeren Beziehungen. Sie meinte, die Abkapselung gegen Außenstehende befördere eine Überbetonung der Familienbande. „Wir waren immer füreinander da", erinnerte sie sich. „Wenn ich jetzt über die Jahre zurückblicke, scheint mir, wir waren immer zu sehr auf uns, auf den Familienclan bezogen. Aber Mr. Doud wollte es so und keiner leistete da Widerstand. Wir liebten ihn zu sehr."[14]

Die weibliche Unterstützung des Mannes, wie Mamie sie beobachten konnte, war ein gutes Training für sie, so dass sie sich später dem Soldatenleben meist gut anpassen konnte. Auf eine junge Frau, die an mehrere Bedienstete und deren respektvolle Anrede „Miss Mamie" gewöhnt war, müssen die Armeewohnungen in Fort Sam Houston so elegant wie ein Geräteschuppen gewirkt haben. Als typische junge Frau, die in ihrer Gesellschaftsschicht augewachsen war, liebte Mamie die Küchenarbeit nicht. Ike behauptete, die Herstellung von Karamelbonbons und Mayonnaise sei alles, was Mamie in der Küche zustande brächte.[15]

Folglich wurde Ike der Koch der Familie und präsentierte Mamie seine Spezialitäten wie Schmorbraten, Hühnchen, Steak und Gemüsesuppe. Mamie liebte Unterhaltung, und da so einfache Sachen wie Bohnen, Reis und Bier den jungen Offizieren und ihren Frauen durchaus genügten, war es nicht allzu kostspielig, Freunde für den Abend einzuladen.

Oft brachten sie auch ihr eigenes Essen mit. Mamie und Ike hatten so oft Gäste, dass ihre Wohnung bald als „Club Eisenhower“ bekannt wurde. Die Eisenhowers und ihre Freunde genossen einfaches Essen, spielten Karten und sangen aus voller Kehle Lieder, zu denen Mamie die Begleitung auf dem Klavier hämmerte, das sie für fünf Dollar im Monat gemietet hatten.

Mamie teilte Ikes Freude an Sport und körperlichen Aktivitäten im Freien nicht, aber beide redeten gern miteinander, liebten Geselligkeit, Kartenspiel und Musik. Und obwohl Mamie in den fünfunddreißig Jahren von Ikes militärischer Laufbahn ungefähr dreißig Mal umziehen musste, hat sie sich nie beschwert, sondern sich dem männlichen Soldatenleben gut angepasst.

In jener Zeit konnte das Leben eines Armeeoffiziers körperlich anstrengend sein. Deshalb verbrachte Ike viel Zeit im Freien mit Schießen, Ausbildung von Soldaten, Reiten und der Teilnahme an sportlichen Wettbewerben. Sogar die Geselligkeit war männlich ausgerichtet und bestand vorrangig aus Poker, Trinken und Soldatenliedern. Für Ike war dieses Leben befriedigend und entsprach in vielem der turbulenten Welt der wetteifernden Brüder, in der er in Abilene aufgewachsen war

1919 wurde Eisenhower nach Camp Mead in Maryland versetzt. Das war nun nicht gerade der kürzeste Weg zum Aufstieg, aber seine Jahre in Mead sollten sich als förderlich erweisen, denn dort traf er zum ersten Mal George S. Patton Jr., der ebenfalls Kommandeur eines Panzerbataillons war. Zwar hatten sie einen völlig unterschiedlichen Hintergrund, Patton kam aus einer wohlhabenden aristokratischen Familie, Ike aus einer Farmerfamilie, aber beide Männer hatten so viel gemeinsam, dass sie schnell Freunde wurden. Beide waren verheiratet und auch ihre Frauen kamen gut miteinander aus. Beide, Patton und Eisenhower, waren Absolventen von West Point, waren Sportler, hatten Interesse an Militärgeschichte und konnten sich für Panzer begeistern, denn sie teilten die Überzeugung, dass Panzer die Zukunft bewaffneter Auseinandersetzungen bestimmen würden. Damit waren sie dem militärischen Denken ihrer Zeit um etwa zwei Jahrzehnte voraus. Ihre gemeinsame Erkenntnis von der militärischen Zukunft und die allgemeine Geringschätzung, die die meisten anderen Offiziere ihren Ideen entgegenbrachten, festigten ihre natürliche Freundschaft noch.

Für Eisenhower verlief das Familienleben in Camp Mead warm und glücklich. Mamie und Ike freuten sich aneinander und waren mit ihrem dreijährigen Sohn, dem sie den Spitznamen Icky gegeben hatten, völlig glücklich. Die Soldaten ernannten Icky zu ihrem Maskottchen und statteten ihn mit Panzeruniform, Mantel und Mütze aus. Icky wurde zu Manövern mitgenommen und hatte viel Spaß an den Fahrten im Panzer. Er lernte sogar, während Paraden beim Vorbeimarsch der Kapelle und der Fahnenträger strammzustehen.

Weihnachten 1920 sollte großartig werden. Mamie war nach Washington gefahren und hatte Geschenke mitgebracht, Ike hatte einen Baum aufgestellt und einen Spielzeugwagen für Icky gekauft. Aber etwa eine Woche vor dem Fest erkrankte Icky an Scharlach, angesteckt offenbar von einem Hausmädchen, das, ohne dass die Eisenhowers davon wussten, erst kürzlich von dieser Krankheit genesen war. Ein Spezialist vom John-Hopkins-Krankenhaus konnte nur zu Gebeten raten. Icky musste in Quarantäne und Ike durfte seinem Sohn nur durch ein Fenster zuwinken. Mamie, die ebenfalls erkrankt war, musste im Bett bleiben. Eisenhower verbrachte jede freie Minute voller Sorge und in Erinnerung daran, wie sein jüngerer Bruder Milton gegen dieselbe furchtbare Geißel gekämpft – und überlebt hatte. Er erinnerte sich zweifellos auch daran, wie seine ganze Familie gebangt und gebetet hatte, als er die Infektion seines Beins ohne Amputation überwand. Aber Icky hatte nicht so viel Glück; er starb am 2. Januar 1921.

„Es war das schlimmste Unglück in meinem Leben", erinnerte sich Eisenhower in hohem Alter. „Ich habe es nie ganz vergessen können."[16]

In den folgenden fünfzig Jahren schickte Eisenhower an jedem Geburtstag Ickys Blumen an Mamie. „Lange Zeit war es so, als ob ein helles Licht in Ikes Leben erloschen wäre", erinnerte sich Mamie später. „In all den folgenden Jahren war die Erinnerung an jene traurigen Tage ein tiefer innerer Schmerz, der nie recht nachlassen wollte."[17]

Ickys Tod brachte Spannungen in die bis dahin glückliche Ehe. Wie oft, wenn sich eine Tragödie ereignet, werden Selbstvorwürfe zu einer chronischen Obsession – „Hätten wir nur das Hausmädchen nicht eingestellt ... Wären wir nur vorsichtiger gewesen ... Wenn wir nur ..." Unter solchen Umständen wandeln sich Selbstvorwürfe schnell in Anschuldigungen, die auf den Partner projiziert werden – „Wäre sie nur vorsichtiger gewesen ... Hätte sie nur das Mädchen sorgfältiger überprüft ... Hätte sie nur..."

Das chronische Schuldgefühl, der ungeheure Kummer, die Hilflosigkeit, die sie fühlten, übten ohne Zweifel einen enormen Druck auf Ike und Mamie aus, und sie fanden nie wieder ganz zu dem sorglosen Glück der Jahre von Fort Sam und der ersten Zeit von Fort Mead zurück. Die

Trümmer ihrer Träume schwammen im Kielwasser von Ickys Tod wie der Hausrat von Hochwasseropfern, der langsam in schmutzigen Wirbeln kreist und zu keinem Ziel findet, morbide Überreste eines Verlusts.

Die Eisenhowers hatten noch einen weiteren Sohn, den sie sehr liebten, aber John konnte den Verlust von Icky nie völlig wettmachen.

Kay

Die attraktive Kay Summersby wurde die andere bedeutende Frau in Ikes Leben. Sie trafen sich zum ersten Mal am 25. Mai 1942, als die junge geschiedene Irin mit keckem Lächeln und gesprächiger Natur den General zu einer Übung mit Landungsbooten fuhr.

Kay trat in das Leben des Generals, als er unter enormem Druck stand und sich für die Wiederherstellung des Friedens in der Welt verantwortlich fühlte. Ihre menschliche Wärme und ihr helles Lachen halfen Ike, mit der schweren Last des Kommandos fertig zu werden. Stets respektvoll, war sie zunächst voller Ehrfurcht vor ihrem Chef, dem Oberkommandierenden der Vereinten Streitkräfte. Bald aber, als sie gemeinsam die Qualen des Krieges teilten und die Momente der Ablenkung genossen – abendliche Bridgespiele, gelegentliche Ausritte ins Land, Sekt am Kamin –, merkten sie, dass sie viele Gemeinsamkeiten hatten. Kartenspiel war etwas, das Ike und Kay mochten. „Ich liebte Bridge seit meiner Kindheit", schrieb sie später.[18] Und wenn Eisenhower Karten spielte, war er zeitweilig in der Lage, alles andere zu vergessen.

Eines Abends, als General Gruenther, ein alter Freund, mit Ike Karten gespielt hatte, sagte dieser: „Verdammt noch mal, das sollten wir öfter tun." Damit begann eine nächtliche Routine, die den ganzen Krieg über anhielt, in Nordafrika und Italien, in Deutschland und Frankreich. Kay und Ike waren da ein Team und spielten gegen einen General, der zu Besuch da war, oder gegen einige Adjutanten. Es war eine der wenigen Möglichkeiten, Eisenhower für kurze Zeit vom Krieg abzulenken.

Kay war fast immer in Eisenhowers Umgebung, fuhr ihn zu Truppeninspektionen in die vordersten Linien, teilte mit ihm die Momente von Erregung und Gefahr und tröstete ihn in Zeiten der Entmutigung. Kay erinnerte sich, dass sich Eisenhower während solcher Fahrten zu ihr nach vorn beugte und sagte: „Das sieht hier aber schön aus, Kay. Warum hältst du nicht an, damit wir ein Stück laufen können?" Er genoss solche Spaziergänge und manchmal sprachen sie dabei über „dies und das";

zu anderen Zeiten schritten sie einfach schweigend nebeneinander her, bis der General sagte: „Ich glaube, wir sollten besser wieder zurückgehen."[19]

Bei diesen Fahrten erfuhr Kay manches von dem, was er mochte und was nicht. Als sie Ike an einem sonnigen Oktobertag von Cheltenham zurückfuhr, verlief die Straße durch die grüne Hügellandschaft der Cotswolds mit ihren winzigen Dörfern aus Steinhäuschen und Farmhäusern, die von Scheunen und Koppeln umgeben waren. „Eines schönen Tages werde ich auch eine Farm haben", sagte Ike zu Kay, „Kühe, Pferde, vielleicht ein paar Schafe. Einen Küchengarten. Nicht zu groß, aber ich möchte ein richtiges Heim haben. Ich komme ja sonst nur von einem Posten in der Armee zum nächsten."[20] Ike und seine Fahrerin teilten so in der halben Welt ihre Träume, und da konnte Mamie natürlich kaum mithalten.

Körperliche Anstrengungen im Freien hatte Mamie nie gemocht, aber Kay und Ike hatten auch darin eine Gemeinsamkeit. Sie verausgabten sich nicht nur bei den vielen Dienstfahrten mit dem Jeep, sondern hatten auch gemeinsam Spaß am Reiten. Manchmal konnte sich der General von seinen Pflichten frei machen und unternahm gemeinsam mit seiner kecken irischen Partnerin Ausritte ins Land.

Ikes Sohn John verbrachte einmal einige Wochen bei seinem Vater in Telegraph Cottage, einem ländlichen Refugium in England. Daneben befand sich ein Golfplatz, wo Ike ein paar Löcher spielen oder mit seiner Pistole schießen konnte, ohne beobachtet zu werden. Als John Kay kennen lernte, mochte er sie sofort. Er konnte beobachten, dass sich sein Vater in ihrer Anwesenheit entspannte. An manchen Abenden spielten John und einer der anderen Offiziere ein paar Runden Bridge mit Kay und Ike.

John hatte die Bedeutung seines Vaters vorher nicht richtig eingeschätzt. Als er jetzt aber sah, wie viele Menschen sich anstrengten, Papas Wünsche zu erfüllen – Köche, Adjutanten, Ordonnanzen, Fahrer, Offiziere –, war er doch sehr beeindruckt.

Um sich ganz und gar dem Kriegshandwerk widmen zu können, ließ Eisenhower andere den täglichen Kleinkram für sich erledigen. Er zog sich nicht einmal selbst an. John Monney, sein Bursche, kleidete den General an, und zwar in Gänze: Unterwäsche, Socken, Hosen und Schuhe. Ike brauchte sich um nichts zu kümmern, wenn er einen Termin wahrnehmen, Auto fahren oder einen Parkplatz finden musste. Der Oberkommandierende der Vereinten Streitkräfte war nie in einem

Waschsalon oder einem Supermarkt gewesen und wusste nicht einmal, wie man ein Selbstwähltelefon bedient.[21]

Trotzdem war Ike an diesem Punkt seines Lebens ohne Zweifel in doppelter Hinsicht verletzlich: durch Einsamkeit und das, was später als *midlife crisis* zum Schlagwort wurde. Ike vermisste Mamie zweifellos, aber aus Sicherheitsgründen waren keine Telefongespräche erlaubt, so dass er die Probleme seines Dienstes nicht mit ihr diskutieren konnte. Manchmal schien es ihm, als wüsste er in seinen Briefen nichts mehr zu sagen, hätte keine neuen Worte, um seine Liebe auszudrücken. Er selbst formulierte es so: „Ich nehme den Bleistift mit der Frage in die Hand: Was kann ich ihr sagen, außer dass es mir gut geht und dass ich in sie noch ebenso verliebt bin wie früher?“[22]

Zur gleichen Zeit begann er, sich alt zu fühlen. In einem seiner Briefe schrieb er:

„Morgen, am 24. September, wäre Icky fünfundzwanzig geworden. Das scheint unglaubhaft, nicht wahr? Wir könnten jetzt schon Großeltern sein, sind es aber nicht, leider. Gott weiß, dass ich mich manchmal zu alt fühle, um noch etwas toll zu finden.“[23]

Seine Briefe an Mamie waren für sie jedoch keine Bekräftigungen. Besonders einer machte ihr große Sorge. Darin hatte Ike, psychologisch recht ungeschickt, Mamie begeistert von Kay Summersby geschrieben. Vielleicht unterschätzte er, wie bedrohlich für Mamie das Wissen sein musste, dass ihr Mann in vielen Gegenden der Welt häufig in Gesellschaft attraktiver Frauen war. Auf jeden Fall war es nicht überraschend, dass Mamie besorgt war, als sie in jenem Brief von Kays Lebhaftigkeit und Kraft lesen musste, nachdem Ike ihr in anderen Briefen sein Gefühl des Alterns bekannt hatte. Mamie selbst befand sich in der Lebensmitte und hatte kein Interesse daran, mit einer um zwanzig Jahre jüngeren Frau zu konkurrieren, die fast ständig mit ihrem Mann zusammen war.

Die Tatsache, dass Eisenhower während des Krieges 391 Briefe an Mamie schrieb, spricht für seine Liebe zu ihr ebenso wie für seine Schuldgefühle wegen Kay Summersby. In diesen Briefen versuchte er stets, Mamie seine Liebe zu versichern. „Ich kann dir gar nicht sagen, wie sehr ich dich vermisse“ ist eine typische Formulierung, ebenso wie er ihr oft mitteilte, dass er ihr Foto auf seinem Schreibtisch stehen habe, „direkt vor Augen“.[24]

Zur gleichen Zeit hatte er aber auch Kay Summersby „direkt vor Augen“. Ihr war schwer zu widerstehen, nicht nur, weil sie früher Model und Filmschauspielerin gewesen war, sondern vor allem, weil sie eben da war. Ike war mit einer Frau verheiratet, die weit weg war, und Kay war mit Richard R. Arnold verlobt, einem jungen amerikanischen Oberst, der in Nordafrika stationiert und ebenfalls weit weg war. Ike und Kay jedoch waren zusammen, und mitten in den Plagen des Krieges sorgte sie dafür, dass sich Eisenhower wohl fühlte. Er, der in Gegenwart der meisten Frauen verlegen war, freute sich über Kays sanften Spott, ihr gutes Aussehen, ihr kokettes Verhalten. Nur selten waren sie nicht zusammen. „Wir haben immer geplaudert“, erinnerte sich Kay. Dabei redeten sie über alles, sprangen von einem Thema zum nächsten und wollten alle Erfahrungen miteinander teilen. „Nie war irgend eine Spannung zwischen uns.“[25]

Kay begleitete Ike zu Treffen mit einigen der mächtigsten Männer der Welt, etwa König George VI. und Winston Churchill. Neben Bridge, Reiten und einigen gelegentlichen Golfrunden aßen Kay und Ike auch häufig miteinander. Beide waren so mit dem Krieg beschäftigt, ihre Energien so gebunden und ihr Engagement so vollständig, dass Kay das Gefühl hatte, sie lebten in einem „durchsichtigen unsichtbaren Tunnel“, der sie „so sicher wie ein mittelalterliches Kloster die Nonnen oder der Bernstein eine Fliege“ umgab. „Männer und Frauen, die in einen kreativen Prozess eingetaucht sind, sei es Kriegführung, Liebesvollzug, das Malen eines Bildes oder das Austragen eines Kindes im Mutterleib, … existieren in ihrer eigenen abgesonderten Welt.“[26]

Zusammen im „Tunnel“ des Zweiten Weltkriegs, in den Wochen vor der alliierten Landung in Frankreich, wurde das Gefühl der Gemeinsamkeit zwischen beiden immer stärker, stärker als mit ihren weit entfernten Partnern. In Erinnerung an ihren Verlobten schrieb Kay: „Ich liebte Dick, liebte ihn wirklich.“[27] Zur gleichen Zeit aber spürte sie sich Ike näher. Sie wusste jedoch, dass es nicht die Zeit für Liebe war, dass jeder eine Aufgabe hatte, die weit wichtiger als das einzelne Leben oder persönliche Gefühle war.

Bezüglich Ikes Familie erinnerte sich Kay, dass er „sie nur selten erwähnte“. Das war nicht Lieblosigkeit, sondern der Tatsache geschuldet, dass es sich um eine ganz andere Welt handelte. Und die konnte man mit Außenstehenden nicht teilen. Der Krieg war ein unwiderstehlicher

Katalysator, der alles überflutete, Beziehungen wie in einem Treibhaus gedeihen ließ, so dass man in wenigen Tagen eine Nähe zu Menschen erreichte, für die man zu Friedenszeiten Monate gebraucht hätte.[28]

Mamies Verdacht erhärtete sich noch durch einen Artikel in *Life*, in dem zu lesen war, dass Ikes Londoner Fahrerin ihn auf einer Reise nach Algerien begleitet hatte. Mamie stellte ihn in einem besorgten Brief zur Rede. In seiner Antwort schrieb Ike bezüglich Kay: „Sie ist sehr verliebt in einen jungen amerikanischen Oberst und wird ihn kommenden Juni heiraten, wenn beide am Leben bleiben. Ich bezweifle, dass das auch in *Life* stand." „Außerdem", ergänzte er reumütig, „bin ich alt. Die Tage meiner Romanzen habe ich wohl schon hinter mir. Aber ich schwöre, ich vermisse und liebe dich mehr denn je."[29]

Ungeachtet solcher Briefe Ikes konnte jedoch selbst ein flüchtiger Beobachter feststellen, dass zwischen dem General in der Mitte seiner Jahre und seiner jungen Fahrerin eine bestimmte „Chemie" bestand. John Thompson von der *Chicago Tribune* formulierte es so: „Nun ja, ich habe noch nie gesehen, dass ein Chauffeur aus dem Wagen steigt und dem General einen Guten-Morgen-Kuss gibt, wenn der aus dem Büro kommt."[30]

Es half Ike auch nicht, dass er kurz nach seiner Ernennung zum Oberkommandierenden für zwei Wochen nach Hause kam. Er und Mamie, die sich achtzehn Monate nicht gesehen hatten, verbrachten zwei Tage in einem kleinen Cottage in White Sulphur Springs. Aber es waren nicht zwei Tage voller Glück, wie zu hoffen gewesen war. Zweimal versprach sich Ike und nannte seine Frau Kay. Dieser „Freudsche Versprecher" ging an Mamie nicht unbemerkt vorüber. Sie war wütend und davon überzeugt, dass das ihren lang gehegten Verdacht bestätigte – ihr Mann liebte eine andere Frau. Ike errötete und erklärte, dass ihm Kay nichts bedeute, aber da sie praktisch die einzige Frau sei, die er in den letzten anderthalb Jahren gesehen hätte, sei ihm der Name eben herausgerutscht. Mamie war nicht erfreut und auch nicht überzeugt, dass Kay ihrem Mann „nichts bedeute".[31]

Nach seiner Rückkehr nach Europa erlebte Ike die Qualen des Krieges noch unmittelbarer. Kays Verlobter kam durch eine Landmine ums Leben. Eisenhower tat sein Bestes, um sie zu trösten, aber dieses Ereignis war der letzte Auslöser einer nun voll erblühenden leidenschaftlichen Affäre.

„Er legte mir den Arm um die Schultern", erinnerte sich Kay, „und sagte: ‚Mach schon, weine. Es ist der einzige Weg. Lass es einfach raus'."

Sie weinte und weinte und vergegenwärtigte sich, dass Ike sie im Arm hielt, sie beschwichtigte und ihr ein Taschentuch gab: „Er war so freundlich, so zärtlich." Als ihr Schluchzen abgeebbt war und sie nur noch leise weinte, kam Ike mit einem Topf Tee und gab ihn ihr löffelweise, als wäre sie ein Baby. „Und zwischen Schluckauf und Schluchzen gelang es mir, den Tee hinunter zu bekommen."[32]

Während Ike Tage und Stunden und auch Träume mit seiner übersprudelnden Fahrerin teilte, kam langsam etwas von der Freude und Jugendlichkeit zurück, die er durch den Tod Ickys verloren hatte. Kay war schlank und hübsch, lachte viel und erinnerte Ike an die stets präsente Fröhlichkeit seiner Mutter Ida. Und wie es bei gemeinsamer Arbeit häufig geschieht, steigerte Nähe die Leidenschaft. Ike und Kay verliebten sich nach und nach ineinander. Kay erinnerte sich, wie Ike zum ersten mal ihre Hand hielt: „Er legte seine Hand auf meine und lächelte. Das war nicht das berühmte Eisenhowersche Grinsen. Das war ein zärtliches, fast ängstliches Lächeln, sogar ein wenig reumütig. Und voller Liebe."[33] Kay dachte an all die Zeit, in der sie gemeinsam gearbeitet, gespielt und sich Sorgen gemacht hatten, dachte daran, wie ihre Liebe so natürlich gewachsen war, dass sie einfach Teil ihres Lebens wurde, etwas, das sie als selbstverständlich annahmen, ohne es je in Worte zu kleiden. Als er aber jetzt ihre Hand hielt, wurde ihr endgültig klar: „Ja, ich liebte diesen Mittfünfziger mit seinem schütteren Haar, seiner Brille, seinem abgespannten, müden Gesicht. Ich wollte ihn in den Armen halten, hätscheln, erfreuen."[34]

Kay erinnerte sich der allerersten intimen Annäherung: „Es war wie eine Explosion. Wir lagen uns plötzlich in den Armen. Seine Küsse waren hungrig, stark, fordernd. Und ich erwiderte sie ebenso leidenschaftlich. ... Wir atmeten, als wären wir Hunderte von Stufen hochgerannt."[35]

Als sie aber bei einer späteren Gelegenheit tatsächlich versuchten, miteinander Sex zu haben, war Eisenhower nicht dazu in der Lage. Kay erinnerte sich, dass Ike ihre Gläser „mehrmals" nachgefüllt hatte und sie sich plötzlich in einer Umarmung wiederfanden. „Weg mit den Krawatten. Weg mit den Jacken. Knöpfe wurden geöffnet, Es war, als wären wir außer uns. Und das waren wir wirklich." Aber die Erregung stieg nicht bis zum Höhepunkt. „Erschöpft beruhigten wir uns langsam. Er schmiegte sein Gesicht zwischen Hals und Schulter an mich und sagte: ‚O Gott, Kay, es tut mir leid. Ich werde dir nichts Gutes tun können'."[36]

Nachdem Ike die Gläser „mehrmals" nachgefüllt hatte und ihn der Alkohol ausreichend für den Liebesakt enthemmt hatte, könnten die Getränke begonnen haben, ihren sattsam bekannten sedativen Effekt zu entfalten, so dass seine sexuelle Leistungsfähigkeit darunter litt. Es kann auch sein, dass Schuldgefühl, nicht Alkohol, das Antiaphrodisiakum war. Dass Schuldgefühl die Ursache ihrer nicht vollzogenen sexuellen Vereinigung sein konnte, wird dadurch bestätigt, dass spätere Versuche ebenfalls scheiterten, selbst wenn kein Alkohol im Spiel war.

An einem Morgen nach seiner Reise in die Vereinigten Staaten sprach Ike ernsthaft mit Kay über seine Beziehung zu Mamie. Er vertraute ihr an, dass es auf beiden Seiten tiefe Verletzungen gegeben hatte, so tief, dass er und Mamie nicht in der Lage waren, ihr früheres Verhältnis wieder aufleben zu lassen. Er erzählte Kay, wie er jahrelang nicht daran gedacht hatte, Sex zu haben, und wie schlecht er sich fühlte, als er es mit ihr versucht hatte und dabei gescheitert war. Kay saß auf der Armlehne von Ikes Stuhl, schmiegte ihren Kopf an seine Brust und sagte: „Alles in Ordnung. Alles in Ordnung", und beschwichtigte ihn, „wie mich meine Mutter beschwichtigt hat, als ich Kind war. ‚Ich liebe dich. Es ist alles gut'." Seine Augen waren gerötet. „‚Es tut mir leid. Ich bin ein verdammter Narr … Irgendwie habe ich Mist gemacht', sagte er, drehte mir dabei den Rücken zu und sah aus dem Fenster."[37]

Kay am D-Day

„Ich scheine in einem Netz von Hochspannungsdrähten zu leben"[38], schrieb Ike an Mamie eine Woche vor der Invasion. Der D-Day war für den 5. Juni anberaumt und Ike brütete, machte sich Sorgen, traf in letzter Minute Verfügungen und versuchte, den ständigen Sorgen durch ein gelegentliches Bridgespiel zu entfliehen.

Als der Tag der Invasion näher rückte, wurden die Wetterbedingungen für die Generäle zum Alptraum. Hier war etwas, das sie nicht planen konnten. Ebbe und Flut kann man voraussagen, Sturm nicht. Am Ende war die größte militärische Operation der Geschichte von den Launen des Wetters abhängig.

Am 4. Juni kam Eisenhower früh halb fünf mit seinen Untergebenen zusammen, um die Invasion zu beraten. Der Wellengang des Meeres, so wurde berichtet, würde etwas besser als erwartet sein, wenn die Sturmvoraussage stimmte, die Bewölkung würde aber den Einsatz der Luftwaffe nicht erlauben. Eisenhower entschied, die Operation um vierundzwanzig Stunden zu verschieben.

Am Abend des 4. Juni traf sich Eisenhower erneut mit seinen Offizieren. Die See war etwas ruhiger, aber noch immer konnten wegen der Bewölkung keine Luftstreitkräfte eingesetzt werden. Nach dem Abendessen rüttelten Wind und Regen an den Fensterrahmen von Southwick House. Als aber gegen 21.30 Uhr Hauptmann J. M. Stagg, Ikes Chefmeteorologe, voraussagte, dass der Regen in drei Stunden aufhören und danach sechsunddreißig Stunden besseres Wetter herrschen würde, gab es Beifall von den Männern.

Trotzdem war das Wetter ein Unsicherheitsfaktor, und was Eisenhower auch entscheiden würde, blieb ein Risiko. Ike begann, durch das Zimmer zu marschieren, das Kinn auf die Brust gedrückt, die Hände auf dem Rücken verschränkt. Er fragte erst den einen, dann den anderen seiner Offiziere um ihre Meinung. „Es ist ein Scheißspiel", sagte einer, „aber das bestmögliche." „Ich denke, wir sollten's machen", meinte ein anderer, während ein weiterer seiner erprobten Feldkommandeure es für zu riskant hielt. Schließlich sagte Eisenhower: „Die Frage ist, wie lange man die Operation noch mit ausgestrecktem Arm halten kann."

Es waren Zeiten wie diese, zu denen die Einsamkeit seiner Macht besonders schwer auf dem Oberkommandierenden lastete. Der Wind peitschte Regentropfen fast waagerecht gegen die Fenster und es schien fast nicht möglich, dass die Operation vorankommen würde, aber Eisenhower wog alle Meinungen gegeneinander ab und sagte um 21.45 Uhr ruhig: „Ich bin ganz sicher, dass der Befehl gegeben werden muss."[39]

Admiral Ramsay eilte hinaus und gab den Befehl an die Flotte weiter. Wenige Augenblicke danach setzten sich mehr als fünftausend Schiffe in Richtung Frankreich in Bewegung.

Als Ike früh halb vier erwachte, schüttelten Winde fast mit Orkanstärke seinen Trailer. Er zog sich an und machte sich bedrückt auf den Weg nach Southwick House, zu einem letzten Treffen. Es war noch nicht zu spät, die Operation abzublasen. In der Offiziersmesse half heißer Kaffee, die trübe Stimmung aufzuhellen. Stagg berichtete, dass der Wetterwechsel, den er vorausgesagt hatte, in wenigen Stunden eintreten würde. Erneut äußerte jeder Kommandeur seine Meinung und wieder dachte Eisenhower kurz nach und sagte dann ruhig: „Okay, es geht los."[40]

Als die Kommandeure nach draußen eilten, um ihre Positionen einzunehmen, blieb Ike allein in der Messe sitzen. Eben noch hatte er über das Schicksal von Hunderttausenden Menschen entschieden. Nachdem aber einmal der Befehl gegeben war, gab es außer sitzen und warten nur wenig, was er an den nächsten zwei entscheidenden Tagen tun konnte.

Nach dem Abendessen fuhren er und einige Berater nach Newbury, wo die 101. Luftlandebrigade die Maschinen für den Flug in die Normandie belud. Das war eine Einheit, in der von einigen Kommandeuren Verluste bis zu siebzig Prozent befürchtet wurden. Ike unterhielt sich ein wenig mit den Männern, sprach ihnen Mut zu und sagte, sie brauchten nichts zu fürchten, denn sie hätten bestes Gerät und beste Offiziere. Die geschwärzten Gesichter gaben ihnen ein geisterhaftes Aussehen, aber als Ike mit ihnen sprach, schienen sie nur zu wirklich. Einer von ihnen, ein junger Mann aus Texas, witzelte, er würde Eisenhower nach dem Krieg einen Job auf seiner Rinderranch geben. Ein Soldat versuchte, sich selbst und und den General seines Muts zu versichern, und sagte: „Pass auf, Hitler, hier kommen wir.“[41]

Aber Eisenhower wusste nur zu gut, dass viele von diesen jungen Männern nicht mehr zu ihren Familien und Liebsten zurückkehren würden oder höchstens in Zinksärgen, die mit Fahnen drapiert waren. Er blieb, inspizierte und sprach Mut zu, bis die letzte der schwerfälligen C-47 von der Startbahn abhob.[42]

Kay erinnerte sich, dass die Maschinen tosend die Startbahn entlang rasten. Die Szenerie dazu bildete zunächst ein bemerkenswerter Sonnenuntergang mit glühenden Farben am Horizont. Dann kreisten Hunderte von Flugzeugen am nächtlichen Himmel. Der Vollmond war so hell, dass er Schatten warf. Wie ein riesiger Vogelschwarm verdeckten die Flugzeuge zeitweilig den Mond. „Es war so ein gigantischer Augenblick“, erzählte Kay, „mein Herz klopfte und ich musste richtig weinen.“ Ike stand da, das Gesicht zum Himmel gewandt, die Hände in den Taschen, und beobachtete, wie die Flugzeuge kreisten und schließlich in Richtung Normandie davonflogen. Kay: „Wir seufzten. Viele der Männer, mit denen sich Ike unterhalten und denen er die Hand geschüttelt hatte, gingen in den Tod.“[43]

Solche Augenblicke von Vertrautheit vor Ort, vor allem gemeinsame Schmerzen, führen oft auch zu körperlichen Intimitäten. So war es auch der Fall bei Kay und Ike. Nach Kays Bericht war jedoch keiner ihrer zahlreichen Versuche, miteinander Sex zu haben, von Erfolg gekrönt. Schließlich unternahmen sie einen letzten Versuch am 14. Oktober 1945, Ikes fünfundfünfzigstem Geburtstag. Kay dachte, es wäre herrlich, bei diesem ersten Mal schwanger zu werden. „Ike war zärtlich, sorgsam, liebevoll. Aber es klappte nicht. … Es war bitter. Langsam zogen wir uns an, küssten uns dabei gelegentlich und lächelten etwas traurig.“[44]

Der Oberkommandierende der Alliierten Streitkräfte, der Mann, der

12.000 Flugzeuge in die Luft schicken, 5.300 Schiffe in Bewegung setzen, 1.500 Panzer rollen lassen und 150.000 Mann in Marsch setzen konnte, konnte seinem eigenen „Gerät“ nicht befehlen, strammzustehen. Und wie so oft, je intensiver er es versuchte, desto vollständiger misslang es ihm.

Kein Wilderer in Sachen Sex

Ike war nie ein Schürzenjäger gewesen und hatte es ohne Zweifel auch nicht darauf abgesehen, seine junge Fahrerin zu verführen. Durch die vielen Stunden, die sie in traurigen und triumphalen Zeiten miteinander verbrachten, gerieten sie aber doch, wenn auch vielleicht ungewollt, in die Privatsphäre des jeweils anderen. Gleichzeitig jedoch zeigen Eisenhowers Briefe, die er während des Kriegs an Mamie schrieb, dass er seine Frau nie vergaß und offensichtlich auch nicht aufhörte, sich um sie zu sorgen. Es wurde zwar berichtet, dass er um die Erlaubnis gebeten habe, sich von Mamie scheiden zu lassen und Kay zu heiraten (was nicht gestattet worden sei), aber der Wahrheitsgehalt dieser Behauptungen ist strittig.

Ob er nun die Scheidung von Mamie wollte oder nicht, er entwickelte eine tiefe Zuneigung zu Kay. Für einen Mann von Eisenhowers Charakter bedeutete das einen signifikanten emotionalen Konflikt. Er war mit tiefgreifendem Sinn für Moral erzogen worden, so dass er unstreitig von Schuld und dem Wissen um seine Falschheit geplagt worden wäre, vor allem auch mit Blick auf die Hunderte von Briefen voller Liebe und Beteuerungen, die er an Mamie geschrieben hatte. Für anständige Männer ist Schuldgefühl kein Aphrodisiakum, und Ikes Gefühl, Mamie zu hintergehen, führte sicher geradewegs zu seiner Unfähigkeit zum „Vollzug“, wenn er mit Kay zusammen war.

Eisenhowers ehrliche Augen

Ikes Stimmung war an seinen Augen ablesbar. Sie waren eisblau, wenn er zornig war, von warmem Blau, wenn er glücklich war, scharf und fordernd, wenn er besorgt war, glasig, wenn er gelangweilt war. Ikes Augen zeugten von der Offenheit eines Mannes, dem man vertrauen konnte. Die Menschen vertrauten Eisenhower und er ließ sie nicht im Stich.

Ike war kein Playboy. Den meisten Frauen gegenüber war er etwas schüchtern, kaum ein Swinger oder ein Frauenheld, nicht ein Mann, der das Vertrauen seiner Frau betrog. Im Gegenteil, seine Soldaten und Offiziere ebenso wie Politiker von Weltformat, etwa Churchill und de Gaulle, sahen in ihm einen Mann voller Ehrlichkeit und Integrität.

Einmal, so erinnerte sich Kay, habe Ike gesagt, wenn es für einen Mann zwei Wege gäbe, beide ehrenhaft, alle anderen Bedingungen gleich, sollte er den wählen, mit dem er das meiste Gute tun und die geringsten Verletzungen verursachen könne. Hierin liegt die Antwort auf die Frage, warum er sich am Ende für Mamie statt für Kay entschied. Obwohl er sich in Kay verliebt hatte, wählte er den für ihn ehrenhaftesten Weg. Kay zu verlassen und zu Mamie zurückzukehren bedeutete für ihn, das meiste Gute zu tun und die geringsten Verletzungen zu verursachen. Das erlaubte ihm, als Präsident seinem Land weiter in Ehren zu dienen.

Eisenhower war nicht machtbesessen, weder als Oberkommandierender der Alliierten Streitkräfte noch später als Oberbefehlshaber. Krieg machte ihm keinen Spaß. Walter Cronkite drehte später einen Fernsehbeitrag über den D-Day und fragte Ike, was er gedacht habe, als er nach Jahren wieder die Normandie besuchte. Da sprach Eisenhower nicht über Panzer und Schiffe, nicht über Flugzeuge oder die Persönlichkeiten der verschiedenen Kommandeure, sondern über die Familien derer, die auf dem amerikanischen Friedhof in der Normandie begraben sind, über Schmerz und Trauer der Familien, deren Söhne gefallen waren, und auch darüber, wie glücklich er und Mamie darüber waren, dass sie Enkelkinder hatten.[45]

Eisenhower, zu dessen Pflichten es gehörte, die Toten zu zählen, ging nie leichtfertig über Verluste hinweg. An Mamie schrieb er, es sei ein „schrecklich trauriges Geschäft" und es bekümmere ihn im Herzen, dass „so viele junge Leute für immer gegangen" seien. Zweifellos erinnerte ihn das an den Verlust seines geliebten Icky und er bekannte Mamie, er könne sich „nie der Erkenntnis entziehen, dass die Nachrichten zu Haus Schmerz und Leiden in Familien im ganzen Land bringen. Mütter, Väter, Brüder, Schwestern, Ehefrauen und Freunde müssen eine schwere Zeit gehabt haben, einen tröstenden Gedanken zu bewahren und ihren Glauben an die ewige Richtigkeit der Dinge zu behalten. Krieg verlangt Zähigkeit in jeder Faser des Herzens, nicht nur der Soldaten, die ihn auszuhalten haben, sondern auch der Menschen zu Hause, die ihre Besten opfern müssen."[46]

Auch Kay Summersby verband mit der deutschen Kapitulation bittersüße Erinnerungen, indem sie sich ins Gedächtnis rief, wie sie, Eisenhower und seine Berater auf die Nachricht reagiert hatten. Nachdem sie in das Château zurückgekehrt waren, in dem Eisenhower in Reims wohnte, tranken zehn oder zwölf von ihnen Champagner und diskutierten bis zum Morgengrauen die Ereignisse der letzten Stunden. „Es war ein düsterer Anlass“, schrieb sie. Niemand lächelte, kein Lachen war zu hören. Der Sieg war nicht das, an das sie geglaubt hatten. „Es war eine stumpfe Bitterkeit darum. So viele Tote. So viel Zerstörung. Und alle waren sehr, sehr müde.“[47]

Als Kind hatte Ike jeden Tag auf den Knien mit einem Gebet begonnen und beendet. Seine Mutter schätzte er sehr. Als Mann hatte er einen hoch entwickelten Sinn für Moral und ein tief verwurzeltes Gefühl für anständiges Verhalten. Aber er hatte sich nach und nach und durch eigene Schuld in eine junge Frau verliebt, die ihn an seine verlorene Jugend, seine lebhafte Mutter, seinen übermütigen Sohn erinnerte.

Daraus darf man mit Recht schließen, dass Ike keine größeren psychischen Komplexe hatte.

John Fitzgerald Kennedy

Mit Ehefrau Jacqueline, 1961.

1917	Geboren am 29. 5. in Brookline bei Boston, Massachusetts.
1935-1941	Studium in London, Harvard und Stanford.
1941-1945	Marineoffizier (1943 Kommandant eines Torpedoboots).
1945	Journalist.
1946-1961	Mitglied des Repräsentantenhauses für die Demokratische Partei.
1953	Eheschließung mit Jacqueline Lee („Jackie“) Bouvier (geb. 1929).
1953-1961	Senator.
1957	Pulitzer-Preis.
1960	Durch Sieg über seinen Mitkonkurrenten Richard M. Nixon Wahl zum 35. und jüngsten Präsidenten der USA.
1961	Unter seinem Oberkommando missglückte Landung von USA-Truppen in Kuba (Schweinebucht); Entsendung von Spezialeinheiten nach Vietnam.
1962	Erfahrungen aus der Kuba-Krise werden zum Ausgangspunkt für erste Zusammenarbeit mit der UdSSR.
1963	Ermordet am 22. 11. in Dallas, Texas (von Lee H. Oswald unter bis heute nicht völlig aufgeklärten Umständen)

3 John F. Kennedy

35. Präsident der Vereinigten Staaten 1961-1963

Ein Marinehubschrauber erhob sich mit dem Präsidenten über Joseph P. Kennedys weiß gedecktem zweigeschossigem Haus in Hyannis Port. John Fitzgerald Kennedy zeigte auf seinen Vater, der auf der Veranda im Rollstuhl saß, und sagte zu seinem Freund Charles Spalding: „Er hat die ganze Sache möglich gemacht."

Um John F. Kennedy verstehen zu können, muss man zunächst um die Persönlichkeit seines Vaters Joseph P. (genannnt Joe) wissen, denn dieser Mann war Entscheidungsträger und treibende Kraft im Establishment jener politischen Dynastie Amerikas, die als Kennedy-Clan bekannt werden sollte.

Bereits der erste Erfolg Joes, Sohn von „P. J." (Patrick J.) Kennedy, einem der mächtigsten Männer in Boston, mutete an wie eine Metapher auf sein späteres Leben. Er schnitt in den Schulfächern kläglich ab, übertraf aber die anderen auf dem Sportplatz. Joe zeigte mangelhafte Leistungen in Griechisch, Algebra, Englisch, Latein, Geschichte und Geometrie, in Physik und Französisch war er gar ein völliger Versager. Und doch: Wegen seiner Ausstrahlung und seiner sportlichen Leistungen wurde er zum Klassensprecher gewählt. Dann sorgte sein Vater dafür (und zwar mittels Bestechung), dass Joe trotz jämmerlicher Leistungen in Harvard studieren konnte. Mit ähnlichen Aktionen sollte Joe später auch für seine eigenen Söhne aktiv werden.

1907 gewann Joe bei Schulsportwettkämpfen einen Pokal, den Bostons Bürgermeister „Honey Fitz" Fitzgerald gestiftet hatte. Dabei warf er auch ein Auge auf eine andere Trophäe, die er später von Honey Fitz erhalten sollte, nämlich dessen Tochter Rose.

Äußerlich liebenswürdig und gewinnend, mit ständigem Lächeln, war Joe innerlich ohne Rücksicht und Erbarmen. Einen Großteil seines Vermögen häufte er später dadurch an, dass er Alkohol schmuggelte und die Börse ebenso wie Menschen manipulierte.

Typisch für seinen Umgang mit Menschen war die enge Beziehung, die er zu Franklin D. Roosevelts Sohn James aufbaute. Joe erkannte die Schwäche, die der junge Roosevelt für Alkohol und Frauen hatte, und versorgte ihn zweifellos mit beidem. Er wusste, dass sich die Prohibition ihrem Ende zuneigte und tauchte im Herbst 1933 unvermittelt in London auf – begleitet vom junge Roosevelt, dessen Einfluss Joe zu britischen Verträgen verhalf, so dass er der alleinige Importeur für zwei führende Whiskymarken sowie für Gordon-Gin wurde. Tina Sinatras Großmutter nannte ihn einen „Rum verkaufenden Hurensohn". Während der Prohibition soll er auch Verbindungen zur Unterwelt gehabt haben.

Wie sein Vater trank auch Joe selten, wusste aber natürlich um die verhexende Wirkung des Alkohols und nutzte sie, um reich zu werden und politische Macht zu kaufen. Jedem seiner Kinder versprach er zweitausend Dollar, wenn sie vor ihrem einundzwanzigsten Geburtstag weder trinken noch rauchen würden – ein deutliches Zeichen dafür, dass er die zerstörerische Wirkung des Alkohols kannte, obwohl er ihn benutzte, um damit Einfluss zu kaufen und ein Vermögen anzuhäufen.

Es ist unsicher, ob Joe bei seinem Studium in Harvard je ein Examen bestanden hätte, ohne seinen Dozenten Flaschen mit Whisky zuzustecken. Zweifellos betrachteten auch Harvard-Professoren schlampig verfertigte Prüfungsarbeiten mit mehr Nachsicht, wenn ihre Herzen von fünfzehn Jahre altem Scotch für dreihundert Dollar pro Kiste erwärmt wurden. Für den Rest seines Lebens lieferte Joe kostenlos Schnaps an Leute, die ihm dafür im Gegenzug Dienste erwiesen. Dabei handelte es nicht mehr nur um einzelne Flaschen, sondern um ganze Kisten, die nicht nur an die Professoren in Harvard gingen, sondern auch an Präsident Roosevelt oder den Washingtoner Bürochef der *New York Times*, Arthur Krock.

Ein Raubtier

Im Rahmen dieses Buches – auch mit Blick auf die zahlreichen Publikationen über Joe Kennedy – ist es überflüssig, hier weitere Details seiner Biografie aufzuführen. Der Kern der Persönlichkeit dieses Mannes kann in einem knappen Wort zusammengefasst werden: Raubtier.

In diagnostischer Sicht war Joe Kennedy eine psychopathische Persönlichkeit. Aber solche Begriffe sind eher geeignet, den Leser zu verwirren, denn sie beschwören das Bild von Profikillern oder Serienmördern herauf. Psychopathen können jedoch oberflächlichen Charme besitzen und verbal blenden. Die Destruktivität psychopathischer Personen besteht darin, dass sie auf lange Sicht verlogen, unzuverlässig, ausbeuterisch und erbarmungslos sind. Über kürzere Zeiträume werden sie oft als „zu schön, um wahr zu sein" wahrgenommen.

Joseph P. Kennedy war der typische Psychopath: ein charismatisches, anziehendes, geselliges, politisch geschicktes, in Gelddingen schlaues, religiös engagiertes, lächelndes Raubtier.

Um Raubtiere zu verstehen, sollte man einen Moment an Katzen denken. Bei Katzen kann man nämlich zwei sehr unterschiedliche Wesenszustände beobachten, Kämpfen oder Anschleichen, Wut oder Beutegier. Wütende Katzen fauchen und schreien einander an, drohen, den Gegner mit Zähnen und Krallen zu töten, wenn es zur Revier- oder Nachwuchsverteidigung erforderlich wird. Dieses Verhalten lässt kaum einen Zweifel daran, dass sich die Tiere in einem hochgradigen Erregungszustand befinden, dass ihre durch Adrenalin stimulierten Hirne auf Kampf und, wenn nötig, auf das Töten orientiert sind.

Eine Katze, die sich anschleicht, ist im Gegensatz dazu ein völlig anderes Wesen. Hat sie einen Vogel oder eine andere Beute ausgemacht, wandelt sie sich zu einem Wunder an Konzentration. Der Schwanz schlägt langsam nach vorn und zurück, der Körper ist zur größtmöglichen Tarnung eng an den Boden gedrückt – so schleicht sich die Katze langsam an ihre Beute heran. Vorsichtig, methodisch. Die Augen fixiert, den Körper gespannt, stürzt sich das Raubtier auf die Beute. Der Vogel stirbt.

Joe Kennedy war keine Straßenkatze, die ihr Revier gegen einen Eindringling verteidigen muss. Er war ein selbstsicheres, berechnendes, kaltblütiges Raubtier. Seine Wertehierarchie konnte ohne weiteres die eines Mafiabosses sein: Macht, Geld, Familie, Kinder, Sex, Schnaps, Kirche, Vaterland.

Arthur Schlesinger Jr., ein gegenüber den Kennedys loyaler Mann, zeichnet von ihm das folgende Porträt: „Joseph Kennedy war noch nicht ganz achtunddreißig Jahre alt, als er Boston verließ, ein großer, schlanker Mann mit rötlichem Haar und einer dicken Hornbille über durchdringend blickenden Augen. Die Intensität seiner Persönlichkeit war unmittelbar beeindruckend. Er konnte ungemein bezaubern, wenn er es wollte, aber auch – und das geschah oft genug – unverblümt und schroff bis zur Unverschämtheit sein. Tatsächlich waren ihm die meisten Menschen gleichgültig. … Andere Geschäftsleute hielten ihn für grob und skrupellos."[1]

Ein Clan von Konkurrenten

Joes Liebe zu Macht und Geld ist gut dokumentiert. In dieses Bild passt nicht recht seine scheinbare Liebe zu Familie. Ich sage „scheinbar", denn seine „Liebe" zur Familie war lediglich ein anderer Aspekt seiner psychopathischen Ausnutzung anderer. Nur zu bekannt ist, dass er seine Kinder stets an die erste Stelle bringen wollte, was einem gesunden Wachstum nicht förderlich war. Es war vielmehr der rücksichtslose und berechnete Versuch, seinen eigenen übersteigerten Narzissmus durch die Leistungen seiner Kinder befriedigt zu sehen.

Joe Kennedys Lieblingskind war sein ältester Sohn Joe Junior. Wie sein Vater war der jüngere Joe gut aussehend, athletisch, aggressiv und cholerisch. Auch er konnte ein liebenswürdiges Lächeln oder einen stahlharten Blick einsetzen, je nachdem, was seiner jeweiligen Absicht diente. Er war der gesetzmäßige Erbe und die dominanteste Figur unter den Kennedy-Kindern. Ganz oben in der Hackordnung wurde er eine Art Ersatzvater, der verlängerte Arm, mit dem der alte Mann den Clan kontrollierte, wenn er selbst nicht da war. War der ältere Joe abwesend, was sehr häufig geschah, saß der jüngere am Kopf der Familientafel und teilte dort Fleisch und andere Speisen zu. Teddy war sein Lieblingsbruder, Kathleen seine Lieblingsschwester, aber besonders hart war er gegenüber dem um zwei Jahre jüngeren John Fitzgerald. Der fühlte sich immer an seinem älteren Bruder gemessen und diesem unterlegen. Ein Mädchen, mit dem er sich traf, erinnerte sich an Johns Worte: „Joe spielt besser Fußball, Joe tanzt besser, Joe bekommt bessere Zensuren."[2]

Inga Arvad, eine Geliebte Johns, beschrieb die autoritäre Familienhierarchie so: „… der Alte trat Joe, Joe trat John, John trat Bobby, Bobby trat Teddy und Teddy fiel auf den Arsch. John hatte deswegen scheußliche Krisen."[3]

Der alte Joe sah die Familie als Trainingsfeld, eine Art häusliches Ausbildungslager, in dem seine Kinder lernen konnten, wie man Sieger wird. Im Sommer mussten die Kinder früh halb acht bei ihrem Sportinstrukteur zur Gymnastik erscheinen. Nach dem Frühstück hatten sie Unterricht in Segeln, Schwimmen und Tennis. Bei wichtigen Segelwettkämpfen folgte der alte Mann den Kindern im eigenen Motorboot. „Wenn Teddy bei einem Wettsegeln den zweiten Platz belegte", erinnert sich Sargent Shriver, „sagte Mr. Kennedy: ‚Wieso bist du nur Zweiter geworden? Was war los? Wenn das Segel zu locker war, mach es fest, wenn das Boot nicht gut genug ist, nimm eine anderes, aber werde beim nächsten Mal Erster‘."[4]

Auch Joe Kennedys Töchter standen unter diesem ständigen Druck. Als sie in das entsprechende Alter kamen, wurden sie ebenso erbarmungslos getrieben wie die Jungs. Eunice erinnerte sich, dass ihr Vater sie zur Teilnahme an Wettkämpfen zwang, als sie erst sechs oder sieben waren: „Vater meldete uns zu öffentlichen Schwimmwettbewerben immer in unterschiedlichen Altersklassen, so dass wir nicht gegeneinander antreten mussten. Dasselbe geschah bei Segelwettkämpfen. Wenn wir gewannen, freute er sich unbändig. Vater war stets wettbewerbsorientiert. Immer wieder sagte er uns, es sei einfach nicht gut, nur den zweiten Platz zu belegen. Das Entscheidende war der Sieg. Nicht Zweite oder Dritte werden, das zählt nicht – siegen, siegen, siegen!"[5]

Der alte Mann brachte seinem Clan bei, dass es nicht darauf ankomme, wie man gewinnt, solange man überhaupt gewinnt. Einmal verlor der jüngere Joe ein Rennen. Blass vor Zorn befahl der Alte, ein neues Hauptsegel zu setzen. Joe Jr. gewann von da an wieder, aber es stellte sich heraus, dass das neue Segel mehr als zwanzig Zentimeter zu hoch war, so dass der Junge damit einen unzulässigen Vorteil hatte.[6]

Eine verstrickte Familie

Der alte Kennedy kultivierte aktiv, was Familientherapeuten heute familiäre Verstrickung nennen würden. Solche Familien haben schwache Binnengrenzen, bauen jedoch nach außen harte Grenzen auf. Daraus resultiert, dass die Familienmitglieder miteinander überstark verbunden und von der Außenwelt quasi abgeschnitten sind.

Absichtlich kultivierte Joe eine „Stammes"mentalität, damit seine Kinder die Verlängerung seines riesigen Egos blieben. Für Joe Kennedy war die kleinste Einheit nicht die Einzelperson, sondern die Familie, seine Familie. Familiäre Nähe ist erfreulich, familiäre Verstrickung pathologisch. Die Kinder der Kennedys waren Mitglieder eines Clans. Jedes Kind war ein „Teil der Familie", ein „Stück vom Stamm". Selbstständigkeit wurde nicht gefördert.

Sogar das Haus in der Abbotsford Road, in dem Joe Jr., John und die älteren Kinder einige prägende Jahre verbrachten, unterstützte eine solche Entwicklung. Die umlaufende Veranda war mit Falttüren unterteilt, so dass „Spiel- und Schlafställe“ für die fünf jüngeren Kennedy-Kinder entstanden und diese eng aneinander banden, von der Umgebung jedoch in psychischer Quarantäne isolierten. Dort galten Rose und Joe als soziale Außenseiter. Ebenfalls im Haus in der Abbotsford Road begann Rose bald in ihrem eigenen abgetrennten Schlafzimmer zu schlafen, wodurch die Farce einer Ehe, die sie mit dem flatterhaften Joe aufrecht erhielt, nur noch verstärkt wurde.

Somit hatte Joe mit seinen Freundinnen, einer Ehefrau in ihrem eigenen abgetrennten Schlafzimmer und den Kindern in „Schlafställen“ auf der Veranda ausreichend Grund, die Wahrheit über seine Familie vor der Öffentlichkeit zu verbergen. Sein „Stammestraining“ diente dazu, seine Nachkommen zu isolieren und zu seiner eigenen Verfügung zu halten. Er hatte damit offenbar Erfolg, denn alle Kinder der Kennedys verließen das Elternhaus relativ spät, wenn überhaupt davon auszugehen ist, dass sie es im psychologischen Sinn je ganz verließen.

Es gab aber eine Ausnahme: Rosemary, die langsam lernte und der Fleck auf dem sonst perfekten Bild der Familie war. Rosemary konnte Joes Bild nicht schmücken, denn sie hatte nichts zum narzisstischen Mythos von der makellosen Familie beizutragen. Sie war in der Tat ein Makel. Als erst einmal klar wurde, dass sie langsam lernte, wurde sie eine Belastung. Vielleicht erinnerte sie Joe an seine eigenen Lernprobleme. Zumindest war sie der lebende Beweis dafür, dass die Gene der Kennedys nicht fehlerlos waren. Es gab keine Aussicht, dass Rosemary eine Universität besuchen würde, selbst wenn Joe allen Whisky spendete, den er importierte.

Joe musste sie loswerden, den Schandfleck entfernen, die Familie wieder perfekt machen. Es war die Familie, die den ersten katholischen Präsidenten stellen sollte, und da war Rosemary eine Belastung. Erlaubt waren nur Inhaber der ersten Plätze. Verlierer konnte Joe nicht dulden, und so verbannte er Rosemary aus dem Haus. Lange bevor er als Botschafter nach England ging, gab er Rosemary in die Obhut seines Beraters Eddie Moore und dessen Frau. Beide kümmerten sich viele Jahre um sie. In England schickte er Rosemary dann in eine spezielle Internatsschule, und nach Rückkehr in die Vereinigten Staaten schob er sie in Klöster in Washington und Boston ab.

Nach ihrem zwanzigsten Geburtstag aber machten sich bei der früher unterwürfigen Rosemary nach und nach Persönlichkeitsveränderungen bemerkbar. Sie wurde reizbarer und unberechenbarer, zerbrach manchmal Dinge oder schlug andere Menschen. Sie hatte sogar gelegentliche

Krampfanfälle. Joe beschloss, dass sie sich einer Leukotomie zu unterziehen hatte. Zwar milderte diese, wie man gehofft hatte, Rosemarys gewalttätiges Verhalten, führte aber auch zu einer dauerhaften Behinderung. Sie verlor das Sprachvermögen fast völlig, ihr Kopf kippte mitleiderregend auf eine Seite und sie konnte nicht länger für sich selbst sorgen. Nur noch eine jämmerliche Karikatur ihres früheren Wesens, bedurfte sie dauernder Pflege.

Vor der Leukotomie war Rosemary zwar ein bisschen langsam gewesen, aber ein Kind, das mit neun Jahren zweistellige Zahlen richtig multiplizieren kann – und das konnte sie –, leidet nicht an einer Entwicklungsverzögerung.

Im Alter von sechs oder sieben Jahren schrieb sie: „Lieber Weihnachtsmann, ich schreibe dir, ich möchte eine Puppe, einen Puppenwagen und ein paar Papierpuppen und ein bisschen Geschirr. Deine Freundin Rose Kennedy, 31 Naple rd."[7]

Da aber Rosemary nie in der Lage war, Joes Narzissmus des ersten Siegers zu befriedigen, musste sie sich leukotomieren lassen und wurde zur Unperson. Wie viele von Joes „Freunden" und Partnern wurde sie schließlich fallen gelassen, weil sie nichts zu bieten hatte. Eine langjährige Geliebte Joes formulierte es so: „Wer seinen Unwillen erregte, hatte aufgehört zu existieren."[8]

Die Tochter des Bürgermeisters

Joes „Familienloyalität" erstreckte sich nur auf jene Familienmitglieder, die für ihn von Nutzen sein konnten. Selbst die Wahl seiner Frau war höchstwahrscheinlich Ergebnis berechnender Schlauheit eines Menschen, der voran kommen will. Was konnte für einen jungen aufstrebenden Bewohner Bostons strategisch klüger sein, als die Tochter des beliebten Bürgermeisters zu heiraten?

Als Joe jedoch dann vom Bürgermeister bekommen hatte, was er wollte, wurden die Beziehungen in den späteren Jahren schlechter. Wenn Opa Honey Fitz seine geliebten Enkelkinder besuchen wollte, lugte er zunächst vorsichtig durch die Verandafenster. Wenn er dann seinen eiskalten Schwiegersohn in der Nähe sah, schlurfte er lieber für eine Weile davon und kam später wieder.

Arthur Goldsmith, Joes Kommilitone in Harvard und später Partner in seinem Maklerbüro, erinnerte sich, dass Joe sogar in der Zeit, in der er um Rose warb, anderen Frauen nachstieg. Als Goldsmith und Joe einmal eine Verabredung mit ein paar Darstellerinnen aus der musikalischen Komödie *The Pink Lady* hatten, trafen sie zufällig mit Rose zusammen, die just an diesem Ort Rollschuh lief. „Er konnte sich in diesem Fall herausreden“, erinnerte sich Goldsmith.[9]

Eine Illustration der Raubtiermentalität Joes liefert sein erstes sexuelles Zusammentreffen mit einem Filmstar, der bezaubernden Gloria Swanson. Nachdem er sie davon überzeugt hatte, dass er ihr idealer „Geschäftspartner“ wäre, bat er sie und ihren Mann um einen Besuch in Florida, im Dezember 1927. Dort schickte er ihren Mann zum Angeln, drang dann in ihre Hotelsuite ein und vergewaltigte sie. Swanson erinnerte sich: „Er bewegte sich sehr schnell. Sein Mund war auf dem meinen, bevor einer von uns sprechen konnte. … Nach einem hastigen Höhepunkt lag er neben mir und streichelte mein Haar. Außer seinem schuldbewussten leidenschaftlichen Gemurmel war von ihm nichts Wesentliches zu hören. Ich sagte überhaupt nichts.“[10]

Joe versuchte den reizenden Filmstar aber nicht nur in sexueller Hinsicht zu fesseln. Er fing sie auch geschäftlich in einer Falle, aus der sie sich nicht herauswinden konnte. Er feuerte nahezu alle, die mit ihrer Produktionsfirma zu tun hatten, ersetzte sie durch Leute, die ihm ergeben waren und zwang Swanson, ihm die Vertriebsrechte für zwei ihrer erfolgreichsten Filme, *Sadie Thompson* und *The Love of Sunya*, zu überlassen. Um seine Kontrolle vollständig zu machen, stellte Joe dann Glorias Mann ein, der nun für ihn arbeiten musste. Kennedy Senior kontrollierte bald ihre Arbeit als Schauspielerin, ihren Sex und ihren Ehemann. Binnen zwei Monaten hatte Joseph Kennedy praktisch Glorias ganzes Leben an sich gerissen.

Als Joe Kennedy einmal mit Gloria bei Aufnahmen im Studio war, erhielt er ein Telegramm mit der Nachricht, dass sein Vater im Diakonissenkrankenhaus in Boston gestorben war. Der aufstrebende Filmmogul war aber derart mit seinem Versuch beschäftigt, einen „großen Film“ zu machen, dass er es versäumte, am Begräbnis des eigenen Vaters teilzunehmen.

Als später Joe Jr. starb, kam die psychopathische Erbarmungslosigkeit seines Vaters erneut zum Vorschein, obwohl Rose versuchte, die Sache noch im bestmöglichen Licht darzustellen: „Joe ging hinaus auf die Veranda und erzählte es den Kindern. Sie waren wie betäubt. … Er drängte sie, mit ihren Plänen für ein Rennen an diesem Tag wie vorgesehen weiterzumachen und fast alle gehorchten auch. Aber John konnte das nicht. Statt dessen lief er lange den Strand vor unserem Haus entlang.“[11]

Schlangenaugen

Wie bei vielen Raubtieren war das Böse in Joe Kennedy an seinen Augen erkennbar. Die waren berüchtigt. Wie bei einem Tier, das sich an seine Beute heranschleicht, waren seine Augen gewöhnlich auf einen Punkt gerichtet. Wenn er wütend wurde, wurden seine Augen, wie berichtet, „... eiskalt, durchdringend, stahlgrau. Die Pupillen waren geweitet, schienen fast zu verschwinden. Die Wirkung war Furcht einflößend. Seine Augen, denen jegliche Mitte fehlte, konnten zwar sehen, aber niemand schien in der Lage, in sie hinein zu sehen."[12]

Als Gloria Swanson, eine seiner Geliebten, in aller Unschuld für Rosemary die Dienste ihres Ernährungsberaters anbot, packte Joe Kennedy die Wut. „Ich hatte erlebt, dass er auf andere Leute wütend war", erinnerte sie sich, „aber jetzt richtete sich seine Wut zum ersten Mal gegen mich. Es war erschreckend. Seine blauen Augen wurden eisig und schienen dann wie aus Stahl..."[13]

Ein Gast in Joes Haus erinnerte sich später: „Der Blick bohrte sich in dich hinein und durch dich hindurch, entblößte dich bis auf die Seele, so dass du dich nackt und winzig fühltest."[14] Sogar seinen Kindern blieb im Gedächtnis, was es bedeutete, vom Blick seiner scharfen Augen verfolgt zu werden. Als zum Beispiel Joe Jr. gestorben war, legte der alte Kennedy fest, der nächste Sohn müsse sich nun um die Präsidentschaft bewerben. Ein Freund erinnerte sich an Johns Ausspruch: „Ich spüre Papas Augen im Nacken."[15] Und ein anderer sagte: „Diese Augen – damit hat er sich durchgesetzt, mit diesem Blick, diesen Augen."[16] Zitieren wir dazu noch Lem Billings: „Seine Augen konnten dich geradezu an die Wand drücken."[17] Und auch Rose erinnerte sich an Joes kalten stahlharten Blick über die Brille hinweg, der in der Familie als „Daddys Blick" bekannt war.[18]

Wenn Augen ein Fenster zur Seele sind, waren Joe Kennedys kalte Raubtieraugen ein beunruhigender Indikator des Bösen in der Seele dieses Mannes. Es ist vermutlich kein Zufall, dass psychopathische Verbrecher als „kaltblütig" oder „Schlange im Gras" bezeichnet werden.[19]

Ein Familienbiograf beschrieb die spezielle Raubtiercharakteristik von Joe Kennedy so: „... außergewöhnlich blasse Augen eines jungen Wolfs, die sich ein bisschen weiter öffneten, um auf dem zu ruhen, was sie sahen – ohne Verlegenheit, ohne den geringsten Zwang, wegzusehen –, länger als jeder andere, und sich dann jagend weiter zu bewegen."[20]

Joe Kennedys raubtierhaftes Verhalten bewegte sich freilich noch einigermaßen in akzeptablen sozialen Grenzen. (Wenn wir alle Psychopathen festsetzen würden, blieben nur noch wenige Politiker, Drogendealer, betrügerische Geschäftemacher und wenige skrupellose Anwälte, die sie verteidigen, übrig.) Seine scharfen beutegierigen Augen waren jedoch ein sprechender Beweis für seine moralische Verderbtheit.

Von seinem Vater erfuhr John viel über Frauen. Für Joe Kennedy waren Frauen Gebrauchsartikel wie Schnaps oder Sojabohnen oder Schweinebauch. Man konnte sie ausnutzen, benutzen, mit ihnen handeln oder sie im Tausch für Gefälligkeiten einsetzen. Das wurde vielleicht am unverblümtesten deutlich, als John bei der Rückkehr von seiner Internatsschule sein Bett voller Sexmagazine vorfand. Sie waren dort aufgeschlagen, wo sich Frauen in besonders geschmacklosen Stellungen präsentierten. „Ich glaube, das war Vaters Art von Witzen", sagte John dazu.[21]

Es überrascht nicht, dass John mit Joes Meinung aufwuchs, Frauen seien Sexobjekte, geschaffen für die Befriedigung der Männer. Er erinnerte sich: „Vater sagte allen Jungen, sie sollten so oft wie möglich Sex haben. Von sich berichtete er: ‚Ich kann nicht einschlafen, wenn ich keinen Sex hatte'."[22]

Obwohl Joe Kennedy in aggressiver Art versuchte, jede Kleinigkeit in seiner Familie zu kontrollieren, vermittelte er den Kindern doch nie irgendwelche ethischen oder moralischen Prinzipien. Dazu passt Doris Kearns Goodwins Resümee, dass in den mehr als zweihundert Briefen, die Joe Kennedy an seine Familie schrieb, auch nicht ein einziges seriöses moralisches Prinzip enthalten war, über das seine Kinder nachdenken konnten.

Kaum überraschend also, dass Johns Frau die Werte des Vaters Joe Kennedy später so darstellte: „Das Leben drehte sich in erster Linie darum, wie man bekommt, was man will, um Sieg, gleichgültig, was er kostet, gleichgültig, wer verletzt wird. Fromme Reden über Redlichkeit, Bescheidenheit, Nächstenliebe waren in der Kirche sehr schön, mit der Wirklichkeit hatten sie aber wenig oder nichts zu tun."[23]

Lady aus Eis

Im Gegensatz zu Joe mit seinen zahlreichen Frauengeschichten, vielleicht auch als Reaktion darauf, verzichtete Rose auf alle Freuden der Sexualität und wurde eine verbitterte, abhängige Ehefrau. Man muss jedoch verstehen, dass in der Kultur, in der Rose aufgewachsen war, die

Werte der „irischen Mafia" mächtigen Männern den Zugriff auf Frauen erlaubten, die sie wollten – Abwechslung würzt das Leben.

Roses eigener Vater „Honey Fitz" hatte eine bekannte Affäre, die zweifellos die unausgesprochene Botschaft an sie und den jungen Joe Kennedy übermittelte, dass Könige eben ihre Konkubinen haben müssen. Diese Affäre mit einer New Yorker Hure hatte freilich zugleich die politische Karriere ihres Vaters abrupt beendet.

Mitten in dem hektischen politischen Rennen um das Amt des Bürgermeisters von Boston fand Fitzgeralds politischer Gegner James Michael Curley genau die Waffe, die er brauchte: die New Yorker Prostituierte Elizabeth Ryan mit dem Spitznamen Toodles. Der Kongressabgeordnete aus Roxbury sorgte dafür, dass Mrs. Fitzgerald einen giftstrotzenden, schwarz geränderten Brief erhielt. Darin stand, dass ihr Mann, der Bürgermeister, eine ehebrecherische Affaire mit einer Hure namens Toodles habe. Der Brief enthielt zudem die Drohung, die Angelegenheit öffentlich zu machen, wenn sich der Bürgermeister nicht aus dem Rennen zurückziehe. Seine Tochter Rose war damals dreiundzwanzig, und Mrs. Fitzgerald, die wusste, dass eine Schmutzkampagne Roses Heiratschancen irreparabel schädigen würde, drängte Honey Fitz, das Rennen aufzugeben, was er schließlich auch tat.

„Ich werde dem Priester von dir erzählen"

Schon kurz nach ihrer Hochzeit mit Joe Kennedy war Rose sehr unglücklich. Bei ihrer langen religiösen Indoktrinierung und dem Durcheinander in ihrer Erziehung – halb war sie Nonne, halb die hübsche Tochter eines Politikers – war das kaum überraschend. Ein zärtlicher und sensibler Ehemann hätte ihr vielleicht zur sexuellen Reifung verhelfen können, aber eben das war Joe Kennedy nicht. Er hatte sie wohl in erster Linie aus politischer Vernunft und nicht so sehr aus Liebe geheiratet. Joe sah das Leben in einer psychopathisch getönten Darwinschen Sicht – als Dschungel, der vom Überleben der Cleversten beherrscht wird. Er hatte keine Zeit für sexuelle Nuancen oder Feinheiten, nur für das Notwendigste. Als sich Rose hinter eine spröde, verhärtete Schale zurückzog und den Sex mit Joe höchstens noch als notwendiges Übel für die Fortpflanzung duldete, protestierte er:

„Hör mal, Rosie, Deine Meinung, es gäbe keine Romantik außerhalb der Fortpflanzung, ist einfach falsch", sagte er einmal zu ihr in Anwesenheit von Freunden. „Das war kein Bestandteil unseres Versprechens am Altar. Der Priester hat das nie gesagt und die Bücher vertreten diese Meinung auch nicht. Und wenn du deine Meinung nicht änderst, werde ich dem Priester von dir erzählen."[24]

Aber Rose vor ihren Freunden in Verlegenheit zu bringen oder ihr mit kirchlichem Getratsche zu drohen war nicht der Weg, ihre irisch-katholischen Hemmungen zu überwinden. Rose war nur verwirrt und entwickelte fortan eine lebenslange Abneigung gegen jede Erwähnung von Sex oder irgend einer anderen „schmutzigen" Sache.

Im September 1918 gebar Rose ihr drittes Kind, das den Namen Rosemary erhielt. Im Herbst 1919 wurde sie zum vierten Mal innerhalb von vier Jahren schwanger. Ermüdet von Joes Seitensprüngen, meinte sie, genug zu haben. Im Januar 1920 verließ sie Joe und die Kinder und kehrte zu ihren Eltern nach Dorchester zurück.

Die Trennung dauerte aber nur drei Wochen. Wenn Rose geglaubt hatte, ihr psychopathischer, laufend abwesender Mann würde um Vergebung bittend angekrochen kommen, sollte sie enttäuscht werden. Es war nicht überraschend, dass er sich überhaupt nicht blicken ließ. Schließlich machte ihr Vater, John F. Fitzgerald, Rose ihre irisch-katholische Pflicht klar. Sie hatte sich die Suppe eingebrockt und musste sie jetzt auslöffeln: „Was vergangen ist, ist vergangen. Die alten Zeiten sind vorbei. … Du hast Verpflichtungen übernommen, Rosie, und die musst du jetzt einhalten."[25]

Rose kehrte in die Beals Street zurück und gebar wenige Wochen danach ihr viertes Kind, wieder eine Tochter, die auf den Namen Kathleen getauft wurde. Rose brach nie wieder aus, beschwerte sich nicht einmal. Ob gute Zeiten oder schlechte, sie wurde die stoische archetypische irisch-katholische Mutter mit dem fremd gehenden Ehemann.

Obwohl Rose Kennedy kaum je selbst Windeln wechseln oder sich sonst um die Kinder kümmern musste, war sie so etwas wie eine Bürovorsteherin, die sich darum kümmerte, dass die Arbeiten pünktlich und genau erledigt wurden. Später erinnerte sie sich: „Ich hatte dafür zu sorgen, dass genügend Windeln von guter Qualität da waren. … Außerdem mussten täglich Flaschen und Sauger gereinigt und sterilisiert werden. Ich habe davon nicht viel selbst tun müssen, musste mich aber darum kümmern, dass es ordentlich und nach Plan gemacht wurde…"[26]

Rose wurde mehr Geschäftsführerin, weniger Mutter, reglementierte die Kinder und kommandierte die „Belegschaft". Wie eine gute Bürovorsteherin richtete sie eine Datenerfassung auf Karten ein und registrierte so die Krankengeschichten und Vitalstatistiken der Kinder. Nach ihrer „täglichen Inspektion“ suchte sie nach Anzeichen für Schäden an der Kleidung oder losen Knöpfen. Sie berichtete später, sie habe „viele Stunden mit Säumen, Nähen, Ausbessern und Stopfen zugebracht“.[27]

Rose zog sich in ein Leben voll zwanghafter Beschäftigung mit Belanglosigkeiten wie Kleidung, Knöpfen und Zeitplänen zurück. Statt eines von Liebe geprägten Heims wurde das Haus in der Abbotsford Road 51 in Brookline, Massachusetts, eine Fabrik, in der Mittelstandsbabys ihre zubereitete Milch aus sterilisierten Flaschen süffelten und zu Kindern ohne lose Knöpfe heranwuchsen. Einer von Johns Lehrern hat beobachtet, dass Mrs. Kennedy nach jeder Geburt eines Kindes ein neues Kindermädchen einstellte und eine Auslandsreise unternahm. John bekannte einmal einem Freund, dass er jedes Mal weinte, wenn sie ihre Koffer packte, bis er merkte, dass sie das verwirrte und es lediglich dazu führte, dass sie sich von ihm noch weiter zurückzog.

Schon als kleines Kind wunderte sich John Kennedy, warum seine Mutter so oft nicht zu Haus war. Als Rose ankündigte, dass sie wieder einmal mit ihrer Schwester Agnes zu sechswöchigen Ferien abreisen würde, äußerte der fünf Jahre alte John den folgenden denkwürdigen Tadel: „He, du bist ja eine tolle Mutter, gehst auf Reisen und lässt alle deine Kinder allein!“[28]

Rose Kennedys starre Regeln haben sicher die Kinder aufgeregt, die sie nie küsste oder streichelte und nur selten sah. Wenn sie zu Haus war, führte Ungehorsam gegenüber ihrem harten Regiment oft zu körperlicher Züchtigung. Anfänglich benutzte sie dafür ein Lineal, das griffbereit in ihrem Nähtisch lag. Später fand sie diese Methode aber zunehmend unwirksam.

Obwohl Rose alles tat, um die Kinder zu erziehen und zu reglementieren, fühlte sie, dass sie bei Abwesenheit ihres Mannes keine Kontrolle mehr über sie hatte. Waren sie unbeaufsichtigt, schlugen sie oft über die Stränge, Als Joe und John bösartiger wurden, benutzte Rose dann hölzerne Kleiderbügel, mit denen sie die Jungs auf die Hände oder den Hintern schlug. Es gibt keinen Beleg dafür, dass es ihr Spaß machte, die Kinder zu schlagen, aber es war vermutlich höchst schädlich, denn es ereignete sich in einem Gesamtkontext von Lieblosigkeit. Weil Rose offenbar unfähig war, physische Zuneigung zu zeigen, waren die Schläge mit den Kleiderbügeln die einzige Berührung, die John je von seiner Mutter erfuhr.

John, in der Öffentlichkeit bescheiden und höflich, kritisierte seine Mutter nie. In seinem späteren Leben aber ließ er Freunden gegenüber manchmal doch die Maske fallen und zeigte die Bitterkeit, die er seiner Mutter gegenüber spürte, weil sie zu oft abwesend gewesen war und ihn selten oder nie in den Armen gehalten hatte. Einmal bekannte er einem Freund:

„Meine Mutter war entweder in einem Pariser Modehaus oder auf den Knien in einer Kirche. Wenn wir sie wirklich brauchten, war sie nie da. … Nie hat mich meine Mutter richtig umarmt. Nie! Nie!“[29]

Die emotionale Kälte seiner Mutter, ihre Beschäftigung mit Kleidern, Schmuck und Makeup führten bei John zu lebenslanger Aversion gegen solche oberflächlichen Äußerlichkeiten und trugen vermutlich zu seiner fruchtlosen Jagd nach Frauen, die bis an sein Lebensende anhielt, ebenso bei wie zu seinen unablässigen sexuellen Eroberungen, die zwar kurzzeitig seinen Triebstau abbauten, ihm aber nie dauernde Befriedigung verschafften.

Außer in Zeiten sexueller Erregung hasste John Kennedy körperliche Berührung. Bereits dem Gedanken an liebevolle Zuwendung zu einer Frau schien er abgeneigt, wenn damit Langzeitengagement oder dauernde Zuwendung verbunden war.

Die Prüde und das Raubtier

John Kennedys früheste Vorstellungen von Frauen und Leben wurden also durch ein sexuelles Raubtier und eine Sexfeindin geprägt. Dadurch pervertierte seine eigene Sexualitätsentwicklung dahingehend, dass er in Frauen nur Objekte sah, die man erobern und benutzen kann. Wie zuvor für seinen Vater waren Frauen für John eine „Kriegsbeute“, auf die er Anspruch zu haben meinte. Die Kennedy-Männer mussten unbeschränkten Zugriff auf mehrere Partnerinnen haben. Je mehr Frauen man beschlief, desto mehr war man Mann. Je jünger, schöner und bezaubernder sie waren, desto besser konnte man die eigene Leistungsfähigkeit zur Schau stellen. In der Liebe wie in der Politik und im Krieg fällt die Beute an die Eroberer. Deshalb war es so wichtig, immer als Erster ins Ziel zu kommen, wie es der alte Kennedy forderte.

Weit davon entfernt, seine Fehler zu kaschieren, waren Joe Kennedys sexuelle Eroberungen eine Quelle seines narzisstischen Stolzes. Noch Jahre nach seiner Affäre mit Gloria Swanson prahlte er John gegenüber unverhohlen damit, sparte nicht mit intimen Details über ihre Genitalien und machte sich über die Schauspielerin lustig. Er behauptete, sie sei sexuell unersättlich gewesen, habe manche Nacht fünf Orgasmen gehabt, und ließ dabei nur zu deutlich erkennen, was für ein Mann Joe Kennedy doch gewesen sein musste, um ihr ein solches Abenteuer zu verschaffen. Das geschah gegenüber dem gleichen Sohn, dessen Bett er einmal in einem perversen Versuch, seinen Machismo zu beweisen, mit Pornoheften bepflastert hatte.

Leider wurde die psychopathische Sexualität des Vaters nicht von der Erziehung durch eine warmherzige Mutter aufgewogen. Im Gegenteil, Rose Kennedys emotionale Kälte und sexuelle Prüderie, kombiniert mit ihrer zwanghaften Beschäftigung mit Details der Kleidung und der Erscheinung, führten nur dazu, dass sie auf John überhaupt keinen positiven Einfluss hatte. Statt dafür zu sorgen, dass ihre Kinder in sexueller Hinsicht nicht aus der Reihe tanzten, erreichte Rose mit ihrer moralischen Pingeligkeit und sexuellen Aversion die unbeabsichtigte, wenngleich vorhersagbare gegenteilige Wirkung, dass Joes psychopathisches Vorbild und seine Prinzipien in ihrer Wichtigkeit noch verstärkt wurden. Ungewollt ergänzte Johns prüde Mutter den sexbesessenen Vater.

John F. Kennedys Sexualverhalten

John Kennedys Sexualität blieb auf der pubertären Entwicklungsstufe mit ihrem prahlerischen Wunsch stehen, so viele Mädchen wie möglich umzulegen. Seine Haltung gegenüber Frauen kam nie über das „Trophäenstadium" hinaus. In der Sicht Inga Arvads, einer der vielen Geliebten Johns, war er „kein Mann, sondern ein Junge, dem es um die eigene Ejakulation, nicht um das Vergnügen der Frau ging."[30]

Wenn es um die Haltung der männlichen Kennedys gegenüber Frauen geht, so schienen die meisten leider in die Fußstapfen des alten Joe zu treten. Eine Geliebte Joe Kennedys sagte: „Ich glaube nicht, dass einer der Kennedys zu einer tiefen emotionalen Zuneigung fähig war."[31]

Henry James, der John Kennedy in Stanford kennen lernte, äußerte: „John war nie verliebt. Er mochte Frauen. Er brauchte Frauen, wollte sich aber nicht durch eine Beziehung verpflichten." James erinnerte sich an Johns Lieblingsformel: „Das war's. Danke, meine Dame." Für John war das Wichtigste am Sex die Jagd. James erinnerte sich an Johns Worte: „Ich habe kein Interesse. Wenn ich eine Frau einmal habe, bin ich in den meisten Fällen nicht an einer Fortsetzung interessiert. Ich liebe die Eroberung. Die ist eine Herausforderung. Ich mag den Kampf zwischen Mann und Frau, darum geht es mir. Mir geht es um die Jagd, nicht um das Töten."[32]

Zusätzlich zu der nicht funktionierenden Beziehung, die John bei seinen Eltern beobachtete, war der Zwang, sich als Mann zu beweisen, durch die vielen Krankheiten in seinen Kinderjahren noch verschärft. John war in seinem Leben sehr oft krank, so dass er quasi an einer medizinischen Version des Kleiner-Mann-Komplexes litt und seine physische Leistungsfähigkeit nicht nur seinem narzisstischen Vater beweisen musste. Er musste sich selbst davon überzeugen, dass er okay war. Hier muss man an Adlers Theorie der organischen Minderwertigkeit und ihrer Kompensation denken.

Im Sommer 1934, als die anderen Familienmitglieder in den Ferien oder auf Reisen waren, verbrachte John ein paar schlimme Wochen in der berühmten Mayo-Klinik in Rochester, Minnesota. Das war ein weiterer Versuch, die Ursache für das beständige Kränkeln des jungen Mannes herauszufinden.

Jetzt aber erfuhr der sexuell animierte John einige der medizinischen Behandlungen auf erotisierte Weise, vielleicht ein früher Hinweis auf seine lebenslange Ambivalenz gegenüber Frauen, die er als Erregung und Strafe wahrnahm. In einem Brief an seinen treuen Kumpel Lem Billings beschrieb der siebzehnjährige Kennedy die Krankenschwestern als „weiß berockte Wärterinnen" seines medizinischen Gefängnisses, fügte aber hinzu, sie seien „ein Haufen Frauen mit der dreckigsten Fantasie, die ich je erlebt habe", und schloss mit einer prosaischen Diagnose seines eigenen Zustands: „Mit meinem Darm ist irgend etwas nicht in Ordnung, anders gesagt, ich scheiße Blut."[33]

Während der Wochen in Rochester, in denen er mehr oder weniger anhaltende Leibschmerzen hatte, musste er eine Reihe demütigender medizinischer Prozeduren über sich ergehen lassen, die er in seiner charakteristischen Art kommentierte. „Ich leide hier draußen schrecklich und habe jetzt die ganze Zeit Schmerzen im Darm." Er beklagte sich bei Billings, dass er noch immer Mais und Erbsen zu essen bekomme, merkte aber auch an, dass er von einer schönen Blondine einen Einlauf erhalten habe. „Das, mein Lieber, ist das Höchste an billiger Erregung."[34]

Er beschrieb seinem Freund, er habe „die schlimmste Erfahrung meines Lebens" gemacht. Anschaulich und großspurig zugleich hieß es weiter: „Sie haben mir fünf Einläufe verpasst, bis ich weiß wie Schnee war." Dem folgte eine detaillierte Beschreibung, wie er auf eine Art Frisierstuhl gesetzt wurde, während ihm eine blonde Schwester die Hose auszog. Umgeben von Schwestern „steckte mir der Doktor zuerst den Finger in den Arsch. Ich wurde rot – du weißt ja, wie das ist. Er bewegte ihn zweideutig hin und her und ich brachte ihn zum Lachen, als ich sagte, dass ich die Bewegung toll finde."[35] [unübersetzbares Wortspiel; *motion* bedeutet Bewegung und auch Stuhlgang, d. Ü.]

Bei anderer Gelegenheit schrieb er an Billings: „Meine Lebenskraft geht langsam zu Ende", und klagte, er sei nur noch der „Schatten des Manns von früher". Sein Penis sähe aus, als wäre er „durch eine Wringmaschine gedreht" worden. Er behauptete, eine Schwester hätte versprochen, John könnte ihr „ein Fitnesstraining" verpassen, sobald abends das Licht aus sei, aber sie hätte, sehr zu seinem Bedauern, kurz darauf ihre Meinung geändert.

„Die Schwestern sind ganz reizend und ich bin wirklich der Liebling des Krankenhauses", schrieb er Billings an einem anderen Tag und schloss: „Die Schwestern sind fast ebensolche Schlampen wie du, du Scheißkerl, mit deiner dreckigen Fantasie."[36]

Es war typisch, dass John seine Krankheitsperioden mit wenig Unterstützung seitens der Familie durchstehen musste, nachdem er in die Internatsschule geschickt worden war. Rose war entweder schwanger oder auf Reisen, während sich Joe mit einer neuen Geliebten in Florida oder Las Vegas oder an irgend einem anderen luxuriösen Ort vergnügte. Als John zum Beispiel an der Choate School krank wurde, schrieb Rose zahlreiche Briefe voller Ratschläge an die Frau des Schulleiters und drückte darin ihre „Besorgnis" über Johns Zustand aus. Einen Besuch bei ihm brachte sie aber nicht zustande – eine Frau, die in vier Jahren siebzehn Auslandsreisen unternommen hatte, brachte es nicht fertig, von der Familienvilla am Strand von Palm Beach nach Connecticut zu reisen, wo ihr Sohn mehrere Wochen im Krankenhaus lag.

Die Frauen des Präsidenten

Manche von Kennedys Anhängern behaupten steif und fest, dass jene Verleumder, die John als ebenso sexbesessen wie seinen Vater darstellen, einfach nur Gegner des Kennedy-Clans seien und die Tatsachen verzerrten, um ein negatives Bild zu zeichnen. Der Wahrheitsgehalt solcher Berichte wird aber ungewollt durch Johns persönliche Sekretärin Evelyn Lincoln bestätigt, die Kennedy wie wohl niemand sonst ergeben war. Ihr Buch *My Twelve Years with John F. Kennedy* ist eher eine dreihundertseitige Eloge als eine Biografie. Sie bewunderte den Mann offenbar sehr und interpretierte seine Handlungen auf möglichst positive Weise. Im ersten Teil des Buchs steht indes ein verräterischer Bericht, der andere Informationen zu seiner Art, Frauen zu gebrauchen, bestätigt:

„Ich weiß nicht, was er den Interviewern über sein Liebesleben berichtet hat. Ich könnte aber erzählen, dass eine meiner ungewöhnlichsten Aufgaben als Sekretärin darin bestand, seine Freundinnen anzurufen und sie zu fragen, ob sie mit ihm ins Kino gehen würden.

Er kam zum Beispiel nach einem arbeitsreichen Tag an meinen Schreibtisch und sagte mit einem bestimmten Unterton: ‚Sieh mal zu, dass Eileen heute Abend mit mir ins Kino geht.' Zum Glück wusste ich, wer Eileen ist. Es stellte sich aber heraus, dass sie aus ihrem Büro weggegangen und auf dem Heimweg war. Ich rief immer wieder an und hatte sie schließlich nach einer halben Stunde am Telefon. Sie war noch ein bisschen atemlos, weil sie das Telefon klingeln gehört hatte und die Treppen hochgerannt war. Ich sagte nur: ‚Hier spricht Evelyn Lincoln', da wusste sie schon, warum ich anrief. Ich brauchte also gar nichts weiter zu sagen, denn sie antwortete sofort aufgeregt: ‚Natürlich kann ich kommen. Wann soll ich da sein?' Ich sagte es ihr und konnte mir vorstellen, was ihr durch den Kopf ging: ‚Warum bin ich bloß in der Mittagspause nicht zum Friseur gegangen, wie ich es vor hatte?' Oder: ‚Warum habe ich das blaue Kleid nicht in die Reinigung gebracht? Beim nächsten Mal werde ich mich besser vorbereiten.'

Aber Eileen, Susan, Jane und viele andere mussten feststellen, dass es ein nächstes Mal oft gar nicht gab. Ich habe den Grund nie herausfinden können. Ich glaube, dass er sich impulsiv verabredete, je nachdem, wie er gerade Laune hatte. Manchmal war das ziemlich umständlich und wir mussten oft eine Stunde oder länger herumtelefonieren, um das Mädchen ausfindig zu machen. Er schien immer ganz wild darauf zu sein, gerade dieses Mädchen und kein anderes und unbedingt an diesem Abend zu sehen. Und in der Hälfte der Fälle hat er den Namen nie wieder erwähnt."[37]

Eine von John Kennedys Verehrerinnen, die Schriftstellerin Gloria Emmerson, stellte fest: „Es war ihm gleichgültig, ob eine Frau ja oder nein sagte. Es gab immer eine andere. Er war in Bezug auf die Frauen, mit denen er eine Affäre hatte, so zerstreut." Emmerson erinnerte sich, dass ihre Mitbewohnerin eine Affäre mit Kennedy hatte, er sich aber nie an ihren Namen erinnern konnte. Er begrüßte sie mit den Worten: „Hallo, Kindchen, wie geht's dir?" „Er wusste nicht einmal, wie er mit ihr in Kontakt kommen könnte. Deshalb musste er den Pförtner des Hauses rufen und ihm die Frau beschreiben, bis der Pförtner wusste, wer gemeint war."[38]

Eine andere Geliebte Kennedys beschrieb, wie sie mit ihm in der Nacht vor seiner Amtseinführung in seiner Wohnung in Georgetown geschlafen hatte. Diese Wohnung teilte er mit Frau und Kindern. Kennedy erwog, ihrem Vater, einem bekannten Geschäftsmann, eine wichtige Stellung in seiner neuen Administration zu geben. „Er [Kennedy] trug eine weiße Krawatte, sah mich an und fragte, ob ich zufällig mit dem Kandidaten verwandt sei." Sie und Kennedy hatten zwei Jahre lang ein Verhältnis und er wusste nicht einmal, wer sie war.[39]

Jacqueline Bouvier

John Kennedy traf Jacqueline Bouvier zum ersten Mal an einem Abend im Mai 1951. Freunde hatten eine Zeit lang versucht, ihn mit einer passenden Frau zusammenzubringen, und John selbst war der Meinung, es wäre nun Zeit zum Heiraten. Mit fünfundvierzig Jahren besaß Kennedy alle Voraussetzungen für Erfolg in der Politik, einschließlich der Kriegskasse seines Vaters, aber etwas Wichtiges fehlte: eine Frau.

Die steifen Dinnerpartys in Washington mochte er gar nicht, aber Partys im Haus von Charles Bartlett waren etwas anderes. Es gab anregende Gespräche, gesellige Spiele und an diesem besonderen Abend die Gesellschaft der bezaubernden Jackie. Kennedy war von dem munteren Mädchen mit der leisen Stimme und den weit auseinander stehenden Augen fasziniert. Jackie schien zugleich naiv und wissend, ganz anders als er mit seinem jungenhaften Konkurrenzdenken in der Art des „alles, was du kannst, das kann ich viel besser". Eben noch konnte sie mit flüsternder Stimme eine kindliche Frage stellen, einen Moment später mit klügster Ironie oder einer intelligenten Anspielung verblüffen.

Was noch wichtiger war, Jackie gehörte nicht zu den vielen Frauen, die meinten, John könne einfach alles. Sie glaubte nicht, dass Joe Kennedys Clan „eine Nation für sich"[40] wäre, wie es Rose einmal charakterisiert hatte. Und sie zeigte das mit ihrer kecken Unbekümmertheit. Evelyn Lincoln, die Stunden mit der Organisation des komplizierten gesellschaftlichen Lebens des Senators zubrachte, erinnerte sich, wie ungeniert und schamlos Frauen hinter Kennedy her waren: „Ich habe so etwas in meinem ganzen Leben nicht gesehen. Die Hälfte aller Anrufe bei mir kamen von Frauen."[41] Jackie aber war, von Natur aus oder in voller Absicht, ihm nicht auf den Fersen und das bedeutete, dass sie anders war.

Als ihre Beziehung ernsthafter wurde, sollte Jackie einmal mit John nach New York fliegen. An diesem Nachmittag war sie zum Reiten in Middleburg, Virginia, während John wutschäumend auf dem Flugplatz saß. Evelyn Lincoln in seinem Senatsbüro wusste, dass die wichtigste Regel im Umgang mit ihm war, dass man ihn nicht warten lassen durfte. Sie fand es außergewöhnlich, dass Jackie es wagte, sich derart zu verspäten.

Schließlich tauchte Jackie in aller Gemütsruhe im Büro auf und sah frisch und entspannt aus. „Wo ist John?" fragte sie, als erwarte sie, dass er sofort aus seinem Arbeitszimmer gestürzt käme. „Er wartet auf dem Flugplatz auf Sie", antwortete Lincoln mit perfekter Loyalität. „Oh!" sagte Jackie mit einer Stimme voller Unschuld und zugleich Härte.[42]

Aufgewachsen auf Besitzungen in Southhampton und Newport, war sich Jackie ihrer sozialen Stellung sicher. Wie John hatte auch sie eine finanziell erfolgreichen Vater mit vielen Frauengeschichten, John „Blackjack" Bouvier III, Mitglied der New Yorker Börse. Er war ein legendärer Frauenheld, der im Bett ebenso viele Erfolge hatte wie in der Wall Street. Er war ein Lebemann der Roaring Twenties, in der Vorahnung des Kommenden nicht so scharfsinnig wie Joe Kennedy, und war in der Weltwirtschaftskrise Bankrott gegangen. Aber Jackie bewunderte ihren Vater und war von Blackjacks Mischung aus Ritterlichkeit und Charme fasziniert. Das war wohl der Grund, dass er für die Psychopathie des Kennedy-Clans blind war, wenn es um Frauen ging. Als sie Johns Vater an einem Wochenende in Palm Beach erstmals traf, war sie von Joes trügerischem Charme fasziniert und nannte ihn fortan Mr. Grandpa.

Es passt zu ihrer naiven Billigung der durch Charme verhüllten Psychopathie des alten Kennedy, dass Jackie dank ihrer Mutter Janet durchaus eine eigene berechnende Seite besaß. Ihre Mutter hatte einen untrüglichen Blick für Eigentum, Vermögen und die Bedeutung guter Erbschaften. Folglich gab sie an ihre Tochter etwas weiter, was sozialer Berechnung in höherem Maße nicht unähnlich war. Die Mutter der Frau, die zunächst John Fitzgerald Kennedy und danach Aristoteles Onassis heiratete, wusste ihren Charme zur Vergrößerung ihres eigenen Reichtums einzusetzen. Als Blackjack sein Vermögen in der Weltwirtschaftskrise verloren hatte, blieb Janet nicht länger mit dem notorischen Frauenhelden zusammen, sondern heiratete statt dessen Hugh Auchincloss, einen sorgfältig gekleideten zurückhaltenden Herrn mit gutem Namen und ansehnlichem Vermögen.[43] Damit löste sie ihre finanziellen wie ihre Eheprobleme auf einen Schlag.

So wusste Jackie, die nach ihrer Mutter schlug, auf ihre eigene rätselhafte Weise, worauf sie sich einließ, als sie den gesuchtesten Junggesellen des Kennedy-Clans heiratete.

In ihren Gefühlen gegenüber John schien sie ihren Emotionen wie auch ihrer Berechnung freien Lauf zu lassen. Sie war keine Frau von unverhohlener Leidenschaft, konnte aber mit mädchenhafter Begeisterung und mit Zuneigung in der Stimme über John sprechen. Sie konnte aber auch gegenüber ihm und den anderen Kennedys auf Abstand gehen. Ebenso war sie sich des Vorteils bewusst, den begehrtesten Junggesellen in Washington zu heiraten, wenn sie den Kauf eines teuren Gemäldes von unbestimmtem Wert erwog.[44]

Trotzdem spürte Evelyn Lincoln, die „große Dame" in Johns gesellschaftlichem Leben, am Tag der Hochzeit von Jackie und John, dass die beiden nicht verliebt waren. „Ich glaube, dass der alte Joe eine Menge mit ihrer Heirat zu tun hatte", meinte sie. „Ich denke, der hat sie überredet. Er meinte wohl, ein Präsidentschaftskandidat müsste eine Frau haben. Liebe war nicht im Spiel. Da bin ich sicher."[45]

Wenn es aber eine politische Heirat im vollen Wortsinn war, dann eine, in die die künftige Prinzessin von Camelot sehenden Auges ging. Aus den Jahren vor ihrer Ehe in Hyannis Park wusste sie, dass die Kennedys ein rowdyhafter gefährlicher Clan waren, von dessen Frauen wie der devoten und märtyrerhaften Rose erwartet wurde, dass sie ruhig blieben und sich sichtbar beschädigen ließen, wenn die Männer der Kennedys fremd gingen. Wie Bobbys Frau, die ewig schwangere burschikose Ethel, sollten sie Kinder bekommen und gute Mütter sein.

In der merkwürdigen häuslichen Atmosphäre der Kennedys ragte Jackie heraus wie der sprichwörtliche wunde Daumen. Bei ihrem ersten Wochenende in Hyannis Port zog sich Jackie für das Abendessen um. In ihrer eleganten Aufmachung wäre sie für ein Dinner mit New Yorker Berühmtheiten angemessen gekleidet gewesen. John machte seine Späße mit ihr und fragte: „Wo willst du denn damit hin?"[46] Johns Schwestern imitierten ihre flüsternde Stimme und nannten sie „die Debütantin". Die Familie nahm Jackie einmal zu einem ihrer berüchtigten Footballspiele mit ins Grüne, und schnell brach sie sich einen Knöchel. Im echten Stil Joe Kennedys wurde das Spiel nur so lange unterbrochen, bis Jackie vom Spielfeld gekarrt worden war, womit ihre kurzlebige Footballkarriere endete.

Jackie wollte gar nicht gegen den Clan konkurrieren, sie wollte aber auch nicht ein Leben in blinder Unterwerfung führen und nur Babys groß ziehen, während ihr Mann wie Joe herumstreunte. Ihre eigene Mutter hatte sich von Blackjack wegen seiner Sexaffären scheiden lassen, und Jackie wollte sich keinesfalls wie Rose mit einer abhängigen Rolle zufrieden geben und einem untreuen Ehemann gefällig sein.

Rose wiederum begründete diese zu erwartende Abhängigkeit mit, wie sie meinte, den Zwängen der Politik: „Ich warnte sie [die künftigen Schwiegertöchter Jackie und Ethel] gleich zu Beginn“, sagte Rose. „Es würde Gerüchte geben. Es würde Briefe, anonyme Briefe geben. Es würde alle möglichen Geschichten geben. Das war Teil des politischen Spiels. Ich habe versucht, es ihnen zu erklären, sobald sie an eine Verheiratung dachten. Ich habe es beiden gesagt. Meinen Töchtern habe ich es nicht gesagt. Sie sind damit aufgewachsen. Es waren meine Schwiegertöchter, die ich warnte. Sie befanden sich in einer völlig neuen Atmosphäre. Sie waren nie mit Politik in Berührung gekommen.“[47]

Was die abhängige Matriarchin Politik nannte, war aber in Wirklichkeit Joe Kennedys Psychopathie. Rose hatte sich psychisch etabliert und es geschafft, etwa vier Jahrzehnte mit Bostons berühmtestem Ehebrecher zu leben, ihm gehorsam neun Kinder zu gebären und sich blind und taub zu stellen, wenn er seine Affären im eigenen Haus abwickelte, wie zum Beispiel, als der alte Schuft mit seinem achtzehnjährigen weiblichen Golfcaddie ankam und mit dem Mädchen in der oberen Etage ins Bett ging, während Rose der Familie unten das Abendessen servierte. Frauen, die Männer heirateten, deren Vater ihnen empfahl, „so oft wie möglich Sex zu haben“, benötigten als Ausgleich Anweisungen zu ihrer Abhängigkeit. Zu deren Vermittlung war Rose hervorragend geeignet.

Aber Jackie hatte nicht vor, in ihrem Zusammenleben mit John Roses Verhalten zu übernehmen und nichts Böses hören oder sehen zu wollen. Sie hatte von Joes sexuellen Heldentaten gehört und deutlich genug gesehen, was er Rose angetan hatte. Kurz vor ihrer Hochzeit fragte sie eine Freundin: „Wie kann ich mit einem Mann zusammenleben, der mir ganz bestimmt nicht treu sein wird, den ich aber liebe?“[48]

Trotz Jackies Vorbehalten gegenüber Johns zu erwartender Neigung zur Promiskuität ging die Hochzeit aber wie geplant vonstatten. Keine Überraschung war, dass sie ein glanzvolles Ereignis wurde, dem der Bostoner Erzbischof Cushing vorsaß und das durch eine persönliche Botschaft mit Segenswünschen von Papst Pius XII. gekrönt wurde. Die einzige kleine Panne war, dass Jackies geliebter Vater außerstande war, die Braut dem Bräutigam zuzuführen. Es scheint, dass Blackjack so heftig getrunken hatte, dass er sich mit einer Flasche Whiskey als einzigem Gefährten ins Hotel Viking zurückziehen musste. In *Life* dokumentiert und auf der ersten Seite des *Boston Globe* groß herausgestellt, war die Hochzeit das wichtigste gesellschaftliche Ereignis des Jahres, vielleicht sogar des Jahrzehnts.

Aber das glanzvolle Paar hatte kaum sein eheliches Leben begonnen, als Johns Rücken ihm wieder ständige Schmerzen verursachte. Jackie, die glaubte, einen robusten Athleten geheiratet zu haben, musste feststellen, dass ihr Mann vielmehr ein Invalide war. Das war eine Überraschung, denn kein Kennedy-Mythos wurde so intensiv kolportiert wie der von jugendlicher Kraft. Und kein Geheimnis wurde so sorgfältig gehütet wie das von Johns chronischen Gesundheitsproblemen.

Nach Konsultation zahlreicher renommierter Spezialisten fiel die Entscheidung, dass sich John einer komplizierten Bandscheibenoperation unterziehen sollte. Ein solcher Eingriff ist schon für sonst gesunde Menschen gefährlich genug. Wenn aber der Patient außerdem noch an der Addison-Krankheit leidet wie John, beträgt die Überlebenschance nur fünfzig Prozent. Kennedy unterzog sich der Operation am 21. Oktober 1954 in einer chirurgischen Spezialklinik in New York. Als Folge der Operation erlitt er eine Infektion der Harnwege, an der er beinahe gestorben wäre.

Als John in seinem Krankenhausbett in New York mit dem Tode rang, kamen Joe und Jackie überein, den wahren Gesundheitszustand des Senators von Massachusetts vor der Welt zu verschweigen. In einem Brief an Lyndon Johnson, den neuen Minderheitsführer, gelang es Jackie, dem narzisstischen Johnson zu schmeicheln und zugleich den Eindruck zu vermitteln, dass ihr Mann „sich jetzt besser fühlt“.[49] Jackie war bei ihrem Mann, als er mit einem Privatflugzeug von New York zur Genesung nach Palm Beach und zu einer zweiten Operation wieder nach New York zurück geflogen wurde. John überlebte das alles gerade noch, zum Skelett abgemagert. Er musste die meiste Zeit auf dem Bauch liegen, weil sein Rücken verbunden war. Oft war es Jackie, die die Verbände auf seinen hässlichen nässenden Wunden wechselte. Sie war an seiner Seite, Tag um Tag, Monat um Monat.

Im Sommer 1955 fühlte sich John endlich wieder wohler und besuchte den Wianno Beach Club, wo er zufällig eine Frau traf, zu der er in seinen Junggesellentagen eine Beziehung gehabt hatte. Sie war stolz darauf, nie mit Kennedy geschlafen zu haben. Jetzt war sie verheiratet und hatte an John jahrelang keinen Gedanken verschwendet.

John ging auf sie zu: „Warum gehen wir nicht in ein Motel?“, drängte er sich ihr auf. „Da ist eins praktisch um die Ecke.“ Die Frau saß sprachlos da. „Na komm schon“, fuhr John fort. „Es wird uns Spaß machen. Was ist schon dabei?“ „Ich bin verheiratet“, sagte die Frau schließlich. „Na und? Los, du weißt doch, das billige Motel ist gleich nebenan.“ „Nein, John, auf keinen Fall.“ Der Senator von Massachusetts zuckte mit den Schultern und zog ab.[50]

Nach einer hektischen Woche beim demokratischen Parteitag 1956 in Chicago flogen Jackie und John gemeinsam nach New York zurück. Statt aber die Zeit mit seiner Frau zu verbringen, die sich im dritten Ehejahr in den letzten Monaten ihrer Schwangerschaft befand, verabschiedete er sich auf dem Flugplatz von ihr und nahm eine Maschine nach Paris, um in Südfrankreich Urlaub zu machen. Inzwischen hatte Jackie die sichere Vermutung, dass ihr Mann in diesem Urlaub nicht allein bleiben würde. In Cannes charterten John und seine Freunde ein Zwölf-Meter-Boot und segelten mit mehreren jungen Frauen, darunter einem französischen Starlet, ins Mittelmeer. Während sich John mit seinen Freunden auf See erholte, bekam Jackie starke Blutungen. Am 23. August 1956 führten Ärzte im Krankenhaus von Newport einen Kaiserschnitt durch, aber das Baby wurde tot geboren.

Als John von der Fehlgeburt erfuhr, kehrte er widerstrebend nach Hause zurück. Er hatte eigentlich zur Erholung auf dem Boot bleiben wollen. So sah also seine Sensibilität gegenüber dem Leiden seiner Frau aus. Die Ehe begann zu bröckeln und man redete schon von Scheidung, bis Joe seine Lieblingsschwiegertochter beiseite nahm und sich mit ihr „beriet“. Er überzeugte sie, dass sie bei John bleiben musste, um dessen Aussichten auf die Präsidentschaft nicht zunichte zu machen.

Einige Zeit danach wurde diese Szene noch einmal durchgespielt. Jackie war von den zwanghaften Seitensprüngen ihres Mannes so angewidert, dass sie anfing, mit ihren engen Freunden darüber zu sprechen. Eines Sonntags ging sie zu einem Essen, das ihre Freunde Walter und Marie Ridder gaben. „Er ist weg“, sagte Jackie achselzuckend, als sie mit Walter Ridder allein war. „Er ist irgendwo und ich habe nichts von ihm gehört. Er ist auf Wahlkampfreise, aber ich wette, er ist mit irgend einer Dame unterwegs. Ich möchte mich scheiden lassen.“ „Gut, Jackie“, antwortete Ridder, „ich kann dich verstehen, aber willst du wirklich seine Chancen kaputt machen, Präsident zu werden?“ „Nein“, antwortete Jackie und traf damit die Wahl, die jede andere der Kennedy-Frauen ebenso getroffen hätte.[51]

Es war eine Wahl, die aber nicht nur die Frauen der Kennedys traf. Die gleiche Entscheidung sollten später Lady Bird Johnson und Hillary Rodham Clinton aus ähnlichen Gründen wiederholen. Man schließt die Augen vor den Eskapaden des Präsidentschaftskandidaten, denn man könnte dessen Chancen, ins Weiße Haus einzuziehen, zunichte machen. Und wenn man sich einmal in der Pennsylvania Avenue 1600 niedergelassen hat, bringt man das Staatsschiff eben nicht zum Schwanken, indem man die hässlichen Gerüchte über seine Untreue bestätigt, die von seinen politischen Feinden in die Welt gesetzt werden. Die Frau steht zu ihrem Mann. Man weiß, wie man First Lady wurde. Man weiß, wo die eigenen Vorteile liegen. Man schneidet sich nicht ins eigene Fleisch. Niemand ist vollkommen. Oder wie Rose Kennedy formulierte: „... es ist alles ein Teil des politischen Spektrums."

Die Kuppler des Präsidenten

Während seiner gesamten Präsidentschaft umgab sich John Kennedy mit loyalen Personen, von denen viele neben dem Präsidenten schmarotzten und wussten, dass sie allein die Aufgabe hatten, ihn bei Laune zu halten. Herausragend unter den Hofnarren war David Powers, den Pierre Salinger als „das unterhaltsamste und beliebteste Mitglied des Stabs" beschrieb:

„Powers war ein arbeitsloser Veteran, der eben aus dem chinesisch-burmesisch-indischen Operationsgebiet zurückgekehrt war, als ein junger Mann, der sich um einen Sitz im Kongress bewarb, an seine Tür klopfte und um Hilfe bat. Powers willigte ein und war seither mehr als jeder andere an der Seite John F. Kennedys bis zu dessen Ermordung. Obwohl Powers etwas älter war und nicht vorgab, von anderen Dingen als Baseball etwas zu verstehen, war JFK stets gern in seiner Gesellschaft. Mehr als jeder andere von uns hatte Dave Erfolg damit, den Präsidenten aufzuheitern, wenn er schlechter Laune war."[52]

Die folgenden Zeilen ließ Kennedy auf einen silbernen Bierkrug gravieren, den er Powers 1963 zu dessen Geburtstag schenkte:

„Drei Dinge sind real:
Gott, menschliche Torheit und Lachen.
Die beiden ersten sind jenseits unseres Verstands.
Also müssen wir aus dem dritten machen, was wir können."[53]

Salinger beobachtete: „Wo sich der Präsident auch befand, Powers war nicht weit. ... Nie waren zwei Männer einander weniger ähnlich. Powers entstammte einer armen Familie und war wenig gebildet. Aber er war ein Mann von großem Charme und Witz und den Präsidenten freute es einfach, wenn Powers in seiner Nähe war."[54] Den Präsidenten sah Powers früh als erster und abends als letzter. Er begleitete Kennedy auf allen Flügen und sorgte stets dafür, dass in dessen Hotelzimmer ein sauberes Hemd und ein kühles Getränk warteten.[55]

Andere Berichte verweisen darauf, dass das wahre Geheimnis von Powers' Einfluss auf den Präsidenten darin bestand, dass in Kennedys Hotelzimmer nicht nur „ein sauberes Hemd und ein kühles Getränk" auf ihn warteten, sondern auch schöne Frauen.

Larry Newman berichtet, dass einer der Geheimdienstagenten, die zum Schutz des Präsidenten eingesetzt waren, Powers nicht respektierte, weil der ihn sogar an flüchtigen Kontrollen der Frauen hinderte, die dieser für John besorgt hatte. Typisch war ein Abend in Seattle, als ein örtlicher Sheriff mit zwei Prostituierten aus dem Aufzug kam und sagte, die beiden sollten in die Suite des Präsidenten. Dave Powers kam hinzu und dankte dem Sheriff dafür, dass er sie hergebracht hatte. Bevor der Sheriff wieder ging, warnte er die Frauen: „Wenn auch nur ein Wort über diese Nacht nach draußen dringt, werde ich dafür sorgen, dass ihr beide nach Stillicoom [eine staatliche Irrenanstalt] gebracht werdet und nie wieder herauskommt."[56]

Augenscheinlich wurden auch andere Frauen in ähnlicher Weise gewarnt, nachdem sie dem Präsidenten ihre Dienste geleistet hatten. Newman sagte später: „Einigen Agenten taten die Mädchen leid, ... weil sie auf solche Weise benutzt wurden. Es gab keinen Dank wie bei einer Affäre. Sie wurden nur benutzt. Sie hatten nur zu funktionieren."[57]

Danach, so Newman, „beriet" Powers die Frauen und warnte: „Wenn das irgendwie herauskommt, ist das das Ende eurer Arbeit."[58]

Newman hält fest, dass er und die anderen Agenten zwar begriffen, dass Powers auf Geheiß des Präsidenten handelte, sich daraus aber trotzdem eine Menge moralischer Probleme innerhalb des Geheimdiensts ergab. Newman hatte einen Spitzenposten inne, dementsprechend fand er es enttäuschend, nur herumzustehen und einen Aufzug oder eine Tür zu beobachten und zu wissen, dass sich hinter der Tür der Präsident der Vereinigten Staaten mit zwei Prostituierten vergnügte. „Freunde und Nachbarn glauben, man riskiere sein Leben zum Schutz des Präsidenten, während man in Wirklichkeit nur dafür zu sorgen hatte, dass er bei seinen Sexspielen unter der Dusche mit zwei Mädchen von der zwölften Avenue nicht gestört wurde."[59]

Powers war auch zu Diensten, wenn es um das berüchtigte Mittagsschwimmen ging. Das betraf den Präsidenten und zwei junge Mitarbeiterinnen, die von den anderen Mitgliedern des Stabs witzig Fiddle und Faddle [fiddle-faddle: Unsinn; d. Ü.] genannt wurden. Dave sammelte die Mädchen auf und brachte sie mittags an den Pool, wo sie mit John nackt badeten. Oft machten auch Bobby und Teddy dabei mit.[60]

Kennedys Verhalten gegenüber Kindern

Obwohl Johns anmaßende Haltung zu Frauen auf den ersten Blick wie eine ziemlich direkte Kopie von Joseph Kennedys raubtierhaftem Sexualverhalten aussieht, war der jüngere Kennedy doch kein genaues Ebenbild des älteren. Der Vater war in erster Linie eine psychopathische Persönlichkeit, einer, der alle Menschen benutzte, darunter auch seine eigenen Kinder, und die vielleicht in besonderem Maße. John dagegen war in erster Linie narzisstisch, wenn er auch über einige Züge der Psychopathie seines Vaters verfügte. Die rücksichtslosen, brutalen und raubtierhaften Charakterzüge des Alten besaß John jedoch nicht.

Vater und Sohn unterschieden sich vor allem in ihrer Haltung zu Kindern. Wir haben bereits gesehen, wie Joseph Kennedy zu allererst deshalb an guten Leistungen seiner Nachkommen interessiert war, weil er dadurch selbst glänzend dastehen konnte. Erinnern wir uns: Als die Nachricht eintraf, dass der jüngere Joe gestorben war, ordnete der Ältere an, offenbar ohne eine Träne zu vergießen, dass alle zum Rennen wie üblich antreten sollten, denn Joe Jr. hätte es so gewollt. Der alte Kennedy nahm nicht einmal am Begräbnis seines Vaters teil.

John wiederum liebte Kinder nicht in erster Linie deshalb, weil sie ihn vielleicht glorifizieren konnten, sondern wegen den eigenen, ihnen innewohnenden Werten. Irgendwie erlaubten John die eigenen Kindheitserfahrungen, durchsetzt mit Krankheit, Fernsein von den Eltern und Dominanz des älteren Bruders, eine tiefe Sympathie für Kinder. Vielleicht verstand er ihre Hilflosigkeit und ihr Leiden wegen seines eigenen Kampfes gegen verschiedene körperliche Probleme besser, vielleicht führten die Kälte seiner Mutter und die Aggressivität seines Vaters zu seinem Entschluss, die eigenen Kinder anders zu behandeln. Was auch immer der Grund gewesen sein mag, Kennedy schien über echte Liebe zu Kindern zu verfügen.

Johns neugeborener Sohn Patrick war eine Frühgeburt und musste wegen eines Lungenleidens ins Hospital. Sein Zustand war ernst, im Kinderkrankenhaus von Boston rang er mit dem Tod. Der Präsident reiste mehrere Male zwischen Hyannis und Boston hin und her, um das Baby zu besuchen. Larry Newman vom Personenschutz erinnerte sich an einen dieser Besuche im Krankenhaus. Er und der Präsident fuhren gemeinsam mit Patricks Arzt im Aufzug nach oben. Die fünfte Etage war für den Präsidentenbesuch geräumt worden und es war dunkel. „Wir gingen an einem Zimmer vorbei, in dem zwei reizend aussehende kleine Mädchen im Bett saßen. Eines der Mädchen, vielleicht drei oder vier Jahre alt, hatte schwere Verbrennungen und steckte bis zum Kinn in Verbänden. Das andere Mädchen, mit Verbrennungen an beiden Armen, war bis zu den Fingerspitzen dick verbunden. Kennedy blieb stehen und fragte den Arzt: ‚Was ist mit ihnen?' Der Arzt erklärte, dass eins der Mädchen vielleicht seine Hände nicht mehr gebrauchen werden könne. Der Präsident stand eine Weile da und kramte in seinen Taschen. Jemand gab ihm einen Stift, und in dem dunklen Korridor schrieb der fünfunddreißigste Präsident der Vereinigten Staaten, dessen Sohn sich am anderen Ende des Ganges in kritischem Zustand befand, einen Gruß für jedes der Mädchen und ging erst danach weiter. Kein Kameramann war da, keine Fanfare, es war nur ein einfacher Akt der Freundlichkeit gegenüber einem Kind."[61]

Einige Tage danach verschlechterte sich Patricks Zustand trotz größter ärztlicher Anstrengungen. In einem letzten verzweifelten Versuch, sein Leben zu retten, legte man ihn in einen großen stählernen Kompressionstank, wo er dennoch nach kurzer Zeit zu atmen aufhörte. Pierre Salinger erinnerte sich an Johns Reaktion auf die Nachricht vom Tod seines Sohnes:

„Er ging von uns weg und durch eine Tür in den Kesselraum des Krankenhauses. Dort weinte er zehn Minuten lang und kam schließlich zu uns dreien zurück. Bob legte den Arm um die Schultern seines Bruders. Danach flogen wir mit dem Hubschrauber zurück nach Cape Cod. Dort konnte der Präsident allein mit seiner Frau sein und ihr vom Tod ihres Sohnes berichten."[62]

Präsident Kennedys Freude an seinen Kindern, an Kindern überhaupt, war leidenschaftlich und wurde auch von seinen Mitarbeitern so anerkannt. Marcus Raskin, einer der Berater Kennedys, der für den nationalen Sicherheitsrat mit Problemen der nuklearen Abrüstung befasst war, teilte mit, dass er und seine Kollegen einander in Momenten internationaler Krisen stets fragten: „Wo sind die Kinder?" Raskin vertrat die

Meinung, und das nicht nur scherzhaft, dass „es keinen Krieg geben würde, wenn Caroline und ihr Bruder John in Washington waren. Wenn die Kinder nicht da waren, konnte man nicht sicher sein."[63]

Nirgendwo kommt der Kontrast zwischen Vater und Sohn deutlicher zum Ausdruck als in der Behandlung der intellektuell etwas zurückgebliebenen Rose, die auf Anweisung Joe Kennedys später leukotomiert wurde. Eunice erinnerte sich: „John nahm sie zum Tanz im Club mit, tanzte und scherzte mit ihr und sorgte dafür, dass auch einige seiner Kumpel dabei waren, so dass sie sich angenommen fühlen konnte. Gegen Mitternacht brachte er sie nach Hause und ging dann wieder zum Tanz in den Club zurück."[64]

So viel zu den gewinnenden und die Zeit überdauernden Persönlichkeits-Qualitäten, die John Kennedy unvergesslich werden ließen, Qualitäten, die seinem Narzissmus widersprachen, Charaktereigenschaften, die über seine Promiskuität hinausgingen. Es blieb eine Erinnerung an diesen Mann, so dass man stolz behaupten möchte: „Ich habe John gekannt", selbst wenn man nur ein Gesicht in de großen Menge war. Der Autor weiß es, er hat es aus erster Hand selbst erfahren.

„Ich habe John gekannt"

Der Autor war in der Oberklasse der High School, als Kennedys Wahlkampftour 1960 das ländliche Wisconsin erreichte. Als ich einmal nach dem Unterricht da blieb, um eine Frage zu stellen, wollte meine Englischlehrerin Miss Summerton wissen, ob ich mich für eine Rede von Senator John F. Kennedy im Rathaus interessieren würde. Ich fühlte mich geehrt, weil sie mich einlud, und sagte schnell zu.

Jetzt, fast vierzig Jahre danach, erinnere ich mich noch gut an dieses Erlebnis. Es war ein grauer düsterer Tag. Als wir ankamen, beinahe zu spät, war der Saal schon gefüllt. Miss Summerton ging hinein und fand noch einen Platz. Ich suchte vergeblich nach schwarzen Limousinen oder offiziell aussehenden Personen und schloss daraus, dass Kennedy noch nicht eingetroffen war. Es gab nur einen Haupteingang auf der Vorderseite des Gebäudes, dort in der Nähe stellte ich mich auf, denn ich dachte, wenn sie schnell vorbeikommen, wäre ich zumindest nahe an Kennedy, der hier vorüber musste.

Etwas später traf eine Karawane schwarzer Limousinen ein, ihnen entstiegen Kennedy und sein Gefolge. Die Begleiter liefen hektisch umher, um den Zeitverlust wieder wettzumachen. Sie meinten, ihr Kandidat sollte mit dieser provinziellen Zuhörerschaft von „Farmern" nicht zu viel Zeit vergeuden und statt dessen nach Madison oder Milwaukee oder in eine andere bevölkerungsreiche Region des Staates weiterreisen.

Als sich Kennedy meinem Platz näherte, streckte ich die Hand aus, erwartete aber eigentlich, weggescheucht oder beiseite geschoben zu werden, wenn sich die Flut wichtiger Leute durch das Nadelöhr der Vordertür des kleinen Gebäudes ergoss. Aber nein, Kennedy blieb stehen, schaute mir direkt in die Augen, setzte sein berühmtes Lächeln von Ohr zu Ohr auf und schüttelte mir herzlich die Hand. Als ich fragte, ob ich ein Autogramm haben könnte, sagte er in seinem breiten Bostoner Dialekt: „Natürlich" und kramte nach einem Stift, während ich aus meiner Hemdtasche ein Stück Papier von der Größe einer Spielkarte zog. Er ließ sich Zeit, als ob die Welt still stünde, während er und ich dieses wichtige kleine Geschäft abwickelten, und schrieb „John Kennedy" auf mein Stück Papier.

Es ist wohl keine Überraschung, dass ein Kind aus der High School eine so erhebende Episode in Erinnerung behält. Bemerkenswerter ist schon, dass ich mich noch genau an das erinnere, was er kurz darauf im Rathaussaal sagte. Es gibt wenige Reden, die ich über Jahrzehnte im Gedächtnis behalten habe. Seine Ansprache ist eine davon.

Er sprach über seine Vorstellungen vom Wechsel, wobei ich die meisten Einzelheiten seines Programms der „New Frontier" vergessen habe, weil ich von seinem Bostoner Akzent so fasziniert war. Mehr als das, was er sagte, begeisterte mich, wie er es sagte. Als er sich aber dem Schluss näherte, fesselte er meine Aufmerksamkeit doch. Er erinnerte daran, wie an jenem historischen dunklen Tag, dem 19. Mai 1780, die Legislative von Massachusetts getagt hatte. Die Gesetzgeber waren besorgt, dass die beunruhigende Dunkelheit das Ende der Welt signalisieren könnte, und bemühten sich um eine Entscheidung, ob sie sich vertagen und nach Hause zurückkehren sollten oder nicht. Kennedy berichtete, dass einer aus der Versammlung aufgestanden sei und gesagt habe: „Wenn es nicht das Ende der Welt ist, gibt es keinen Grund zur Beunruhigung. Ist es aber das Ende, so soll es mich ereilen, wenn ich meine Pflicht tue. Bringt Kerzen herein!" Kennedy schloss seine Ausführungen mit der Erklärung, auch er wolle stets auf diese Weise handeln und in Erinnerung bleiben, nämlich „wenn ich meine Pflicht tue".

Nach seiner Ansprache ging er herum, schüttelte die Hände verschiedener Farmer und übersah dabei fast geflissentlich einige der selbstgefälligen Offiziellen der Stadt, die näher drängten. Er sprach über die Landwirtschaft, redete über Ernten und Kühe und erweckte den Eindruck, er wolle den ganzen Tag mit diesen Menschen verbringen. Schließlich wurde er auf Drängen seiner Begleiter zur Tür hinausbugsiert. Die Farmer aus der Gegend aber – und auch ich – verließen das bescheidene kleine Rathaus im ländlichen Wisconsin mit dem Gefühl: „Ich habe John gekannt".

Drei Jahre später war ich als Student an einem College in Washington, D.C., unter den Hunderttausenden von Menschen, die die Straßen säumten, während eine mit Flaggen drapierte Lafette langsam vorüberfuhr. Ich hatte das Gefühl, einen Freund verloren zu haben.

John Kennedy besaß eine Freundlichkeit, die seinem Vater abging. Ihm fehlten Ehrgeiz, Grausamkeit und Dominanzstreben in dem vollen Maße seines Vaters. Er war liebenswerter, weniger auf ein Ziel orientiert, seine Persönlichkeit war nicht die Beinahekopie des Botschafters, wie sie Bobby zu dieser Zeit war. Und doch fehlte John, wie seinem Vater und seinem Bruder, jegliche intellektuelle, philosophische oder moralische Leitvision in seiner Amtsführung. In der Politik wie im Leben ging es um Sieg und nur um Sieg.

Für John war kein Lohn höher als die Wiederwahl, kein Prinzip wichtiger als der Sieg im Spiel und letztlich das Wohlwollen seines Vaters.[65]

Anders als im Verhalten gegenüber Kindern bewies John im Bezug auf Frauen viele der unangenehmen Charakterzüge Joes. Als John aufwuchs, konnte er den promiskuitiven Lebensstil seines Vaters beobachten. Dem folgte er später und übertraf dabei vielleicht noch den listigen alten Joe. „John Kennedy hielt die Welt nie für einen Ort der Moral."[66]

Resümee: Ein gestützter Prinz

Vielen erschien John Fitzgerald Kennedy als Prinz von Camelot, aber er war in Wirklichkeit ein gestützter Prinz, der unablässig Unterstützung in dreifacher Weise brauchte: orthopädische Rückenstützen von seinen Ärzten, Unterwerfung von seinen männlichen Freunden und Orgasmen von Frauen.

Orthopädische Rückenstützen waren ebenso fester Bestandteil von John Kennedys Leben wie die Schmerzen, die ihm sein angeboren missgebildeter Rücken bereitete. Alle späteren Geschichten von heroischen Football- oder Kriegsverletzungen waren Erfindungen, die die Familie Kennedy fabriziert hat, um Johns viele Gesundheitsprobleme zu kaschieren. Die leichte Deformation seines Rückens beschränkte seine Aktivitäten und verursachte oft Schmerzen, die wochenlang anhielten. Ruhe, heiße Bäder und eine Rückenstütze waren alles, was die Ärzte verschreiben konnten, wollte man nicht eine höchst riskante Operation vornehmen.[67]

Unterwerfung kennzeichnete den inneren Kreis Kennedys. Alle männlichen Freunde suchten seine Anerkennung und waren ihm willfährig, um ihm zu gefallen. Jewel Reed hat Kennedy viele Jahre lang beobachtet und kommt zu dem Schluss: „Er war nicht von Ebenbürtigen umgeben, sondern von intellektuellen Strebern, Kumpels aus dem Showgeschäft wie aus dem Familienumkreis, alten Freunden der Familie – von einer Menge Menschen, die Bekannte waren, nicht aber Herzensfreunde. ... Alle Berater Kennedys wollten von ihm akzeptiert werden: Wie können wir mehr aus Daddy herausholen? Wie können wir mehr Aufmerksamkeit von ihm bekommen? Wie können wir ihn zu häufigerer Zustimmung bewegen?“[68]

Kennedys Freunde lebten in beständiger Furcht vor seiner Langweile. Ben Bradlee erinnert sich dazu: „Wir brachten ihn zum Lachen. Meist redeten wir über Leute und Ereignisse. ... Kennedy liebte Klatsch über Leute und das, was sie anstellten, worüber sie nachdachten. Man musste sein Interesse wachhalten, denn wenn er nur fünf Minuten gelangweilt war, stand er auf und ging.“[69]

Der Orgasmus war das weibliche Gegenstück zur männlichen Unterwerfung. Von Männern erwartete Kennedy psychologische Streicheleinheiten, Storys, Klatsch, von Frauen wollte er den Orgasmus. Und es gab augenscheinlich zahllose Frauen, die dazu bereit waren. Es ist nicht nötig, hier seine vielen Eskapaden zu dokumentieren, denn das ist bereits in mehreren Büchern geschehen, am detailliertesten in *The Dark Side of Camelot*.

Dort kann man von den zahlreichen Frauen lesen, zu denen John Kennedy sexuelle Beziehungen hatte: Schönheitsköniginnen wie Inga Arvad, Stripperinnen wie Tempest Storm und Blaze Starr, Callgirls wie Suzy Chang, Maria Nowotny und andere (die Liste ist zu zahlreich, als dass alle hier aufgezählt werden könnten), Frauen aus dem Bekanntenkreis wie Joan Lundberg und Pamela Turnure, Mitarbeiterinnen des Weißen Hauses wie Priscilla Weir und Jill Cowan (beide auch als „Fiddle und Faddle“ bekannt), Personen des gesellschaftlichen Lebens wie Florence Pritchett Smith, Judith Campbell Exner und Mary Pinchot Meyer, Starschauspielerinnen wie Gene Tierney, Jayne Mansfield, Angie Dickinson und – besonders spektakulär – Marilyn Monroe, dazu Flugbegleiterinnen, Wahlkampfhelferinnen, Sekretärinnen, Beraterinnen und allerlei andere willige Frauen, die ihm von seinen männlichen Freunden zugeführt wurden. Die bloße Anzahl dieser Beziehungen bestätigt, dass John allzeit dem Rat seines Vaters folgte, „so oft wie möglich Sex zu haben". Es erübrigt sich die Feststellung, dass John Kennedy damit der promiskuitivste Präsident in der Geschichte der Vereinigten Staaten war und in sexueller Hinsicht als Arbeitgeber allen Frauen gleiche Chancen bot. Bei seinen Sexualpartnerinnen machte Kennedy kaum einen Unterschied in Bezug auf Alter, Beruf oder Religion. Er hatte ein Auge für „Schönheit", war aber auch in dieser Hinsicht nicht besonders wählerisch. In einem Bericht ist zu lesen, dass sich einige der Geheimdienstagenten darüber aufregten (und zwar über die Sorge wegen der großen Zahl seiner Frauengeschichten hinaus), dass einige der Frauen nicht einmal sonderlich attraktiv waren. In einem Fall kam ein prominenter Demokrat aus Kalifornien zu einem Treffen mit dem Präsidenten und brachte „diese wirklich dürren Weiber" mit, wie es der Agent Paolella ausdrückte. „Man fragte sich: Was, zum Teufel, soll denn der Präsident mit so etwas anfangen? Wir meinten, er hätte auch Besseres finden können."[70]

Zwei der anfangs genannten „Unterstützungen" könnten zum allzu frühen Tod des jungen Präsidenten beigetragen haben. Zwei Wochen vor seiner schicksalhaften Reise nach Dallas hatte sich Kennedy einen schweren Muskelriss in der Leistengegend zugezogen, als er bei einem kurzen Trip an die Westküste in der letzten Septemberwoche 1963 mit einer seiner Sexpartnerinnen am Rand eines Swimmingpools herumtollte. Die steife Leinwandstütze, die ihm die Ärzte des Weißen Hauses daraufhin verordneten, reichte von der Schulter bis zur Leiste und fixierte seinen Körper in aufrechter Position. Sie beeinträchtigte seine Bewegungsfreiheit weit mehr als die übliche Rückenstütze, sollte für sein Wohlbefinden während der Reise nach Dallas sorgen, machte aber eine Beugung aus der Taille heraus unmöglich.

Lee Harvey Oswalds erste Kugel traf Kennedy in den Hals, muss aber noch nicht tödliche Wirkung gehabt haben. Der Präsident musste aber starr aufrecht sitzen bleiben und bot Oswald so ein hervorragendes Ziel für die zweite Kugel, die Kennedys Schädel zerschmetterte.[71]

Mit Ehefrau Claudia („Lady Bird"), 1966.

1908	Geboren am 27. 8. in Stonewall, Johnson City, Texas.
1927-1930	Besuch des Lehrerseminars in San Marcos, Texas, danach kurze Zeit im Schuldienst.
1931	Eheschließung mit Claudia („Lady Bird") Wallace Als Mitarbeiter eines Kongressabgeordneten Beginn der Tätigkeit in Washington.
1937-1949	Mitglied des Repräsentantenhauses für die Demokratische Partei.
1949-1961	Senator für Texas.
1953	Fraktionsvorsitzender der Demokraten im Repräsentantenhaus.
1961	Vizepräsident unter John F. Kennedy.
1963	Nach Kennedys Tod 36. Präsident der USA.
1964	Gesetz zur endgültigen Aufhebung der Rassentrennung.
1965-1968	Ausweitung des Vietnam-Kriegs, dadurch 1968 Verzicht auf erneute Präsidentschaftskandidatur; Einleitung der Pariser Friedensgespräche.
1973	Gestorben am 22. 1. in San Antonio, Texas.

4 Lyndon B. Johnson

36. Präsident der Vereinigten Staaten 1963-1969

Neurophysiologen, die an der Dynamik der Nervenleitung interessiert sind, haben den Riesenkalmar untersucht, weil seine Neuronen überlange Axonen enthalten, die nahe an seiner Außenhaut verteilt sind – Elemente, die groß, nahe der Oberfläche sind und die man damit leicht studieren kann.

Lyndon Baines Johnson ist der Riesenkalmar der amerikanischen Politik. Psychologen bietet er die seltene Gelegenheit, die Dynamik der Persönlichkeit überlebensgroß zu untersuchen, denn normalerweise verborgene Eigenschaften liegen hier klar strukturiert nahe an der Oberfläche. In voller Transparenz verkörpert Lyndon Johnson die wesentlichen Charakterzüge der narzisstischen Persönlichkeit.

Obwohl die meisten Präsidenten deutlich narzisstische Züge in ihrer Persönlichkeit aufwiesen – „Unter Millionen Amerikanern bin ich allein am besten als Führer geeignet" –, sind in Johnson doch die essenziellen Eigenschaften der narzisstischen Persönlichkeit deutlicher als bei allen anderen Präsidenten ausgeprägt. Johnson war für den Narzissmus, was Nixon für Paranoia war: Beide zeigten ihren jeweiligen Charakter mit einer Klarheit, wie sie sonst nur in klinischen Krankheitsbildern zu finden ist. Aber anders als Nixon, der seine Krankheit unterdrücken konnte, so dass seine Paranoia meist verborgen blieb wie ein Eisberg, strömte der Narzissmus aus Johnson überreich ans Licht der Öffentlichkeit.

Seit frühester Jugend sehnte sich Lyndon so inbrünstig nach dem einem Regierungsamt, dass dieser Wunsch seiner Fähigkeit, echte Einfühlung in andere zu zeigen, in die Quere kam. Die wesentlichen Charakterzüge der narzisstischen Persönlichkeit sind genau jene Verhaltensweisen, die regelmäßig von Menschen beobachtet wurden, die LBJ am besten kannten: (a) übersteigerte Hochschätzung der eigenen Wichtigkeit, (b) Fantasien von grenzenlosem Erfolg und ebensolcher Macht, (c) arrogante, hochmütige Verhaltensweisen oder Haltungen, (d) häufiger Neid auf andere, (e) fehlende Einfühlung, (f) Ausnutzung anderer zur Befriedigung eigener Bedürfnisse, (g) Glaube an die eigene Besonderheit und das Recht auf Sonderbehandlung, (h) Bedürfnis nach einem Übermaß an Bewunderung.

Ein solches Verzeichnis klinischer Symptome versagt jedoch bei der Erfassung eines verborgenen Triebs, der das Leben einer narzisstischen Persönlichkeit bestimmt: Bewunderung ist der Strom, der in ihren Zündkerzen Funken erzeugt, Anbetung der hochoktanige Kraftstoff, der ihren Motor hochjagt. „Ich muss für dich etwas Besonderes sein", ist die drängendste Forderung der narzisstischen Person.

Narzissmus, meist definiert als „Liebe oder sexuelles Verlangen nach dem eigenen Körper", hat seine Wurzeln in der griechischen Mythologie. Narkissos (lat. Narcissus), Sohn eines Flussgotts und einer Wassernymphe, war so auffallend schön, dass sich viele Frauen und Männer in ihn verliebten. Er aber missachtete deren Aufmerksamkeit, und als er sein Spiegelbild in einer Quelle erblickte, war er von seiner eigenen Schönheit so bezaubert, dass er sich von dem Bild nicht losreißen konnte. Die Leidenschaft für sich selbst hatte ihn so fest im Griff, dass er immer mehr abmagerte und schließlich starb. Narkissos wurde so zum Modell für eine auf sich selbst gerichtete Liebe.

Heute jedoch ist Narzissmus nicht so sehr ein Synonym für Selbstliebe, sondern eher ein Indikator für ein großartiges, aber substanzloses Bild, das ein Mensch von sich selbst hat. Narzisstische Personen lieben das Rampenlicht und sehnen sich zwanghaft nach Bewunderung, weil sie in Wahrheit kein Vertrauen in sich selbst haben. Sie erwarten, auch dann bewundert zu werden, wenn ihre Leistungen gewöhnlich sind. Narzissten fordern Liebe auch dann, wenn sie nervtötend oder abscheulich sind. Mit anderen Worten, sie haben ein unrealistisches Anspruchsdenken, malen von sich ein Bild als von etwas Besonderem, Elitärem, meinen, dem gemeinen Volk überlegen zu sein, Liebe unter allen Umständen zu verdienen, halten sich trotz ihres abstoßenden Verhaltens für bewundernswert. Die Bewunderung, die sie erwarten, steht jedoch in keinem Verhältnis zu dem, was sie leisten. Wenn sie angemessen gehätschelt werden oder ihnen geschmeichelt wird, reagieren sie mit Charme und Überschwang, wenn sie kritisiert werden, mit Wut oder Scham.

Neid und Geringschätzung sind der Nord- und Südpol der inneren Welt des Narzissten. Andere Menschen werden entweder auf einen

Sockel gestellt und bewundert oder herabgesetzt und gering geschätzt. Narzissten versuchen, wie Stars zu handeln, fürchten aber im Geheimen, dass sie Penner sind. Die narzisstische Attitüde der Überlegenheit und hochmütigen Geringschätzung des „niederen Volks" ist in Wirklichkeit Fassade, die ein innerlich hohles Ego verdeckt.

Innere Leere ist ein Charakteristikum der narzisstischen Persönlichkeit und führt wegen des Fehlens echter Einfühlung zu Beziehungen ohne Tiefgang. Zwar zeigen narzisstische Liebhaber oft ein hohes Niveau sexueller Aktivität, scheinen einen unersättlichen Sexualtrieb zu besitzen und erwecken den Eindruck, ein „Hengst" oder eine „Nymphomanin" zu sein, aber das ist in Wahrheit Pseudosexualität. Narzissten fehlt ein wahrer innerer Persönlichkeitskern und ihren sexuellen wie auch anderen Beziehungen fehlt es an Tiefe.

So auch Lyndon Johnson: Er schien äußerlich großspurig, oft bis an die Grenze zur widerlichen Prahlerei, ein innerer Persönlichkeitskern fehlte ihm. Dieser zwei Zentner schwere, fast 1,90 Meter große Riesenkalmar war emotional hohl. In seinem Inneren war er ein armseliger kleiner Junge, der „Bitte liebt mich" jammerte, oder ein zorniges Kleinkind, das einen Wutanfall bekam und quengelte: „Ihr solltet mich besser lieben, sonst…!"

Johnsons ganzes Leben war von einer Trias herausragender Charaktereigenschaften gekennzeichnet: Streben nach Bewunderung, fehlende Einfühlung und innere Leere. Ihm fehlte die Kernpersönlichkeit, er spielte dem Publikum etwas vor, indem er vortäuschte, intensives Interesse an den Menschen zu haben und versuchte, „einer von den Jungs" zu sein.

Frühe Kindheit: weglaufen, um wieder eingefangen zu werden

Lyndon war ein ungewöhnlich unruhiges Baby. Das änderte sich auch kaum, als er hyperaktiv von der frühen Kindheit zur Schulzeit, Adoleszenz, Jugend und zum Erwachsenenalter reifte. Schon von seiner Geburt wurde eine Geschichte überliefert, die man als symbolisch bezeichnen könnte: Sein Vater, der Politiker Sam Ealy Johnson Jr., sprang auf sein Pferd und ritt zum Haus seiner Eltern, um zu verkünden: „Es ist ein Junge!" Danach ritt er durch das ganze Tal, lud Nachbarn und Verwandte ein, das Baby zu besuchen, und sagte ihnen: „Dieser Junge wird eines Tages Gouverneur von Texas werden!"[1]

Auch in den Stunden, die der Geburt vorausgingen, war der Vater bereits heftig geritten, wie sich die Tante Jessie Hatcher erinnerte: „In der Nacht, in der Lyndon zur Welt kam, hatten wir den schlimmsten Sturm aller Zeiten und konnten keinen Arzt erreichen. … Der Arzt war mehr als dreißig Kilometer weit weg und kam nicht über den Fluss. Der Pedernales hatte nie zuvor einen so hohen Wasserstand gehabt." Sam Johnson ritt also eine Strecke stromauf, bis er schließlich über den Fluss setzen und mit einer Hebamme zurückkehren konnte: „Er ritt weiter und fand diese Mrs. Linding, eine der nettesten Frauen im ganzen Bezirk. Als Hebamme hatte sie bei der Geburt vieler Kinder geholfen." Die Geschichte von der durch Naturgewalt verhinderten ärztlichen Geburtshilfe wurde später kultiviert. Dazu Hatcher: „Ich vermute mal, Rebekah wollte nicht, dass irgendjemand sagte, für Lyndons Geburt wäre nur eine Hebamme geholt worden, statt eines Arztes. Das sollte nie jemand behaupten können."[2]

Schon als Kleinkind hatte Lyndon Johnson offenbar nicht die Fähigkeit, sich selbst zur Ruhe zu bringen, seine Erregung zu kanalisieren und zu beherrschen. Somit war er von seinen Kindertagen bis zu seinem Tod ständig in hektischer Bewegung, stets in Eile, in einem Erregungszustand. Ein Beobachter nannte dies treffend den „Johnson-Trab". Der Unterschied zwischen einem quicklebendigen und einem aufgeregten Menschen ist nicht immer leicht zu definieren, aber alle Anzeichen sprechen dafür, dass Johnson eher aufgeregt und umtriebig als energiegeladen und überschwänglich war.

Die meisten Berichte stimmen darin überein, dass Lyndon ein lebhaftes, gesunder Baby war und seine Eltern von dem neuen Sohn begeistert waren, sogar einen Fotografen auf die Farm kommen ließen. um Bilder von Lyndon im Alter von sechs Monaten zu machen. Als Sam einige Tage danach mit den Abzügen kam, betrachtete er mit Rebekah unter lauten Rufen die Bilder. Rebekah schlug vor, zehn Abzüge für die verschiedenen Familienmitglieder zu bestellen. Sam bestellte fünfzig und schickte sie auch an seine Freunde in der Legislative.

Als Rebekah mit dem Baby für ein paar Tage zu Großmutter Baines in San Marcos fuhr, schrieb Sam: „Ich weiß sicher, es ist das süßeste, netteste und hübscheste Baby der Welt."[3]

Obwohl Rebekah viele Stunden damit verbrachte, ihn zu unterhalten – mit Geschichten aus der Bibel, aus Historie und Mythologie sowie mit dem Alfabet, das sie ihm mit Bauklötzen beibrachte, bevor er zwei Jahre alt war –, war der kleine Lyndon ruhelos. Kaum wandte seine Mutter auch nur einen Moment den Rücken, war er weg, ausgerückt, um „Opa zu sehen", der ein Stück die Straße hinunter wohnte. Oft aber war er auch dort nicht, wenn Rebekah zu Opa ging, um ihren Ausreißer zu holen. Voller Angst vor Schlangen und anderen Gefahren, die ihrem kleinen Jungen drohen könnten, und in größter Sorge, er könnte im nahe gelegenen Fluss Pedernales ertrinken, schimpfte sie Lyndon aus. Als er älter wurde, verprügelte ihn Sam wegen des Weglaufens, aber schien damit nichts Gutes zu bewirken. „Jedes Mal, wenn seine Mama den Rücken drehte, lief Lyndon weg", erinnerte sich seine Cousine Ava.[4]

Nachbarn erinnerten sich der kleinen Gestalt, die die unbefestigten Straßen entlang oder durch die Landschaft tippelte. Sie brachten ihn am nächsten Tag zu Rebekah zurück, manchmal auch noch am gleichen Tag, damit sie nicht Angst haben musste, ihr kleiner Bub würde nicht wiederkommen.

Lyndon lief so häufig weg, dass sein Vater eine große Glocke an der vorderen Veranda aufhängte, damit Rebekah schneller Hilfe holen konnte, um sie bei der Suche zu unterstützen. Wenn sie die Glocke läutete, kam Sam vom Feld, und wenn auch er Lyndon nicht finden konnte, kamen die anderen Männer und schwärmten über die Hügel zur einer großflächigen Suche aus.

Zwar könnte Lyndon anfänglich weggelaufen sein, um die Gegend zu erkunden. Als er jedoch älter wurde, war zu erkennen, dass er zwanghaft weglief, um damit die Aufmerksamkeit auf sich zu lenken. Ein Kliniker hat dieses Verhalten treffend als „erzwungenes emotionales Nachtanken" bezeichnet.

Über all dem darf man jedoch nicht vergessen, dass das Leben für Rebekah Johnson sehr hart war. Ohne Elektrizität und Wasseranschluss im Haus waren die üblichen Hausarbeiten wie Kochen, Waschen, Bügeln und Heizen Aufgaben, die auch die robustesten Frauen bis an die Grenze forderten. Und robust war Rebekah wahrlich nicht. Immer und immer wieder hörten Interviewer im Zusammenhang mit dem Haus der Johnsons, es sei „verdreckt und schmutzig" gewesen. Rebekah war den Aufgaben, zu denen auch Saubermachen gehörte, einfach nicht gewachsen. Lyndons Bruder Sam erinnerte sich, dass ihr Vater in jenen Jahren kaum da war, um Rebekah bei der Kindererziehung und den Hausarbeiten helfen zu können. „Er war oft weg, unser Papa, als Lyndon noch klein war."[5] Sam besorgte die Farm, was in jenen Tagen kein leichter Weg war, um den Lebensunterhalt zu sichern. Zusätzlich gehörte er der Legislative des Bundesstaates an, dafür erhielt er fünf Dollar pro Sitzungstag und weitere zwei Dollar für Sondersitzungen.

Neben der körperlichen Arbeit muss auch der Kulturschock für Rebekah sehr heftig gewesen sein. Sie war eine romantische, zarte junge Frau, die es gewohnt gewesen war, sich in Spitze zu kleiden, breitkrempige Hüte zu tragen und Tee in feinem chinesischem Porzellan zu servieren. Das aber hatte sich ganz plötzlich geändert, als ihr Vater nach eine Reihe finanzieller Fehlschläge starb. Für Rebekah bedeutete der Verlust des Vaters eine schwierige Umstellung, denn er war die bestimmende Kraft ihres Lebens gewesen. Zweifellos suchte sie unbewusst nach einem Ersatz, als sie sich nur ein paar Monate später Hals über Kopf in eine Verlobung mit Sam Johnson stürzte, einem Mann, der sie durch grobe Sprache, Trinken und das Fehlen förmlicher Erziehung ängstigte, dessen Energie sie aber an ihren kurz zuvor verstorbenen Vater erinnerte.

Als Lyndon zwei Jahre alt war, wurde seine Vorrangstellung in den Herzen der Eltern durch die Geburt seiner Schwester gefährdet. In den nächsten sechs Jahren kam drei weitere Kinder hinzu, und jedes minderte die Aufmerksamkeit und das emotionale Engagement, die Rebekah für Lyndon und die anderen Kinder aufbringen konnte.

Lyndon blieb in der Folgezeit auf der Flucht, suchte nach emotionaler Erfüllung und zwanghaft nach Aufmerksamkeit, erzwang ein „Nachtanken", wann immer es möglich war. „Er war nicht damit zufrieden, nur mit einem anderen Baby im Haus zu sitzen", meinte seine Cousine Ava. „Er wollte Aufmerksamkeit", erinnerte sich Jesse Lambert, damals Hausmädchen bei den Johnsons. „Er lief weg, lief erneut weg, und kaum hatte seine Mutter den Rücken gewendet, lief er schon wieder weg, und alles nur, um beachtet zu werden."[6]

Die Tatsache, dass Lyndon Aufmerksamkeit suchte, wird von einer Episode schlagartig erhellt, die sich während der Maisernte ereignete, als zwanzig oder dreißig Männer auf Sam Johnsons Feldern halfen. An diesem besonderen Tag lief der vier Jahre alte Lyndon wieder einmal fort. Nach einer groß angelegten Suche fand man ihn dann nahe der Haustür, wo er sich in einem Heuhaufen versteckt hatte. „Alle sahen ihn lange an", berichtete Jesse Lambert. Der kleine Johnson konnte die suchenden Männer hören, kam aber lange nicht heraus. „Seine Mutter stand weinend dicht neben dem Heuhaufen, aber er kam nicht heraus."[7]

Johnsons ausgeprägtes Bedürfnis nach Aufmerksamkeit äußerte sich auch noch auf direktere, „prahlerische" Art. In der Schule hatten diejenigen, die einen der Aborte im Freien aufsuchen mussten, ihre Namen an eine der beiden Tafeln an der Stirnseite des Klassenzimmers zu schreiben. Mehrere seiner Klassenkameraden erinnerten sich, dass die Kinder ihre Namen in kleiner Schrift schrieben. Johnson aber krakelte den seinen ganz groß auf beide Tafeln, LYNDON B. auf die linke, JOHNSON auf die rechte.[8]

Als Lyndon größer wurde, lief er nicht mehr weg, sondern versuchte auf andere Weise, Aufmerksamkeit zu erwecken. Seine Tante Jessie erinnerte sich, dass Lyndon einmal als Schuhputzer auf eigene Rechnung arbeitete und pro Paar fünf Cent verlangte. Er rückte sogar eine Anzeige in die Zeitung ein: „Schuhputzladen Lyndon Johnson". Seinem Vater gefiel diese Werbung aber gar nicht, weil er meinte, sie würfe ein schlechtes Licht auf die Familie, und er verbot ihm weiteres Annoncieren.[9]

Narzisstische Eltern

Wie so oft bei Leuten, die zu narzisstischen Personen werden, kam auch Lyndon aus einem Haus, in dem die Eltern intensive narzisstische Bedürfnisse hatten. Solche Eltern machen ihre Kinder zu Mittätern, zu Verlängerungen, die sie nötigen, die elterlichen Bedürfnisse zu befriedigen, statt ihr eigenes Leben zu leben. In einer tragischen Umkehrung der Rollen wollen solche Eltern ihren Nachwuchs oft nicht aufziehen, sondern von ihren Kindern umsorgt werden. Diese Art von Umkehrung wird in mehreren Beispielen erkennbar, in denen die emotionale Bedürftigkeit von Lyndon Johnsons Eltern überliefert ist.

„Die erste Erinnerung an meine Mutter geht in die Zeit zurück, als ich drei oder vier Jahre alte war", erzählte Präsident Johnson später einem Biografen. „Sie weinte. Es war neun oder zehn Uhr. Mein Vater kaufte Baumwolle auf und musste bis nachts um zwölf oder eins an der Egreniermaschine bleiben, bis die Fasern von den Samen getrennt waren. Mutter hatte Angst. Ich sagte ihr, ich würde sie beschützen. Ich erinnere mich, dass ich am Brunnen stand."[10]

Es ist für solche Familien typisch, dass die Kinder von ihren Eltern jene manipulativen Techniken übernehmen, die sie für die Stillung der eigenen Bedürfnisse brauchen. Lyndon zum Beispiel lernte von seinem Vater, wie er seinen Bruder Sam als Wärmflasche verwenden konnte:

„Als ich ungefähr drei war und Lyndon neun, schliefen wir gemeinsam in einem Schlafzimmer, das neben Daddys Zimmer von der Küche weg lag. (Mama blieb mit den Mädchen auf der anderen Seite des Hauses.) Also, etwa um Mitternacht rief Daddy: ‚Sam Houston! Komm rein und mach mich warm!'

Und ich krabbelte aus dem Bett, rannte wie ein kleiner Hund in sein

Zimmer und schmiegte meinen immer warmen Körper an seinen. Ziemlich schnell schlief er ein und begann zu schnarchen. Ich blieb an seiner Seite, verhielt mich ganz still und traute mich nicht, mich auch nur ein bisschen zu bewegen, denn das hätte ihn aufwecken können. Dann hörte ich, wie Lyndon mich rief: ‚Sam Houston, komm wieder her. Mir wird kalt.' Und ich ging zurück, bewegte mich leise wie ein Einbrecher von Daddy weg und schmiegte mich an meinen Bruder. Aber das war noch nicht das Ende. Später, gegen drei oder vier Uhr früh, wurde es Daddy wieder kalt und er rief mich zurück in sein Bett. So ist es, wenn du einen warmen Körper hast: Die Leute nutzen dich aus."[11]

Man könnte fragen, was eigentlich dabei ist, wenn man als Bettwärmer für Eltern oder Geschwister dient. Das Problem besteht darin, dass narzisstische Eltern ihre Kinder als Eigentum ansehen. Und wenn die Kinder versagen oder sich weigern, werden sie oft emotional isoliert.

Rebekah zum Beispiel wollte, dass ihr Sohn Lyndon den kultivierten Geschmack und die musikalische Neigung übernahm, die sie nach der Hochzeit mit Sam nicht weiter pflegen konnte. Als Lyndon fünf war, kleidete sie ihn wie Lord Fauntleroy und weigerte sich, seine langen blonden Locken abzuschneiden. Als er älter wurde, konnte sie mit ihm sehr schroff umgehen, wenn er nicht so war, wie sie sich ihn wünschte. Als er mit acht Jahren keinen Geigen- und Tanzunterricht mehr nehmen wollte, behandelte die Mutter ihn wie einen Toten, lief im Haus herum und ignorierte ihn völlig. Lyndon erinnerte sich, dass sie zu ihm mit „einer schrecklichen messerscharfen Stimme" sprach.[12] Sie begegnete ihm mit ausdruckslosem Blick oder mit Schweigen, weigerte sich, mit ihm zu reden oder ihn auch nur anzusehen.

In späteren Jahren sollte Johnsons selektives Gedächtnis in erster Linie die freundlichen Erinnerungen an seine Mutter bewahren. „Meine Mutter war alles – Religion, Charakter, Recht und Unrecht", sagte er einem Journalisten. Er sah sie in der Rückschau als „treu wie Gold, die großartigste Frau, der ich je begegnet bin, ohne jede Ausnahme." Hubert Humphrey sagte von Johnson, dass „ihm Tränen in die Augen traten, wenn er von seiner Mutter sprach", was zu den Dingen gehörte, die Humphrey an ihm am meisten mochte.[13]

Wenn die Zeit auch Johnsons Erinnerungen gemildert hatte, der Narzissmus seiner Eltern, ihr Bedürfnis, ihn zu einer ganz besonderen Person werden zu lassen – Politiker, Geiger, Tänzer –, nährte unzweifelhaft seine wachsende Sorge, als Mensch, so wie er war, nicht akzeptabel zu sein, und seine unablässige Suche nach Bestätigung.

Wenn Lyndon Johnsons Kindheit seine Persönlichkeit deutlich zum Narzissmus hin verschoben hatte, so verhärtete seine Adoleszenz diese Tendenz zu einem lebenslangen Muster. Es ist eine Ironie, dass gerade in der Zeit der Adoleszenz, in der die meisten Kinder Idealisten werden, das Familienleben der Johnsons eine plötzliche und scharfe Wendung zum Schlechten nahm. Nachdem Sam Ealy Johnson Jr. mehr als zwanzig Jahre versucht hatte, dem armseligen Boden seiner Farm Baumwolle abzuringen, erlitt er den Bankrott. Der Sommer 1920 war übermäßig heiß, die sengende Sonne verbrannte die schrumpfenden Baumwollpflanzen, von denen Sam Johnson Wohlstand erhofft hatte, wenn er die Ernte für neunzig Cent pro Kilo verkaufte.

Als ob der heiße Sommer noch nicht ausgereicht hätte, Sams Hoffnung schwinden zu lassen, erledigte ihn der Baumwollmarkt dann völlig. Als Sam Johnson die magere Ernte im Oktober zum Markt brachte, betrug der Preis nicht mehr neunzig Cent pro Kilo. Sam war gezwungen, seine Baumwolle für achtzehn Cent pro Kilo zu verkaufen. Der Baumwollpreis blieb niedrig und 1922 war Sam finanziell am Ende. Keine Kombination aus Schweiß, Entschlossenheit, harter Arbeit oder auch einem bisschen Glück konnte ihn jetzt mehr retten. Er musste die Farm für zehntausend Dollar verkaufen, den Erlös aber sofort an den Hypothekengläubiger, die Loan and Abstract Company in Fredricksburg, weiterleiten. Außer der Hypothek war Sam auch noch bei Banken verschuldet, von denen er Geld für den Kauf von Traktoren, Pferden, Saatgut, Düngemitteln und anderen Bedarfsgütern für die Farm geliehen hatte. Auch bei Kaufleuten in der Stadt hatte er Schulden aus dem Kauf von Nahrungsmitteln. Um 1923 war Lyndons Vater nicht nur finanziell fertig, sondern auch an Leib und Seele gebrochen.

Die Familie Johnson, die bis dahin von den Einwohnern der Stadt mit Respekt behandelt worden war, wurde jetzt zur Zielscheibe von Spott und Klatsch. Die Haltung, die Sam und Rebekah einnahmen, um mit ihrer Tragödie fertig zu werden, verstärkte dies noch. Sie hätten bescheiden auftreten können, wie es für ihren schlimmen Zustand angemessen gewesen wäre, aber Bescheidenheit war noch nie eine Charaktereigenschaft der Johnsons oder Baines' gewesen. Sam verlor nichts von seiner Großspurigkeit, stapfte nach wie vor mit seinen Cowboystiefeln in die Banken und erweckte den Eindruck, als kümmere ihn gar nicht, dass er ihnen Geld schuldete, das er nie zurückzahlen konnte. Rebekah wiederum flüchtete sich immer mehr in romantische Träumereien, gab ihre Tätigkeit als gelegentliche Zeitungskorrespondentin auf, um mehr Zeit für das Schreiben von Gedichten zu haben, und erzählte immer häufiger von ihren illustren Vorfahren.

Zu Weihnachten 1923 gab es im Haus Johnson nichts zu essen, bis Sams Bruder Tom mit einem Truthahn und einem Sack Kartoffeln erschien. Vor ihrem finanziellen Zusammenbruch waren Sam und Rebekah wegen ihres stolzen und protzigen Lebensstils von vielen Einwohnern von Johnson City abgelehnt worden. Als sie ihr Benehmen auch jetzt, mitten im offensichtlichen Zusammenbruch, nicht änderten, wurde aus der Ablehnung Hohn. Sie wurden zum Gespött der Stadt.

Die Wirkung auf Sams hochgewachsenen halbwüchsigen Sohn blieb selbst Sams Freunden in der Legislative nicht verborgen. Vorher, in den Jahren zwischen 1918 und 1920, hatte Lyndon seinen Vater vergöttert, seinen Gang imitiert, war ihm wie ein Schatten gefolgt, wenn er sich mit seinen Freunden aus der Legislative traf, hatte sich sogar angewöhnt, jemanden beim Revers zu packen, wenn er sich mit ihm traf. Nach Sams finanziellem Untergang war er Lyndon jedoch gleichgültig geworden; der Sohn lehnte es ab, ihm zu gehorchen oder auch nur zuzuhören.

Lyndon vernachlässigte seine schulischen Aufgaben und trotzte seinen Eltern. Freunde hörten Sam oft zornig schimpfen: „Dein Sohn taugt gar nichts, Rebekah! Aus ihm wird nie etwas Ordentliches, verdammt noch mal!“[14]

Obwohl sich Rebekah nach besten Kräften bemühte, Lyndons Verhalten zu kaschieren, konnte sie damit nicht einmal ihre eigene Mutter überzeugen. Einmal sah Großmutter Baines, wie sich der achtjährige Sam Houston mit einem schweren Bündel Holz abplagte, das ihm Bruder Lyndon zu schleppen gegeben hatte. Sie wies Lyndon an, sich zu bücken, damit sie ihn verhauen konnte. Der aber brachte sich herausfordernd aus ihrer Reichweite und veranlasste sie so zu der Bemerkung: „Dieser Junge wird noch einmal im Knast landen! Das kann ich euch sagen!“[15]

Auf der Suche nach neuen Eltern

Es ist kaum überraschend, dass sich Lyndon bald anderen Erwachsenen zuwandte, dass er Ersatzeltern suchte. Er schmeichelte Frauen, um sich beliebt zu machen. „Miz Stella“, sagte er etwa zu Stella Gibson, „Ihr Brathähnchen schmeckt mir besser als alles andere in der ganzen Welt!“[16]

Nach solcher Schmeichelei wurde er von Stella natürlich zum Hähnchen eingeladen.

Professor Emmette Redford erinnerte sich, wie seiner Mutter von Lyndon Honig ums Maul geschmiert wurde: „Er legte den Arm um meine Mutter und küsste sie mehrmals. Wir fragten sie dann: ‚Mama, liebst du Lyndon mehr als uns?'"[17]

In späteren Jahren sprachen die Frauen von Johnson City, die sich an diesen schwierigen schlaksigen Teenager erinnerten, nur noch mit zärtlichen Worten von ihm. Sätze wie „Er tat mir Leid" beschreiben ihre Gefühle für Lyndon. Sein verzweifelter Kampf um Akzeptanz, sein Katzbuckeln, seine Schmeicheleien brachten ihm nicht die Bewunderung ein, um die es ihm so zu tun war, sondern Mitleid.

Bei seinen Altersgenossen am College ging es Lyndon noch schlechter. Die sexuellen Heldentaten bei Frauen, mit denen er prahlte, nahmen ihm die meisten seiner männlichen Mitschüler nicht ab. Einer aus seiner Klasse formulierte das später so: „Ich glaube, wir alle gaben im Bezug auf Mädchen schrecklich an. Aber Lyndons trieb diese Prahlerei so weit, dass sie nur noch lächerlich wirkte. Niemand glaubte ihm."[18]

Respekt brachte Lyndon diese Angeberei nicht ein, wohl aber seinen Spitznamen: „Bulle" Johnson. [*bull* hat eine unübersetzbare Doppelbedeutung, Bulle und Geschwätz; d. Ü.]. In der Humorkolumne der Collegezeitung stand die folgende Definition: „Gesülze: griechische Philosophie, in der Lyndon Johnson den Grad eines M. B. hat."

„‚Master of Bullshit' [wörtl.: Meister der Scheiße; d. Ü.] ist die Bedeutung der Abkürzung M. B.", erläutert Henry Kyle, einer von Johnsons Klassenkameraden. „Er galt als der größte Lügner der ganzen Schule. Wenn keine Mädchen dabei waren, nannten wir ihn unter uns ‚Bullshit Johnson'".[19]

Ungeachtet all seiner Angeberei erinnern sich einige seiner engsten Kumpel auch an seine Feigheit. Beim Pokerspiel kam es einmal zum Streit zwischen Johnson und einem anderen Schüler. Der sprang schließlich auf und stürzte sich auf Lyndon, der rückwärts auf das Bett fiel. Als sich sein Gegner näherte, begann Johnson, hektisch mit den Füßen zu strampeln und zu schreien: „Wenn du zuschlägst, trete ich dich! Wenn du zuschlägst, trete ich dich!" Das war nicht die kämpferische Pose, die die meisten jungen Texaner damals eingenommen hätten. Einer der Anwesenden hatte noch Jahre später lebhaft vor Augen, wie Lyndon „wie ein Mädchen" strampelnd auf dem Rücken lag. „Körperlich war Johnson ein totaler Feigling."[20] Unerträglich wurde er für seine Mitschüler aber dadurch, dass er ein Feigling war, der zugleich damit prahlte, was für ein großer Kämpfer er doch wäre.

Neue „Väter" finden

Schon als Teenager zeigte Lyndon auch sein politisches Geschick, indem er „Freundschaften" mit Menschen pflegte, die seine Karriere befördern konnten. Lyndon bemühte sich um die Freundschaft von Sportlern und anderen einflussreichen Schülern und ließ die weniger bedeutenden links liegen. Der Mitschüler und spätere Footballstar Joe Berry formulierte das so: „Wenn er glaubte, du könntest ihm helfen, schmeichelte er dir fortwährend; konntest du es nicht, vergeudete er nicht viel Zeit mit dir."[21]

„Er wollte unbedingt zu den ‚Prominenten' gehören", äußerte Ella So Relle, „jedoch die ließen ihn nicht an sich ran."[22] Aber obwohl er von der „Prominenz" nicht akzeptiert wurde, wusste er sich doch durch Schmeicheleien, Katzbuckeln und gutes Zureden den Weg zu einigen der wichtigsten Leute auf dem Campus zu öffnen: Der berühmte Footballspieler „Boody" Johnson gestattete Lyndon, seine Wohnung mietfrei mit zu benutzen, und College-Präsident Cecil Eugene Evans gab ihm einen Job in seinem Büro, wo sich Lyndon schnell einnistete, als wäre er der neue Sekretär, der Termine vergab, die Ankunft von Besuchern meldete und diesen den Eindruck vermittelte, nur über ihn käme man an Evans heran. Eifrig beförderte Johnson Nachrichten vom Präsidenten zu anderen Administratoren und erweckte den Eindruck, als wäre er selbst ein Vertreter der Administration. Evans nahm ihn später dafür auf den Arm: „Du warst noch nicht einmal einen Monat in meinem Büro, da wusste ich schon kaum mehr, wer Präsident war, du oder ich."[23]

Als Johnson 1927 an das Lehrerseminar von Südwest-Texas in San Marcos ging, hatte die Einrichtung erst seit kurzer Zeit die Genehmigung, den Namen *Teachers College* statt *Normal School* zu führen. In den texanischen Pädagogenkreisen war allgemein bekannt, dass Dozenten, die in San Marcos unterrichteten, dort waren, weil sie anderswo keine Beschäftigung finden konnten. Nur einen einzigen Mann mit einem Doktortitel hatte man überreden können, Mitglied des Lehrkörpers zu werden, und mehrere der sechsundfünfzig Lehrkräfte waren nicht einmal graduiert. Obwohl es also in San Marcos keineswegs streng akademisch zuging, eröffnete das Studium Johnson doch seine ersten echten politischen Chancen.

Lyndon Johnson, stets eifrig, beschränkte seine Aktivitäten nicht auf den Campus. Pat Neff, ehemals Gouverneur von Texas, betrieb damals seine Wiederwahl als staatlicher Eisenbahnkommissar. Als Neff bei einer lokalen Versammlung – unter den Teilnehmern befanden sich auch Vater und Sohn Johnson – nicht erschien, verlangte der Moderator nach einem Ersatz, der in Neffs Namen sprechen konnte. Sam Ealy Johnson, dessen politischer Einfluss zusammen mit seinem Geld und seiner Farm geschwunden war, drängte nun seinen Sohn Lyndon, „aufzustehen und etwas zugunsten von Pat Neff zu sagen." Lyndon erhob sich von seinem Platz, schritt durch die wenigen Zuhörer nach vorn und kündigte an: „Also gut, ich werde für Pat Neff sprechen." Wilton Woods, einer der Männer, die an diesem Abend dabei waren, erinnerte sich, dass Johnson seine Rede beim Licht des Grillfeuers hielt. habe etwas schrill „wie ein Halbwüchsiger" und laut gesprochen, aber Woods räumte ein, dass er doch „beeindruckt war".[24]

Von da an wiederholte Johnson einen während seiner gesamten politischen Karriere erkennbaren Zyklus: jemanden ausfindig machen, ihm in den Hintern kriechen und sich dem nächsten zuwenden. Fortwährend suchte er mächtige politische „Väter", auf die er mit seiner besonderen Mischung aus Unterwürfigkeit, Beweihräucherung, Schmeicheleien und zeitweiliger Freundschaft Einfluss nahm, um sich eine Sprosse höher auf der politischen Leiter einzurichten. Rayburn, Maverick, Roosevelt, Russell sind nur einige der politisch mächtigen Väter, bei denen Johnson seine Technik des „Benutzens und Wegwerfens" anwandte.

Johnson hatte, vielleicht auf Grund seiner eigenen mehrfachen Unsicherheiten, eine unheimliches Geschick, die wunden Punkte anderer Menschen zu entdecken und auszunutzen. Hatte er erst einmal durch seine „Freundschaft" ihr Vertrauen gewonnen, ließ er sie ausbluten und wandte sich dann dem nächsten zu. Wie das funktionierte, sei hier am Beispiel der „Freundschaft" Johnsons zu Sam Rayburn illustriert, dem legendären Präsidenten des Repräsentantenhauses.

Rayburn, eine Mann mit strengem Gesicht und zunehmender Kahlköpfigkeit, war eine bedeutende Figur im Kongress schon bevor er den Präsidentenstuhl einnahm. Wenn Sam Rayburn provoziert wurde, färbte sich sein Gesicht zunächst rot und wurde dann immer dunkler, bis er fast schwarz aussah. Nur wenige Abgeordnete konnten dieser Wut standhalten. Einmal hatte zum Beispiel ein Kongressabgeordneter gegen ein von Rayburn unterstütztes Gesetz gestimmt, ging danach mit einem gewinnenden Lächeln auf diesen zu und bat für sein Nein um Entschuldigung. Darauf Rayburn: „Das ist eine verdammte Lüge. Und Sie sind ein verdammter Lügner. Sie haben nicht für das Gesetz gestimmt, weil Sie sich nicht getraut haben. Sie haben überhaupt keinen Mumm."[25]

Männer, die Rayburn in den Hallen des Kongressgebäudes trafen, fürchteten ihn. Diejenigen, die ihn außerhalb des Kongresses kannten, bedauerten ihn. Er war als schüchternes Einzelkind aufgewachsen und Einsamkeit war das, was er am meisten fürchtete. „Einsamkeit bricht Herzen", sagte er einmal. „Einsamkeit frisst Menschen auf."[26]

Rayburn wollte verzweifelt eine Frau und Familie haben, wollte lieben und geliebt werden. Jahre zuvor hatte er sich in die achtzehnjährige Schwester eines anderen texanischen Kongressabgeordneten verliebt. Der schmerzhaft schüchterne Rayburn hatte neun Jahre gebraucht, bis er den Mut zu einem Heiratsantrag fand. Sie hatte zugestimmt, aber die Ehe hielt nur drei Monate und Rayburn sprach fast nie mehr darüber.

Als Lyndon Johnson zum ersten Mal in Washington ankam, unternahm er einen dezidierten Versuch, mit Sam Rayburn Freundschaft zu schließen. Das erwies sich nur deshalb als möglich, weil der zurückhaltende Rayburn mit Lyndon Johnsons Vater in der Legislative von Texas gesessen hatte. Lyndon suchte nach Vorwänden, um Rayburn nahe zu kommen, fand aber keine und begann, „Mr. Sam" zum Abendessen einzuladen. Es war aber vermutlich Lady Birds schüchterner Charme, der das Herz dieses großen und berühmten Politikers gewann. Rayburn schien Lady Birds Schüchternheit zu spüren und versuchte sie aufzuheitern, indem er Geschichten von seiner Kindheit auf der Farm in Texas erzählte. Er nannte seine Lieblingsspeisen, noch immer dieselben, die er als Junge gegessen hatte – Maisbrot, Erbsen, Chili und Pfirsicheis –, und natürlich kochte Lady Bird alles das, als er das nächste Mal zum Essen kam. Rayburn nahm Johnsons Einladungen jetzt nicht mehr nur zum Abendessen an, sondern auch zum sonntäglichen Frühstück.

Nach dem Frühstück schlug Lady Bird vor, dass Sam und Lyndon die Sonntagszeitungen lesen sollten, während sie aufräumte. Das gab Johnson die Gelegenheit, den einsamen Rayburn mit jenem Charme zu bearbeiten, der ihm den Spitznamen „Berufssohn" eingebracht hatte. Was ein paar Monate später geschah, war dann auch kaum überraschend. Lyndon erkrankte an einer Lungenentzündung und musste ins Krankenhaus. Als er aufwachte, sah er Sam Rayburn an seinem Krankenbett sitzen. „Nun, Lyndon", sagte Rayburn, „mach dir keine Sorgen. Nimm's leicht. Wenn du Geld oder sonst irgend etwas brauchst, ruf mich einfach an."[27]

Das war eine von Lyndon Johnsons typischen „Freundschaften". Erst hatte er eine ihm nützliche, warm und eng erscheinende Beziehung so intensiv gepflegt, dass man ihn gelegentlich sogar den kahlen Kopf des „Mister Speaker" küssen sah. Nun aber galt es, auf der politischen Leiter weiter nach oben zu kommen. Dazu musste ein politisch noch mächtigeren „Vater" her. Und Lyndon begann sich bei Franklin D. Roosevelt einzuschmeicheln, obwohl das auch bedeutete, seine Loyalität gegenüber Rayburn aufzugeben. Johnson wurde fortan bei seinen Treffen mit Rayburn zum Spion für Roosevelts Politik des *New Deal*.

Die Beziehung zwischen Rayburn und Johnson blieb zwar für einige weitere Jahre irgendwie intakt, kühlte sich aber entscheidend ab. Wie Johnson war auch Rayburn ein Mann mit scharfem politischem Instinkt, aber anders als bei Johnson war seine Politik von einem großen Maß an Integrität – und zwar ohne Abstufungen – gekennzeichnet. „Es gibt keine unterschiedlichen Grade von Ehrenhaftigkeit", war einer seiner häufig geäußerten Sätze. „Man ist es oder man ist es nicht." Und: Rayburn bestand zugleich darauf, dass nicht nur er, sondern auch alle anderen nach diesem Prinzip zu leben hätten. „Wenn man Rayburn einmal angelogen hatte, war man bei ihm unten durch", sagte ein Berater. „Eine zweite Chance bekam man nicht."[28]

Ohne Zweifel begriff Rayburn nach einiger Zeit, was auch alle anderen „Freunde" Johnsons irgendwann feststellten: Johnsons Freundschaften waren in erster Linie parasitär, und wenn sich neue Gelegenheiten boten, wechselte er sie bedenkenlos. Johnsons Chance, FDR als neuen „Vater" zu adoptieren, bedeutete, dass der einsame und schüchterne Sam Rayburn sonntags sein Frühstück wieder allein zu sich nehmen musste.

Narzisstische Allwissenheit

Narzissten verlangen derart stark nach Bewunderung, dass sie ein Bild der Vollkommenheit aufrechtzuerhalten suchen. Es ist für sie schwer, um Entschuldigung zu bitten, denn dies wäre das Eingeständnis, einen Fehler gemacht zu haben. Auch „Danke" fällt schwer, denn es erkennt an, dass jemand anderes einen Beitrag geleistet oder einen Mangel ausgeglichen hat. Narzissten können auch nur schwer einräumen, etwas Neues gelernt zu haben, denn das hieße ja, dass sie nicht schon vorher alles gewusst hätten.

Als sich Johnson zum Beispiel während seiner Tätigkeit als Sekretär des Kongressabgeordneten Kleberg für einen kurzen juristischen Abendkurs an der Universität von Georgetown eingeschrieben hatte, beschwerte er sich, der Unterricht sei nicht genügend praxisorientiert. Wenn aber ein Professor ein Thema behandelte, das Johnson aus seiner Tätigkeit bereits kannte, meckerte er: „Er erzählt mir nichts, was ich nicht schon weiß."[29]

Narzissten benutzen – was in diesem Zusammenhang nicht verwundert – das Telefon, um ihr großartiges Ego noch größer zu machen. Das Autotelefon ist für den Narzissten, was für manchen Sanitäter das Stethoskop ist, nämlich ein Zeichen der Wichtigkeit. Bevor die Mobiltelefone ganz groß in Mode kamen, gab es einen weiten Markt für Autotelefonatrappen und Antennen. Narzissten fühlen sich nämlich verlassen oder unbedeutend, wenn in den Spitzenzeiten der Verkehr nahezu zum Stillstand kommt und sie nicht intensiv in ein Autotelefon sprechen oder „Not"rufe tätigen können, wie es andere VIPs tun.

„Anrufe erwarten" ist eine andere Option, die Narzissten ausgiebig praktizieren. Das kann zwar manchmal tatsächlich stimmen, ist aber oft der erste Hinweis darauf, dass man es mit einem Narzissten zu tun hat. Wenn man am Telefon warten muss, während der Narzisst einen „wichtigen" Anruf auf der anderen Leitung entgegennimmt, erkennt man sehr schnell, welchen Rang man in der Hackordnung einnimmt.

In der narzisstischen Benutzung des Telefons war Johnson seiner Zeit weit voraus. Er war begeistert, als einer der ersten Politiker in Washington ein Autotelefon zu haben. Auch Everett Dirksen aus Illinois, ein anderer geschickter Politiker und freundlicher Konkurrent, bekam bald eins. Als er Johnson in dessen Limousine anrief, um ihm triumphierend mitzuteilen, dass er nun auch ein Autotelefon hätte, erwiderte Johnson: „Bleib mal einen Moment dran, Eve, mein anderes Telefon klingelt."[30]

Der entscheidende Charakterzug der Narzissten, männlich oder weiblich, jung oder alt, ist, dass sie bewundert werden müssen. Das führt zu einem Konflikt mit ihrer Fähigkeit, bei geselligen Anlässen auf andere zuzugehen. Ihre eigenen Bedürfnisse stehen an erster Stelle, so dass sie sich oft nicht ausreichend auf die Wünsche oder Bedürfnisse anderer einstellen können.

Der Psychoanalytiker Heinz Kohut hat ausführlich zum Thema Narzissmus geschrieben. Er glaubt, dass die freudige Reaktion einer Mutter auf ihr Baby oder auf den frühen Narzissmus des Kleinkinds einer der Pfeiler geistiger Gesundheit ist. Kohut nennt es Spiegelung und glaubt, dass alle Kinder nach Spiegelung durch ihre Eltern verlangen.[31] Er sieht im „Angeben" des Kleinkinds eine gesunde Entwicklungsstufe und ist der Meinung, dass dies nach und nach zurückgeht, wenn es richtig erkannt und verstanden (gespiegelt) wird.

Lyndon Johnson wurde in seinen ersten Lebensjahren vermutlich gut „gespiegelt", aber harte körperliche Arbeit war erforderlich, um der unfruchtbaren Erde des texanischen Berglands den Lebensunterhalt abzuringen. Rebekahs abwesender Ehemann war keine große Hilfe, und mit der Geburt weiterer Kinder vervielfachte sich ihre Belastung. Man kann mutmaßen, dass der Strom ihrer emotionalen Zuwendung, die einmal so kraftvoll und für Lyndon leicht erzielbar war, bald nur noch ein dünnes Rinnsal war. Der junge Sohn fing also bald an, seinen Vater, den erfolgreichen Politiker und geachteten Bürger, zu idealisieren, aber in den kritischen Jahren von Lyndons Adoleszenz zeigte sich auch Sam Johnsons Erfolglosigkeit. Folglich suchte Lyndon zwanghaft nach Beweihräucherung und Bewunderung außerhalb der Familie, um seine innere Leere zu füllen. Dennoch blieb in ihm durch eine deprimierte Mutter und einen abwesenden Vater ein Vakuum an Bestätigung.

Ein Traum, den er in seiner Adoleszenz immer wieder träumte, enthüllt seine psychischen Ängste: In diesem Traum saß er allein in einem kleinen Käfig, der „bis auf eine Steinbank und einen Stapel dunkler, schwerer Bücher leer" war. Eine alte Frau kam hinzu, und in dem Spiegel, den sie in der Hand hielt, konnte Lyndon kurz sich selbst sehen. Er sah, dass er plötzlich von einem Teenager zu einem knorrigen alten Mann geworden war. Er flehte die Frau an, ihn aus dem Käfig zu lassen, aber die drehte sich um und ging weg. Lyndon erwachte aus seinem Traum schweißgebadet und die Worte murmelnd: „Ich muss weg! Ich muss weg!"[32]

Man muss kein Psychoanalytiker sein, um die Bedeutung dieses Traums zu verstehen. Johnson sehnte sich nach emotionaler Spiegelung, konnte sie aber in den ersten Kinderjahren von seinen Eltern nicht erhalten. Obwohl er sich häufig um „erzwungenes Nachtanken" bemühte, hatte eine emotionale Bestätigung keine bleibende Wirkung, weil der „Benzintank" seiner Persönlichkeit wie ein Sieb war. Der emotionale Brennstoff, den er bekam, hielt nicht lange vor und das zwang ihn, ständig nach Möglichkeiten zum Auftanken zu suchen.

Kein politischer Kern

Was für Johnsons emotionales Wesen zutrifft, stimmt auch für sein politisches Leben: Ihm fehlte ein beständiger Kern. Ein Biograf beschreibt die äußerliche Kraft der Person Johnsons neben seiner inneren Leere: „Johnsons Persönlichkeit wog bei seinem Einfluss besonders schwer, denn es gab neben seinem äußerlichen Eifer, andere zu manipulieren, kein Fundament einer politischen Philosophie. … Zu Zeiten schien er, großohrig, großnasig, riesig, über die gesamte politische Landschaft Amerikas zu grübeln, … unbelastet von jeglicher Philosophie oder Ideologie."[33]

Die Formulierung „unbelastet von jeglicher Philosophie oder Ideologie" ist das politische Äquivalent zu dem, was Psychologen „innere Leere" nennen könnten und gibt genau die chamäleonartigen Eigenschaften dieses Mannes als Mensch und als Politiker wieder. Sie enthüllt, warum er als stets kompromissbereiter Senator so erfolgreich und als Führer der freien Welt so viel weniger erfolgreich war.

Seit Lyndons allerersten Tagen in Washington im Herbst 1931 – als Mitarbeiter von Richard Kleberg, dem neu gewählten Kongressabgeordneten aus dem vierzehnten Wahlbezirk von Texas – zeigte sich Johnson „unbelastet von jeglicher Philosophie oder Ideologie" als Meister der Beherrschung des Systems. Er rief zum Beispiel bei irgendeinem Verwaltungsmitarbeiter an, stellte sich als Kongressabgeordneter Kleberg vor und bat um größtmögliche Unterstützung für seinen Sekretär Lyndon B. Johnson. Wenn Johnson dann wenig später in der entsprechenden Dienststelle auftauchte, wurde er mit Respekt behandelt.

Johnson war von nie versagender lächelnder Freundlichkeit, aber darin steckte mehr. Tommy Corcoran hat festgestellt, dass viele Politiker lächeln und zuvorkommend sein konnten, Johnson aber noch etwas anders an sich hatte. Ganz gleich, was irgend jemand dachte, Johnson war in der Lage, ihm zuzustimmen. „Er konnte einen Menschen geistig rundum abtasten und feststellen, wo eine günstige Möglichkeit zum Zuschlagen ist."[34] Johnsons texanische Kollegen charakterisierten ihn als jemanden, „der sich mit dem Wind dreht."

Lyndon Johnson glaubte an nichts außer an seinen eigenen Ehrgeiz. Was er auch tat, er tat alles aus Ehrgeiz.[35] Ein Kongressangestellter hörte einmal, wie Johnson mit einem Abgeordneten sprach und dabei konservative Meinungen äußerte. Weniger als eine Stunde später sprach er mit einem anderen Abgeordneten und vertrat dabei liberale Haltungen, verteidigte sogar eine Ansicht, gegen die er nicht einmal sechzig Minuten zuvor heftig opponiert hatte. Johnson sagte jedem, „was der hören wollte", äußerte der Mitarbeiter.[36]

Für Johnson waren Ideologien wie Hemden, die in seinem Schrank hingen – er konnte sie leicht und schnell wechseln, wenn die Situation eine Meinungsänderung nahe legte, wenn es sein musste, auch mehrmals am Tag. Johnson war wie Lava, die aus einem Vulkan quoll, heiß und farbig. Aber im Gegensatz zu flüssiger Lava härteten Johnsons Positionen nie in dauerhafte Formen aus, blieben statt dessen geschmeidig, leicht umzuformen.

„Es tut mir Leid, aber..."

„Es tut mir Leid" war ein Satz, den Johnson, wie andere Narzissten auch, kaum je aussprechen konnte. „Es tut mir Leid, aber..." ist schon die Grenze dessen, was ein Narzisst sagen kann, um einen Fehler zuzugeben. Es ist kaum überraschend, dass aus Washington so wenige echte Entschuldigungen kommen. Die typische politische „Entschuldigung" lautet: „Es tut mir Leid, wenn ich missverstanden wurde", oder „Es tut mir Leid, dass ich mich nicht klarer geäußert habe", was darauf hindeuten soll, dass den Fehler eigentlich ein anderer gemacht hat.

Wenn eine narzisstische Person sagt: „Es tut mir Leid", könnte das zunächst wie eine echte Entschuldigung klingen. Es wird aber schnell deutlich, dass es kein ehrlicher Versuch ist, eine defekte Beziehung wieder in Ordnung zu bringen. Vielmehr ist der Narzisst bestrebt, die Illusion seiner eigenen Vollkommenheit wieder herzustellen. Psychoanalytiker bezeichnen das als „ungeschehen machen". Zum Beispiel könnte eine Frau, die ihren Mann verletzt hat, ihm ein besonderes Abendessen zubereiten oder ihm signalisieren, dass sie zum Sex zur Verfügung steht. Der Mann, der seine Frau verletzt hat, könnte ihr Blumen bringen, statt sich aufrichtig zu entschuldigen. Eltern, die ihren Kindern gegenüber unsensibel waren, könnten statt einer Entschuldigung ein besonderes „Vergnügen" in Aussicht stellen.

Solche Versuche, einen Schaden ohne Entschuldigung wieder gutzumachen, nähren armselige Beziehungen, denn die verletzte Person muss sich schuldig fühlen, einer Person, der es augenscheinlich „Leid tut", nicht intensiver zu vergeben. Und die narzisstische Person nimmt übel, dass die Friedensangebote nicht höher geschätzt werden.

Narzissten haben noch eine andere Art, eine echte Entschuldigung zu vermeiden, nämlich die Berufung auf ihre guten Absichten. Oft nähern sie sich geschickt einer echten Entschuldigung, die aber in Wirklichkeit nur eine Selbstrechtfertigung darstellt. Wenn ein Narzisst zu jemandem, der in echter Sorge war, sagt: „Es tut mir Leid, dass ich zu spät komme, aber ich bin in einen Verkehrsstau geraten", klingt das oft nicht etwa reuevoll oder mitfühlend, sondern gekränkt, weil sich der andere Sorgen gemacht hat.

Von Johnson hörte man den Satz „Es tut mir Leid" selten oder nie. Sogar sein Bruder Sam Houston, der Lyndons Verhalten in bestem Licht darstellt, bekennt: „Ich zweifle, dass er je in der Lage war, sich rundheraus einfach zu entschuldigen, nicht einmal als kleiner Junge."[37]

Sam berichtet auch, dass LBJ oft in einer Weise, die für Narzissten überaus charakteristisch ist, einen indirekte Ausgleich vornahm: Wenn er jemanden beschimpft hatte und danach merkte, sich geirrt zu haben, überschüttete er diese Person sehr oft mit Freundlichkeiten und außerordentlicher Großzügigkeit. Eine Sekretärin schickte er dann zu einem Kurzurlaub nach Florida, einem Mitarbeiter der Administration gab er Geld für die Zahnarztrechnung seiner Kinder. Manche Mitglieder seines Stabs erklärten offen, sie würden gern als nächste angebrüllt werden, weil sie glaubten, dann von ihm etwas Besonderes zu bekommen, denn das war seine Art der Entschuldigung.[38]

Niemand hat je gehört, dass Lyndon Johnson als Kongressabgeordneter, Vizepräsident und ganz besonders als Präsident sich entschuldigt, einen Irrtum zugegeben oder eine Unangemessenheit eingeräumt hätte. Nach der Ankündigung, sich nicht um eine Wiederwahl zu bewerben, sagte er einmal Reportern in einem Ton, der auf schaurige Art nach Nixon klang: „Also, ihr werdet mich nicht mehr anschießen müssen. ... Sucht euch jemand anderen, auf den ihr draufhauen und den ihr beleidigen könnt. Und ich sage euch jetzt und hier, dass diese verdammte Glaubwürdigkeitslücke, auf der ihr immer herumhackt, etwas ist, das ihr selbst erfunden habt."[39]

Mit Blick auf diese charakteristische Episode, bei der er Zeuge gewesen war, schrieb Lyndons Bruder: „Als ich überall um mich herum grimmige Gesichter, zusammengekniffene Lippen und gnadenlose Blicke sah, fragte ich mich, warum er sich gestattet hatte, seinem lange gehegten Groll freien Lauf zu lassen. In der Rückschau könnte ich mir denken, dass er sich bei ihnen entschuldigen wollte. Aber das ist nicht seine Art. Er brachte den Satz ‚Es tut mir Leid' nicht über die Lippen."[40]

Zu der späteren Frage, warum Johnsons Präsidentschaft im Gedächtnis der Nation einen so geringen Stellenwert hinterlassen habe, schrieb ein Historiker:

„Die Grundprobleme, mit denen Johnsons Präsidentschaft in erster Linie verbunden sind, Vietnam und die Große Gesellschaft, bleiben in schlechtem Licht. Was aber vielleicht noch wichtiger ist: Nie hat Johnson ein Versagen eingestanden, nie für Irrtümer oder falsches Verhalten um Vergebung gebeten.“[41]

In dieser Hinsicht war Lyndon ganz der Vater, denn auch Sam Johnson hat nie um Entschuldigung gebeten. Louise Casparis, die im Haus der Johnsons arbeitete, erinnerte sich an einen Fall, bei dem „Mr. Sam die Beherrschung verlor“ und völlig ausrastete, weil sie etwas falsch gemacht hatte. Weiter berichtete sie, dass sich Sam Johnson nicht für diesen Ausbruch entschuldigt oder auch nur darüber gesprochen habe. Aber als sie am nächsten Tag wieder ins Haus kam, „lag auf dem Kaminsims für mich eine schöne Packung Süßigkeiten.“[42]

Kitty Clyde Ross

Johnsons Strategie der Pflege von Freundschaften zu mächtigen politischen „Vätern“, die seiner Karriere dienlich sein konnten, verlief parallel zu seinen Versuchen, Frauen in weithin gleicher Weise zu benutzen. Es kann somit nicht überraschen, dass Johnson im Interesse seiner Karriere auch versuchte, „nach oben zu heiraten“.

In Johnson City hofierte er Kitty Clyde Ross, die Tochter von E. P. Ross, dem reichsten Mann der Stadt. Jedoch verboten Kitty Clydes Eltern ihrer Tochter nicht nur jeden Umgang mit Lyndon, sondern sorgten auch dafür, dass sie über kein Geld verfügte, das sie für ihn ausgeben konnte. Es war eine bittere Ironie, dass sich für Lyndon Johnson damit eine Situation wiederholte, die sich zwanzig Jahre zuvor ereignet hatte, als Kittys Mutter verboten worden war, den nicht sehr viel versprechenden Sam Johnson zu heiraten.

E. P. Ross, der sich sicher war, dass der Apfel nicht weit vom Stamm fallen würde, verbot also seiner Tochter, Lyndon Johnson zu heiraten. Als Arthur Krause, der Leiter der örtlichen High School, Ross um Erlaubnis bat, sich mit seiner Tochter kurz nach dem Schulabschluss zu verabreden, unterstützte Ross diese Werbung, obwohl Krause fast dreißig war. Kitty Clyde und Krause gingen aber wieder auseinander. Kitty besuchte die Universität von Texas, traf sich jedoch nie wieder mit Lyndon, sondern heiratete nach ihrer Rückkehr vom College einen Mann aus Johnson City, der im Geschäft ihres Vaters arbeitete.

Einige Biografen haben es als Beispiel für die Beständigkeit von Johnsons Loyalität gegenüber Freunden dargestellt (obwohl es wahrscheinlich eher in die Rubrik „Da habe ich es ihnen aber gezeigt!“ gehört), dass

Lyndon Kitty Clyde nicht vergaß. Als er Präsident geworden war, ließ er Kitty und ihren Mann mit der Präsidentenmaschine Air Force One zu einem Besuch im Weißen Haus nach Washington fliegen.

In seinen Collegejahren prahlte Johnson gern mit seinen Heldentaten bei Frauen. Als ihn sein Bruder Sam in San Marcos besuchte, trat Lyndon nach einer Dusche nackt ins Zimmer, nahm seinen Penis in die Hand und sagte: „Ich muss den großen Kerl hier nehmen und ihm etwas Training verschaffen. Mal sehen, wen ich heute Abend ficken werde."[43]

Dieses rhetorische Prahlen mag Lyndons jüngeren Bruder beeindruckt haben. Die wahrheitsgemäße Fortsetzung hätte aber vermutlich „Niemanden" gelautet, denn Lyndon war bei den Frauen nicht sehr beliebt.

Carol Davis

Fehlende Beliebtheit minderte Johnsons Hartnäckigkeit jedoch nicht. Nach dem Muster, mit dem er sich gewöhnlich an Frauen heranmachte, hofierte er als nächste eifrig Carol Davis, Tochter von A. L. Davis, dem reichsten Mann in San Marcos. Sie waren ein auffälliges Paar, denn Carols Vater hatte ihr ein neues weißes Kabrio gekauft und Lyndon protzte mit dem Auto und seiner Freundin herum und hupte wie verrückt, um sich etwa aus dem Laden der Firma Hillman Süßwaren ans Auto bringen zu lassen. Später prahlte er dann gegenüber Freunden, Carol hätte in Austin die Kinokarten bezahlt.

Lyndon suchte eine Frau mit Geld, seine Pläne in San Marcos wurden aber ebenso wie in Johnson City vom Vater der neuen Freundin durchkreuzt. Davis war ein cleverer Geschäftsmann, der einen kleinen Lebensmittelladen zu einem erfolgreichen Großhandelsunternehmen erweitert hatte. Außerdem war er ein scharfsinniger Kenner menschlicher Verhaltensweisen. Obwohl Lyndon wie üblich versuchte, Carols Vater mit einem Feuerwerk an Kriecherei zu bezaubern, ließ sich der alte Davis nicht beeindrucken. Nach einem oder zwei Gesprächen mit Johnson verließ Davis dann stets die Veranda, sobald Lyndon erschien. „Mein Vater saß immer auf der Veranda und unterhielt sich mit Leuten", erinnerte sich Carol, „aber mit Lyndon redete er nicht."[44]

Lady Bird

Als Johnson schließlich doch mit dem Werben Erfolg hatte, entsprach die Frau, die er heiratete, genau seinen Vorstellungen. Claudia Alta war die Tochter von Thomas Jefferson Taylor, einem „Workaholic", der früh um vier aufstand und bis in den späten Abend arbeitete. Er besaß mehr als 26.000 Hektar Land und mehrere Gemischtwarenhandlungen und war damit der wohlhabendste Mann im Harrison County.

Lyndon Johnsons Absicht war es, um eines Zwecks willen zu heiraten, nicht wegen einer bestimmten Person. Es nahm also nicht Wunder, dass er bei der ersten Begegnung mit Claudia, genannt Lady Bird (ihr Spitzname beruhte auf der Bemerkung eines schwarzen Kindermädchens, dass sie als Kleinkind „hübsch wie ein Marienkäfer"[45] [Marienkäfer = lady bird; d. Ü.] ausgesehen habe) sehr schnell entschied, sie besitze die richtige Kombination von Eigenschaften, an vorderster Stelle also genügend Geld.

Lady Bird, die sich mit Lyndon zum Frühstück traf, fand ihn „ein bisschen furchteinflößend, so dynamisch und so aufdringlich. Er trat sehr kraftvoll auf und mein Instinkt riet mir, mich zurückzuziehen." Aber trotz ihres besseren Instinkts frühstückte sie mit ihm, und am nächsten Tag, vierundzwanzig Stunden nach der ersten Begegnung, bat Lyndon sie, ihn zu heiraten. Sie „dachte, es wäre eine Art Witz."[46]

Nach ausgiebiger „Johnson-Behandlung", jener berühmten Mischung aus pausenlosem Einreden, Daumenschrauben und druckvollem Salesmanship, überzeugte Lyndon sie am Ende. Einem Mädchen, das an Dienstboten gewöhnt war, musste das Eheleben erschreckend scheinen, auch mit Blick auf die Forderungen ihres despotischen Ehemanns.

Der romantische Ton in Johnsons Briefen aus ihrer kurzen Verlobungszeit unterschied sich signifikant von dem Ton, der dann unmittelbar nach der Hochzeit einzog. Am Morgen nach der Zeremonie besuchte das frischgetraute Paar Freunde in der Nähe von Corpus Christi. Als sie plaudernd im Wohnzimmer saßen, so erinnerte sich Mary Elliott, sagte Johnson plötzlich zu seiner Frau: „Du musst die Strümpfe wechseln, Bird. Du hast da eine Laufmasche." Sichtlich verdutzt reagierte Lady Bird nicht sofort. Mrs. Elliott blieb in Erinnerung, dass „er ihr einfach den Befehl gab, direkt vor uns."[47]

Auch Bekannte in Washington wurden danach Zeugen solchen Verhaltens. Wenn Lyndon nicht gefiel, was seine Freu anhatte, sagte er ihr das unverblümt, vor den Ohren von Freunden, durch das ganze Zimmer, ohne Rücksicht darauf, wer da war. Er rief ihr Befehle zu und erwartete, dass sie von Lady Bird sofort befolgt wurden: „Lady Bird, hol mir noch ein Stück Kuchen." – „Sofort, Lyndon, in einer Minute." – „Hol mir noch ein Stück Kuchen!"[48]

Mit Blick auf ihre Schüchternheit und die fast fühlbare panische Angst, weil sie die Aufmerksamkeit auf sich gelenkt hatte, stellten Freunde fest, dass Lady Bird versuchte, jeder Laune ihres Mannes nachzukommen. Es war fast eine feste Formel zur Beschreibung der Ehe der Johnsons, wenn Freunde sagten: „Ich weiß nicht, wie sie das aushält."[49]

Aber Lady Birds substanzielle Tendenz zur Abhängigkeit kam ihr offenbar entgegen. Sie übernahm ihre Pflichten als gute Ehefrau, legte ihm früh seine Kleidung zurecht, putzte seine Schuhe, füllte seine Federhalter mit Tinte und servierte ihm den Kaffee zusammen mit der Morgenzeitung am Bett. Er wiederum kümmerte sich um ihr Äußeres, bestand darauf, dass sie keine flachen, sondern hochhackige Schuhe trug, zwang sie zur Gewichtsabnahme und zur Veränderung ihrer Frisur, nötigte sie, sich in hellere Farben zu kleiden und ermahnte sie, mehr Sorgfalt auf ihr Makeup zu verwenden.

Der tyrannische Narzisst Johnson war darum besorgt, wie seine Frau auf sein eigenes Erscheinen wirkte, nicht darum, was sie wollte oder was für sie bequem war. Bei seinem Drängen etwa darauf, dass sie Schuhe mit hohen Absätzen trug, ging es ihm deutlich darum, wie sie neben ihm aussah, nicht um das, was zu ihr passte. Sein eigenes Bedürfnis nach Bewunderung war so ausgeprägt, dass es bald jede Einfühlung verdrängte, die er ihr gegenüber vielleicht je gehabt haben mochte.

Stauch sie zusammen, du wirst dann besser schlafen

Johnsons Beschimpfungen waren keineswegs auf Lady Bird beschränkt. „Wenn die Dinge für dich nicht gut gelaufen sind, ruf eine Sekretärin oder einen Mitarbeiter aus dem Stab und stauch sie zusammen", sagte Johnson einmal halb im Scherz. „Du wirst dann besser schlafen und sie schätzen die Aufmerksamkeit."[50]

Der extreme Mangel an Einfühlung in seinem Schluss, dass „sie die Aufmerksamkeit schätzen" würden, zeigte den zentralen Makel in Johnsons Persönlichkeit, wie bei jedem anderen Narzissten. Nicht zu der Einschätzung in der Lage, wie ein solches Verhalten andere verletzen kann, vermutete Johnson, weil er sich besser fühlte, wenn er jemanden zusammengestaucht hatte, müsste es dem genau so gehen.

In seinem ganzen Leben litt Johnson an einem fast völligen Mangel an Einfühlung. Letztlich scheiterte er als Präsident, weil er so gefühllos war, 58.000 Amerikaner in einem hoffnungslosen Dschungelkrieg in Vietnam zu opfern. Das Lied der Antikriegsdemonstranten „He, LBJ, wie viele Kinder hast du heute umgebracht?" drückte zweierlei aus, den Zorn des Landes und die Gefühllosigkeit des Führers. Amerikas Jugend in den Tod zu schicken, war für die Familien zu Hause schließlich nicht mehr zu tolerieren.

Zu tolerieren war auch vieles andere an Johnson nicht. Als er beispielsweise auf Wahlkampftour für den Sitz im Senat war, verfügten viele der Kleinstadthotels in Texas nur über Handwaschbecken in den Zimmern, am Ende der Korridore lagen dann Gemeinschaftstoiletten. Letztere waren klein und heiß, aber bei offener Tür war es kühler. Johnson genoss es sichtlich, dass einige Wähler zum ersten Mal einen Blick auf den Senats-Kandidaten warfen, während der auf der Toilette saß.

Oder: Sein erstes Kongressbüro in Washington hatte kein eigenes angeschlossenes Badezimmer, nur ein kleines Waschbecken mit fließendem Wasser. Wenn er sich erleichtern musste, trat er hinter einen Wandschirm, drehte den Wasserhahn auf und urinierte ins Waschbecken, ohne das Gespräch mit den Gästen zu unterbrechen. Falls er auf Besucher einen unvergesslichen Eindruck machen wollte, war er mit solchen Szenen bemerkenswert erfolgreich.

Das passte genau zu Johnsons Hang, seine Untergebenen klein zu machen.

Als er zum Beispiel zum ersten Mal nach Washington ging, hatte er einen Berater, L. E. Jones, einen überaus eleganten Mann, der zweireihige Anzüge und steif gestärkte Hemden trug und tadellos gepflegt erschien. Rüpelhaftigkeit jeder Art war ihm ein Gräuel, aber trotzdem unterwarf ihn Johnson einer Erfahrung, die ihn erniedrigt haben muss. Die Toilette im Bürotrakt des Kongressabgeordneten Kleberg lag in einem schmalen Gang zwischen zwei Büros. Johnson pflegte sich auf die Toilette zu setzen und fast sofort seinen treuen Berater Jones zu sich zu rufen: „L. E.!, L. E.!" schrie er dann und Jones kam widerstrebend mit abgewandtem Kopf und nahm ein Diktat auf.[51]

Daran änderte sich wenig, als Johnson Präsident wurde. Ein Besucher beschrieb seine Erfahrungen im Weißen Haus: „Aus dem Oval Office ging er zur angrenzenden Toilette und ließ die Tür hinter sich offen. Um die Ecke mischten sich laute Verdauungsgeräusche in sein beständiges Reden. Einer seiner jungen Männer musste sich draußen in die Nähe der offenen Tür setzen und Notizen machen. Ein anderer schlich in der Toilette um den Präsidenten herum."[52]

Ungeschliffener Kerl, nackt

Unangemessene Nacktheit war Johnson ebenso gleichgültig wie der Geruch seiner Ausscheidungen. Der genannte Besucher im Weißen Haus war beidem ausgesetzt: „Oben in seinem Schlafzimmer lag er ausgestreckt auf einem Massagetisch und ein etwa achtzehnjähriger Junge rieb mit ausdruckslosem Gesicht eine weiße ölige Flüssigkeit in den massigen Körper. Mitarbeiter brachten ihm Berichte zum Lesen und ein neues Buch mit seinen gesammelten Reden zum Ansehen, und von dem Massagetisch aus blickte er auf einen der drei Fernseher, wenn ihn etwas interessierte. ... Dann wuchtete er sich auf dem Tisch in sitzende Position und provozierte mich weiter mit seiner Nacktheit, dem Schmerbauch, den baumelnden Beinen, seiner kraftstrotzenden Person. Ich wusste zwar, dass er ein Junge vom Lande war, aber in diesen merkwürdigen Augenblicken sah er aus wie ein chinesischer Kriegsherr und schien es auch zu sein."[53]

Solche Rüpelhaftigkeiten waren schon vor seinem Einzug ins Weiße Haus charakteristisch für Johnson. Einmal, während des Wahlkampfs für den Senat der Vereinigten Staaten, hatten mehrere wichtige Lokalreporter ihre Frauen in Lyndons Hotelsuite mitgebracht, um nach einer Rede noch eine Stunde mit ihm zwanglos zusammen zu sein. Johnson hatte einem Mitarbeiter mehrmals zu verstehen gegeben, dass er diese Leute loswerden wollte, aber seine Unterstützer waren so begeistert, dass sie sich jedem Hinweis, sie sollten lieber gehen, widersetzten. „Direkt vor ihren Augen fing er an, sich auszuziehen", erinnerte sich der Mitarbeiter. Als erstes legte Johnson Schlips und Hemd ab, obwohl die Gäste noch nicht gegangen waren. „Danach fing er an, sich die Hose auszuziehen. Die Damen sahen an die Decke, bis jemand sagte, es wäre wohl Zeit zu gehen und Mr. Johnson etwas Ruhe zu gönnen."[54]

Johnson und die Frauen

Nirgendwo zeigte sich Johnsons Narzissmus deutlicher als in seinem Verhalten gegenüber Frauen. Es ist für narzisstische Männer typisch, dass sie glauben, Frauen wären allein dazu da, Kinder aufzuziehen und den Männern Vergnügen zu bereiten. Es ist wohl kein Zufall, dass unter männlichen Politikern, wo ja Narzissmus heftig grassiert, von Frauen erwartet wird, dass sie als Groupies funktionieren.

Lyndon hatte von seinem Vater die Praktiken und Sitten texanischer

Politik gelernt. Lobbyisten in Austin waren dafür berüchtigt, ihre Abgeordneten mit den „drei B“ zu versorgen: Beefsteak, Bourbon und Blondinen. Es kann also kaum überraschen, dass Lyndon unter Anleitung seines Vaters und seiner Abgeordnetenfreunde lernte, dass Frauen Gebrauchsartikel waren. Frauen bedeuteten entweder Stimmen in einer Wahlurne oder Orgasmen in einem Bordell. Johnson nutzte sie für beides, je nachdem, was für ihn in einem bestimmten Moment gerade am wichtigsten war.

Der Geschäftemacher Lyndon Johnson wusste Wählerstimmen zu gewinnen, indem er Männern Gefälligkeiten versprach oder Frauen gegenüber körperliche Anziehung ausdrückte. Männer umwarb er mit Handschlag und Versprechen, Frauen mit Umarmungen und Küssen.

Ältere Frauen nannte er Mutter oder Oma, auch wenn er sie nie zuvor gesehen hatte, umarmte und küsste sie und sagte ihnen zärtliche und respektvolle Worte. Wenn er eine Frau umarmen wollte und sie kicherte und zurückwich, „ging er ihr nach“, wie sich ein Beobachter erinnerte: „Er ging ihr durch den ganzen Raum nach und wenn er sie eingeholt hatte, nahm Lyndon Johnson sie bei der Hand. Den anderen Arm legte er ihr um die Schulter. Dann beugte er sich nieder und küsste sie auf die Wange. Die ältliche Frau von der Farm nahm den Kuss mit abgewandtem Kopf und leichter Verwirrung entgegen. Ihr gerötetes Gesicht verriet aber, wie sehr ihr diese Aufmerksamkeit gefiel.“[55]

Und wenn er sich weder von den Wählerstimmen noch von den Reichtümern der Frauen Vorteile versprach, wollte er sie um seiner körperlichen Befriedigung willen wenigstens ins Bett bekommen. Alles das geschah mit wenig oder gar keiner Einfühlung. Auch Johnsons sexuelles Verhalten war nicht so sehr sexistisch oder chauvinistisch, sondern in erster Linie narzisstisch.

Wie die meisten Narzissten war er zutiefst davon überzeugt, dass Sex mit ihm so außerordentlich aufregend sei, dass dies als Lebenszweck genügte. Er war sicher, dass es jede Frau als besonderes Privileg empfinden würde, seine Sexualpartnerin zu sein, und dass eine Bettgemeinschaft mit ihm fast schon das Paradies wäre.

Später wurde dieser Johnsonsche Narzissmus durch die Macht seiner Präsidentschaft noch intensiviert, so dass er unablässig hinter Frauen her war. Von einer Sekretärin des Weißen Hauses wird berichtet, sie habe Sex mit ihm auf dem Schreibtisch im Oval Office gehabt. Eine andere musste entdecken, warum die Schlafzimmertüren auf Johnsons Ranch keine Schlösser hatten. Als sie dort Gast war, stellte sie eines Abends beunruhigt fest, dass ein Verdächtiger in ihr Schlafzimmer eingedrungen war und zu ihr ins Bett kriechen wollte. Sie war nur wenig erleichtert, als eine Stimme im Dunklen sagte: „Rück rüber, Liebling, hier kommt dein Präsident."

Als Präsident stellte Johnson sechs schöne Sekretärinnen an und soll mit fünf von ihnen geschlafen haben. „Ich schätze Schönheit sehr", sagte LBJ. „Nicht aushalten kann ich eine hässliche Frau oder eine fette, die aussieht, als säße sie wie eine Kuh auf ihrem eigenen Euter."[56]

In typisch narzisstischem Stil unterhielt Johnson sexuelle Beziehungen zu Frauen nicht aus Fürsorge oder wegen ihrer Attraktivität, sondern nur, damit sie seinem eigenen Bemühen um Selbstglorifizierung dienten. Johnson schätzte schöne junge Frauen als sexuelle Trophäen, als Eroberungen zum Beweis seiner männlichen Potenz. Die bloße Erwähnung von John F. Kennedys Frauengeschichten ließ Johnson prahlen, er hätte „mehr Frauen durch Zufall gehabt als Kennedy durch Planung", wobei er zur Bekräftigung auf den Tisch haute.[57]

Wie schon beschrieben, hatte Johnson bei seiner Suche nach einer Ehefrau großen Wert auf Wohlhabenheit gelegt. Es überrascht also nicht, dass sich eine seiner Langzeitaffären mit einer Frau abspielte, die beides war, schön und reich.

Alice im Wunderland

Etwa zu der Zeit, in der Johnson in den Kongress gewählt wurde, traf er Alice Glass, die Geliebte des Zeitungsmagnaten Charles E. Marsh. Der hatte den jungen Kongressabgeordneten und dessen Frau zu einem Wochenendbesuch auf sein Landgut eingeladen. Alice's Place, wie es von Besuchern genannt wurde, war ein großartiges Grundstück von vierhundert Hektar im Jagdgebiet von Nordvirginia. Das blaue Schindeldach des Landsitzes erhob sich majestätisch inmitten üppig bewachsener Hügel mit ihrer bukolischen Schönheit.

Alice Glass war eine fast 1,80 Meter große Frau von umwerfender Schönheit und Eleganz. „Ihr Gang war etwas Besonderes", erinnerte sich eine Beobachterin. „Mit ihrer Körpergröße, der schimmernden Haut und ihrem unglaublichen Haar sah sie wie eine Wikingerfürstin aus."[58] Bereits am Abend ihrer ersten Begegnung waren Alice Glass und Charles Marsh ein Liebespaar geworden. Ein paar Wochen später verließ Marsh Frau und Kinder in Texas und nahm Alice in den Westen mit, wo er sie mit Kolliers im Wert von einer Viertelmillion Dollar sowie

Ohrringen, die mit Diamanten und Smaragden besetzt waren, überhäufte.

Alice entsprach also genau Johnsons Kriterien für Frauen, die es zu erobern galt, denn sie besaß Einfluss, Schönheit und Reichtum. Ende 1938 oder Anfang 1939 wurden auch Alice und Lyndon ein Liebespaar. Das Bemerkenswerte an dieser Beziehung war nicht, dass sie sich ereignete, denn das war zu erwarten gewesen, sondern wie wirksam Lyndon Johnson aus Charles Marsh einen weiteren „Vater" machte, während er zugleich mit dessen Lebensgefährtin schlief. Ein Beobachter, der miterlebte, wie Johnson die Karten ausspielte, meinte, dass dieser nie besser gespielt hätte. Er war tatsächlich so gut, dass Marsh, dem die ständige Geldverlegenheit des jungen Kongressabgeordneten nicht verborgen geblieben war, ihm ein fast acht Hektar großes Stück Land im Wert von mehr als zwölftausend Dollar zu einem wesentlich günstigerer Preis überließ. Lady Bird lieh sich Geld bei ihrem Vater, um den Kauf tätigen zu können. Dieser eine Deal sicherte Lyndon Johnsons finanzielle Zukunft.

Zwar heirateten Alice und Charles bald darauf, aber die Ehe hielt nur sechs Jahre. Alices Affäre mit Johnson aber sollte über nahezu dreißig Jahre anhalten, bis sie ihn 1967 wegen des Vietnam-Kriegs endgültig verließ.

Madeleine

Eine weitere Langzeitaffäre Johnsons begann 1948 und dauerte einundzwanzig Jahre. Madeleine Brown, die er bei einem Empfang in Dallas kennen lernte, war damals vierundzwanzig. „Er sah mich an, als wäre ich eine Kugel Speiseeis an einem heißen Tag", sagte sie rückblickend.[59]

Drei Jahre nach ihrer ersten Begegnung gebar Madeleine einen Sohn von Johnson, dem sie den Namen Steven gaben. Die ganze Affäre einschließlich der Existenz Stevens wurde vor Lady Bird geheim gehalten. Madeleine wiederum wurde mit einem Appartement mit zwei Schlafzimmern, einer unbegrenzt belastbaren Kreditkarte und alle zwei Jahre mit einem neuen Auto versorgt.

Dass Johnson auch diese Liebschaft – wie seine vielen anderen – erfolgreich vor der Öffentlichkeit verborgen halten konnte, beruhte zu einem nicht geringen Teil darauf, dass er den FBI-Direktor J. Edgar Hoover, Washingtons größten Abhörspezialisten und Sammler von Geheimnissen, zu einem seiner politischen „Väter" gemacht hatte.

Als Johnson noch Vizepräsident war, wollte Kennedy Hoover als FBI-Direktor absetzen. Hoover übte aber auf Johnson Druck aus, damit dieser den Präsidenten zu seinen Gunsten beeinflusste. Hoover wusste um Madeleine wie um den Sohn Steven und gab zu verstehen, er müsste das Geheimnis lüften, falls Johnson nicht kooperieren sollte. Johnson gab dem Druck nach und bewog gleichzeitig Madeleine zu einer Heirat, damit „mir Hoover nicht hart an die Eier geht".[60]

Johnson benutzte Hoover (den er privat einen „schwulen Mistkerl" nannte) in den meisten Fällen höchst wirkungsvoll. Anders als Truman, der Hoovers anrüchige Informationen stets zurückgewiesen hatte, nahm Johnson dessen Wissen sehr gern entgegen. Er schwelgte in den Berichten über sexuelle Verfehlungen seiner Kollegen und nutzte diese Informationen, um andere bei seinem rücksichtslosen Aufstieg zur Macht zu erpressen.

Einige Autoren spekulieren, dass es Hoovers Akten gewesen sein könnten, durch die John und Robert Kennedy so in die Ecke getrieben wurden, dass sie Lyndon Johnson widerstrebend den Posten des Vizepräsidenten anbieten mussten. Viele mutmaßen, dass Johnson gedroht hätte, Kennedys Image als „Familienvater" mit Hoovers Hilfe zu zerstören und die amerikanischen Juden zornig zu machen, indem er enthüllte, dass Kennedy mit Ingrid Arvad, einer Frau mit einstigen engen Verbindungen zu Hitler, geschlafen hatte.

Später, als ein junger Mitarbeiter des Weißen Hauses Johnson drängte, Hoover zu feuern, erklärte Lyndon: „Wenn man es mit einem Stinktier zu tun hat, ist es besser, es ist im Zelt und pinkelt nach draußen, als wenn es draußen ist und dir ins Zelt hinein pinkelt."[61]

Johnson, der geschickte Manipulator, konnte das Stinktier im Stinken noch übertreffen und benutzte Hoover wirkungsvoll. Er erhielt ständig Lesestoff, mit dem er seine lüsternen Neigungen befriedigen und gleichzeitig seine politischen Konkurrenten erpressen konnte .

Offensichtlich schien Johnson, der damit seiner Zeit voraus war, kaum ein Problem damit zu haben, mit wem er Sex hatte. Der Präsident, der 1960 die Bürgerrechtsgesetze mit seiner Unterschrift in Kraft setzte, hatte hier augenscheinlich keine Vorurteile. Zu seinen Liebschaften zählten auch die schwarze Schönheit Geraldine Whittington sowie zahlreiche Eroberungen kaukasischer Herkunft.

Auch in Bezug auf den schwulen Kreis schien LBJ seiner Zeit bemerkenswert weit voraus zu sein. Seine sexuellen Leichen im Keller vertraute er der Obhut des „schwulen Mistkerls" J. Edgar Hoover an und zum Stabschef berief er Walter Jenkins, der später wegen der Teilnahme an homosexuellen Aktivitäten in einer Toilette der YMCA festgenommen wurde. Bei der darauf folgenden Untersuchung stellte sich heraus, dass Jenkins bereits fünf Jahre zuvor einmal festgenommen worden war, und zwar wegen des gleichen Delikts in der gleichen Toilette. Da die erneute Festnahme nur wenige Wochen vor der Präsidentenwahl von 1964 stattfand, schlug Johnsons juristischer Berater vor, Jenkins in ein Krankenhaus einweisen zu lassen. Johnson rief daraufhin seinen Freund Hoover an, der in einer Erklärung verbreiten ließ, Jenkins habe der nationalen Sicherheit nicht geschadet. Dadurch wurde es um die Sache schnell still. Zuvor empfahlen aber einige Republikaner, dass Johnson seine Wahlkampfparole ändern sollte. Statt „Den ganzen Weg mit LBJ" sollte es besser heißen: „So oder so mit LBJ".[62]

Sexualverhalten

Für narzisstische Männer ist typisch, dass sie viel Wert auf die Schönheit der Frauen legen, die von ihnen mit Sex „beglückt" werden. Sie überschätzen die Wichtigkeit ihrer eigenen Sexualorgane – man erinnere sich, wie Lyndon vor seinem Bruder prahlte, er müsse den „großen Kerl" herausnehmen und ihm etwas Training verschaffen –, zugleich auch ihre sexuelle Leistungsfähigkeit und alle äußerlichen Insignien der Sexualität, mit denen sie sich für besonders gut ausgestattet halten.

Ein Psychiater drückt es treffend so aus: „Narzisstische Männer lieben ihre Körper. Ihre Penisse behandeln sie mit Zuneigung und Stolz. Sie ‚lieben ihre Schwänze'. Wenn ihr stattliches Anhängsel erigiert ist, strecken sie es aus, um es küssen und streicheln zu lassen, als ob ihrer Partnerin damit eine große Gunst erwiesen würde. Bleibt die Erektion aus, können sie ihre Partnerin mit Geringschätzung und Verachtung strafen, weil sie es nicht schaffen, das Ding hochzubringen. Für einen Mann, der sich selbst zu sehr liebt, sind Probleme immer die Schuld von anderen."[63]

Wenn männliche Narzissten mit etwas prahlen, handelt es sich oft um den Penis, die Brustmuskeln oder ein festes Hinterteil. Damit versuchen sie, eine innere Leere zu kompensieren. Sie sind der Meinung, von allem das Beste zu haben und geben vor allem im sexuellen Bereich Fehler, Zweifel oder Versagen nie zu. Die Hilfe eines Psychologen oder Sexualtherapeuten nehmen sie kaum je in Anspruch, denn mit ihnen ist ja alles in Ordnung. Da sie ohne Fehl sind, ist es natürlich immer die Partnerin, die an einem sexuellen Problem Schuld trägt.

Bei seinen verzweifelten Versuchen, Bewunderung immer nur in seine Richtung strömen zu lassen, kümmert sich der Narzisst nur wenig um das Vergnügen seiner Partnerin, sondern konzentriert sich auf seine Wünsche und lässt nicht selten seine Partnerin unbefriedigt. Der narzisstische Liebhaber ist auf die Erreichung seines eigenen Vergnügens oder auf größere Bewunderung so fokussiert, dass ein Eingehen auf die Bedürfnisse der Partnerin völlig in den Hintergrund rückt. Deshalb haben einige den Sex mit einem Narzissten als etwas beschrieben, das eher an Masturbation erinnert.

Es kann vorausgesetzt werden, dass Lyndon Johnson im Schlafzimmer die gleichen selbstzentrierten Idiosynkrasien und Grobheiten zeigte, für die er in anderen seiner Lebensbereiche bekannt war. Nach aller Wahrscheinlichkeit zeigten sich dieselben Charakterzüge, die er beim Empfang von Gästen im Weißen Haus oder auf seiner Ranch offenbarte auch im Schlafzimmer: Großartigkeit, Selbstglorifizierung, Überschätzung seines Körpers, darunter natürlich des „großen Kerls", und sein stets vorhandener Mangel an echter Einfühlung.

Alles das summierte sich zu einer höchst einseitigen Erfahrung, die die meisten Frauen schnell von sich wiesen. Wäre Johnson nicht Präsident der Vereinigten Staaten gewesen und hätte er nicht so viel Macht besessen (die Henry Kissinger, selbst ein kleiner, arroganter und unattraktiver Mann, der trotzdem Beziehungen zu einigen der hinreißendsten Frauen in Washington unterhielt, einmal als das „ultimative Aphrodisiakum" bezeichnete), hätte er wohl in Washington weit weniger sexuelle Aktivitäten entfalten können. Wäre es allein nach der „Attraktivität" seiner Person gegangen, hätte er wahrscheinlich die Enttäuschung seiner Jugend- und Collegejahre erneut erlebt.

Die ebenso zwanghafte wie zielstrebige Verfolgung seiner politischen Ziele hat mit hoher Wahrscheinlichkeit zur Verringerung seine Sensibilität im Schlafzimmer beigetragen. So war er beispielsweise auf den zahlreichen Wahlkampfreisen oft so erschöpft, dass er schon im Hubschrauber, ungeachtet allen Lärms, fest einschlief.

Schließlich muss auch festgehalten werden, dass sich Lady Birds Abhängigkeit enorm vergrößern musste, um dem Narzissmus ihres Mannes zu entsprechen.

In einer Zeit, in der Abhängigkeit der Frauen als „Stärke" statt als krankhaftes Fehlverhalten galt, gehörte Lady Bird zu den stärksten. „In ihrem Reich", schrieb die Washingtoner Journalistin Nancy Dickerson (selbst Objekt von Johnsons sexueller Anmache), „war ihr niemand ebenbürtig. Er wusste es, sie wusste es und alle anderen wussten es auch."

Doris Kearns äußert sich im gleichen Sinn: „Mitten in den kompliziertesten Intrigen und Kämpfen in der Karriere ihres Manns blieb sie nach außen hin gefasst und vernünftig. Wenn ihr seine unaufhörlichen Forderungen und Anweisungen ... oder seine gelegentlichen Beschimpfungen in Anwesenheit anderer zu viel wurden, besaß oder entwickelte sie eine ausgeprägte Fähigkeit, sich psychisch auszuklinken. ‚Bird', rief Johnson in solchen Fällen, ‚bist du bei mir?' Und sofort war sie wieder so aufmerksam und dienstbereit wie gewohnt. Ohne diese Hingabe und Nachsicht, ohne eine ständig gewährte und nie aufgekündigte Liebe bliebe Lyndon Johnsons weiterer Aufstieg in der Welt der Politik unvorstellbar."[64]

Über Johnsons viele Affären mit anderen Frauen schrieb George Reedy, dass Lady Bird „die ganze Sache mit unglaublicher innerer Stärke trug. Er kam immer wieder zu ihr zurück, weil er sie brauchte. Sie war intelligent, man konnte auf sie bauen, sie warf sich im psychologisch richtigen Moment in die Bresche und heilte die klaffenden Wunden, die er verursacht hatte."[65]

Joseph Califano sagte über First Lady Johnson: „Sie war eine Heilige, die außerordentlichste Frau, der ich je begegnet bin, meine eigene Frau und Mutter nicht ausgenommen."[66]

War Lady Bird eine „Heilige" oder krank? War ihre Nachsicht gegenüber Lyndon „Hingabe" oder Zeichen einer Psychopathie? War ihre zeitweilige Abwesenheit bei verbalen Beschimpfungen „ständig gewährte Liebe" oder eine dissoziierte Störung? Vieles hängt vom sozialen Kontext der Beobachter und der Zeit ab, in der sie schrieben. Davon abhängig ist auch die Antwort auf die Frage, ob Lady Bird Lob oder Mitleid verdient.

Richard Milhous Nixon

Mit Ehefrau Thelma („Pat“), 1970.

1913	Geboren am 9. 1. in Yorba Linda, Kalifornien.
1933-1937	Jurastudium.
1937-1942	Tätigkeit als Rechtsanwalt.
1938	Eheschließung mit Thelma Catherine („Pat“) Ryan.
1943-1946	Kriegsdienst bei der Marine, zuletzt als Korvettenkapitän.
1947-1949	Mitglied des Repräsentantenhauses für die Republikanische Partei.
1950-1953	Senator; rigoroser Einsatz für die „Eliminierung politisch unzuverlässiger Elemente“ aus der Verwaltung.
1953-1961	Vizepräsident unter Dwight D. Eisenhower.
1960	Knappe Wahlniederlage gegen John F. Kennedy.
1961-1967	Erneute Tätigkeit als Rechtsanwalt.
1968	Durch Sieg über H. Humphrey 37. Präsident der USA.
1972	Erste Reise eines amerikanischen Präsidenten nach China und in die UdSSR; im November Wiederwahl.
1973	Waffenstillstandsabkommen mit Vietnam.
1974	Verwicklung in die Watergate-Affäre zwingt Nixon als ersten Präsidenten der USA zum Rücktritt, um dem drohenden Amtsenthebungsverfahren zu entgehen.
1994	Gestorben am 22. 4. in Yorba Linda.

5 Richard M. Nixon

37. Präsident der Vereinigten Staaten 1969-1974

Richard Milhous Nixon war vielleicht der psychisch gefährdetste Präsident in der zweiten Hälfte des 20. Jahrhunderts. Es ist ein nicht zu unterschätzendes Zeichen für die Widerstandsfähigkeit unserer Demokratie, dass die USA jene gefährlichen Tage überstanden, als Nixons überaus misstrauisches Ego kollabierte.

Nach den Schießereien von Kent State und den darauf folgenden Studentendemonstrationen rief Richard Nixon am Abend des 7. Mai 1970 William Safire an und sagte: „Wenn die Verrückten etwas versuchen, werden wir sie zusammenschlagen." Dann aber ergänzte er, wohl in dem Versuch, Safire zu versichern, dass er es nicht ganz ernst meinte: „Keine Sorge, ich weiß schon, wenn ich so etwas sage, treibt es die Leute auf die Palme. Diese Woche hat das Land Schreckliches durchlebt [die Tragödie von Kent State]."[1]

Am nächsten Abend, dem 8. Mai 1970, stand Richard M. Nixon am Rand seiner Zurechnungsfähigkeit. Erregt und zornig über den Krieg und die Toten von Kent State telefonierte er den ganzen Abend bis in die frühen Morgenstunden des nächsten Tages fast pausenlos. Zwischen 21.22 Uhr und 4.22 Uhr führte er einundfünfzig Gespräche. Er stand in Lincolns einstigem Wohnzimmer unmittelbar neben seinem Schlafzimmer, hatte eine Schallplatte mit Rachmaninows erstem Klavierkonzert aufgelegt, starrte aus dem Fenster und beobachtete, wie sich Studenten um das Washington-Denkmal herum zu versammeln begannen.

Etwas später, unmittelbar vor Beginn der Morgendämmerung, wurde er immer unruhiger und fuhr zum Lincoln-Memorial, wo er mit einer Studentengruppe über eine Beendigung des Kriegs in Vietnam sprach. Als ihn eine junge Frau fragte, wie das Leben in Amerika künftig aussehen sollte, ignorierte er ihre Frage und sprach statt dessen über die Millionen Menschen, die in China lebten. Eine Studentin, die einräumte, nicht alles gehört zu haben, was er sagte, bemerkte später, dass „das meiste, was er sagte, absurd war. Wir waren von einer Universität gekommen, in der gestreikt wurde, und als wir ihm sagten, woher wir kommen, redete er über die Footballmannschaft."[2]

Ursprünge

Wie bei den meisten Menschen begannen auch Richard Nixons Konflikte, als er seine Eltern „verinnerlichte". Kleine Kinder haben fast keine Fähigkeit, sich selbst zu beruhigen. Jeder Trost, den sie erhalten, muss von außen, von einfühlsamen Eltern kommen. Wenn dies geschieht, wird das Kind „die gute Mutter/den guten Vater verinnerlichen' und später in der Lage sein, sich selbst zu beruhigen.

Für den kleinen Richard war es ein Unglück, dass er keine „guten" Eltern verinnerlichen konnte. Diese missverstanden sich nämlich permanent, und der Vater reagierte dies oft an den Kindern ab. Nixon sagte später dazu: „Das Prinzip, dass Gegensätze einander anziehen, ist für meinen Vater und meine Mutter zutreffend. ... Zwei in ihrem Temperament unterschiedlichere Menschen kann man sich kaum vorstellen."[3]

Sogar in seinen Memoiren, in denen Nixon versucht, sich selbst und seine Familie in bestmöglichem Licht erscheinen zu lassen, erkennt man, dass Frank Nixon kein Vater war, der mit seinen Kindern sanft und fürsorglich umging. Immerhin bekannte sein Sohn: „Zorn und Heiterkeit wechselten bei meinem Vater mit irischer Schnelligkeit. Sein Jähzorn beeindruckte mich als kleines Kind am meisten." Nixon erinnerte sich dass sein Vater „stürmische Auseinandersetzungen" mit Don und Harold hatte und ihr Brüllen in der ganzen Nachbarschaft zu hören war. Er selbst vermied es, sich mit seinem Vater – wie die Brüder es taten – auf einen lauten Streit einzulassen, er bevorzugte vielmehr die indirekte Taktik seiner Mutter: „Ich war bemüht, dem Beispiel meiner Mutter zu folgen und ihm nicht über den Weg zu laufen, wenn er schlechter Laune war."[4]

Das ist eine einsichtsvolle Selbstanalyse der passiven aggressiven Unterströmung, wie sie für den erwachsenen Nixon typisch war. Die direkte persönliche Konfrontation suchte er zu vermeiden und wurde wie seine Mutter Hannah ein Meister der indirekten Manipulation. Von Hannah lernte er, dass man sich in Gegenwart von Menschen wie Frank Nixon, dem dominanten Iren, nicht ängstlich ducken musste, wenn man ihn austrickste, statt ihn frontal zu attackieren. Seinen Spitznamen „Tricky Dick" [trickreicher Richard] trug er nicht ohne Berechtigung, denn ein großer Teil seiner politischen Karriere beruhte eher auf Falschheit als auf Offenheit, eher auf passiver Aggressivität als auf direkter Konfrontation.

Es muss nicht immer ein Risiko sein, wenn man Eltern mit unterschiedlicher Persönlichkeit hat, denn die verinnerlichte Repräsentation kontrastierender, aber einander ergänzender Elternteile sorgt manchmal für die Ausgeglichenheit der Persönlichkeit eines Kindes. Wenn die elterlichen Unterschiede nicht zu signifikant, die Auseinandersetzungen nicht zu lautstark sind, integriert ein Kind solche Unterschiede in eine Mischung, die der sich entwickelnden kindlichen Persönlichkeit eine bessere Balance verleiht, als nur ein Elternteil sie vermitteln kann. Sind aber die elterlichen Unterschiede so groß, dass sie nicht integriert werden können, reagiert das Kind mit einem Bewältigungsmechanismus, der als Splitting bekannt ist. Dabei entwickelt sich die verinnerlichte Repräsentation jedes einzelnen Elternteils isoliert weiter und wird nicht zu einem integrierten Teil der Persönlichkeit.

Im Falle Nixons waren die elterlichen Unterschiede derart tief und trennend, dass er fortan psychisch gespalten blieb. Der lebenslange Konflikt zwischen seiner unterdrückten passiven Seite, die er von der „heiligen" Hannah verinnerlicht hatte, und seiner zornigen, leistungsorientierten und gewalttätigen Seite, die er von seinem Vater Frank hatte, ist in einer psychoanalytischen Betrachtung des Nixonschen Lebens von Abrahamsen gut dokumentiert. Ihr Titel lautet passend *Nixon kontra Nixon*. Der Autor fasst seine Untersuchung mit den folgenden Sätzen zusammen: „Nixons innerer Konflikt, sein Kampf gegen sich selbst, war der Ursprung seines Erfolgs als Politiker und der Schmerzen und Depressionen, unter denen er nach Ende seiner Präsidentschaft litt. Die Feinde in seinem Inneren nahm er nicht wahr, sondern projizierte sie auf andere. Er zog sich in sich selbst zurück und lebte dort mit seiner Einsamkeit, seiner Überempfindlichkeit, seinem Narzissmus, seinem Misstrauen, seiner Heimlichtuerei. Ängste und Zorn seiner Kindheit verließen ihn nie, nicht einmal, als er der mächtigste Mann der Vereinigten Staaten wurde."[5]

Nixons Memoiren enthalten zahlreiche Beispiele psychologisch widersprüchlicher Bemerkungen, Statements von Zorn, Verzweiflung und Selbstmitleid, denen typischerweise romantische Aufarbeitungen folgen. Man kann beinahe Frank Nixons wütende Stimme und danach Hannahs sanfte Beruhigung hören: „Unser Leben in Yorba Linda war hart, aber glücklich ... Es war kein leichtes, aber ein gutes Leben." Nixon erinnert sich, dass der Vater in seinem Laden oft vehement mit Kunden stritt, beeilt sich aber hinzuzufügen, dass Frank Nixons Ausbrüche nicht wirklich persönlich gemeint gewesen seien, sondern „nur seine Art, eine Diskussion etwas zu beleben". In Erinnerung daran, dass sein Vater halb taub war, vermutet Nixon, dass Frank manchmal einen Tumult provozierte, so dass er sein Hörgerät abschalten und abwarten konnte, dass sich das Drama wie in einem Stummfilm entwickelte. Nixon erwähnt, wie sein Vater rücksichtslos stritt und herumschrie, und fährt dann mit seinem typischen Romantizismus fort: „Aber neben seinem barschen und rauen Äußeren ist es seine Liebe, an die ich mich am besten erinnere."[6]

Nixons Behauptung, er habe Vater und Mutter gleichermaßen geliebt, erweckt den Eindruck, er wolle sich selbst ebenso wie andere davon überzeugen: „Ich liebte meine Eltern gleich, aber auf unterschiedliche Art ... Mein Vater war ein unausgeglichener, streitlustiger Kämpfer mit schnellem, umfassendem und unverfälschtem Intellekt ... Meine Mutter liebte mich umfassend und selbstlos, ihr spezielles Vermächtnis waren ein ruhiger innere Friede und die Entschlossenheit, nie zu verzweifeln."[7]

So rekonstruierte der erwachsene Nixon seine Kindheit. Typisch ist, dass er mit einer Beschreibung der Schroffheit seines Vaters beginnt und eine besänftigende Umdeutung der „Hannah"-Seite seiner Persönlichkeit folgen lässt. Nixon versuchte ernsthaft, die Geschichte seiner Kindheit zu rekonstruieren. Durch die permanenten Umdeutungen aber wird die Glaubwürdigkeit überstrapaziert, wenn er dem Leser etwa suggeriert, dass der kleine Richard, der verzweifelt nach einem bisschen Liebe sucht, unter Frank Nixons „barschem und rauem Äußeren" auch noch ein wenig affektives Gold gefunden habe oder dass der Vater, ein „unausgeglichener, streitlustiger Kämpfer", dennoch Zuneigung habe erwecken können.

Eine eiserne Faust in einem Samthandschuh

Brodie und andere Autoren führen Argumente dafür an, dass hinter Hannahs sorgendem Äußeren eine despotische, depressive und vernichtende Mutter gelauert habe. Nixon selbst erwähnt „eine tiefe Depression und andere Tragödien" in Hannahs Leben. Marshall Clough Jr., ein Freund von Nixons Bruder Harold, verbrachte einige Zeit im Haus der Nixons und beschreibt Hannah als „die wunderbarste Frau, die ich je in meinem Leben getroffen habe", worauf er allerdings fortfährt: „Sie schaffte es, dass du wolltest, was sie wollte, dass du es willst."[8]

Richards langjährige Freundin Ola Welch Jobe erinnerte sich an Hannah als „eine liebenswerte Dame, die zu mir sehr nett war, aber eine eiserne Faust in einem Samthandschuh besaß.“[9]

Als Präsident zitierte Nixon bei mehr als einer Gelegenheit ein altes jüdisches Sprichwort: „Der Mann wurde aus weicher Erde gemacht, die Frau aber aus einer harten Rippe.“[10]

Eine bemerkenswert enthüllende Szene in Nixons Memoiren erfasst seine frühe und lebenslange Ambivalenz gegenüber Frauen und seine Erfahrungen mit ihrer Taktik der indirekten Disziplinierung. Nixon beschreibt ein Ereignis, das sich zutrug, als sein Bruder etwa fünf Jahre alt war. Er hatte aus dem Familienladen ein paar Zigaretten genommen und rauchte jetzt heimlich, „um der Welt zu zeigen, dass er ein Mann war“. Eine Nachbarin berichtete das Hannah, die ihren Sohn unverzüglich bestrafte. Interessanterweise nahm Nixon im Rückblick der Nachbarin übel, dass sie seinen kleinen Bruder angeschwärzt hatte: „Es war sein Pech, dass ihn eine unserer geschwätzigen Nachbarinnen zufällig rauchen sah und das meiner Mutter sofort berichtete. Seit dieser Zeit konnte ich diese Nachbarin nicht leiden…“[11]

Hier erkennen wir Stück um Stück die Spaltung in Frank und Hannah, den passiv-aggressiven Riss, der sich bereits in Nixons früher Persönlichkeit ausbildete. Sein kleiner Bruder wollte einfach „der Welt zeigen, dass er ein Mann ist“ und wurde von einer „geschwätzigen“ Nachbarin bei diesem unschuldigen und angemessenen Übergangsritus gestört. Nixon bewahrte diesen Groll offensichtlich bis ins Alter.

Und es waren nicht allein „geschwätzige“ Nachbarinnen, gegen die Nixon einen Groll hegte. Sein Bruder Donald berichtete von Richards bemerkenswertem Gedächtnis für früheres Unrecht: „Er hat mit mir nicht viel gestritten, aber einmal hatte er genug von mir und spielte eine halbe oder dreiviertel Stunde verrückt. Er zählte Sachen auf, die ich vor einem oder zwei Jahren gemacht hatte. Keine Einzelheit ließ er aus. Ich war erst acht und er zehn, aber ich hatte seither viel Respekt dafür, wie er Dinge im Gedächtnis behalten kann.“[12] Ob man ein solches Gedächtnis für Vergangenes bewundern oder beklagen soll, hängt von der eigenen Perspektive ab. Klar ist aber, dass Richard mit zehn Jahren den Kopf voller Groll hatte, auch wenn er nur selten davon sprach.

Mit einem Beil auf den Kopf

Als Nixon noch ein kleines Kind war, war sein Zorn nicht immer „passiv“, indirekt oder unter Kontrolle, wie es später der Fall sein sollte. Er hatte eine Tendenz zur Gemeinheit, die sich manchmal zeigte, bevor die Seite Hannahs dämpfenden Einfluss in seiner Persönlichkeit ausübte.

Mit sieben Jahren forderte er von einem etwas jüngeren Freund ein Glas mit Kaulquappen, die dieser in einem Abwasserkanal gefangen hatte, jedoch nicht hergeben wollte. Richard schlug ihm mit dem stumpfen Ende eines Beils auf den Kopf, so dass das Opfer sein Leben lang eine Narbe behielt.[13] Kein Wunder, dass Nixon diesen Vorfall in seinen Memoiren nicht erwähnt, denn er beweist eine schwer zu leugnende rohe Aggressivität. Mit sieben Jahren müsste einem hellen Kopf bewusst sein, dass es kein rücksichtsvolles Verhalten ist, wenn man einem Freund mit dem Beil auf den Kopf haut, um dessen Kaulquappen zu bekommen. Wie so oft bei Nixons dunkler Seite, wurde einfach nicht erwähnt, was sich nicht plausibel erklären ließ.

Diejenigen, die eng mit Nixon zusammenarbeiteten, wussten, dass er im privaten Bereich tatsächlich explodieren konnte, obwohl er in der Öffentlichkeit seine Wut im Allgemeinen zu kontrollieren in der Lage war. Er schlug die Menschen zwar nicht mehr mit dem Beil, aber seine Wut äußerte sich so manches Mal auf vergleichbar primitive Weise.

Nixons rechte Hand, Harry Robbins („Bob") Haldeman, erinnerte sich beispielsweise, wie sein Boss während des Wahlkampfs von 1960 seine Frustration abreagierte, als sie einmal eine unnötig lange Fahrt zwischen zwei Städten über sich ergehen lassen mussten. Nixon saß hinter seinem Berater Don Hughes, einem Major der Air Force, und begann, aus Ärger über die schlechte Routenplanung mit beiden Füßen an die Lehne von Hughes' Sitz zu treten. „Und er hörte nicht auf", so Haldeman. „Wumm! Wumm! Der unglückliche Hughes schnellte vor und zurück, während Nixon seiner Wut freien Lauf ließ. Als das Auto schließlich anhielt, stieg Hughes stumm und mit bleichem Gesicht aus und begann, die Straße hinunterzulaufen. Ich glaube, er wäre durch den ganzen Bundesstaat gelaufen, wenn ich ihm nicht nachgegangen wäre und für Nixon um Entschuldigung gebeten hätte. Schließlich konnte ich ihn überreden, sich uns wieder anzuschließen."[14]

Auch hier, in Nixons Wutausbrüchen, zeigte sich die Verinnerlichung von ähnlichen Erlebnissen mit dem Vater. Die Nixons wohnten seinerzeit neben einem großen Wassergraben. Für Kleinkinder zwar eine Gefahr, aber das Wasser stand kaum je höher als einen halben Meter, so dass alle älteren Kinder aus der Nachbarschaft in diesem Graben zu schwimmen pflegten. Nur Frank Nixon verbot es seinen Kindern, sogar an glutheißen Tagen. Die hielten sich aber nicht immer daran. Nixons Cousine Jessamyn West und ihre Tante beobachteten einmal, wie Richard und einer seiner Brüder von ihrem Vater erwischt wurden, als sie im Graben schwammen. Roh zog er sie heraus, stieß sie aber sofort wieder hinein und brüllte: „Ihr mögt Wasser? Dann sollt ihr mehr davon haben!“ Die Tante fürchtete, Frank könnte die Kinder ertränken, und begann zu schreien: „Du bringst sie ja um, Frank! Du bringst sie um!“[15]

Die Grabenepisode zeigt Frank Nixons gemeine und sadistische Seite und kann nicht einfach als Strenge um der Sicherheit willen interpretiert werden. Wahrscheinlich störte es ihn generell, wenn Kinder unschuldigen Spaß hatten. So erlaubte er es Nachbarskindern auch nicht, zum Spielen in sein Haus zu kommen. Elizabeth Guptill, die Hannah manchmal bei der Hausarbeit half, erinnerte sich daran, wie wütend Frank war, als sie einmal Harold erlaubt hatte, ohne elterliche Erlaubnis mit den Nachbarskindern zu spielen.[16]

Von frühester Kindheit an gab es Anzeichen dafür, dass mit Richard nicht alles zum Besten bestellt war. Im Gegensatz zu seinem ruhigen Bruder Harold war er „in der Familie als Schreier bekannt“. Hannah war beeindruckt, was für eine „entschiedene Stimme“ Richard schon als Baby besaß.[17] Die schien er bereits bei der Geburt gehabt zu haben. Nach Henrietta Schockney, der Krankenschwester, die das fünf Kilo schwere Baby mit entbunden hatte, war er „ungewöhnlich groß“, hatte „kurzes schwarzes Haar und eine kraftvolle, durchdringende Stimme“.[18]

Ein anderer Vorfall steht wieder in Zusammenhang mit dem Vater. Ralph Shook erinnerte sich daran, wie er einmal Richard Nixons Leben gerettet hatte. Shook und Vater Nixon waren gerade dabei, ein großes Drainagerohr zu verlegen. „Der kleine Junge kroch unserem Pferdegespann hinterher. Als Frank das Gespann wendete, konnte ich Richard gerade noch rechtzeitig packen, bevor die Tiere über ihn hinwegliefen.“[19] Und weiter: „Es ging knapp zu. Die Pferde bäumten sich auf, ... und ihre Hufe schlugen auf der Stelle auf, wo der Kleine noch Sekunden zuvor herumgekrabbelt war.“[20]

Ob die Episode, bei der der zweijährige Nixon beinahe ums Leben gekommen wäre, auf mangelnde Aufmerksamkeit seines Vaters zurückzuführen war, wird nie mit Sicherheit zu klären sein. Trotzdem bleiben Zweifel an Franks Aufmerksamkeit und Liebe für seine Kinder.

Das vielleicht deutlichste Zeichen für die emotionale Kälte im Hause Nixon ist die Tatsache, dass Richard in seinem späteren Leben nur selten Liebe erwähnte. Wenn er sich seiner Kindheit erinnerte, sprach er von harter Arbeit und finanziellen Entbehrungen; das Wort Liebe sucht man in seinen Äußerungen vergebens. Franks und Hannahs Ehe war nicht gerade reich an Liebe und Zuneigung, das Heim, in dem Richard Nixon heranreifte, war primär freudlos. Und obwohl Nixon seine Eltern ansonsten in den höchsten Tönen lobt, wird man bei der Suche nach dem Wort Liebe nicht fündig.

Das Kind, das nie lachte

Auf den erhaltenen Kinderbildern sieht man Nixon selten lächeln. Auch seine Erstklassenlehrerin Mary George Skidmore beschrieb ihn als „sehr ernstes Kind", das „kaum je lächelte oder lachte."[21] Hannah Nixon sagte rückblickend: „Er war nachdenklich und ernsthaft. ‚Immer trug er eine schwere Last'. Das ist ein Ausdruck, mit dem wir Quäker einen Menschen bezeichnen, der seine Verantwortung nicht leicht nimmt."[22]

Allen Gaines, ein Klassenkamerad aus der Elementarschule, teilte ähnliches mit: „Ich kann mich nicht erinnern, ihn je richtig lachen gehört zu haben. Dick war sehr freundlich. Aber er machte immer den Eindruck, als trüge er die Last der ganzen Welt auf seinen Schultern."[23] Und Donald sagte: „Dick war der Fleißige in der Familie. Ständig las oder lernte er, während wir anderen unseren Spaß hatten."[24]

Ein Biograf schrieb: „Das resultierende Bild ist das eines Jungen, der sich Arbeit und Studium verschrieben hat und bei keinem Hobby Stunden der Entspannung findet. Dieser Junge führte auch im Vergleich mit anderen jungen Quäkern aus der Nachbarschaft ein strenges Leben. Nirgendwo in den verschiedenen Biografien Richard Nixons findet sich ein Hinweis auf einen sorglosen Jugendlichen, einen Jungen, der Spaß an typischen Streichen und Eskapaden hat. Auch Nixon selbst hat nie eine solche Aktivität angedeutet."[25]

In dem ernsten, zielstrebigen Kind, das nicht lachte, sehen wir den Vorläufer des paranoiden Präsidenten. Ein scharfsinniger Kliniker hat festgehalten, dass paranoide Persönlichkeiten keinen Humor besitzen. Nicht wenige seiner Beobachtungen erwecken den Eindruck, als wären sie mit Blick auf Richard Nixon geschrieben: „Der Paranoiker tut nie etwas aus einer Laune, einem Impuls, aus unmittelbarem Antrieb heraus oder um seiner selbst willen. Was er sagt und tut, ist geplant, beabsichtigt und zielstrebig. … Bei einem Paranoiker kann man beobachten, dass er zwar den Raum mit einem Gruß und vielleicht einem Lächeln betritt, offenbar entspannt Platz nimmt und sogar mit unverkrampfter Vertrautheit zu reden beginnt, aber alles scheint irgendwie eine Imitation der Realität zu sein. Man erkennt, dass das, was zunächst wie ein expressives Verhalten aussieht, es überhaupt nicht ist. Es ist nicht freundlich, sondern soll nur freundlich aussehen."[26]

Zu den diagnostischen Indikatoren einer paranoiden Persönlichkeit zählt die Unfähigkeit zu lachen. Auch in diesem Punkt sind Shapiros Beobachtungen eine gute Beschreibung Nixons: „Paranoide Personen lachen selten. Sie tun so, als ob sie lachten, aber dieses Lachen ist nicht echt, denn sie sind nicht wirklich amüsiert."[27]

Hortense Behrens, eine Freundin vom Little Theater von Whittier, äußerte: „Ich habe ihn nie wirklich aus vollem Hals laut loslachen gehört. Ich glaube sogar, dass er gar nicht lacht."[28] Tom Dixon, ein Freund, der seine erste Radio-Wahlkampagne leitete, war verblüfft, weil Nixon nicht lachen konnte, höchstens auf Stichwort.[29]

Einen Einblick in die Sprödigkeit von Nixons Persönlichkeit gibt seine Mutter in ihren Erinnerungen: „Ich kenne niemanden, der sich wie er schon als Junge so wenig änderte vom ersten Moment, in dem er die Welt erkennen konnte, bis heute. Auf gleiche Situationen hat er immer gleich reagiert. … Er war schon mit fünf oder sechs Jahren sehr reif."[30]

Was Hannah Nixon reif nennt, könnte man genauer als starr, schwerblütig oder unflexibel bezeichnen. Ein Mensch, der „auf gleiche Situationen" um ihn herum „immer gleich reagiert", und das „schon mit fünf oder sechs Jahren", beweist wenig psychisches Wachstum oder echte Reife.

Interessant ist, dass Hannah in der emotionalen Repression ihres Sohnes – und zweifellos auch in ihrer eigenen – ein „wunderbares Talent" sah: „In Bezug auf Richards Emotionalität kann ich sagen, dass er in späteren Jahren ein wunderbares Talent entwickelte, sein Emotionen unter Kontrolle zu halten. Manche Menschen lassen lieber Dampf ab und verbrennen dann inwendig."[31]

Nach Nixons Niederlage im Kampf um den Posten des Governeurs von Kalifornien zog er sich für mehrere Jahre aus der Politik zurück und kam danach wieder als „neuer Nixon". Er schien nett, fröhlich, an anderen interessiert, bei Kritik ein guter Kumpel. Journalisten begannen, über den „neuen Nixon" zu schreiben. Doch als Hannah von Reportern zu ihrem „neuen" Sohn befragt wurde, kommentierte sie: „O nein, so etwas wie einen neuen Richard gibt es nicht. Er ist sich immer gleich geblieben. Ich kenne niemanden, der sich seit seinen Kinderjahren so wenig verändert hat."[32]

Sein ganzes Leben lang blieb Nixon so ernst wie als Kind. Als er im College von Whittier war, „ging" er mit Ola-Florence Welch, der lebhaften und beliebten Tochter des örtlichen Polizeichefs. Vielen galten die beiden als ein seltsames Paar, denn seine Ernsthaftigkeit kontrastierte mit ihrer Lebhaftigkeit. Ola-Florence schien jedoch mit Dick ihren Spaß zu haben. Sonntags gingen sie nach der Kirche oft an den Strand. Manchmal sahen sie sich auch einen Film an. Aber nur wenige Freunde von Ola-Florence teilten ihre Meinung darüber, wie viel „Spaß" man mit diesem ernsten jungen Mann haben könnte. „Ich weiß nicht, was sie an ihm gefunden hat", sagte eine Mitschülerin, die ein paar Mal mit Nixon zusammengetroffen war. „Er sah ja ganz gut aus, aber er kam mit Menschen nicht zurecht. Er war irgendwie sauertöpfisch."[33]

Als Nixon in Duke die juristische Schule besuchte, brachte ihm seine Verdrießlichkeit den Spitznamen *Gloomy Gus* ein. Das ging auf eine Figur aus einer Comic-Serie zurück, in der dieser Gus immer in die Luftballons fantasievoller Leute piekte und sie so zum Platzen brachte. „Das war Nixon", sagte ein Mitschüler. „Er war bis oben hin voll mit Rechtschaffenheit."

Danach brach der Krieg aus und Nixon trat in die Reserve der US-Marine ein. Nach einer Fliegerausbildung und mehreren Monaten als Adjutant des leitenden Offiziers der Luftfahrtbasis der Marinereserve in Iowa diente Nixon als Luftfrachtoffizier der Pazifikflotte der USA. Wie bisher stand seine Ernsthaftigkeit außer Zweifel.

Ein Offizier erinnerte sich an Nixons Talent für Poker: „Gerade aufgrund seiner Persönlichkeit war er einer der besten Pokerspieler, die ich kenne. Er hatte ein Pokergesicht und besaß außergewöhnliche Selbstdisziplin, die, weil er nun einmal so ein Typ war, bei seiner Persönlichkeit ganz logisch ist. Poker ist ein Spiel der Strategie und Selbstdisziplin."[34] Nixon bekannte später, er habe während seiner Militärzeit sieben- oder achttausend Dollar mit Pokern gewonnen. Das war nicht schlecht für den jungen Quäker mit dem ernsten Gesicht, der zum Spieler geworden war.

Ein Begleitumstand von Nixons ernstem Verhalten war seine Neigung zur Zurückgezogenheit. Ein Marineoffizier beschrieb Nixon als „Einsiedler und Einzelgänger. Er ist nicht der Typ, der Freunde hat. ... Er kann sich nicht öffnen. ... Er sprach nicht über seine Familie, seine Frau. Es war so, als wäre das alles streng geheim. Er schottete sich ab und kam niemandem zu nahe. Er hatte Angst, sich mit jemandem einzulassen, einen Freund zu haben, denn dann hätte er ja etwas von sich selbst offenbaren müssen."[35]

Nixons Tendenz zur Absonderung wurde bereits in seiner Kindheit evident und begleitete ihn in der Schulzeit, in der Marine und auch während seiner Präsidentschaft. General Alexander Haig, einer von Nixons loyalsten Vertrauten während der Watergate-Krise, sagte einmal, ihm schiene, dass er den Präsidenten gar nicht richtig kenne und sich ihm jedenfalls nicht nahe fühle. Und als Nixon dann als Präsident zurücktrat und zum letzten Mal das Weiße Haus verließ, so erinnerte sich der Fotograf Ollie Atkins, war der darauf folgende Flug „ruhig". Jeder schien in seinen eigenen Gedanken versunken. Pat Nixon saß in ihrem eigenen Abteil der Präsidentenmaschine. Richard hatte sich nicht zu seiner Frau gesetzt, sondern war allein, wie er es immer vorzuziehen schien.

Ein misstrauischer paranoider Politiker

Nicht zufällig gewann Nixons politische Karriere in einer Atmosphäre von Misstrauen und Geheimnissen an Fahrt. Seine Wahlkämpfe mit unsauberen Tricks und die Kommunistenjagd der Ära McCarthy stimmten mit dem paranoiden Zug seiner Persönlichkeit überein.

Schon als Kind war Richard Nixon ernst und verschlossen gewesen, und diese Tendenz änderte sich nie. Als er reifer wurde und auf der politischen Leiter nach oben stieg, wurden diese Kindheitsmuster dann zusätzlich von Misstrauen und Heimlichtuerei überlagert. Am deutlichsten manifestierte sich Nixons paranoide Persönlichkeit in der Watergate-Affäre, als er etwa Anfang 1973 zu John Dean sagte: „Niemand ist unser Freund. Dem müssen wir uns stellen."[36]

Häufig tritt eine Situation ein, dass psychologische Symptome, in Nixons Fall paranoides Misstrauen, der betroffenen Person als für das Überleben dringend notwendig erscheinen, in Wahrheit aber eben die Probleme hervorrufen, die sie zu lösen versprechen. Das ist der Fall bei dem Alkoholiker, der vorgeblich trinkt, um der Meckerei seiner Frau zu entfliehen, die aber wegen seines Trinkens meckert. Das war der Fall auch bei Watergate, schlechthin dem Mittel, durch das sich Nixon zu schützen suchte (er zeichnete heimlich seine Gespräche auf, so dass seine Gegner über seine Äußerungen keine Lügen verbreiten konnten), das aber zur stärksten Munition gegen ihn werden sollte. Am Ende war es so, als hätte er die Kugeln für die Gewehre seiner Feinde selbst geliefert.

Solche paranoiden Charakterzüge, gleiches Misstrauen hatte Nixon freilich schon viel früher in seiner Karriere gezeigt. Als er Anfang 1948 seine Wiederwahl für das Repräsentantenhaus betrieb, kam er einmal in einem schlimmen Sturm in Los Angeles an. Bei seiner Ansprache in El Monte bemerkte er draußen Streikposten. Er begann seine Rede mit einer Beschreibung von Blitz und Donner, die er während des Flugs beobachtet hatte. Dann sagte er, vermutlich seien draußen Leute, die Streikposten stünden, und andere unter den Zuhörern, die „wünschten, wir wären gestorben und das Flugzeug abgestürzt. Es ist aber durchgekommen und nun da.“[37]

Als er Vizepräsident war, bekannte er seinen Mangel an Vertrauen dem *Newsweek*-Kolumnisten Stewart Alsop mit folgenden Worten: „Je länger man in einem solchen Job ist, desto klarer erkennt man, dass eine öffentliche Person, eine höher gestellte öffentliche Person ein einsamer Mann ist – der Präsident ganz besonders. Sogar in meinem Job kann man sich den Luxus einer engen persönlichen Freundschaft nicht leisten. Man kann niemandem völlig vertrauen. Man kann über persönliche Pläne, persönliche Gefühle nicht zu viel sagen. Ich halte es für besser, meine Meinung für mich zu behalten. Es ist wie mit Kleidung – wenn man aus sich herausgeht, fühlt man sich nackt. … Wissen Sie, ich versuche, mit Zeitungsleuten offen zu sein, aber das kann ich nur in engen Grenzen und nicht bei allen.“ Alsop darauf: „Auch nicht bei alten Freunden?“ Nixon: „Nein, wirklich nicht, nicht einmal bei der eigenen Familie.“[38]

Fügen wir hinzu: Natürlich gibt es bei der Vizepräsidentenschaft nichts, das einen Menschen vom Luxus einer engen persönlichen Freundschaft abhalten könnte. Nixons Behauptung, öffentlicher Dienst mache enge Freundschaft unmöglich, ist schlicht abwegig.

„Sie werden Nixon nicht mehr schikanieren können“

Nixons wohl berühmteste paranoide Äußerung stammt aus dem Jahr 1962, unmittelbar nachdem er Pat Brown im Rennen um den Posten des Gouverneurs von Texas unterlegen war. Wie es für paranoide Persönlichkeiten typisch ist, suchte er die Schuld jemand anderem zuzuschieben, von sich weg, auf ein Ziel außerhalb. Die Presse lieferte Nixon den Sündenbock, den er brauchte, um sein inneres psychisches Gleichgewicht zu bewahren. Wenn er die Schuld auf diesen abwälzen konnte, musste er selbst eine Niederlage – die Ablehnung durch die Öffentlichkeit – nicht fürchten. Ambroses Darstellung der unmittelbaren Ereignisse, die zu dieser Äußerung führten, ist aufschlussreich: Fast den ganzen Abend des Wahltags saß Nixon allein da, unbewegt und vor sich hin brütend. Etwa um acht Uhr des nächsten Morgens rührte er sich dann und wollte Kaffee. Finch, Haldeman und Klein gingen in seine Suite. Er war abgespannt. Seine Augen zeigten an, dass er wenig Schlaf gefunden hatte. Während Klein zu den Reportern nach unten ging, kam Nixon aus seiner Suite, um den Mitarbeitern seines Stabs für ihre Hilfe zu danken. Einige Sekretärinnen begannen zu weinen.[39]

Zu dem, was nun geschah, gibt es mehrere Versionen. Einem Bericht zufolge sagte Klein den wartenden Presseleuten: „Der Boss wird nicht herunterkommen", worauf er einige Reporter habe boshaft kichern hören. Wütend sei er in Nixons Zimmer zurückgegangen, habe gegen die „liberale Presse" gewettert und ihr die Schuld an der Niederlage gegeben. Nach einem anderen Bericht seien Ray Arbuthnot und Jack Drown aufgetaucht, um Nixon nach Hause zu begleiten. Entrüstet hätten sie ihm erklärt: „Sie können nicht zulassen, dass die Presse Sie zur Hintertür hinausjagt..."[40]

Wie auch immer es gewesen sein mag, Nixons eigener rückschauender Bericht ist in unserem Zusammenhang bezeichnend: Ein paranoider Geist stellt Ereignisse mit dem Ton tiefen Misstrauens, dem Ton der Verfolgung dar. Die Tatsachen werden nicht verzerrt, was aber verzerrt wird, ist die Bedeutung der Tatsachen. Ein Kliniker beschreibt das treffend so: „Der Paranoiker beachtet die Tatsachen nicht in üblicher Weise, sondern sieht durch sie hindurch. Das heißt, er richtet besonderes Augenmerk auf alle ihre Eigenschaften oder Merkmale oder ihre Darstellung, die zur Bestätigung seiner ursprünglichen misstrauensbehafteten Vorstellung führen."[41]

Nun also Nixons Darstellung: „Ich beobachtete am Fernseher in meinem Zimmer, wie die Reporter ihn [Herb Klein] schikanierten. Sie wollten, dass ich hinunterkomme. ... Ärger und Frustration, Enttäuschung und Müdigkeit, die in meinem Inneren kämpften, brachen aus mir heraus. Ich sagte: ‚Scheiß drauf! Ich werde nicht gehen. Ich muss ja gar nicht. Ich gehe nicht.' Gerade als ich das Zimmer verließ, sah ich einen Moment zum Fernseher und hörte die Reporter noch immer in beleidigendem Ton fragen: ‚Wo ist Nixon?' Ich sagte: ‚Jetzt gehe ich runter' und ging zum Aufzug."[42] Bei der Fahrt im Aufzug wurde Nixon von Haldeman, Finch und vier anderen begleitet. „Verdammt", so Nixon, habe er geseufzt, „es war ein guter Kampf. Wir haben hart gekämpft. Und sauber." Als sich die Aufzugtür öffnete, habe er ergänzt: „Erst die Präsidentschaft und jetzt Kalifornien verloren – als ob man erst von einer Klapperschlange gebissen und dann von einem Moskito gestochen wird."[43]

Als Klein gerade bekannt gab, dass Nixon bereits auf dem Heimweg sei, trat dieser plötzlich vor die Mikrofone. Mit vorgestrecktem Kopf, die Hände in den Taschen, begann er: „Guten Morgen, meine Herren. Nachdem Mr. Klein sein Statement abgegeben hat und sich alle Pressevertreter so freuen, dass ich verloren habe, möchte ich nun eine eigene Erklärung abgeben. ... Ich denke, also, nun, ich wünschte, Sie würden meinen Opponenten genau so prügeln wie mich. Und da ich mich jetzt von der Presse verabschiede, will ich nur eins sagen: Sechzehn Jahre lang, seit dem Fall Hiss, hatten Sie viel viel Spaß, mich zu attackieren. . . . Ich verlasse Sie jetzt, meine Herren. Denken Sie nur daran, wie viel Ihnen fehlen wird. Sie werden Nixon nicht mehr schikanieren können, denn, meine Herren, das ist meine letzte Pressekonferenz."[44]

Ein vielleicht noch deutlicherer Indikator für die Tiefe seiner Paranoia war eine Bemerkung, die er in seinen eigenen vier Wänden machte, nicht vor Kameras, nicht unter dem Zwang der Medienmeute, sondern in seinem eigenen Heim. Weihnachten 1974 war, wie seine Tochter Julie berichtete, „der Tiefpunkt im Leben meines Vaters". Aber sie konnte auch feststellen: „Mit dem neuen Jahr gewann er langsam, aber unverkennbar seine Gesundheit wieder. Als er sich physisch besser fühlte, kam auch etwas von seinem Kampfgeist wieder. Ende Februar ging er wieder für ein paar Stunden am Tag ins Büro und im März konnte er spazieren gehen, ohne dass sein Blutdruck zu sehr anstieg."[45]

Julie berichtete weiter: „Er und Mutter litten fürchterlich, als fünfzehn Mitarbeiter des Weißen Hauses und des Wiederwahlkomitees ihre Haftstrafen antreten mussten. Eines Morgens, als mein Vater mit seinem Frühstückstablett im Wohnzimmer saß und auf das Meer hinunter sah, konnte sich meine Mutter in ihrer Verzweiflung nicht mehr halten und sagte: ‚Ich weiß nicht, Dick, wie du jetzt weitermachen wirst.' Er antwortete: ‚Ich stehe einfach früh auf, um meine Feinde zu verwirren'."[46]

Die Genese einer paranoiden Persönlichkeit

Die ersten Entwürfe für Nixons Lebenshaltung – wir gegen sie, die Kleinen gegen die Großen – lassen sich bis zu seinem Vater zurück verfolgen. Frank Nixon war ein Mann, dessen Lebensumstände ihn vermutlich in einen chronischen Zustand von Neid, Enttäuschung und Bitterkeit versetzten. Als er sieben Jahre alt war, starb seine Mutter an Tuberkulose, und er musste danach bei seinem Onkel leben. Vier Jahre später heiratete sein Vater wieder und der elfjährige Frank bekam mit Lutheria Wyman eine strenge Stiefmutter. Einer, der Lutheria in jenen Jahren gut kannte, sagte: „Sie war hart und hat Frank geschlagen."[47] Er fühlte sich bedroht und gegen sie machtlos, reagierte mit Aufsässigkeit und Wut und hielt sich selbst für einen Außenseiter.

Mit sechzehn ging Frank von zu Hause weg. Mit seiner geringen Schulbildung nahm er jede Arbeit an, die er bekommen konnte – Zimmermann, Maler, Landarbeiter, Schafhirt. Später machte Richard Nixon das Beste daraus, indem er sagte: „Die Würde der Arbeit war der Grundpfeiler der Lebensphilosophie meines Vaters."[48]

Frank Nixon konnte augenscheinlich hart arbeiten, war aber geschäftlich erfolglos oder vom Pech verfolgt. Als in der Umgebung von Yorba Linda Öl gefunden wurde, boten Spekulanten 45.000 $ für Franks Zitronenhain, aber er weigerte sich zu verkaufen und sagte: „Wenn es da Öl gibt, werde ich es behalten." Als später die Öllagerstätten kartografiert wurden und Franks Zitronenhain sich als Niete erwies, musste er seinen Besitz für einen weit geringeren Betrag verkaufen. Danach zog er mit seiner Familie nach Whittier und widersetzte sich Hannahs Drängen, Land in Santa Fe Springs zu kaufen, das wenig später nach Entdeckung einer riesigen Ölquelle „das heißeste Feld im Westen" wurde.[49]

Zweimal hatte er das Ölgeschäft verpasst, und Frank wurde wahrscheinlich immer verbitterter und neidischer. Mit seiner Haltung – „Ich habe kein College besucht, aber ich besitze gesunden Menschenverstand" – versuchte er, seine eigenen kläglichen Leistungen dadurch größer zu machen, dass er gegen den Erfolg der anderen wetterte. Richard rekonstruierte das später in positivstem Licht: „Mein Vater besaß einen tiefen Glauben an den ‚kleinen Mann'. Er opponierte gegen verbürgte Ansprüche und die politischen Apparate, die zu Beginn des Jahrhunderts so viel Kontrolle über das Leben in Amerika ausübten."[50]

Tatsächlich war Franks erkennbarer Populismus ein Deckmantel für seine darunter liegende Bitterkeit und die maßvoll paranoide Haltung gegenüber der Welt. Im geschäftlichen Bereich hatte er nie viel Erfolg und beneidete andere, denen solcher Erfolg beschieden war. In jungen Jahren übernahm Richard die gleiche Haltung. In dem langen Zeitraum seiner politischen Karriere beklagte er die Entbehrungen seiner Kinderjahre und umgab sich zugleich mit den Segnungen und Symbolen von Wohlhabenheit und Macht.

Von einem kleinen zum Weißen Haus

Richard Nixon zog schließlich in die Pennsylvania Avenue 1600. In Yorba Linda, Kalifornien, ließ er ein kleines unscheinbares Fachwerkhaus zurück. Obwohl er damit seine bescheidenen Anfänge physisch hinter sich ließ, lebte er doch ständig im psychischen Schatten seiner frühen Lebensumstände, überkompensierend, mit zur Schau gestelltem Selbstbewusstsein, sich unbehaglich fühlend im Kreis der Wohlhabenden, stets bemüht, sich zu beweisen.

Während seiner Präsidentschaft gab er zwar stets vor, kein Interesse an Reichtum zu haben, zeigte aber eine übertriebene Vorliebe für die Äußerlichkeiten und den Prunk von Königshöfen, zum Beispiel Fantasieuniformen für die Wachen des Weißen Hauses oder die imposanteste aller Präsidentenjachten. Auch eigene Dienstboten für das Anzünden der Kamine waren solche Metaphern für eine überzogene Kompensation seiner frühen Entbehrungen.

Doch nicht einmal im Weißen Haus fühlte sich Nixon offenbar ganz befriedigt. Als er sich am letzten Morgen seiner Präsidentschaft von den Küchenkräften, Butlern und Zimmermädchen verabschiedete, sprach er zunächst ausführlich davon, dass die Führer in anderen Ländern über größere Gebäude, mehr Zimmer, kostspieligere Raumausstattungen und schönere Kunstwerke verfügten. Dann spürte er wohl die Pflicht und schloss mit den Worten: „Dies aber ist das beste Haus. Es hat ein großartiges Herz, das von euch kommt, die ihr hier Dienst tut. Es gibt nur ein Weißes Haus. Und ich werde es nie vergessen.“ [51]

Paranoide Körperhaltung

Neben seinem Hang zu Misstrauen und Heimlichtuerei sind seine Körperhaltung und sein Drang nach Großartigkeit weitere Indikatoren für Nixons paranoide Persönlichkeit.

Ein Autor hat festgehalten, wie die steife mechanische Körperhaltung einer paranoiden Person zustande kommt: „Der Paranoiker beobachtet und zügelt sein Verhalten nicht nur, sondern steuert und lenkt es umfassend. Er steuert seinen Körper, seinen Gesichtsausdruck und seine Gesten, ähnlich einem General, der seine Truppen einsetzt.“[52]

So auch bei Nixon. Seine Körperhaltung hat ein Fachmann als klassisch paranoid so beschrieben: „Seine überzogene Kontrolle sehen wir in der unflexiblen Starre seines Körpers. Obwohl seine Körperbewegungen unbeholfen und schwerfällig sind und ihm den Anschein eines ungeschickten schlaksigen Jugendlichen verleihen, kontrollierte er sich bei öffentlichen Auftritten sorgfältig. Auf Bildern wirkt er steif, weiß nicht, wohin mit seinen Armen, als wären sie kein Teil von ihm. … Bei der Beobachtung seiner Körperbewegungen stellen wir fest, dass seine unfreien, unsicheren und stockenden Armbewegungen seine aggressive Neigung maskieren. Beim Versuch, diese Gefühle zu unterdrücken, scheint er zu erstarren. Seine Gesten werden starr und unkoordiniert und erwecken den Eindruck, dass er in seiner ganzen Erscheinung unbeweglich ist."[53]

Nixons starre Haltung manifestierte sich auch in seinen Gesichtszügen. Der gleiche Psychoanalytiker beschrieb anhand des 25-minütigen Films *Richard M. Nixon: A Self Portrait*, der das Image im Präsidentschaftswahlkampf gegen Hubert Humphrey aufbessern sollte, wie mechanisch und gekünstelt Nixon wirkte: „Trotz dickem Makeup erscheint sein Gesicht etwas leblos. Es fällt auf, wie unregelmäßig seine Gesichtszüge sind. Am dominantesten ist sein Mund, der Nixons Gesicht wie ein mechanisches Gerät auszufüllen scheint. Sein Kinn springt aggressiv vor. Wenn er lächelt, ist sein Mund starr, wie eingefroren. Man kann deutlich spüren, dass jeder Versuch, Humor oder Spontaneität zu zeigen, einstudiert ist."[54]

Vielleicht führte gerade sein Gesicht mehr als anderes dazu, dass man ihn „Tricky Dick" nannte, und dass Truman 1961 ziemlich deftig äußerte: „Nixon ist ein gottverdammter Lügner mit verschlagenen Augen, und das wissen die Leute. Ihm sind nicht nur andere Menschen scheißegal, er weiß auch nicht, wie man die Wahrheit sagt. Ich glaube nicht, dass dieser Hurensohn den Unterschied zwischen Wahrheit und Lüge kennt."[55]

Während der Watergate-Affäre wurde Nixons Heimlichtuerei zu einem seiner auffälligsten Charakterzüge. Eine Tatsache, die von Journalisten nur selten bemerkt wurde, mit der aber klinischen Psychologen durchaus vertraut sind, war die verblüffende Art, in der Nixon sich selbst der schlimmste Feind zu sein und unbewusst die Katastrophe heraufzubeschwören schien. In ähnlicher Weise führten Nixons Versuche, sich vor seinen wahrgenommenen „Feinden" zu schützen, nur zur Vertiefung seines Misstrauens gegenüber anderen. Ein Journalist hat das so beschrieben: „Beständig schienen der Präsident und seine Männer die Dinge, die sie am meisten fürchteten, selbst zu schaffen, indem sie von allen das Schlimmste annahmen. Die ganze Zeit über war es Nixons erklärte Absicht, das Präsidentenamt zu schützen und zu stärken. Das Ergebnis aber war, dass es geschwächt wurde und die Autorität des Kongresses und das Vertrauen in diesen zunahmen.

Er ließ elektronische Fallen aufstellen, um Material für eine Anklage gegen seine Feinde zu sammeln, produzierte damit aber statt dessen Beweise, die zu seiner eigenen Amtsenthebung und Verurteilung führten.

In den Präsidentschaftwahlkampf ging er mit einem Programm von Gesetz und Ordnung, plädierte für eine ‚neue Moral' und das Ende der ‚Liberalität', stürzte aber durch Unordnung, Gesetzlosigkeit und moralischen Schmutz seines triumphierenden Teams.

Die Schuld für seinen jämmerlichen Zustand schob er seinen Feinden unter den Presseleuten und Kongressabgeordneten zu, bat das Volk, ihm zu vertrauen und zu glauben, dass er die Wahrheit gesagt habe und glaubte aber selbst nicht einmal seinen eigenen Beratern oder Anwälten. Verstoßen wurde er schließlich von den meisten seiner eigenen Anhänger und von einem obersten Gerichtshof, in dem vier von ihm selbst berufene Richter saßen."[56]

Nixons Rolle in diesem sich selbst aufrecht erhaltenden „Teufelskreis" des Misstrauens wurde durch ein weiteres charakteristisches Merkmal noch verstärkt: Gleich und gleich gesellt sich gern. Randalierende Kinder schaffen es irgendwie, andere Randalierer zu finden; Drogenkonsumenten hängen mit anderen Junkies und mit Dealern herum, und Nixon gelang es, sich mit Leuten zu umgeben, die ebenso arrogant und großspurig waren wie er und den anderen Mächtigen misstrauten.

Nixon besetzte seinen Mitarbeiterstab mit Menschen, die sich auf Heimlichtuerei verstanden. Als Vizepräsidenten nominierte er Spiro Agnew, der wie er rachsüchtig, wütend und arrogant war, berühmt für seine Attacken, „kraftlos, Hände ringend und schniefend gegen Liberalität", und der wie Nixon schließlich in Unehre zurücktreten musste.

Als deutlichstes Beispiel im Sinne von „gleich und gleich" kann Außenminister Henry Kissinger dienen. Kissingers engste Berater wussten, dass dessen Grundhaltung gegenüber dem Präsidenten in Abscheu und Verachtung bestand. Es gab in Nixons Persönlichkeit aber auch Züge, die Kissinger bewunderte – und zwar jene, die den seinen glichen, denn auch bei ihm war Unsicherheit zu aggressiver Arroganz transformiert. Zum größten Teil aber hegte Kissinger die grandiose Vorstellung, dass er und nicht Nixon es sei, der die Welt zusammenhielt. Der Außenminister meinte es nicht witzig, als er 1974 einigen Presseleuten sagte: „Al Haig hält das Land zusammen und ich halte die Welt zusammen."[57]

Gegenüber seinen Mitarbeitern setzte Kissinger nicht nur Nixon herab, sondern auch andere aus dem Stab des Weißen Hauses. Wer außer Kissinger könnte Nixon helfen? Haldeman und Ehrlichman würden jeder der verrückten Ideen zustimmen, die Nixon in den Kopf kamen. „Wenn es nach dem Präsidenten ginge", sagte Kissinger, „hätten wir jede Woche einen Atomkrieg." Ständig machte er sich über die mangelnde Intelligenz seines Chefs lustig. Einmal antwortete er einem Sekretär, der ihn zu einer Beratung mit dem Präsidenten rief: „Sagen Sie unserem Fleischkloß, ich würde in ein paar Minuten da sein." Ein anderes Mal instruierte er John Cort, einen Mitarbeiter des nationalen Sicherheitsrats, der eine Akte mit NATO-Anweisungen für den Präsidenten vorbereitete: „Schreiben Sie für Nixon nie etwas, das komplizierter ist als ein Artikel in *Reader's Digest*."[58] Aber wie bei Nixon waren auch bei Kissinger private und offizielle Äußerungen völlig verschieden. Ins Gesicht sagte Kissinger dem Präsidenten nichts als höchstes Lob.[59]

Auch für Kissinger war es, wie für Nixon, schwer, jemandem außer sich selbst zu trauen. Nach der Durchsicht von Gesprächen zwischen mehreren Mitarbeitern, die vom FBI abgehört worden waren, sagte Kissinger einem FBI-Beamten: „Es ist klar, dass ich in meinem Büro außer Oberst Haig niemandem trauen kann."[60] Trotzdem aber behandelte er Haig arrogant und herablassend. Einmal zum Beispiel war Haig im Begriff, für ein paar Tage nach Kamputschea abzureisen. Kissinger hielt ihn zurück und polierte den Stern auf Haigs Schulter. „Al, wenn du ein guter Junge bist", sagte Kissinger, „werde ich dir einen weiteren besorgen."[61]

Oft wütete Kissinger gegen seine Sekretärinnen und hatte offenbar Spaß daran, seine Mitarbeiter zu demütigen. Einmal schloss er seinen Stellvertreter Helmut Sonnenfeldt von einem Fototermin mit den Worten aus: „Du nicht, Hal, du bist nicht wichtig genug."[62]

Auf Band und unter Kontrolle

In der Phase der misstrauischen Schnüffelei glich Kissinger seinem Chef. Fast von Anfang an ließ er alle seine Telefongespräche, auch die mit Nixon, aufzeichnen und transkribieren. Aber wie seine persönliche Abneigung gegen den Präsidenten war auch Kissingers Überwachungssystem ein sorgsam gehütetes Geheimnis. In den frühen siebziger Jahren wurde das System komplizierter und Kissinger ließ seine Telefonate auf IBM-Diktiergeräten aufzeichnen. Mehrere solcher Geräte wurden an sein Telefon angeschlossen, so dass bei einem Geräteausfall oder fehlendem Band immer noch eine Reserveeinheit zur Verfügung stand. Wenn also Nixon mit seinem Außenminister sprach, waren ohne sein Wissen weitere acht Telefone an die Leitung angeschlossen und außer Kissinger und Nixon konnten Haig, eine mitschreibende Sekretärin und sogar eine Sekretärin für die Terminplanung das Gespräch mithören.

In einem solchen Gespräch erwähnte Kissinger die Zahl der amerikanischen Verluste bei einem größeren Gefecht in Vietnam. „Ach, scheiß auf die", sagte Nixon. Ein anderes Mal hatte Nixon getrunken und berichtete Kissinger von den militärischen Ideen seines Freund Bebe Rebozo. Danach nannten Haig und Kissinger den Präsidenten eine Zeit lang „unseren betrunkenen Freund."[63]

Als Alexander Butterfield aus dem Mitarbeiterstab des Präsidenten am 16. Juli 1973 die Existenz von Nixons Aufzeichnungssystem offen legte, war Kissinger empört. Wie in einem klassischen Fall, da ein Esel den anderen als Sackträger beschimpft, wetterte Kissinger vor seinen Mitarbeitern, wie der Präsident es wagen könnte, ohne sein Wissen ihre Gespräche mitzuschneiden. Den Mitarbeitern dürfte die Ironie dieser Situation nicht verborgen geblieben sein.[64]

Paranoia, Politik und Schauspielerei

Bei paranoiden Persönlichkeiten herrscht eine Art von Schauspielerei bei allem, was sie tun. Auch Nixon hat seine schauspielerischen Fähigkeiten entwickelt und sie in der politischen Arena erfolgreich eingesetzt, aber es waren wohl die täglichen kleinen Widersprüchlichkeiten, die ihn für viele so „trickreich" erscheinen ließen.

Seine erste Überlegung galt immer den Zuhörern direkt vor ihm. Was er sagte, sollte diese stets beeindrucken, unterhalten oder auf andere Weise beeinflussen. Dabei spielte es keine Rolle, ob das, was er sagte, im Widerspruch zu dem stand, was er früher gesagt hatte oder in Zukunft sagen würde. Das dürfte in der Politik ohnehin Standard sein, aber Nixon ließ sich von der Gunst des Augenblicks ganz besonders treiben.

So sagte er etwa drei Jahre nach seiner berühmten „Checkers"-Rede in einer Frühstückssendung der *Radio and Television Executives Society*: „Ich vermute, Sie alle erinnern sich an die ‚Checkers'-Rede." Einige lachten leise über seinen verschwörerischen Ton. „Nun, Sie sollen es als erste erfahren" – er machte eine Pause, so dass auch die Zuhörer den Moment voll auskosten konnten –, „ich habe sie inszeniert."[65]

Als sich Nixon 1972 um die Unterstützung der Filmindustrie bemühte, überreichte er dem Filmgiganten Samuel Goldwyn eine Medaille. Der greise Goldwyn war krank und konnte nur flüstern, so dass die Zeremonie in seinem Haus stattfand. Nixon hielt eine kurze Rede, die den Eindruck erweckte, als wäre sie eigentlich für Walt Disney geschrieben worden, und in der die Tugenden der Filme Goldwyns gepriesen wurden. Nixon war noch gar nicht sehr weit gekommen, als der alte Goldwyn den Kopf hob und an Nixons Mantel zupfte. Der Präsident beugte sich zu ihm herab und Goldwyn flüsterte: „Wenn Sie Kalifornien erobern wollen, müssen Sie aber besser sein als heute."

Beleidigt hörte Nixon zu sprechen auf, beendete die Zeremonie schnell und stapfte hinaus. Heftig verstört schloss sich Samuel Goldwyn Jr. ihm an, und als sie nahe dem Ausgang waren, fragte ihn Nixon: „Haben Sie gehört, was Ihr Vater gesagt hat?" Der Sohn verneinte, denn er wollte Nixons Ärger mindern. Nixon entspannte sich und „bekannte" dem jungen Sam Goldwyn dann, dessen Vater hätte gesagt: „Ich will, dass Sie jetzt gehen und diese Schweinehunde schlagen."[66]

Selbst bei einer so geringfügigen Angelegenheit musste Nixon lügen, um in diesem besonderen Augenblick gut auszusehen. Er war psychisch nicht flexibel genug, um negative Bemerkungen wegzustecken. Sein Gefühl für innere Werte und Stabilität war so brüchig, dass er es zu allen Zeiten und an allen Orten verteidigen musste.

Wird sich der Präsident umbringen?

Am Morgen des 7. August 1974 fürchteten zwei von Nixons engsten Vertrauten, General Alexander Haig und J. Fred Buzhardt, der Präsident könnte Selbstmord begehen.

Alexander Haig, Nixons treuer Kriegsmann, fühlte sich selbst in der schicksalhaften Niederlage gefangen. Als Soldat hatte General Haig über Niederlagen gelesen, sie im Unterricht studiert und wiederholt den Tod von Kameraden auf dem Schlachtfeld erlebt. Jetzt war es aber anders. Als sie durch Watergate drohten, dem Vergessen anheim zu fallen, wollte Haig den Weg für das Land und für den Präsidenten ebnen. Er fürchtete, Nixons brüchige Verbindung zur Wirklichkeit könnte endgültig brechen und den Präsidenten in den Freitod treiben, so dass das Land noch tiefer in den Abgrund von Verwirrung und Verzweiflung geraten würde. Die beiden Männer waren allein. „Ihr in eurer Firma", begann der Präsident und meinte damit die Armee, die er offenbar immer für Haigs eigentliche Aufgabe hielt, „ihr habt einen Weg, um Probleme wie diese zu lösen. Jemand legt eine Pistole in den Schreibtisch." Haig wartete. „Ich habe keine Pistole", sagte der Präsident traurig, als wäre das ein weiteres Manko in einer langen Geschichte von Unterprivilegiertheit. Es war wie eine halbe Bitte, eine Waffe zu erhalten. Der Tonfall war der gleiche, wie wenn er darüber sprach, dass seine Eltern kein Geld hatten.[67]

Danach telefonierte Haig mit den Ärzten des Präsidenten und ordnete an, dass Nixon keine Medikamente mehr bekommen und ihm alle Schlaf- und Beruhigungsmittel, die er schon hatte, wieder weggenommen werden sollten.

Haig informierte Buzhardt, dass er jede nur mögliche Vorkehrung getroffen habe, damit Watergate nicht zum Suizid des Präsidenten führen würde. Haig hielt es für möglich, dass Nixon darin den einzigen Ausweg sehen könnte, um sich und dem Land weitere Schmerzen und gegenseitige Beschuldigungen zu ersparen.

Als Buzhardt und Haig über ihre Erfahrungen mit Nixon sprachen, räumte Haig ein, den Präsidenten trotz der langen Zeit, die er mit diesem verbracht hatte, nicht wirklich zu kennen und ihm auch nie nahe gestanden zu haben. Es beunruhige ihn, dass der Präsident so verschlossen sei. Manchmal frage er sich sogar, was Nixon wohl tue, wenn er allein sei.

Buzhardt, der Nixons Verteidigung vorbereitete, hatte sich zahlreiche Bänder mit Nixons Aufzeichnungen angehört, auch solche, von denen Richter Sirica meinte, sie wären so privat, dass sie nicht veröffentlicht werden könnten. Buzhardt glaubte, Richard Nixon besser als andere zu verstehen, denn wenn der Präsident auf Band sprach, trat ein anderer Mensch zutage. Wenn Nixon allein ein Bandgerät als Gegenüber hatte, konnte er irgendwie zugeben, dass er Wahlkämpfe hasste, dass alles nur eine äußerliche Hülle für die Wähler war, dass enge Beziehungen unmöglich waren und dass seine Beziehung zu Pat inzwischen zu einer reinen Formalie geworden war, so dass er ihr oder seinen Töchtern seine wahren Gefühle nur selten offenbarte.

Gestützt auf diese Aufzeichnungen glaubte Buzhardt, dass Nixon früh in seinem Leben gelernt hatte, seine wahren Emotionen zu verdrängen und nur das zu zeigen, was andere sehen wollten. Er versuchte Haig zu überzeugen, dass hinter all den Posen für die Öffentlichkeit doch eine Stärke verborgen war, die Nixon die Krise ohne Suizid überstehen lassen würde.

Zum Glück für Nixons Familie und für sein Land hatte Buzhardt damit Recht, denn Richard Milhous Nixon vergrub sich ein letztes Mal tief in seinem Inneren und kehrte mit der Kraft zurück, die er brauchte, um seine Präsidentschaft bis zu ihrem schmachvollen Ende durchzustehen.

Später an diesem Tag sagte Nixon zu seiner Familie: „Wir gehen nach Kalifornien zurück", und fügte an, darüber gäbe es keine Diskussion. Es war ein herzzerreißender Moment; Nixon und seine Töchter weinten, während ein Fotograf unaufhörlich knipste und versuchte, wenigstens ein Bild zu bekommen, auf dem niemand so offensichtlich in Tränen stand. Julie und der Präsident lagen sich weinend in den Armen; Pat blieb unbewegt.

Am Abend traf sich Nixon erst mit Haig und den Anwälten im Oval Office und ging dann nach oben in Lincolns Wohnzimmer, dasselbe Zimmer, von dem aus er etwa vier Jahre zuvor beobachtet hatte, wie sich Studenten am Washington-Denkmal versammelten. Es war sein Lieblingszimmer, das kleinste im Weißen Haus, mit fünf mal vier Metern etwa so groß wie die Küche im Haus in Yorba Linda oder die schindelgedeckte Hütte Whippoorwill Manor aus seinen Tagen an der juristischen Schule. In diesem Zimmer waren alle Möbel unbequem, mit Ausnahme von Nixons Ledersessel mit Polsterschemel in einer Ecke. Es war der Raum, in dem er sich am sichersten fühlte, wo er seine Stereoanlage und zwei anderthalb Meter hohe Regale mit Platten hatte. Von diesem Zufluchtsort aus bestellte er Kissinger zu sich.

Obwohl Nixon für Kissingers Aufstieg zur Macht verantwortlich gewesen war, fühlte sich Henry Kissinger dem Präsidenten nie besonders zugetan. Ihre Beziehung war symbiotisch und beruhte auf der Macht, die der eine vom anderen ableitete. Bei dieser Gelegenheit sprachen sie nun über gemeinsame Reisen und gemeinsame Entscheidungen. Nixon trank. Sagte, er würde zurücktreten. Dann brach der Präsident zusammen und begann zu schluchzen. Kissinger, kein Mann von großer Herzensbildung, wusste nicht, was er tun sollte. Er zitierte einige von Nixons Worten über das Zusammenstehen in Notzeiten und versicherte dem Präsidenten, er würde wegen des Friedens, den er erreicht hatte, in die Geschichte eingehen.

Zwischen Schluchzern klagte der Präsident, fragte wiederholt, was er für das Land und für das Volk getan habe. Kissinger brachte das Gespräch immer wieder auf die Wohltaten zurück, die ihm zu verdanken seien.

„Henry“, sagte Nixon, „Sie sind kein sehr orthodoxer Jude und ich bin kein orthodoxer Quäker, aber ich muss jetzt beten.“[68] Nixon ließ sich auf die Knie nieder und sein Außenminister hatte keine andere Wahl als ebenfalls niederzuknien. Dann betete der Präsident laut, bat um Hilfe, Frieden, Ruhe, Liebe. Kissinger glaubte, das wäre es gewesen, aber Nixon stand nicht auf. Er weinte, schlug mit der Faust auf den Teppich und weinte weiter. „Was habe ich getan? Was ist geschehen?“

Kissinger berührte Nixon, hielt ihn fest, versuchte, den siebenunddreißigsten Präsidenten der Vereinigten Staaten zu trösten. Der aber lag wie ein Kind zusammengerollt auf dem Teppich.

Schließlich stand Nixon mühsam auf und setzte sich wieder in seinen Sessel. Der Sturm war vorüber. Die beiden Männer tranken noch ein Glas. Es war fast elf Uhr, als Kissinger endlich das Lincoln-Zimmer wieder verließ, sichtlich erschüttert. Statt wie sonst seine Anweisungen oder die Forderung nach Berichten zu brüllen, sagte Kissinger leise zu seinen Beratern: „Es war die quälendste Sache, die ich je erlebt habe – Händchen halten.“ Er sprach von Nixon als einem „gebrochenen Mann, der am Ende ist.“[69]

Aber wie bei dem biblischen Samson, dessen letztes verzweifeltes Gebet um Stärke erhört wurde, so dass er genügend Kraft bekam, um die Säulen des Tempels zu zerstören und mehr von den feiernden feindlichen Philistern zu erschlagen als in seinem ganzen Leben bis zu diesem Moment, waren Nixons flehentliche Bitten an den Allmächtigen offenbar von Wirkung. Am nächsten Morgen um zehn Uhr Eastern Standard Time verließ Richard Milhous Nixon das Weiße Haus in einem Hubschrauber, nicht in einem Leichenwagen, ein letztes Mal mit seinem gequälten Lächeln, ein letztes Mal die Arme zum Himmel ausgestreckt, ein letztes Mal mit beiden Händen das Victory-Zeichen formend.

Für Haig, Buzhardt, Haldeman, Kissinger und andere, die den breit, aber falsch lächelnden Nixon auf eigenen Beinen zum Hubschrauber gehen sahen, war das Sieg genug. Der Mann war am Leben, wenngleich entehrt.

Ein unsicherer Balanceakt

Zu guter Letzt versuchte Richard Nixon noch mit den Paradoxa seiner eigenen Persönlichkeit zu handeln, nicht dadurch, dass er seine dunkleren Charakterzüge mit seinem Idealismus mischte und beides integrierte, sondern indem er jede Perversität in sich selbst oder seiner Familie leugnete. Er versuchte, sich selbst durch einen Zauberspruch zu reinigen. Wie seine „heiligengleiche" Mutter Hannah, die das Garn ihrer Worte um die Ereignisse spann und gleichzeitig die Kinder lehrte, nie zu lügen, glaubte auch Richard Nixon, er brauchte nur etwas zu sagen und schon wäre es wahr. Er war wortgewandt genug, um Ereignisse zu rekonstruieren, und wird nicht wegen seiner politischen Erfolge in Erinnerung bleiben, sondern wegen seiner allgegenwärtigen Falschheit. Als Nixon zurücktrat, bemerkte der *London Spectator*, dass die Vereinigten Staaten damit eine volle Drehung vollzogen hatten: von George Washington, der nicht lügen konnte, bis zu Richard Nixon, der die Wahrheit nicht sagen konnte. Arthur Miller schrieb, dass Nixon „instinktiv den krummen Weg gegangen ist", und Henry Steele Commager nannte ihn „den ersten gefährlichen und niederträchtigen Präsidenten."

Viel von Nixons psychischen Schwäche leitete sich von den Konflikten her, die knapp unter der Oberfläche seines Bewusstseins wüteten. Diese traten nur selten an die Oberfläche, es sei denn als Freudsche Versprecher, Zweideutigkeiten und rätselhafte Verhaltensweisen.

Bei einem Staatsbankett beobachtete der Reporter Walter Cronkite zum Beispiel zu seiner Verwunderung, wie Nixon an die Stukkatur der Decke starrte. Nixons Augen waren intensiv auf die Decke fokussiert und folgten sorgfältig dem Stuck, erst auf der einen Seite des Raumes, dann die seitliche Wand und die Rückwand entlang und schließlich zurück zum Ausgangspunkt, als folgte er einer Maus, die auf dem Sims herumlief.[70]

Wie in feuchten Nebel war Nixon in Widersprüche gehüllt, so dass seine Person in der Öffentlichkeit als peinlich absurd empfunden wurde. Er wirkte mechanisch und falsch, eine Aufziehpuppe, die mit erhobenen Armen herumlief und mit den Fingern Victory-Zeichen formte, eine peinliche Mischung aus Churchills triumphalem Gruß und dem Friedenszeichen der Demonstranten gegen den Vietnam-Krieg.

Wenn ein Bild mehr sagt als tausend Worte, dann sind mehrere Fotos von Anfang August 1974 besonders erhellend. Ein offizielles Foto aus dem Weißen Haus vom 7. August, aufgenommen wenige Augenblicke nachdem Nixon die Familie von seinem bevorstehenden Rücktritt informiert hatte, zeigt sie alle lächelnd und stolz, als ob er gerade den Nobelpreis oder eine andere bedeutende Auszeichnung erhalten hätte. Hier handelte es sich offenbar mindestens um die dritte Generation der Nixons, die sich in Verstellung übte.

Es gibt ein weiteres berühmtes UPI-Foto, aufgenommen bei Nixons

Verabschiedung vom Personal des Weißen Hauses am 9. August. Ein weitaus realerer, viel düsterer Nixon ist da mit seiner Frau sowie Tricia und Edward Cox festgehalten, und alle sehen aus, als wollten sie gleich in Tränen ausbrechen. Aber nur wenige Augenblicke später – Nixon ist im Begriff, den Hubschrauber zu besteigen und unehrenhaft von seiner verfehlten Präsidentschaft zu scheiden – wirkt er wieder wie das Häschen eines Energiedrinks, lächelt sein falsches Lächeln, winkt furios mit beiden Armen und formt mit den Fingern das Friedenszeichen.

Die Frauen in Nixons Leben

Hannah

Nixons Mutter spielte bei der Herausbildung seiner Persönlichkeit eine höchst entscheidende Rolle. Hannahs indirekter, „heiligengleicher", Schuldgefühl induzierender Einfluss blieb in seinem ganzen Leben die tadelnde Stimme seiner Persönlichkeit. Als tief religiöse Quäkerin wollte Hannah vor allem anderen, dass ihre Söhne ehrliche Männer würden.

Einmal erwischte sie ihre kleinen Söhne Harold und Richard, wie sie Weinbeeren aus dem Garten einer Nachbarin aßen. Daraufhin mussten sie ihre Ersparnisse aufwenden, um Mrs. Truebloods Trauben zu bezahlen, obwohl die nicht ausdrücklich darauf bestand. „Von diesem Tag an", schrieb Richard Gardner, „kann sich niemand erinnern, dass die Jungen der Nixons je etwas Unehrenhaftes getan hätten."

Nixons Lügen, die sich durch sein ganzes späteres Erwachsenenleben ziehen, scheinen in krassem Gegensatz zu den Lehren seiner Mutter zu stehen. Aber in einem Haus, in dem Franks unvorhersehbare Gewalttätigkeit in jedem Moment ausbrechen konnte und Hannahs indirekte Manipulationen die einzige Reaktion war, muss der junge Nixon schon zeitig gelernt haben, die Dinge im bestmöglichen Licht darzustellen. Verschärft wurde dies wahrscheinlich noch durch eine unbewusste Rebellion gegen die Werte, die von seiner ergebenen Quäkerfamilie verbal vermittelt, dort aber nicht zur Lebenserfahrung wurden. Wer so aufwächst, wird später die erlebten Verhaltensweisen stärker als die verbal vermittelten Lehren nachvollziehen.

Als Nixon 1946 in den Kongress gewählt wurde, lud Norman Chandler, Herausgeber der *Los Angeles Times*, ihn und seine Familie zum Abend in sein Haus ein. Auch Frank und Hannah waren anwesend. Mrs. Buff Chandler erinnerte sich, wie Nixon jeden Angriff auf seine Mutter zu vermeiden suchte. Buff fragte alle, was sie trinken wollten: „Mrs. Nixon und Pat sagten, sie wollten nur etwas Milch. Und Papa Nixon wollte etwas Milch und der Bruder und seine Frau wollten Milch. Also ging ich in die Küche, um dem Koch zu sagen, dass alle Milch wollten, als plötzlich Nixon in die Halle kam und sagte: ‚Buff, könnten Sie mir einen doppelten Bourbon geben? Ich möchte nicht, dass mich Vater und Mutter Alkohol trinken sehen'."

Buff bewertete das als eine eigentlich „sehr kleine Sache", „aber für einen Mann dieses Alters, der eben eine Wahl gewonnen hatte, war das doch eine seltsame Art von Betrug, die sich offenbar über die Jahre nicht geändert hatte."[71]

Ola-Florence Welch

Ola-Florence war ein kleines braunäugiges Mädchen mit kecker Stupsnase. Sie ähnelte Hannah Nixon, war aber lebhafter. Sie war Richard Nixons ernsthafteste Langzeitfreundin. Getroffen haben sich beide im letzten Jahr der High School und sie bekannte später, er wäre „der erste Junge gewesen, mit dem ich je gegangen bin."[72]

Obwohl die Beziehung sechs Jahre anhielt, wird sie in den Nixon-Biografien und in seinen Memoiren kaum erwähnt. Schon das ist signifikant.

Augenscheinlich um Ola-Florence zu beeindrucken, nahm Nixon Tanzunterricht, was auch ein Akt der Auflehnung gegen seine Mutter war, denn nach den Lehren der Quäker galt Tanzen als sündig. Es war aber kein fröhlicher Richard Nixon, der da auf der Tanzfläche herumwirbelte. Ola-Florence dazu: „Ich glaube nicht, dass er dabei sehr glücklich war. Beim Tanzen fühlte er sich unbehaglich. Seine ungeschickten Körperbewegungen wurden auf dem Parkett nur noch deutlicher sichtbar."[73]

Ola-Florence beschrieb Nixon rückblickend als einen Einzelgänger: „Er schien einsam zu sein und war an der Schule ernst. Er wusste nicht, wie man Kontakt zu anderen findet. Er war klug und irgendwie abgehoben. Ich glaube, er war tief in seinem Innern seiner nicht sicher. Manchmal glaube ich, ihn nie richtig gekannt zu haben, und war ihm doch so nahe wie niemand sonst. Ich fühle das teilweise heute noch – er ist mir ein Rätsel."[74]

Nixons Briefe an sie enthielten, so Ola-Florence, „nichts von Sentimentalität. Er hielt sich stets im Zaum." Einem Biografen sagte sie: „Wir waren sehr puritanisch. Knutscherei gab es nicht."[75]

Ganz klar, Ola-Florence hat Richard Nixon nicht als lebhaften und vitalen Mann erlebt. Zudem mochte ihre Mutter Richard nicht. Sie sah in ihm keinen Gentleman und missbilligte Verhaltensweisen wie etwa, dass er vor das Haus der Welchs gefahren kam und heftig hupte. Wenn es aber einen Tropfen gab, der das Fass zum Überlaufen brachte, dann war es der Abend des Schulballs. Nach einem Streit fuhr Nixon nach Hause und ließ Ola-Florence allein zurück. Die musste dann ihre Eltern anrufen und bitten, sie abzuholen. In der Folge wurde ihre Verhältnis während Nixons zweitem Jahr an der juristischen Schule immer brüchiger. Ola-Florence begann eine neue Beziehung mit Gail Jobe, den sie drei Jahre später heiratete.

In seiner Zeit an dieser Schule durchlebte Nixon einige der Entbehrungen seiner Kindheit erneut, denn er wohnte gemeinsam mit drei anderen Studenten in einem winzigen ungeheizten Haus. In seiner üblichen Haltung „Wir sind mit großen Problemen fertig geworden" verschönte Nixon die Erinnerung daran in seinen späteren Memoiren: „‚Kleines Haus' ist tatsächlich eine Untertreibung. Es war eine mit Schindeln gedeckte Hütte, in der es nur einen Raum gab, keine Heizung und keinen Wasseranschluss im Inneren. Wir vier teilten uns zwei große Messingbetten. Ich staune heute, dass wir so lange zufrieden unter solch primitiven Bedingungen lebten. Damals schien uns das aufregend und abenteuerlich. … Wir hatten dort eine tolle Zeit."[76]

Pat

Thelma Catherine („Pat") Ryan begann ihre Laufbahn als Lehrerin an der High School in Whittier, die nur ein paar Blocks vom Zentrum entfernt lag. Bei den Schülern war sie auf Anhieb beliebt. Einer von ihnen berichtete: „Sie sah so jung aus, war sehr attraktiv, hatte rotes Haar und ein sehr schlankes Gesicht. Wir waren von ihr fasziniert. Sie sprach leise und fest und war eine recht gute Lehrerin."[77]

Pat, die helle bunte Faltenröcke, moderne Blusen und Sweater trug, hatte eine tolle Wirkung auf die Mädchen, von denen viele in der grauen Umgebung strenger Quäkerfamilien erzogen worden waren. Auch nicht nur einer der heranwachsenden Jungen war heimlich in die auffallende junge Lehrerin verknallt.

Die Schüler mochten Miss Ryan sehr, obwohl sie strenge Maßstäbe anlegte. Sie machte keine Zugeständnisse und gestattete keine zweitklassigen Leistungen. Kaugummi war im Unterricht ebenso tabu wie schlampige Kleidung. Viele Jahre später sagte eine Schülerin: „Wir stellten plötzlich fest, dass wir uns sorgfältig kämmten, unsere Schuhe ordentlich schnürten und die Röcke glatt strichen, bevor wir Miss Ryan an der Tür grüßten. Wir übernahmen sogar ihre sorgfältige Sitzposition und ihre aufrechte Körperhaltung bei Versammlungen."[78]

Als Pat in die Schule eintrat, war Robert C. Pierpoint im vorletzten Schuljahr. Später, während der Watergate-Affäre, war er einer der CBS-Korrespondenten im Weißen Haus. Zu dieser Zeit, ein Vierteljahrhundert nach der High School, fand er Pats Haltung ihm gegenüber kühl und „schmallippig", denn ihr mangelndes Vertrauen in die Presse war nicht geringer als das des Präsidenten. Pierpoint beschrieb, wie die glänzende Lehrerin von einst sich von der steifen Präsidentengattin unterschied, die er jetzt traf: „Sie war damals eine völlig andere Person als die spätere Frau des Präsidenten. Sie war umgänglich, freundlich und kontaktfreudig. Sie war glücklich, enthusiastisch, lebensfroh. Ihre Stimmung war sonnig, nicht nur hin und wieder, sondern die ganze Zeit über. Sie war eine glückliche junge Frau. Wir mochten sie sehr, denn sie redete mit den Schülern nie von oben herab, unterhielt sich mit ihnen wie mit Erwachsenen und schüchterte sie nie ein. Sie hatte Freude am Leben und an ihrer Arbeit."[79]

Offensichtlich erinnerte sich Nixon ähnlich an sie. In seinen Memoiren findet sich eine Passage, in der er über ein Vorsprechen für die Besetzung einer Laientheater-Aufführung berichtet: „Ich glaubte, alle in Whittier zu kennen. Aber an diesem Abend tauchte plötzlich eine schöne und lebhafte junge Frau mit tizianrotem Haar auf, die ich vorher noch nie gesehen hatte. Ich konnte die Augen nicht von ihr abwenden. Für mich war es ein Fall von Liebe auf den ersten Blick."[80]

Am gleichen Abend fand Nixon jemanden, der ihn Pat vorstellte, und noch später nahmen Pat und ihre Freundin eine Einladung an, zu Nixon nach Haus zu fahren. Auf der Fahrt fragte er sie, ob sie sich mit ihm verabreden würde. Pat antwortete, dafür keine Zeit zu haben, worauf Nixon entgegnete: „Das solltest du besser nicht sagen, denn eines Tages werde ich dich heiraten!"[81]

Am Anfang von Nixons politischer Karriere sahen viele in Pat die ideale Gefährtin, die ihrem Mann beistand, lächelte, wenn er sprach, und ihn sichtlich bewunderte. Aber das Leben mit Richards fehlender Zuneigung, seinem Machtstreben und vor allem seiner völligen Insensibilität machte aus der einst sprühenden Pat Ryan bald eine roboterhafte Karikatur weiblicher Höflichkeit, die pejorativ als „Plastik-Pat", „Pat die Roboterin" oder „Pat die Überperfekte" bezeichnet wurde.

Während Nixons ganzer langer politischer Karriere erlebte man Pat nur mit einem ständigen Lächeln, in ihr Gesicht geätzt wie Falten, die man in ein Kleidungsstück hinein bügelt. Aber schließlich schien ihr Plastikjubel mehr eine tapfere Fassade zu sein als etwas Wirkliches, ihr Lächeln eher der Gleichmut eines Märtyrers mit einem Strick um den Hals. „Selbst wenn ich stürbe", bekannte Pat Nixon einmal, „würde ich es niemanden wissen lassen."[82]

Der *London Spectator* vom 5. Dezember 1958 erfasste etwas von der Diskrepanz zwischen Pats Innerem und ihrem äußeren Schein: „Sie schwatzt, beantwortet Fragen, lächelt und lächelt. ... Nur ihre Augen, dunkel blickend und angestrengt, zeigen an, dass innen, jenseits von Kostüm und Perlen, ein menschliches Wesen steckt."[83]

In den sechziger Jahren gab es Gerüchte um eine Scheidung. Pats wirkliche Gefühle hatten sich schon in einer Bemerkung gezeigt, die sie im Februar 1960, nur ein paar Monate vor Richards Nominierung für die Präsidentschaft, einem nahen Freund gegenüber machte: „Ich habe alles aufgegeben, was ich je geliebt habe."

Das war einer der seltenen Fälle, in denen sie sich einen Gefühlsüberschwang erlaubte. Ihre Augen standen voller Tränen. Einen Moment lang konnte sie nicht sprechen und drehte sich weg. Als sie schließlich die Fassung wiedergewonnen hatte, fuhr sie fort: „Es sind die Kinder, die verdrängt werden. Aller Glanz, aller Lohn dabei [in der Politik] geht an die Erwachsenen. Es sind die Kinder, die wirklich leiden."[84]

In einer Wahlkampf-Debatte mit John F. Kennedy unterlief Nixon eine unglückliche Formulierung, die bei den Demokraten viel Heiterkeit auslöste, für Pat aber erniedrigend gewesen sein muss: „Amerika kann nicht weitermachen wie bisher. Wir können so nicht weitermachen, weil wir uns in einem Rennen befinden, wie ich ausgeführt habe. Wir können nicht so weitermachen und das ist bei dem Konflikt, den wir um uns herum in der Welt haben, lebenswichtig."[85] [Anm. des Übersetzers: ‚cannot stand pat' = kann nicht so weitermachen, ist gleich klingend wie ‚cannot stand Pat' = kann Pat nicht ertragen.]

Eine weitere berühmte Episode, die Nixons Gefühllosigkeit gegenüber seiner Frau illustrierte, ereignete sich an Pats fünfundsechzigstem Geburtstag, als Nixon bei der Feier zur Eröffnung der Grand Old Opry in Nashville mitwirkte. Helen McCain Smith berichtete: „Pat, die im Bühnenhintergrund saß, war überrascht und erfreut, als ein Klavier hereingefahren wurde und der Präsident *Happy Birthday* spielte, in das alle einstimmten. Beim letzten Akkord erhob sich Pat mit glühendem Gesicht von ihrem Stuhl und ging auf ihren Mann zu. Der aber wollte offenbar im Programm fortfahren. Er drehte sich um, schritt brüsk zur Bühnenmitte und ignorierte Pats ausgestreckte Arme. Ich werde nie ihren Gesichtsausdruck vergessen."[86]

Für ihren couragierten Wahlkampf und die Unterordnung ihrer Persönlichkeit unter Nixons politische Ziele wurde Pat in der Öffentlichkeit von Nixon nie liebevoll behandelt. Er sprach über sie, unterstrich oft, wie stark und was für eine loyale Frau sie sei und so weiter, aber nur selten sprach er über sie liebevoll. Beobachter des Präsidenten suchten vergeblich auch nur die kleinsten Anzeichen einer gefühlsmäßigen Bindung zwischen den beiden.

Als Nixon 1971 vor Washingtoner Journalistinnen sprach, sagte er, die First Lady zöge inzwischen eigene Reisen vor, die „sie lieber allein als mit mir unternimmt." Unbeabsichtigt offen und grausam fügte er hinzu: „Dabei könnte sie doch auch mit mir reisen, einfach so, als Übergepäck."

Am Abend vor seinem Rücktritt war Nixon noch einmal auf grausame Art, aber wohl unbewusst, offen, wobei sein Freudscher Versprecher die Prioritäten seines Herzens offenbarte. Da sagte er nämlich einer Gruppe von Kongressabgeordneten: „Ich habe eine wunderbare Familie und eine gute Ehefrau." Am Morgen des Tages, an dem er zurücktrat, dankte er seinem Kabinett, seinen Eltern, sogar seinem toten Bruder. Seine Frau erwähnte er nicht einmal.

Julie

Richard Nixons Tochter Julie war vielleicht dasjenige Familienmitglied, dem er sich am nächsten fühlte, aber auch hier war seine Liebe unterdrückt und in Förmlichkeit erstarrt. Nachdem sich Julie verlobt hatte, ging sie in das Büro ihres Vaters, um ihm zu sagen, dass sie David Eisenhower heiraten würde. Nixon reagierte mit einem Nicken und arbeitete weiter. Julie lief weinend davon, um sich von ihrer Mutter trösten zu lassen. Immerhin fand sie am Abend auf dem Nachttisch eine zärtliche und liebevolle Nachricht ihres Vaters.

Auf welcher Ebene sich Nixons Fürsorge auch vollzog, zu spontaner Liebe war er nicht fähig. Ehrlichman drückte es so aus: „Auf einem Stück Papier konnte er es besser ausdrücken als im direkten Gespräch."[87]

Zusammengefasst ist zu sagen, dass Nixons Haltung zu Frauen im Allgemeinen nicht von Liebe und Bewunderung geprägt war. James Bassett, der viele schmerzhafte Szenen beobachtet hat, in denen Nixon seine

Frau erniedrigte, meinte, dieser habe „weibliche Mentalität völlig verachtet". Einmal sollte Nixon vor der Nationalföderation republikanischer Frauen auftreten, schimpfte jedoch: „Ich werde zu diesen beschissenen alten Weibern nicht sprechen."[88]

Ein anderes Mal sprach Nixon, damals Vizepräsident, in Long Beach, Kalifornien. Mrs. Remley, eine Frau, die wesentlich an der Enthüllung einiger seiner zweifelhaften Wahlkampfmethoden gegenüber dem Konkurrenten Jerry Voorhis beteiligt war, war gekommen, um sich seine Rede anzuhören. Da sie sehr spät kam, hörte sie von einer Tür aus zu. Als Nixon das Gebäude verließ, erkannte er sie, ging zu ihr und schlug sie. Seine entsetzten Freunde drängten ihn weg in die Dunkelheit.[89]

Mit Blick auf Nixons allgemeiner Haltung gegenüber Frauen ist es kaum verwunderlich, dass er seine eigene Frau im besten Fall förmlich und im schlimmsten geringschätzig behandelte. Henry Kissinger beschrieb Pat in diesem Sinne als eine „stille Patriotin, eine loyale Frau, die sich nicht in die männliche Welt der Politik einmischt, die nur dann redet, wenn sie angesprochen wird, und den Zigarrenrauch nicht mit ihrer persönlichen Meinung beschmutzt."[90]

Richard Nixons Sexualverhalten

Es ist wahrscheinlich, dass ein Mann mit so paranoidem Verhalten gegenüber Menschen wie Richard Nixon, mit einer gegenüber Frauen so verachtungsvollen Haltung, wie er und seine Partner sie an den Tag legten, keine sehr erfolgreiche sexuelle Beziehung zu seiner Frau gehabt haben wird. Überhaupt wird er sich bei keiner intimen sexuellen Beziehung mit irgend einer Frau wohl gefühlt haben. Immerhin hat er eingestanden: „Ich erinnere mich, dass ich eben erst in meinem juristischen Beruf begonnen hatte und einen Scheidungsfall bearbeiten musste. Eine gut aussehende Frau, eine richtige Schönheit, erzählte mir von ihren intimen Eheproblemen. ... Ich wurde nicht nur rot, sondern nahm fünfzehn Regenbogenfarben an. Vermutlich kam ich wirklich aus einer zu unmodernen Familie. ... Es macht mir Spaß, Poker zu spielen und mit Freunden zusammen zu sein. Aber richtig aus mir herauszugehen, bringt mich sogar bei Pat in Verlegenheit."[91]

Bei all dem wundert man sich über das rätselhafte Zusammentreffen von Quäkern und über die Gerüchte von Homosexualität, die Nixon und andere umgaben, die in die Affäre Whittaker Chambers und Alger Hiss verwickelt waren. Chambers, seine Frau und Kinder waren ebenso Quäker wie Nixon und Hiss‘ Frau Priscilla. Auf Noël Field und seine Frau, Freunde von Hiss, traf das auch zu. Gerüchte von Homosexualität kursierten um Chambers und Hiss sowie um Chambers‘ Vater und Hiss‘ Stiefsohn.

Alexander Haig, einer von Nixons engsten Beratern, witzelte mit Kissinger, dass Nixon und Bebe Rebozo eine homosexuelle Beziehung hätten. Reporter wussten nur zu gut, dass bei Aufenthalten der Familie Nixon in Florida Pat und die Mädchen in einem Haus schliefen, Nixon aber in einem anderen, das neben einem Haus Rebozos lag.[92]

Ehrlichman unterstellte halb im Scherz, dass Kissinger selbst schwul wäre, und fragte sich laut in Gegenwart von Kissingers Assistenten, ob Kissinger wohl wisse, was er mit einem Mädchen bei einer Cocktail-Party in Georgetown machen sollte. „Waren bei der Party auch Jungen für Henry?“ fragte Ehrlichman einmal.[93]

Schließlich kommt ein Kliniker nicht um die Frage der psychischen Dynamik von vier Jurastudenten im dritten Jahr herum, wenn diese in einer Ein-Zimmer-Hütte leben und sich zwei Betten teilen, eine Erfahrung, die Nixon später in die Worte kleidete: „Wir hatten dort eine tolle Zeit.“[94]

Natürlich bedeutet die Tatsache, dass Nixon mit einem anderen Jurastudenten ein Bett teilte, nicht, dass es zum Austausch von Körperflüssigkeiten gekommen sein muss. Ebenso heißt es nicht, dass er und Bebe Rebozo ein Liebespaar waren, nur weil sie viel Zeit miteinander verbrachten. Aber zumindest dürfte klar sein, dass sich Nixon in der Gesellschaft von Männern wohler fühlte als in der von Frauen und dass seine wichtigsten und engsten Beziehungen, falls es solche überhaupt gab, zu anderen Männern bestanden.

Darüber hinaus hat Nixon selbst zugegeben, dass ihn Sex verwirrte, und die Art, in der er seine Frau Pat in der Öffentlichkeit behandelte, zeigte den Mangel an Zuneigung zwischen ihnen. Man kann mit Sicherheit den Schluss ziehen, dass sein Sexualverhalten wie auch sein Persönlichkeitsstil von Distanziertheit, Berechnung, Misstrauen, Starrheit und Verdrängung gekennzeichnet waren. Wie er als Jugendlicher und junger Erwachsener war, blieb er vermutlich sein ganzes Leben lang: „Nixon war kein Swinger.“

Mit Ehefrau Elizabeth, 1974.

1913	Geboren am 14. 7. in Omaha, Nebraska.
1941	Abschluss eines naturwissenschaftlichen Studiums mit dem Doktorgrad.
1948-1973	Abgeordneter der Demokratischen Partei im Repräsentantenhaus, ab 1965 Fraktionsvorsitzender.
1950	Eheschließung mit Elizabeth („Betty") Bloomer Warren.
1973	Nachfolger des zurückgetretenen Vizepräsidenten Spiro Agnew.
1974	Als Nachfolger des zurückgetretenen Richard Nixon 38. Präsident der USA; Amnestie für Vietnamdeserteure, Fortsetzung der durch Henry Kissinger begründeten Entspannungspolitik.
1976	Bei den Präsidentenwahlen knappe Niederlage gegen seinen Herausforderer Jimmy Carter.

6 Gerald R. Ford

38. Präsident der Vereinigten Staaten 1974-1977

Von dem englischen Journalisten Auberon Waugh stammt die Beobachtung: „Nach einigen Jahren, in denen ich als politischer Korrespondent tätig war, ist es meine feste Überzeugung, dass niemand von einer in erster Linie politischen Karriere angezogen wird, wenn er nicht sozial oder emotional verkrüppelt ist.“[1]

Auf den ersten Blick scheint dies auf Gerald R. Ford nicht zuzutreffen. Im Vergleich zu dem größenwahnsinnigen Lyndon Johnson oder dem paranoiden Richard Nixon erschien Ford als ein Muster nicht nur an moralischer Tugend, sondern ebenso an geistiger Gesundheit. Nach Watergate und Nixons Zerstörung des stolzesten nationalen Mythos der USA – der Präsident der Vereinigten Staaten kann und wird kein Verbrechen begehen – war das Erscheinen eines „Herrn Saubermann“ in der Person des „sonnigen Jerry“ am nationalen Horizont ebenso willkommen, wie es einst der Regenbogen für Noah und die anderen in der schwankenden Arche Eingeschlossenen gewesen sein musste.

Die Stimmung, die nach Watergate selbst in Zentren des Zynismus wie New York oder Washington herrschte, sollte für Ford eine Chance bedeuten. *U.S. News and World Report* schrieb: „Er ist allerbestes Mittelmaß. … Er ist wie Ike [Eisenhower]. Er vermittelt den Eindruck solider Zuverlässigkeit.“[2] Und auch der Kolumnist der *Washington Post* schien nach Watergate erleichtert aufzuatmen, wenn er feststellte: „Jerry Ford ist der normalste, realistischste Mann, der seit Harry Truman im Oval Office gearbeitet hat.“[3] *Newsweek* vertrat die gleiche Meinung und stellte fest, der neue Präsident „unterscheidet sich in nichts von den Leuten, die im Nachbarhaus wohnen.“[4]

Und dennoch gab es neben der Anerkennung von Jerrys „solider Zuverlässigkeit“ auch Zweifel daran, ob „der Junge aus dem Nachbarhaus“ die Befähigung zum Präsidentenamt habe. James Reston kommentierte in der *New York Times* Fords erste hundert Tage und sprach für viele, wenn er schrieb: „Seit Ike hatten wir keinen anständigeren Mann im Weißen Haus, niemanden, der so offen und entspannt war." Und weiter: Ford vermittle durch seine Offenheit und Ehrlichkeit den Eindruck, dass wir nicht in einem revolutionären Zeitalter lebten und unser Leben in der Familie und als Nation nicht grundsätzlich ändern, sondern nur geduldig warten müssten, bis am Ende alles gut ausginge. „Es ist ein schöner Traum", resümierte Reston, „und er ist ein ehrlicher und erfrischender Mann. Aber Washington stellt Fragen."[5]

Fragen, ob Ford zum Präsidenten tauge, waren schon früher gestellt worden – wenngleich nicht von vielen –, als Nixon ihn ausgesucht hatte, um die Lücke zu füllen, die durch das Ausscheiden von Vizepräsident Spiro Agnew entstanden war. In *The New Yorker* hatte Richard Rovere festgestellt, dass Ford „durchaus das Zeug hat, um Vizepräsident zu sein", denn dieses Amt erfordere „nur physische Anwesenheit und gelegentlich eine flinke Zunge." Rovere merkte jedoch auch an, dass weder Richard Nixon noch irgend jemand sonst versichert hätte, Gerald Ford tauge zum Chef der Exekutive. Er stellte bei diesem mangelnde Verwaltungserfahrung fest und fuhr fort: „Wenn seine [Fords] Kenntnisse in außenpolitischen Fragen die eines durchschnittlich gebildeten Bürgers übersteigen sollten, muss dies erst noch bewiesen werden..." Mit Hinweis darauf, dass die Verfassung nicht fordere, ein potenzieller Präsident müsse seine Fähigkeit zu unabhängigem oder kritischem Denken beweisen, argumentierte Rovere trotzdem, es gäbe die „allgemeine Annahme", der Präsident der Vereinigten Staaten müsste mehr Führer als Mitläufer sein. Eine genaue Prüfung der Aktivitäten Fords in den letzten fünfundzwanzig Jahren hätte ihm, Rovere, aber gezeigt, Ford sei „mehr Mitläufer als Führer, außer im Football, dem Lieblingssport des Präsidenten, in dem er in den frühen dreißiger Jahren als Center in der ersten Mannschaft der Universität von Michigan geglänzt hat."[6]

In einem klassischen Fall vernichtender Kritik durch ein schwaches Lob meinte Pfarrer Donald Carey, Fords früherer Pastor in Grand Rapids: „Gerald Ford ist ein normaler, anständiger und gottesfürchtiger Mann, aber das kann man schließlich von vielen Leuten sagen."[7]

Abhängige Persönlichkeit

Gerald Ford war ehrlich, loyal, freundlich, liebenswürdig und großzügig, aber auch eine abhängige Persönlichkeit. Eine abhängige Persönlichkeit charakterisiert sich durch den ausgeprägten Drang zu gefallen.

Kinder oder Jugendliche mit abhängiger Persönlichkeit lassen sich im Allgemeinen von ihren Eltern vorschreiben, was sie anziehen, essen, wohin sie gehen und wie sie ihre Freizeit verbringen sollen. Wenn die abhängige Person älter wird, verlässt sie sich gewöhnlich auf einen signifikanten „Anderen" bei der Wahl der Schule, der Karriere und sogar des Ehepartners.

Bei abhängigen Erwachsenen muss sich Anhänglichkeit oder Unterordnung gegenüber anderen nicht so offensichtlich zeigen. Solche Menschen tendieren aber zur Passivität und haben große Schwierigkeiten, ohne beträchtlichen Aufwand an Rat und Rückversicherung eine Entscheidung zu treffen. Sie lassen wichtige Entscheidungen – wo sie leben, mit wem sie befreundet sein, wie sie ihre Zeit einteilen sollen – von anderen treffen.

Im Fall Fords waren, wie wir sehen werden, diese Zeichen subtiler, aber trotzdem vorhanden.

Frühe Jahre

Gerald Rudolph Ford jun. wurde als Leslie Lynch King am 14. Juli 1913 geboren. Die Ehe der Kings war nur von kurzer Dauer. Als Leslie zwei Jahre alt war, trennten sie sich und die Mutter kehrte zu ihren Eltern in Grand Rapids, Michigan, zurück. Dorothy King, eine attraktive junge Brünette Anfang zwanzig, zog alsbald bei einer geselligen Veranstaltung der Episkopalkirche die Aufmerksamkeit des schlaksigen Junggesellen Gerald R. Ford auf sich. Sie heirateten am 1. Februar 1916. Berichtet wird, dass der ältere Ford in den offiziellen Adoptionspapieren Leslie einfach in Gerald Rudolph Ford jun. umbenannte. Andere Quellen verzeichnen, dass der junge Ford nie formell adoptiert wurde.

Welchen Status die Adoption Jerrys auch gehabt haben mag, in allen Berichten erscheint Fords Stiefvater als ein Mann, der von seiner Familie geliebt und von der Gesellschaft geschätzt wurde. Als ein Maß für die Leistungen eines Menschen kann die Zahl derjenigen gelten, die an seinem Begräbnis teilnehmen. Ein Bericht teilt mit, dass die episkopale Gnadenkirche bei der Trauerfeier für den älteren Ford bis zum letzten Stehplatz gefüllt war, was in der Geschichte dieser Kirche bis dahin nie geschehen war.

Als Gerald Ford sen. mit Dorothy zusammentraf, stand er am Beginn seiner Laufbahn als Farbenhändler für die Möbelindustrie der Stadt, in den Jahren vor der Wirtschaftskrise ein florierendes Geschäft. Ford war so erfolgreich, dass er einen offenen Tourenwagen besaß und genug Geld hatte, um mit Jerry und dessen Mutter Urlaub in Florida zu machen.

Der älteste von Jerrys Halbbrüdern wurde einen Tag nach Jerrys fünftem Geburtstag geboren. Jahrelang feierte die Familie die Geburtstage der beiden Jungen zusammen, was wohl in psychologischer Hinsicht nicht die klügste Entscheidung war, denn Jerry war damit gezwungen, auch am Geburtstag die Aufmerksamkeit und Zuneigung seiner Eltern mit diesem neuen „Eindringling" zu teilen.

Kurz nach der Geburt seines neuen Bruders begann Jerry zu stottern. Es ist wahrscheinlich, dass dabei die doppelte Herausforderung, durch die Geburt eines neuen Bruders „entthront" zu sein und zum ersten Mal zur Schule gehen zu müssen, mit einigen Ängsten aus seinen frühen Jahren zusammenfiel, jener Zeit also, in der seine eigentlichen Eltern geschieden wurden, seine Mutter nach Grand Rapids zurückgekehrt war und dort zum zweiten Mal geheiratet hatte. Wie auch die Ätiologie ausgesehen haben mag, Jerry begann zu stottern und wurde das in den folgenden vier Jahren auch nicht los. Später erinnerte er sich: „Einige Wörter machten mir Angst und ich brauchte eine Ewigkeit, um sie herauszubringen. Ich weiß nicht, was das Problem auslöste. Als ich zehn war, hörte es schließlich auf."[8]

Unabhängig von der Ursache ist es für jedes Kind eine traumatische Erfahrung, wenn es sich durch die ersten Jahre der Elementarschule hindurchstottern muss, und es hinterlässt unvermeidlich psychische Narben. Alles „Ungewöhnliche" erregt in den ersten Schuljahren das „Interesse" – genauer: den Spott – der Mitschüler. Sechsjährige sind noch nicht so anständig, nicht hinzusehen, wenn eine Behinderung sichtbar wird. Im Gegenteil, es ist das Alter, in dem Kinder fragen: „Mami, warum hat der Mann rote Flecken am Kopf?" oder: „Vati, warum ist die Frau so fett?" Kleine Kinder zeigen auf einen Amputierten und fragen: „Was hat denn der Mann mit seinem Bein gemacht?"

Kinder sind wahre Meister im Auffinden von „Unterschieden" und zungenfertig grausam, wenn sie ihre Spielkameraden ärgern wollen. Wie Wärme suchende Raketen schießen sie sich auf die „Unterschiede" ein und machen sie zum Gegenstand des Spotts und der Lächerlichkeit. Ein Kind mit dicken Brillengläsern wird zur Brillenschlange, das flachbrüstige heranwachsende Mädchen zum Bügelbrett.

Stottern ist kein Verhalten, das sich leicht verbergen ließe. Es ist eine stets vorhandene verbale „Behinderung", die sich jederzeit bemerkbar machen kann und den Stotterer beständig der Lächerlichkeit preiszugeben droht. Es ist höchst unwahrscheinlich, dass der junge Jerry vier Jahre Elementarschule ohne Spott überstanden hat. Man kann mit Sicherheit annehmen, dass in jenen frühen Jahren ein Spielkamerad wohl spöttisch fragte: „He, J-J-Jerry, willst d-d-du nach d-d-d-er Schule B-B-all sp-p-p-ielen?“ Spott, häufiger oder gelegentlicher, hinterlässt tiefe Narben in der Persönlichkeit. Spott wird schnell „verinnerlicht“ und geistig immer wiederholt. Mit einer Behinderung zu leben, über die sich andere vielleicht auch nur gelegentlich lustig machen, ist so, also wohnte man in einer Straße in der Nähe eines Hundes, der nur „gelegentlich“ beißt. Man fühlt sich nie sicher. Auch wenn ein Kind nur hin und wieder verspottet wird, lebt es doch in ständiger Angst und antizipiert, gerade heute könnte der Tag sein, an dem seine „Freunde“ es wieder verspotten.

Wie auch andere Kinder mit Behinderungen lernte Jerry Ford, mit seinem Stottern fertig zu werden, indem er „nett – nett und wütend“ war, nett nach außen, wütend nach innen. Ist es eine Überraschung, dass das zusammengeht wie Brot und Butter, Tisch und Stuhl, Messer und Gabel, dass Menschen, die nicht sehr hübsch sind, oft genug „nette Persönlichkeiten“ sind?

Kinder mit Behinderungen spüren, dass sie keine Wahl haben. Wenn sie verspottet werden, scheinen sie deshalb oft „damit zurechtzukommen“, geben vor, dass es ihnen nichts ausmache, und lachen oft sogar darüber mit ihren Peinigern. Äußerlich Wut zu zeigen würde sie von den anderen nur noch weiter entfremden oder deren Spott um so mehr herausfordern. Folglich verdecken sie ihr inneres Schluchzen mit einem äußerlichen Lächeln und geben vor, dass es ihnen nichts ausmache. Trotzdem bleiben natürlich Scham und Wut – Scham vor sich selbst, Wut auf die anderen. Es überrascht also kaum, dass der einstige Stotterer Ford sich erinnert, „als Kind leicht aufbrausend gewesen“ zu sein. Überraschend ist aber, wie seine Mutter versuchte, damit umzugehen. Ford beschreibt es so: „Sie machte sich über mich lustig und zeigte mir, wie blöd ich aussah, wenn ich wütend war. Sie drehte mir auch das Ohr um.“[9]

Es ist schon einigermaßen erstaunlich, dass auch seine Mutter ihn verspottete. Zweifellos meinte sie es gut, aber es ist nicht gerade mitfühlend, wen man ein Kind verspottet, das bereits unter seinem Stottern leidet. In den 1930er Jahren hatten aber pflichtbewusste Eltern eine ganz bestimmte Wertehierachie im Kopf, die sie ihren Kindern vermitteln wollten. Natürlich war es für Jerrys Mutter wichtig, dass ihr Sohn sein Temperament zu zügeln lernte, auch wenn sie ihm dabei das Ohr verdrehte oder sich über ihn lustig machte, vermutlich durch Nachahmung, um ihm zu zeigen, wie blöd er in seiner Wut aussah.

Jerry lernte seine Lektion offenbar gut. Im späteren Leben blieb er beständig der „nette Kerl“, der nur sehr selten wütend wurde oder es äußerlich zeigte. Auch nicht gegenüber Johnson, der dafür bekannt war, dass er Fords Unbeholfenheit häufig mit Spott kommentierte. Dieser hätte, sagte Johnson etwa, wohl zu lange Football ohne Helm gespielt. Oder: „Jerry Ford ist so doof, dass er nicht zur gleichen Zeit laufen und Gummi kauen kann.“ Ein Beobachter hat festgehalten, dass Johnson eigentlich sagte: „Jerry Ford ist so doof, dass er nicht zur gleichen Zeit furzen und Gummi kauen kann“, aber Johnsons Berater und Historiker „reinigten“ später die Bemerkung des Präsidenten.[10]

Johnsons Bemerkungen waren clever und grausam, wie für LBJ typisch, und Fords Behauptung, das kümmere ihn nicht, war für den netten Kerl Jerry typisch. Er argumentierte, LBJ würde ihn kritisieren, weil er, Ford, die Politik des Weißen Hauses attackiere. „Ich kann mir vorstellen, wie frustriert er war“, sagte Ford dazu rückblickend, „und nun auf seine Weise versuchte, die Attacken wegzuwischen.“[11]

Auch sein wiederholtes körperliches Stolpern brachte Ford Spott ein. Mit Bezug auf einen berüchtigten Sturz beim Verlassen des Flugzeugs – als er und Betty die Stufen herunterliefen, hatte er den rechten Arm um die Taille seiner Frau gelegt und hielt in der linken Hand einen Regenschirm; zwei oder drei Stufen vor dem Ende der Gangway verfing sich der Absatz von Fords Schuh offenbar irgendwo, er hatte keine Hand frei, um sich am Geländer festzuhalten und stürzte auf die Rollbahn – erklärte er: „Seither brauchte ich nur zu stolpern, mir den Kopf zu stoßen oder in den Schnee zu fallen, und schon konzentrierten sich die Reporter darauf und auf fast nichts anderes sonst.“

Ford räumte später ein, diese einseitige Berichterstattung sei schmerzlich, aber die Witze von Johnny Carson und Chevy Chase seien noch quälender gewesen: „Ihre Mätzchen, über die ich zugegebenermaßen selbst gelacht habe, trugen dazu bei, in der Öffentlichkeit das Bild vom ewig stolpernden Präsidenten zu erzeugen. Und das war gar nicht spaßig.“[12]

Fords Memoiren sind voller Details, die den Leser (und wohl den Autor selbst) davon überzeugen sollen, dass er keineswegs etwa dumm sei. Etwa: „Am Ende meines Jahrs an der Junior High School kam ich in die National Honor Society und gehörte zu den obersten fünf Prozent unseres Jahrgangs von 220 Jungen."[13] Oder: „Obwohl ich zum besten Viertel meiner Klasse gehörte ..., hatte ich bis kurz vor dem Abschluss noch nicht entschieden, was ich danach tun wollte."[14]

Bezüglich der Koryphäen unter seinen Kommilitonen in Yale (Cyrus Vance, Potter Stewart, Sargent Shriver und andere) merkt Ford an: „Irgendwie habe ich es geschafft, unter die besten fünfundzwanzig Prozent unseres Jahrgangs zu kommen." Danach verschönert er seine Leistungen, indem er zusätzlich anmerkt, dass er damals alle Kurse belegt, Privatunterricht als „Vollzeitjob" erteilt und sich „heftig verliebt" habe.[15]

Natürlich hatte Ford Recht: Dumm war er nicht. Keiner, der auch nur etwas zurückgeblieben ist, kann einen Abschluss an der Universität von Michigan oder Yale schaffen. Mängel zeigte Ford jedoch auf dem Feld schöpferischer Ideen, abstrakten Denkens und verbaler Geschicklichkeit. Und diese Mängel wurden durch seine zögernde, zurückhaltende und abhängige Persönlichkeit noch verstärkt.

Wie bereits ausgeführt, entwickelte sich Fords Persönlichkeit als „netter Kerl" vermutlich als ein Weg, um mit seiner inneren Wut über den Spott in der Schule und sogar zu Hause fertig zu werden. Folglich lernte er nie, Wut oder Abneigung in geeigneter Weise auszudrücken.

Ein starker Stiefvater

Unabhängig von den Mechanismen zur Unterdrückung von Wut, die in dem jungen Jerry von seiner Mutter kultiviert wurden, ist sicher, dass Jerry nicht dazu neigte, jemals anderer Meinung als sein Stiefvater zu sein oder dessen Autorität in Frage zu stellen. Unterordnung war die einzige reale Alternative. Ford erinnerte sich zwar an die Strenge seiner Eltern in einem liebevollen Kontext, aber es wird ganz deutlich, dass es keine Toleranz für Ungehorsam und nur wenig moralischen Spielraum gab:

„Wenn Papa uns sagte, wir sollten etwas tun, dann taten wir das auch. Das stand jederzeit außer Frage. Er war die oberste Autorität; wir alle sahen zu ihm auf. Aber er konnte auch unser Freund sein, nicht nur unser Vater. Auch Mutter war großartig, mit viel Spaß und sehr weichherzig und immer Dinge für uns Jungen tun und für Papa, die Nachbarn und, ja, für alle. Aber ich glaube, der stärkste Einfluss auf mein Leben kam von Papa. Ich habe mich oft gefragt, frage mich auch heute noch, wie er das gemacht hat."[16]

Gerald R. Ford sen. war ein starker Mann, der sich aus eigener Kraft hochgearbeitet hatte. Sein Wort war die letzte Autorität am Abendbrottisch, einem großen, ovalen, soliden Mahagonitisch aus der alten Möbelfabrik Berkey & Gay in der Innenstadt von Grand Rapids. Dieser Mann brachte seinen Söhnen drei wichtige Lebensprinzipien bei: arbeite hart, mach was aus dir und sei zum Abendessen stets pünktlich.

Heute würde die Forderung, pünktlich zum Abendessen zu erscheinen, kaum in die Liste moralischer Werte aufgenommen werden. Für Vater Ford war sie aber offenbar wichtig. Das einzige Beispiel körperlicher Bestrafung, an das sich die Brüder Ford erinnerten, wird so mitgeteilt: „Tom kam zum Abendessen zu spät und seine Entschuldigung war nicht annehmbar. Papa zerschlug ein Lineal auf dem Hinterteil seiner Hose.“[17]

Vater Ford bestand auch darauf, dass der Teller leergegessen wurde. Geschah das nicht, musste der Junge so lange am Tisch sitzen bleiben, bis er aufgegessen hatte oder es Schlafenszeit war, je nachdem, was zuerst eintrat.

Im Geschäft praktizierte Vater Ford, was er predigte: „Was man verspricht, muss man halten“, und: „Was man macht, muss man ordentlich machen“. Ein gutes Familienleben führen, Schulden bezahlen, Alkohol meiden, zum Wohl der Gesellschaft beitragen und den Kindern einen guten Namen geben – alles das begründete Erfolg in der Gemeinschaft, in der Jerry Ford aufwuchs.

Jerrys Adoption

Eine Adoption ist heute kaum noch mit einem Stigma behaftet, sondern wird von den meisten Menschen sogar hoch geschätzt. Aber zu der Zeit, als Jerry in Grand Rapids, Michigan, aufwuchs, bedeutete eine Scheidung in den Augen der strengen calvinistischen Gemeinde eine schwere Verfehlung. Auch Adoption war etwas, dessen man sich schämte, zumindest nichts, was zwischen Eltern und Kindern offen diskutiert wurde.

In einem solchen Kontext ist es zu verstehen, dass Jerrys Eltern ihrem Sohn vor seinem dreizehnten oder vierzehnten Lebensjahr nicht erzählten, dass Gerald Ford sein Adoptivvater war, und als sie es taten, wurde es nicht weiter diskutiert. Als mehrere Jahre danach Jerrys leiblicher Vater, der damals in einem Coffee Shop arbeitete, plötzlich auftauchte, war das folglich für den jungen Ford höchst traumatisch, so dass ihn die Erinnerung daran sein Leben lang nicht verließ.

In seinem zweiten Jahr an der South High School spielte Jerry als Center in der Footballmannschaft der Stadt. Seine Eltern bestanden auch darauf, dass er Teilzeitjobs ausübte. Er mähte also Rasen, gab Konzessionen im örtlichen Vergnügungspark aus und arbeitete zur Mittagszeit im Restaurant von Bill Skougis, das gegenüber seiner Schule lag.

Jerry musste Hamburger auf den Grill legen, Geschirr waschen und die Registrierkasse bedienen. Eines Tages war er zur Mittagszeit hinter dem Büfett an seinem üblichen Platz in der Nähe der Kasse, als er einen Mann an der Vitrine mit Süßigkeiten stehen sah. Nachdem der Mann fünfzehn oder zwanzig Minuten dort gestanden hatte, ohne ein Wort zu sagen, kam er schließlich zu Jerry und verkündete: „Ich bin Leslie King, dein Vater. Kann ich dich zum Essen einladen?"

Jerry war natürlich wie betäubt. Er erinnerte sich zwar, dass er mit zwölf oder dreizehn von seiner Mutter erfahren hatte, Gerald Ford sen. sei nicht sein biologischer Vater, aber sie hatten zu Hause die Situation nicht wirklich diskutiert und sein „richtiger" Vater hatte bisher keinen Kontaktversuch unternommen.

Ford erinnerte sich, ihm in die Augen gesehen und gesagt zu haben: „Ich muss arbeiten". – „Frag deinen Boss, ob er dir freigibt", drängte der Fremde. Fords Boss hatte nichts dagegen und der Mann nahm Jerry mit nach draußen, wo eine nagelneuer Lincoln am Bordstein geparkt war. Im Auto saß eine Frau, die Leslie King als seine Ehefrau vorstellte. Sie waren mit dem Zug aus Wyoming gekommen, wo sie wohnten, hatten in Detroit das neue Auto gekauft und fuhren jetzt damit durch Grand Rapids wieder nach Hause. Nachdem sie das Restaurant verlassen hatten, gab ihm der Mann fünfundzwanzig Dollar und sagte: „Kauf dir dafür etwas, das du dir sonst nicht leisten kannst." Worauf er das Auto bestieg und davonfuhr.

„Der Abend", berichtete Ford weiter, „war einer der schwersten in meinem Leben." Er wisse nicht mehr genau, mit welchen Worten er seinen Eltern von dem Geschehen berichtet hätte, erinnere sich aber, dass das Gespräch „liebevoll und tröstend" war – sein Stiefvater habe ihn genauso geliebt wie seine eigenen drei Söhne, er habe in den Jahren nach der großen Krise über keine finanziellen Ressourcen verfügt, aber trotzdem sein Bestes gegeben. Ford weiter: „Nichts konnte das Bild auslöschen, dass ich an diesem Tag von meinem eigentlichen Vater gewann: ein sorgloser, wohlhabender Mann, der sich einen Dreck um die Hoffnungen und Träume seines erstgeborenen Sohns scherte." Und: „Als ich an diesem Abend zu Bett ging, brach ich zusammen und weinte."[18]

Das Bild von seinem leiblichen Vater wurde vier Jahre später noch verstärkt, als Jerry nach dem College sein erstes Jahr an der Universität von Michigan beginnen wollte, ihm aber die Geldmittel dazu fehlten. Es war sein vorletztes Jahr vor der Prüfung, und trotz aller gelegentlichen Jobs war seine wirtschaftliche Situation kritisch geworden. Die Rechnungen für Bücher, Unterkunft, Kleidung und andere Lieferungen beliefen sich auf sechshundert Dollar, ein Betrag, den er auch nicht annähernd aufbringen konnte. Ford: „Mein Stiefvater konnte nicht helfen, denn sein Geschäft ging nach der Krise nicht gut und die Kosten für seine Familie stiegen. Ich schrieb also an meinen leiblichen Vater in Wyoming und bat um ein Darlehen. Eine Antwort bekam ich nie."[19] Leslie King besuchte seinen Sohn noch einmal ein paar Jahre später an der juristischen Fakultät von Yale. Danach aber sah Ford seinen Vater nie wieder.

Alle diese frühen Erlebnisse – die Scheidung seiner Eltern, als er ein Kleinkind war, sein Stottern in früher Kindheit und der daraus folgende Spott in der Schule, in der Adoleszenz dann die Zurückweisung durch seinen „richtigen" Vater – trugen vereint dazu bei, Gerald Fords freundliche, aber schüchterne abhängige Persönlichkeit zu formen.

Schwieriger Entscheidungsprozess

Wie für abhängige Persönlichkeiten typisch, suchte Gerald Ford nach Führerschaft durch andere. Wenn er Dinge selbst zu entscheiden hatte, zögerte er. In seinen frühen Jahren gehörten zu den „anderen", die für ihn Entscheidungen trafen, seine Eltern und Lehrer, vor allem sein Stiefvater. Als er zum Erwachsenen heranreifte, wurden politische Entscheidungsträger seine Ersatz„eltern". Die sagten ihm, wohin er gehen müsse, welche Aktionen die geringste Zahl von Menschen verletzen würden und welche Programme bei den Wählern den größten Erfolg haben könnten. Auf viele Arten maskierte die Politik Fords private Abhängigkeit und transformierte sie zu etwas, was als Parteiloyalität erkennbar wurde.

Diejenigen, die mit dem Politiker Gerald Ford eng zusammenarbeiteten, sahen, wie sich seine Abhängigkeit in der Abneigung manifestierte, eigene Entscheidungen zu fällen. „Bei jedem wichtigen Thema rief er uns zusammen, was vor ihm keiner getan hatte", sagte Barber Conable, ein Kongressabgeordneter aus dem Norden des Staates New York, der später unter Ford in eine Führungsposition rückte. „Nur widerwillig entschied er Dinge selbst."[20]

Und doch war Ford ein erfolgreicher Politiker. Das scheinbare Paradoxon des Aufstiegs in der Welt der Politik trotz fehlender Entscheidungsfähigkeit wird von einem Beobachter mit folgenden Worten beschrieben: „Sein Erfolg war ein Triumph der Politik des kleinsten gemeinsamen Nenners, des Überlebens eines Mannes ohne Feinde, der am wenigsten unangenehmen Alternative. Das Bemerkenswerte an Ford und anderen gleich ihm ist, dass sie die Führerschaft gewannen, indem sie sie sorgfältig vermieden. Tatsache und Methode der Führerschaft verletzen und entfremden einige Menschen eine gewisse Zeit. … Gerald Ford baute seine Karriere und sein Leben darauf, dass er es vermied, irgend jemanden zu verletzen.“[21]

Als Nachfolger von Spiro Agnew, Nixons skandalumwittertem Vizepräsidenten, hatte Jerry Ford manches Plus und kaum ein Minus. Bud Vestal formulierte: „Er hat nie ein größeres Programm eigener Gesetzgebung entwickelt, sich nie ohne Not einen Feind gemacht, sich nie einer falschen Sache oder einem Kreuzzug angeschlossen, war nie durch liberales politisches Engagement belastet und stimmte mit Nixons Programm nur selten nicht überein.“[22]

Gerald Fords Präsidentschaft scheiterte am Ende wegen seiner mangelnden Bereitschaft, Entscheidungen zu treffen, wegen seines Drangs, anderen zu gefallen, und wegen der fehlenden Vision für sein Land. Das war aber zunächst nicht offenbar, denn auf den Wahlkampfreisen sahen und bewunderten die Menschen sein gütiges, ernstes und lächelndes Äußeres.

Der nette Kerl als Vizepräsident

Ein Politiker wird gemeinhin behaupten, seine größte Stärke sei es, „mit den Menschen auszukommen“, was ein Euphemismus ist und eigentlich meint, dass er sich keine Feinde macht.[23]

Nach seiner eigenen Definition war Ford ein „Meister der Politik“, lächelnd und platt. Ihm gelang es ein Vierteljahrhundert lang, sich in Washington kaum Feinde zu machen. Wahlkampfreisen machten ihm offensichtlich Spaß, denn deren Oberflächlichkeit war ihm geistesverwandt.

Anders als der herausfordernde Spiro Agnew war der neue Vizepräsident ein Gentleman, nicht der vornehme Gentleman, den der Süden hervorbrachte, aber doch einer, der still darauf Rücksicht nahm, dass anderen Menschen mit Achtung zu begegnen ist. Seine Sympathie für

Menschen war echt, besonders wenn diese ihn beweihräucherten, wozu Normalbürger neigen, wenn ein Würdenträger zu ihnen kommt. Aufregung und Rummel passten sehr gut zu dem lächelnden Jerry.

Sogar im Schlaf schmeichelte sich der Vizepräsident. Betty erinnerte sich: „Eines Nachts wachte ich auf und hörte Jerry im Schlaf sprechen: ‚Danke, danke, danke.' Er träumte gerade, bei einem Empfang in einer Menschenmenge zu stehen."[24]

Heute spricht man von kurzen Sequenzen im Zusammenhang mit Werbung oder Berichten im Fernsehen. Auch Politiker sind bekannt dafür, wie sie „kurze Kommunikationssequenzen" im Wahlkampf verwenden: Hände schütteln, auf Schultern schlagen, „Hallo, wie geht's? Schön, Sie zu sehen" – all das sind solche kurzen Sequenzen, die richtige Dialoge ersetzen sollen.

Als sich der kalifornische Kongressabgeordnete Jerome Waldie 1974 um das Amt des Gouverneurs bewarb, reiste er Hände schüttelnd tausend Meilen durch den Bundesstaat. Nach all den Jahren, die er in der Politik war und mit Menschen in „Machtzentren" gesprochen hatte, machte er nun eine neue Erfahrung. Er traf wirklich mit dem sprichwörtlichen „Mann von der Straße" zusammen und kommunizierte mit ihm: „Ich habe den Menschen zwanzig Sekunden lang die Hand geschüttelt. Sie angesehen und gesagt: ‚Hallo, ich bin Jerry Waldie. Wie heißen Sie?' Das ist eine ehrlichere und direktere Kommunikation, die der Wähler sonst nicht erfährt."[25]

Vielleicht beschreiben nur professionelle Politiker eine Begegnung von zwanzig Sekunden mit Handschlag als „ehrliche und direkte Kommunikation". Gerald Ford war darin Meister. In einer Ecke seines Büros im Capitol befand sich eine fest installierte Polaroid-Kamera, die auf seinen Schreibtisch gerichtet war und zahllose Fotos von Zehn-Sekunden-„Kommunikationen" mit Wählern machte, die Washington besuchten. Wenn sie sein Büro verließen, erhielten sie ihr Bild und dazu einen Aufkleber für die Stoßstange, auf dem stand: „Wir haben den Kongressabgeordneten Jerry Ford besucht."

Und Ford liebte das Bad in der Menschenmenge. Begegnungen, bei denen er allein zahllose Hände geschüttelt hatte, beschrieb er mit dem Satz: „Ich habe mit den Menschen gesprochen."[26]

An einem Tag im April 1976 zum Beispiel verbrachte Vizepräsident Ford anderthalb Stunden an einem Tisch neben Gouverneur Ronald Reagan, gegen den er im Kampf um die Nominierung durch die Grand Old Party antrat. Sie waren in etwas verwickelt, das ein angeregtes Gespräch mit vielen Armbewegungen und gedankenvollen Pausen zu sein schien. Das Mikrofon zwischen ihnen war offen, so dass ihr Gespräch versehentlich in ein leeres Hinterzimmer übertragen wurde und ein Ohrenzeuge alles hören konnte, was die beiden sagten: „Sie sprachen die ganze Zeit über ihre Gewichtsprobleme und die relativen Vorzüge verschiedener Diätmethoden und Trainingsgeräte."[27]

Manchmal jedoch war Jerrys oberflächliche Jovialität sogar für die Zuhörer bei seinen Wahlkampfveranstaltungen zu wenig. Auf der gleichen Reise sah sich Ford einer Gruppe von sehr ernsthaften Geschäftleuten gegenüber, obwohl das Treffen in einem Hotel in Palm Springs eher beiläufig sein sollte. Mit einem Schlag musste er sich sehr realen Fragen stellen und es wurde schmerzhaft klar, dass er keine Antworten hatte. Der Vizepräsident der Vereinigten Staaten, uninformiert und ungenau, stotterte sich mit falscher Aussprache durch eine lange Diskussion über die amerikanische Politik in Kambodscha:

„Die Situation in Kambodscha, äh, ist eine der verworrensten, denen wir oder andere Nationen, äh, gegenüber stehen in, äh, der Diplomatie oder militärischen Umständen. Es ist eine sehr komplexe Situation. Da haben wir, äh, die Volksrepublik China, jedoch bis zu einem Grad, nämlich bis jetzt, hat sie offenbar Prinz Sihanouk unterstützt. Die Verwicklungen sind, äh, schwer zu durchschauen im Augenblick ... Inzwischen ist es eine schwierige Lage, äh, für uns, und alle anderen Kräfte sind verworren, äh, also das wäre eine Fehler nach meiner Meinung."[28]

Doch wenn der Vizepräsident auch gelegentlich durch substanzielle Fragen durcheinander geriet, die meiste Zeit über machte es ihm Spaß, durch das Land zu reisen und Reden zu halten. Das war ihm lieber, als am Schreibtisch in seinem Washingtoner Büro zu sitzen. In den acht Monaten seiner Vizepräsidentschaft besuchte er vierzig Bundesstaaten und flog fast zweihunderttausend Kilometer. Kein Anlass war gering genug – er nahm daran teil. Ob ein Abendessen der Irischen Gesellschaft in Charleston, Süd-Carolina, am St.-Patricks-Tag oder ein Mittagessen mit Schülern siebenter Klassen in Honolulu, Hawaii, Ford war stets bereit, solchen Einladungen zu folgen.

An einem einzigen Tag flog Ford beispielsweise nach White Sulfur Springs, West Virginia, um bei einem Treffen von Bankiers zu sprechen, flog dann zurück nach Washington zu einer Rede vor dem Nationalkomitee der Republikaner, begab sich danach in einen Vorort zur Wahlveranstaltung eines Republikaners, der in Maryland Gouverneur werden wollte, und kehrte schließlich nach Washington zurück, wo er sich mit Funktionären der Republikanischen Partei traf. Am nächsten Tag stand er früh auf, um an die Wichita-Fälle in Texas und nach Tulsa, Oklahoma, zu reisen, wo er zwei Pressekonferenzen abhielt und auf fünf Empfängen zwei Reden hielt.

In seiner Amtszeit gab es einen Witz: Wenn ein örtlicher Polizeichef keine Zeit hat, dein Bankett zu besuchen, dann frag doch bei Vizepräsident Ford an.[29]

Der Stab, der ihn bei diesen Reisen begleitete, nannte Fords politischen Stil freundlich „vorübergehende Identifikationslaune" – der Durchschnittsamerikaner konnte sich in Fords Fehlern und seiner falschen Aussprache selbst spiegeln.[30]

Obwohl Jerry die festliche Atmosphäre der Wahlkämpfe liebte, wurde, sobald er den Mund aufmachte, die Wahrheit seines berühmten Satzes allen offenbar: „Ich bin ein Ford, kein Lincoln." Seine Zuhörer spürten sofort, dass sie nicht Zeugen einer neuen Rede von Gettysburg wurden. Sobald Ford von seinem vorbereiteten Manuskript abwich, produzierte er ein Sammelsurium von Sätzen, die fast ohne Grammatik aus ihm herausströmten, etwa: „Um mir zur Seite zu stehen, wie sie es immer getan hat, es gibt keine Worte, um euch das zu berichten, was meine Frau und Mutter unserer vier wunderbaren Kinder ihr Hiersein für mich bedeutet."[31]

Vielleicht ist das der Grund, warum Jerry Ford trotz seiner Vorliebe für das Rednerpult während seines Wahlkampfs gegen Jimmy Carter in den Umfragen immer mehr an Beliebtheit einbüßte, je häufiger er in Wahlkampfveranstaltungen auftrat.[32]

Politische Väter

Wie Lyndon Johnson fand auch Ford verschiedene „politische Väter" unter ehrgeizigen, politisch machtvollen Männern wie Nixon, Kissinger, Haig und Rockefeller. Aber anders als Johnson, der seine „Väter" umgarnte, benutzte und dann fallenließ, gab Ford seine Wohltäter nicht preis. Er versuchte seinen Vätern auch weiter zu gefallen, selbst nachdem er an ihnen vorbeigezogen war. Die Begnadigung Nixons ist das typische Beispiel dafür.

Einer von Fords weniger bekannten „Vätern" war Robert Hartmann, 56-jähriger ehemaliger Leiter des Washingtoner Büros der *Los Angeles Times*. Er arbeitete im Kongress für Melvin Laird, bevor er Ford Anfang 1969 begegnete, dem Jahr, in dem Laird Verteidigungsminister wurde.

Hartmann schrieb danach die Reden für Vizepräsident Ford und wurde, als dieser das Präsidentenamt antrat, dessen Chefberater. Hartmann war ein starker und direkter Mann, der nicht zögerte, dem Präsidenten zu sagen, was er für das Beste hielt. Und das machte ihn zweifellos für den abhängigen Ford unentbehrlich.

Ein Beispiel: Hartmann half Ford auch bei der Vorbereitung einer Rede beim Jahresessen des Spiridon-Clubs im März 1969. Ford hatte beschlossen, bei diesem Anlass direkt auf Johnsons Bemerkung zu reagieren, er, Ford, hätte ohne Helm Football gespielt. Hartmann trieb einen alten Lederhelm auf, den Ford einst bei den All-Star-Spielen 1935 in Chicago getragen hatte. Nun sollte Ford zum Abendanzug diesen alten Helm tragen. So geschah es. Da die Klappen nicht mehr ganz leicht über seine Ohren passten, grinste Ford und sagte, dies sei deshalb so, weil „Köpfe in Washington größer werden." Ford meinte, es sei dies „vermutlich die humorvollste Rede, die ich bis dahin in meinem Leben gehalten hatte", und lobte Bob Orben, den Pointenschreiber mit den sanften Manieren, der zusätzlich für Bob Hartmann arbeitete.

Fords Beziehung zu Hartmann liefert die Erkenntnis, wie stark sein Bedürfnis nach starker äußerer Führung war. Kurz nachdem Ford Minderheitsführer im Repräsentantenhaus geworden war, kamen zu ihm einige Freunde Hartmanns und sagten ihm, er brauche einen ordentlichen „Ideenlieferanten". Hartmann sei perfekt, sagten sie. Ford war sofort einverstanden und Hartmann wurde einer seiner wichtigsten Berater, der danach im Weißen Haus wie ein Schatten und die dunkle Seite des Präsidenten agierte – Yin und Yang.

Ford wusste augenscheinlich, dass Hartmann mit den übrigen Mitarbeitern seines Stabs nicht gut auskam, entschloss sich aber, das nicht zur Kenntnis zu nehmen. „Es stimmt schon, er [Hartmann] kam mit anderen im Stab nicht zurecht. Stets fauchte er andere an und war selbst ein furchtbarer Administrator. Aber ich konnte diese Fehler übersehen und tat es auch, denn Bob war scharfsinnig und besaß ein gutes politisches Urteil. … Außerdem konnte er exzellente Reden schreiben, die meinem Stil entsprachen."[33]

Andere, wie etwa Jim Reeves, sahen Hartmann als „fies, nachtragend und laut, vorausgesetzt, er war nüchtern. Wenn er getrunken hatte, und das geschah wohl täglich, war es zwischen Flüstern und Nuscheln oft schwer festzustellen, wen er gerade beleidigte oder mit wem er sich anlegte. Er legte sich gern mit Leuten an, die nicht zurückschlagen konnten." Reeves weiter: „Zum ersten Mal sah ich Hartmann oder eher wohl einen rotgesichtigen kleinen Mann, den ich nicht kannte und der aussah wie ein übergewichtiger Weltergewichtler. … Der Mann versuchte, einen jungen Geheimdienstler zu schlagen, der sehr höflich um seine Beurteilung gebeten hatte. ‚Brauchen Sie nicht, verdammt' keuchte er und boxte mit kleinen Hieben in die Luft. Schließlich schlichtete jemand die Angelegenheit. Hartmann richtete sich auf, ging auf den Geheimdienstmann zu und schnarrte im buchstäblichen Sinn des Wortes: ‚Sie denken wohl, es wird Ihnen in Alaska gefallen? He?'"[34]

Das ist derselbe Mann, dem Ford am Ende seiner kurzen Präsidentschaft die folgenden Worte schrieb: „Ihr Dienst in Weißen Haus wie auch unsere gemeinsamen Jahre auf dem Capitol Hill haben nicht nur Ihre klaren Einsichten und Erkenntnisse reflektiert, sondern auch Ihre Liebe und Ihr Mitgefühl für Ihre Mitmenschen."[35]

Eine überraschende Bewertung Hartmanns, eines Mannes, der kaum für „Liebe und Mitgefühl" bekannt war. Aber vielleicht keine Überraschung, weil sie von Ford kommt, einem Mann, den ein Beobachter so beschrieb: „… von sehr geringer Emotionalität und Unterscheidungsfähigkeit – seine enthusiastische Bewertung fast jedes Menschen, dem er begegnet, lautet: ‚Mann, was für ein toller Kerl!'"[36]

Eine der „exzellenten" Reden, die Hartmann schrieb, war die zu Fords Annahme der Vizepräsidentschaft, in der es hieß: „Ich bin ein Ford, kein Lincoln." Dieser denkwürdige Satz reflektierte ohne Zweifel Hartmanns unterbewusstes Urteil darüber, wie wenig sein Chef den Maßstäben seines neuen Amts entsprach. Gerald Ford sprach die Worte fast ohne Stottern und mit seinem üblichen Ernst. Ford entging offenbar die Ironie, durch die eine derartige verbale Rückenflosse seines eigenen Redenschreibers anzeigte, dass er, Ford, jetzt in dem überreich mit Haien besetzten Wasser der präsidialen Politik schwamm.

Mag auch Ford die Bezüglichkeit dieses Satzes nicht wahrgenommen haben, die Presse beeilte sich mit dem Hinweis, er sei eben kein Abraham Lincoln. „Der Kongressabgeordnete aus Michigan ist kein kreativer Mann", schrieb das *Wall Street Journal*, „eher ein angenehmer, aber dahintrottender Party-Karrengaul, der oft in Klischees spricht, weil er offenbar in solchen denkt." *Newsweek* charakterisierte ihn als den „quadratgesichtigen langjährigen Führer der Demokraten im Repräsentantenhaus, dessen Hauptmerkmal in einem Vierteljahrhundert in Washington seine unverbrüchliche Loyalität gegenüber der Grand Old Party und Nixon war."

Charlie McCollum charakterisierte Ford im Magazin *New Times* als beschränkten Mann, der weder hohen Intellekt noch eine Vision für Amerika besitze. Aber im Gegensatz zu anderen Kolumnisten, die es dabei bewenden ließen, fuhr McCollum fort und beschrieb Ford als dennoch „scharfsinnig, politisch treffsicher", mit „klarer Erkenntnis, wo seine Grenzen liegen und wohin genau er zu gehen beabsichtigt."

McCollum erkannte Ehrgeiz in Fords Seele, und zwar von der Art, die Ford stets vorwärts getrieben habe: „Immer nur einen kleinen Schritt und ohne je seine Fähigkeiten oder seine überhaupt nicht schmeichlerische Art im Übermaß zu belasten."[37]

Fords Pressesekretär Paul Miltich sagte, in einem Vier-Augen-Gespräch könne der Präsident „den Gesprächspartner mit Charme überwältigen."[38]

Entscheidungsvakuum an der Spitze

Kurz nach seiner Vereidigung als Präsident hörte sich Ford den Vortrag einer Liste mit Themen und Optionen aus dem Übergangszeitplan an. Nach den meisten Punkten wandte er sich an Haig und fragte: „Al, was denken Sie darüber?" Haig, eine imposante Erscheinung, gab eine knappe Empfehlung nach der anderen, jedesmal endend mit: „Wenn Sie es für gut halten, Herr Präsident", und jedes Mal nickte Ford: „Ja, okay."[39]

Ford nahm damit – natürlich unwissentlich – Ronald Reagans Abneigung gegen schwer verständliche Fragen und komplizierte Analysen vorweg. Seinem Stab sagte er: „Ich mag keine langen Memoranden. Ich kann wirklich besser zuhören als lesen. ... Ich nehme gern etwas zum Lesen mit nach Hause, aber keine dicken Ordner. Ich bevorzuge auch Ja-Nein-Entscheidungen ohne viele Komplikationen."[40] Von Reeves stammt dazu die Einschätzung: „Während Präsident Ford glücklichen Fotografen glücklich posierte, regierten Alexander Haig und Henry Kissinger das Land."[41]

Wäre ein mehr nach innen orientierter, energischer Mann Präsident geworden, hätte er sofort seine eigenen Leute installiert, vor allem in einer Schlüsselposition wie dem Stabschef des Weißen Hauses. Aber „der nette Kerl Jerry" wollte niemanden feuern. Schnell wurde den meisten Beobachtern deutlich, dass der neue Präsident sehr zögerte, das Weiße Haus der Nixon-Ära unverzüglich umzugestalten. Nixons Leute blieben und blieben...

„Ich wurde kritisiert", sagte Ford später dazu, „und halte das auch für irgendwie berechtigt, weil ich die Gefühle der Menschen nicht gern verletze. Ich kann aber sagen, dass ich gegen niemanden aus der Nixon-Administration Abneigung hegte. … Es ist für mich das Schwerste, wenn ich jemandem sagen muss, er solle gehen. Das ist nun mal meine Natur, die wohl auch Sie nicht ändern werden. Ich jedenfalls habe mich in einundsechzig Jahren nicht geändert."[42]

Das Problem der Auswechslung der Nixon-Leute reichte freilich tiefer, über Fords Charakter als „netter Kerl" hinaus. Einer seiner höheren Beamten meinte, er sei „unfähig, sich eine andere als die vorgefundene Organisation vorzustellen. Solche Dinge lagen ihm fern. Solange Haig mit einem passenden System da war, blieb Ford abhängig. Das war auch einer der Gründe, warum so viele Leute Haig loswerden wollten."[43]

Aber als Haig dann wirklich gefeuert werden sollte, zögerte sogar Bob Hartmann und räumte widerwillig ein: „Er ist der Einzige, der weiß, wie man das Flugzeug fliegt. Wir werden ihm nicht ins Cockpit schießen, bevor wir das Flugzeug nicht selbst fliegen können oder ein neues konstruiert haben."[44]

Aber selbst wenn Ford gewusst hätte, wie man das Weiße Haus leitet, wäre es für ihn schwierig geworden, Al Haig loszuwerden. Über eines seiner ersten Briefings mit Haig schrieb Ford: „Als Haig aufstand und gehen wollte, umarmten wir einander und verabschiedeten uns mit Handschlag."[45]

Nicht schwer zu raten, von wem die Umarmung wohl ausging: dem warmen, lächelnden Jerry oder dem kommandierenden Armeegeneral, der seit Watergate als eigentlicher Präsident fungierte.

Es war schon schwierig, Haig loszuwerden, aber bei Kissinger wäre das nahezu undenkbar gewesen, außer vielleicht bei einer neuen Runde seiner berühmten Shuttlediplomatie. Seit Beginn seiner Präsidentschaft pflegte Ford eine kriecherische Beziehung zu Kissinger, die einen klassischen Rollentausch im Verhältnis zwischen Präsident und Außenminister bedeutete. Als Ford von Nixon erfuhr, dass der am nächsten Tag zurücktreten würde, galt sein erster Anruf Kissinger: „Ich brauche Sie", sagte Ford zum Außenminister, „das Land braucht Sie. Ich werde alles daran setzen, um mit Ihnen arbeiten zu können."[46]

Selbst der arrogante Kissinger zeigte sich von Fords Unterwürfigkeit überwältigt. Er antwortete dem künftigen Präsidenten: „Da gibt es kein Problem, Sir. Es ist meine Pflicht, mit Ihnen zurechtzukommen, nicht umgekehrt."[47]

Doch ungeachtet seinen beschwichtigenden Worte verrieten Kissingers Handlungen kaum Fügsamkeit. So weit man das im Weißen Haus erkennen konnte, hatte Kissinger die absolute Kontrolle über die Außenpolitik. Amerikas Außenpolitik war er. „Besprechen Sie das mit Dr. Kissinger", lautete Fords Standardäußerung, sobald im Oval Office außenpolitische Fragen zur Sprache kamen.

Fords Abhängigkeit, sein Bedürfnis nach Zuneigung, seine allgemeine Inkompetenz bei der Lösung des komplizierten Problems, das Land zu regieren, und vor allem sein genereller Mangel an Selbstvertrauen summierten sich, so dass der Übergang von Nixon zu Ford mehr eine Formalität als ein realer Führungswechsel wurde.

In den letzten Monaten seiner Präsidentschaft war Nixon mit den Folgeproblemen von Watergate so beschäftigt gewesen, dass Haig und Kissinger das Weiße Haus faktisch leiteten, während der psychisch angeschlagene Präsident düster über seinen bevorstehenden Untergang brütete. Nachdem Ford Präsident geworden war, berichteten mehrere hochrangige Beamte, dass sie kaum eine Veränderung feststellten und Fords Einfluss monatelang nicht wahrnahmen. „Wir waren gewohnt, in einem Vakuum zu arbeiten, aber dieses Vakuum ist nun noch größer", sagte John Sawhill.[48]

Das Kommando übernehmen und im Dunklen pfeifen

Beim Verlassen der Beratung mit Nixon, auf der er eben erfahren hatte, dass er am nächsten Tag Präsident würde, sagte Ford: „Herr Präsident, Sie wissen, dass mich der Umstand traurig stimmt. Ich hätte es mir anders gewünscht, bin aber bereit, das Amt zu übernehmen. Und ich denke, ich bin dafür bestens qualifiziert." – „Ich weiß es auch", antwortete Nixon.[49]

Diese Antwort Nixons war, nicht überraschend, heuchlerisch. Schon kurz nach Fords Amtseinführung als Vizepräsident hatte sich Nixon lachend in seinem Sessel zurückgelehnt und gefragt: „Könnt ihr euch vorstellen, dass Ford auf diesem Stuhl sitzt?"[50]

Aber Fords Versicherungen an Nixons und die eigene Adresse taugten nichts angesichts eines Vierteljahrhunderts, in dem er sich anderen gebeugt hatte, und mit Blick auf seinen generellen Mangel an Selbstvertrauen bei notwendigen Entscheidungen.

Im Gegensatz zu Truman, ebenfalls einem freimütigen Präsidenten aus dem mittleren Westen, der durch die historischen Umstände plötzlich in den Pilotensessel gehoben worden war, fehlte es Ford an Vertrauen in die eigene Urteilsfähigkeit. Wenn Truman über die großen und komplizierten Aufgaben sprach, vor denen die Nation stand, geschah dies meist als aktiv Agierender: „Ich denke … Ich habe entschieden … Ich will … Ich bin". Ford dagegen nahm Zuflucht zu passiven Formulierungen wie „Ich habe viele konsultiert" oder „Meine Berater empfehlen".[51] Obwohl es so aussah, als ob sich Ford einfach dem demokratischen Verfahren stellte, trifft es wahrscheinlich den Kern genauer, wenn man feststellt, dass Truman Selbstvertrauen besaß, Ford hingegen nicht.

Möglicherweise glaubte Ford tatsächlich, er wäre für die Übernahme der Präsidentschaft hinreichend qualifiziert, aber es wurde eine flache, eine schlafwandlerische, eine Präsidentschaft der schwächlichen Verhältnisse. Reeves meint, Politiker neigten dazu, sich tiefsinniger zu geben, als sie wirklich seien. Er erkennt an, dass sie „fixe Leute" seien, ihre Intelligenz sei jedoch wie ein „Ölteppich, ständig sich ausbreitend und ungefähr ebenso tief". Oder, wie Charles Coy, republikanischer Vorsitzender in Kentucky, dem Autor 1973 über Ronald Reagan sagte: „Wir hier unten mögen ihn wirklich. Aber wie mein Vater zu sagen pflegte, manche Männer sind so dünn wie Pisse auf einem Schieferfelsen.'"[52]

Bedauerlicherweise war Gerald Fords Präsidentschaft „dünn", und auch seine eigene Bewertung der Amtszeit erscheint flach. Rückblickend beurteilte er seinen Aufenthalt im Weißen Haus etwa so wie ein Reisender ein Fünf-Sterne-Hotel, also mit Blick auf Zimmerservice, Telefone, Zimmermädchen, Essen und andere Annehmlichkeiten. Jerry Ford zitierte Thomas Jeffersons Charakterisierung der Präsidentschaft als eines „prächtigen Elends" und William Howards Beschreibung des Weißen Hauses als des „einsamsten Platzes in der Welt" und fügte hinzu, dass er das überhaupt nicht so empfunden habe.

„Die Leute fragten mich immer wieder: ‚Ist denn die Last nicht so schwer, dass Sie nicht mehr schlafen können?' oder: ‚Bekommen Sie in dem Job nicht Magengeschwüre?' oder: ‚Ist der Druck nicht so stark, dass er Ihnen das Gemüt verdüstert?' Ohne zu zögern antwortete ich: ‚Absolut nicht'."

Er erklärte, sich physisch nie besser gefühlt, nie klarere Gedanken gehabt und nie eine Erfahrung mehr genossen zu haben. Die Wahrheit sei, jeden Tag hätte er es kaum erwarten können, mit der Arbeit zu beginnen. Und er schloss auch mit einer Anmerkung wie für ein Fünf-Sterne-Hotel: „Einer der Gründe, warum ich das Weiße Haus so sehr mochte, war das großartige Format des ständigen Personals – Pförtner,

Verwaltung, Reinigungskräfte, Zimmermädchen und die großartigen Telefonisten, die von einer Administration zur nächsten gleich bleiben."[53]

Die Frauen in Gerald Fords Leben

Phyllis Brown

Phyllis Brown, eine schlanke Blondine, war Studentin an einem Frauencollege in Connecticut, als Ford ihr zum ersten Mal begegnete. Die Boxmannschaft von Yale trat zu einem Vergleich mit der Mannschaft der Akademie der amerikanischen Küstenwache an, und Ford war als Assistenztrainer mitgekommen. Einige von Jerry Freunden aus Grand Rapids, jetzt Kadetten an der Akademie, schlugen ihm vor, doch die attraktive Phyllis anzurufen und einzuladen. Einige Tage danach tat er das und sie wurde eine seiner ernstesten Freundinnen. „Ich hätte dieses Mädchen beinahe geheiratet", sagte er später.[54]

Phyllis war nicht nur schön, sie liebte auch Sport, vor allem den Skisport. Da Jerry noch nie zuvor auf Skiern gestanden hatte, wurde sie seine Lehrerin. Gemeinsam verbrachten sie ihre Wochenenden auf den Pisten. In der Folgezeit machte sie den jungen Mann aus Michigan auch mit der New-Yorker Theaterszene bekannt. „Alles, so schien es, passte perfekt zusammen", erinnerte sich Ford. „Ich liebte sie und sie liebte mich auf ihre eigene Weise ebenfalls. Wir sprachen davon, dass wir heiraten wollten, sobald ich meinen juristischen Abschluss und einen ordentlichen Job hätte."[55]

Als der Abschluss geschafft war, lagen Ford ein paar verlockende Angebote von Anwaltskanzleien in Philadelphia und New York vor, er wollte aber lieber in Grand Rapids praktizieren. Phyllis hatte inzwischen in New York eine erfolgreiche Karriere als Fotomodel begonnen; ihr Gesicht erschien auf den Titelseiten des *Cosmopolitan* und anderer Magazine.

In New York hatte Phyllis auch die Bekanntschaft von Harry Conover, einem männlichen Model, gemacht. Sie schlug Jerry vor, er solle doch gemeinsam mit Harry eine Model-Agentur eröffnen. So geschah es, Ford brachte 1.000 $ als Investitionskapital ein und das Geschäft lief eine Weile gut. Jerry versuchte sich selbst ebenfalls als Model und konnte sich gemeinsam mit Phyllis im Magazin *Look* vom März 1940 wiederfinden. Der Artikel, für den sie posierten, handelte von jungen Menschen beim Wintersport und enthielt zahlreiche Fotos von Jerry und

Phyllis, dem schönen Paar, das in Skikleidung im Schnee posierte. Der fotogene Jerry erschien auf siebzehn der einundzwanzig Fotos.

Die Model-Agentur florierte. Conover leitete sie, Ford sollte einen Anteil am Gewinn erhalten. Er war aber fern von New York und meinte, er erhielte nicht die versprochenen Summen. So entschloss er sich, seinen Anteil zu verkaufen. Der Abbruch der Beziehungen zu Conover und die Kriegsjahre schienen die Distanz zwischen Jerry und Phyllis noch zu vergrößern und sie sahen einander nicht mehr.

Sie müssen aber ihre guten Zeiten gehabt haben, denn später beschrieb Ford seine Beziehung zu Phyllis als „meine leidenschaftliche vierjährige Liebesaffäre."[56]

Betty

Elizabeth („Betty") Bloomer Warren wurde mit Jerry bekannt, als dieser mitten in seinem ersten Wahlkampf für den Kongress ein befreundetes Ehepaar, Frank und Peg Neuman, fragte: „Gibt es hier eine Frau, mit der sich ein Junggeselle meines Alters verabreden könnte?" – „Wie wäre es mit Betty Warren?" schlug Peg vor.

Betty, Modekoordinatorin für ein großes Warenhaus in Grand Rapids, war schön, eine von Peg Neumans besten Freundinnen und gerade dabei, eine fünfjährige Ehe zu beenden. Das Scheidungsurteil war noch nicht in Kraft. Als Jerry anrief, musste er am Telefon ein bisschen von seinem Charme spielen lassen, bis sie schließlich zu einem Treffen mit ihm bereit war. Ihre Scheidung, die Ford als „gütlich" beschrieb, wurde bald darauf vollzogen, in der Zwischenzeit hatten sie und Jerry einander oft gesehen.

Am Freitag, dem 15. Oktober 1948, nur zwei Wochen vor den allgemeinen Wahlen, wurden Jerry und Betty in der episkopalen Gnadenkirche in Grand Rapids getraut. Ford erinnerte sich: „Bis wenige Minuten vor der Zeremonie hatte ich Wahlkampf geführt, und als ich zum Altar ging, hatte ich Schmutz an den Schuhen. Meine Mutter war wütend, aber Betty tat, als sähe sie das nicht."[57]

Auch als Jerrys politische Karriere vorankam, schienen die Fords ein Familienleben wie aus dem Bilderbuch zu führen. Erst später gab Betty etwas von den Belastungen preis, die sie erlebten. Als Jerry Minderheitsführer des Repräsentantenhauses wurde, war sie nach eigenem Bekunden stolz auf ihn, weil sie sicher war, er leiste „großartige Arbeit". Trotzdem fing sie an, sich selbst etwas Leid zu tun:

„Ich arme Frau war es, oder wer sonst ermöglichte es ihm, all die Reisen durch die Vereinigten Staaten zu unternehmen und die vielen Reden zu halten? Er bekam die Schlagzeilen und den Beifall, aber was war mit mir?“[58]

Offenbar waren die starken abhängigen Charakterzüge in Bettys Persönlichkeit dadurch geprägt worden, dass sie von ihrer Mutter zur Perfektion erzogen worden war. Betty beschrieb ihre Mutter als „wunderbare Frau“, die liebenswürdig, stark und von Prinzipien geleitet, zugleich auch eine Perfektionistin gewesen sei. Und: „Sie war mein stärkstes Rollenvorbild. Wenn ich meine Probleme nicht angehen konnte, verlor ich meine Selbstachtung. Gleichgültig, wie sehr ich mich anstrengte, ich konnte meinen eigenen Erwartungen nicht entsprechen.“[59]

Bettys darauf folgende Karriere als Tänzerin in der Truppe von Martha Graham hatte sie auch nicht ausgefüllt, wie sie beschrieb:

„Ich war keine große Tänzerin und meine Zuversicht stand immer auf wackligen Füßen. ... Und ich war mir bewusst , keinen Collegeabschluss zu haben. Ungebildet. Keine Pawlowa. Und nicht einmal zur Hälfte die Frau, wie meine Mutter eine war. Ich habe mich immer an unmöglichen Idealen gemessen, an Martha oder meiner Mutter, und konnte die nicht erreichen. Das ist ein Weg zum Alkoholismus. – Nichts davon wurde mir bewusst, während ich es durchlebte. Ich griff zum Alkohol, weil mich das Trinken vom Gefühl der Unzulänglichkeit befreite.“[60]

Später, während ihrer Genesung, begriff Betty nach und nach, wie sie den Alkohol benutzt hatte, nämlich als Mittel für den Ausgleich zwischen dem Perfektionismus, den sie von ihrer Mutter verinnerlicht hatte, und der permanenten Ermutigung, die ihr passiver Ehemann offensichtlich erwartete:

„Für meinen Mann und unsere vier Kinder, die ich so sehr liebte, hatte ich alles getan, was in meiner Macht stand. Was ich für die Karriere meines Manns tun konnte, hatte ich getan. Zumindest meiner Meinung nach war ich immer für sie da gewesen und ich glaubte fest, dass ich hundert Prozent gegeben hatte. Stets hatte ich die Stimme meiner Mutter im Ohr: ‚Wenn du etwa nicht richtig machen kannst, dann lass es ganz‘.“[61]

Es ist nicht nötig, die Details der Bewältigung ihrer Alkoholabhängigkeit zu dokumentieren, denn Betty hat dies selbst in ihrem Buch *Betty: A Glad Awakening* sehr gut getan. In unserem Kontext ist statt dessen interessant, wie wenig Hilfe sie dabei von ihrem Mann bekam. Gerald Ford ging seine Familienprobleme in etwa der gleichen Weise an, wie er sich den Problemen des Landes stellte: Er verließ sich bei wesentlichen Entscheidungen auf andere.

Sein Sohn Mike erinnerte sich, dass die Kinder zwar wussten, etwas wäre nicht in Ordnung, über Drogen- und Alkoholabhängigkeit aber im Unklaren gelassen wurden. Sie bemerkten an Betty viele Krankheitszeichen. Oft verhielt sie sich inkohärent, zog sich erst spät am Tag an. Sie „schlurfte irgendwie herum, aß nicht ordentlich. … Man konnte sagen, dass sie eine kranke Frau war, aber keiner von uns, nicht einmal Papa, wusste, was man tun sollte. Wir sagten uns: ‚Wir werden versuchen, mehr Zeit mit ihr zu verbringen, in stärkerem Kontakt mit ihr zu sein.‘ Und Papa sagte, er würde nicht mehr so viel reisen.“[62]

Fords Erinnerung liest sich so: „Susan hatte mit mir über ‚Mutters Problem‘ gesprochen, aber ich glaube, sie war von mir etwas eingeschüchtert, denn sie wurde nie so deutlich, dass sie zu mir gesagt hätte: ‚Papa, du musst etwas tun‘.“[63]

Susan berichtet dazu: „Ich hatte mit Papa gesprochen. Er war so frustriert wie ich. Es war so eine Sache wie ‚Ich weiß, Liebling, du wirst schon eine Lösung finden und ich helfe dir dabei‘, aber er wusste auch nicht weiter.“[64] Obwohl die meisten nicht dachten, dass Susan für eine Behandlung ihrer alkoholkranken Mutter verantwortlich wäre, wusste sie offenbar, dass von ihrem Vater keine große Hilfe zu erwarten war. Schließlich füllte sie das Entscheidungsvakuum ihres Vaters aus und sprach mit einem Arzt. „Ich sagte: ‚Doktor Cruse, ich habe eine Freundin und die hat ein Problem.‘ Dr. Cruse antwortete: ‚Susan, Ihre Freundin ist Ihre Mutter, nicht wahr?‘ Ich musste bejahen. Er meinte, er könnte mir bei der Zusammenstellung eines Interventionsteams helfen. Darauf ich: ‚Das muss ich mit meinem Vater besprechen. Ohne ihn kann ich das nicht entscheiden…‘ Ich sprach also mit Papa und der sagte: ‚Das hört sich gut an‘ und reiste ab.“[65]

Während der Genesung bestätigte Betty, dass Jerrys Passivität bei der Herausbildung ihrer Suchtkrankheit eine Rolle gespielt hatte: „Zu reisen war für ihn leichter. Er sagte, es rege ihn auf, wenn er sähe, wie ich früh aufstehe, eine Handvoll Tabletten nehme und abends noch eine Handvoll nach ein paar Drinks, bevor wir zu Bett gingen. In vielen Fällen wandte er sich einfach ab und gab vor, nichts zu sehen. Er verleugnete meinen Zustand ebenso wie ich.“[66]

Ford selbst räumte ein: „Ich war selbst zum Komplizen geworden. Ich machte es Betty möglich, zu trinken und Tabletten zu nehmen. Ich erfand alle möglichen Ausreden, warum wir irgendwo zu spät ankamen oder warum Betty überhaupt nicht auftauchte. Und es wurde schlimmer, nicht besser."[67]

Andere Frauen

Als Gerald Ford im Kielwasser des Skandals um Spiro Agnew in die engere Wahl für die Vizepräsidentschaft kam, schwärmten 430 FBI-Agenten über das ganze Land aus, um jeden möglichen Aspekt in seinem Leben zu erforschen. Er war außer Sorge, denn er wusste, dass er sich nie etwas hatte zu Schulden kommen lassen. Die amerikanische Öffentlichkeit musste aber sicher sein, dass Ford tatsächlich der „Herr Saubermann" war. Natürlich wurden zahlreiche Agenten vor allem in die Region von Grand Rapids geschickt, die sie nach jedem erreichbaren Hinweis auf seine Vergangenheit durchkämmten.

Einer der FBI-Agenten kontaktierte Fords Schneider Lloyd Lievense in Grand Rapids, der fünfundzwanzig Jahre lang die meiste Kleidung Fords angefertigt hatte. Lievense besaß Unterlagen von allen Stücken, die er für Ford genäht hatte. Er war ein innovativer Schneider und hatte Ford zu hellerer und modernerer Kleidung gedrängt, aber leider war Geralds Geschmack in Sachen Kleidung nicht modern. „Ich möchte seinen Geschmack nicht bäurisch nennen, aber andererseits ..." Lievense verstummte, als er Fords konservative Klamotten charakterisieren sollte. „Also, ich habe festgestellt, dass er seit seiner Nominierung etwas legerer geworden ist", fügte er hinzu. „Das kann man im Farbfernsehen erkennen."[68]

Ford hatte also wohl angefangen, seine Kleidung in Washington zu kaufen. „Wie hat er die Kleidung bezahlt?" wollte der FBI-Mann wissen. „Gar nicht", sagte Lievense mit einer leicht theatralischen Pause. „Das hat seine Frau gemacht. Er hat von mir nie einen Anzug bekommen, den sie ihn nicht bei seinen Besuchen in Grand Rapids persönlich abholen ließ. Sie dachten immer zunächst aneinander. Er kaufte ihr Kleider in Washingtoner Geschäften, wenn er eins sah und es ihm gefiel."[69]

Das war schon fast alles, was die Agenten über die Vergangenheit des Herrn Saubermann der Politik herausbekommen konnten. Wenn mehr als vierhundert Agenten nichts über heimliche Affären oder Stripperinnen im Schrank ausfindig machen konnten, kann man wohl mit Sicherheit sagen, dass Jerry wirklich so sauber war, wie es den Anschein hatte. Die einzigen Frauen, die neben Betty und seiner Tochter einige Bedeutung gehabt haben, waren Mildred Leonard, zweiundzwanzig Jahre lang die Leiterin seines Kongressbüros, und Dorothy Hessler, seine persönliche Sekretärin seit 1967. Nie gab es jedoch Gerüchte über etwas ethisch Zweifelhaftes in Fords Beziehungen zu den beiden Frauen oder anderen Mitarbeiterinnen des Weißen Hauses.

Sexualverhalten

Abhängigkeit kann sich im Schlafzimmer auf unterschiedliche Weise äußern. Im besten Fall kann sie zwei Menschen, die völlig voneinander abhängig sind, einen Schutzschild gegen die Außenwelt schaffen und sie zueinander als der einzigen Quelle der Befriedigung führen. In einer guten Ehe kann eine solche Abhängigkeit Ausgangspunkt großer Erfüllung und Ermutigung sein.

Offensichtlich entwickelte Jerry mit Betty in den ersten Jahren ihrer Ehe eine derartige Abhängigkeit/Liebe unter dem Motto „Ich brauche dich". Als aber die Familie größer wurde und Jerry immer öfter auf Reisen war, fand Betty das weniger als befriedigend und nahm schließlich Zuflucht zu Drogen und Alkohol.

Abhängigkeit ist ein schlechter Ersatz für Liebe. Viele Paare erkennen zu spät, dass das, was sie in der ersten Zeit ihrer Beziehung für Liebe hielten, in Wahrheit Abhängigkeit war. Über einen längeren Zeitraum reduziert Abhängigkeit die Romanze zu einer symbiotischen Sklaverei, in der jeder der beiden Partner, der abhängige und der führende, im Netz der Erwartungen des jeweils anderen gefangen ist. Solche Beziehungen führen häufig zur Bitterkeit und enden oft in Scheidung.

In kleineren Dosen muss Abhängigkeit jedoch nicht destruktiv sein. Wenn sie mit geeigneter Selbsthilfe und Autonomie verbunden ist, kann Abhängigkeit einer sexuellen Beziehung förderlich sein, weil ein Partner die Bedürfnisse des anderen erfüllt. Folgt man dem, so hat die Ehe der Fords folgende Entwicklung durchlaufen: Verliebtheit, Abhängigkeit, Verbitterung/Sucht, Genesung.

Gerald Ford war, wie jede andere abhängige Persönlichkeit auch, in der Frühzeit seiner Beziehung zu Betty mit hoher Wahrscheinlichkeit ein sensibler und besorgter Liebhaber. Er wollte sie befriedigen, widmete vermutlich angemessene Zeit dem Erlernen geeigneter Sexualpraktiken und leitete zweifellos aus der Befriedigung seiner Frau Freude für sich selbst ab.

Im Lauf der Zeit war das aber nicht genug, um eine innigere und reife Beziehung zu entwickeln, so dass sich Betty in Alkohol und Gerald in Reisen flüchtete. Glücklicherweise endete die Geschichte da noch nicht, und in den späteren Jahren waren beide in ihrer persönlichen Beziehung sicher aufgeklärter. Durch Betty Fords Suchtverhalten und ihre Genesung hat Jerry vermutlich auch gelernt, wie er zu weniger Passivität und mehr aufrichtiger Bestimmtheit finden konnte.

Mit Ehefrau Rosalynn, 1977.

1924	Geboren am 1. 10. in Plains, Georgia.
1943-1953	Dienst bei der Marine, nach Studium der Nuklearphysik zuletzt technischer Offizier auf einem Atom-U-Boot.
1946	Eheschließung mit Rosalynn Smith.
1953-1962	Erdnussfarmer, Handel mit Gütern für die Landwirtschaft.
1962-1966	Mitglied des Senats von Georgia (Demokratische Partei).
1971-1975	Gouverneur von Georgia.
1977	Wahl zum 39. Präsidenten der USA; Versuch einer ethischen Fundierung der amerikanischen Politik.
1979	Vermittlung des Friedensvertrags von Camp David zwischen Israel und Ägypten (März), gemeinsam mit Leonid Breschnew Unterzeichnung des SALT-II-Vertrags.
1980	Nach Geiselnahme des US-Botschaftspersonals in Teheran (November 1979) und gescheitertem Befreiungsversuch schwerste Wahlniederlage eines Kandidaten der Demokraten (gegen Ronald Reagan) im 20. Jahrhundert.
1981	Als Professor für europäisch-amerikanische Beziehungen in Atlanta und Leiter von Wahlbeobachtergruppen Beginn von Aktivitäten im sozialen und humanitären Bereich, die bis in die Gegenwart andauern.

7 James E. Carter

39. Präsident der Vereinigten Staaten 1977-1981

James („Jimmy“) Earl Carter jun. wuchs in einem Farmhaus auf, in dem es drei Schlafzimmer, aber weder Elektrizität noch fließendes Wasser gab. Die umliegenden Felder wurden mit Pflügen bestellt, die von Maultieren gezogen und von muskulösen Landarbeitern geführt wurden. Mit sechs Jahren kam Jimmy in Plains, Georgia, in die erste Klasse. Er war klein für sein Alter, hatte ein sommersprossiges Gesicht und rotblondes Haar. Eleanor Forrest, seine Elementarlehrerin, beschreibt ihn als einen „sehr hellen Jungen, leicht zu unterrichten, kooperativ, gut.“[1] Gehorsam und mit guten Manieren, arbeitete er hart und gewann in der dritten Klasse einen Preis, weil er die meisten Bücher gelesen hatte.

Der Vater

Jimmys Vater Earl war ein lächelnder, anspruchsvoller, hart arbeitender Mann, der seine Kinder mit echten Werten aufwachsen lassen wollte. Earl war in der Erinnerung seiner Schwester recht temperamentvoll und galt als liebenswürdig und außerordentlich rechtschaffen. In seinem Ehrgeiz, die eigenen Kinder tugendhaft zu erziehen, war er freilich manchmal ihren Gefühlen gegenüber unsensibel. So hatte er zum Beispiel in seinem Schrank noch ein paar altmodische Schuhe von 1890 stehen. Jimmy musste diese spitzen geknöpften Dinger in die Schule anziehen, wo er deshalb gehänselt und ausgelacht wurde. Für ein Kind, das sich seiner Kleinheit bewusst war und um Anerkennung durch Gleichaltrige kämpfte, muss das eine beschämende und erniedrigende Erfahrung gewesen sein. Jimmy sollte sich später daran als „eine der schlimmsten Sachen, die mir mein Vater je angetan hat“ erinnern.[2]

Earl Carter machte sich kaum Gedanken darum, seine Kinder nachgiebig oder „weich“ zu behandeln, und da er in seinem Haus der tonangebende Elternteil war, wurde der junge Jimmy vor allem von seiner Weltsicht beeinflusst. Auch Earls Verhältnis zu seiner Frau beeinflusste Jimmy zweifellos. Jimmys Mutter Lillian beschrieb das so: „Mein Mann war der Boss. Ich habe nie etwas gegen seinen Willen getan. Geschah es doch einmal, musste ich um Entschuldigung bitten oder bekam ein Problem. Ich habe ihn in vielen Fällen auch dann um Entschuldigung gebeten, wenn ich der Meinung war, es sei seine Schuld."[3]

In den Jahren um 1930, als Jimmy im Süden aufwuchs, wurde von Frauen natürlich Gehorsam erwartet. „Lillian brauchte manchmal eine starke Führung", urteilte ein Nachbar, „und die kam von Earl."[4]

„Mein Vater war die dominante Person in meiner Familie und in meinem Leben", schrieb Carter später. „Ich habe ihn verehrt."[5] „Als Vater war er liebevoller denn ich als Mutter"[6], meinte auch Lillian später.

Diese Bemerkung muss jedoch nicht unbedingt bedeuten, dass des Vaters liebevolle Wärme besonders groß war. Earl Carter, patriarchales Haupt der Familie, war ein Selfmademan. In einer Region zunehmender Armut verband er Genügsamkeit mit seiner öffentlichen Beliebtheit, um einige kleine geschäftliche Unternehmungen zu beginnen und zu finanziellem Erfolg zu bringen. Zugleich gewann er wegen seines starken Charakters und seiner großzügigen Wohltätigkeit die Wertschätzung seiner Mitmenschen.

Innerhalb der Familie mögen Earls Forderungen an Jimmy jedoch überzogen gewesen sein. Von früher Kindheit an waren dem Knaben Pflichten auferlegt: den Hof fegen, Eier sammeln, Feuerholz hacken und stapeln, Wasser pumpen. Als er größer wurde, musste er die gleichen Pflichten erfüllen wie die Kinder der schwarzen Landarbeiter: Wasser in Eimern zu den Arbeitern auf die Felder bringen, Wassermelonen umdrehen, deformierte junge Wassermelonen dörren und Futter zu den Schweinen bringen. Viele Stunden brachte er auch gemeinsam mit Earls Landarbeitern beim Baumwollpflücken zu.

Im Versuch, die Zuneigung seines Vaters zu gewinnen und zu erhalten, übernahm Jimmy bereitwillig alle Pflichten. Als er erst fünf oder sechs war, musste er auf des Vaters Geheiß jeden Sonnabend sehr zeitig aufstehen, Erdnüsse erhitzen und eintüten und sie an den Straßenecken von Plains verkaufen. Als Jimmy älter wurde, kamen seine Cousins mit und verkauften Hot Dogs, Hamburger und Eis an einem fliegenden Verkaufsstand.

Aber trotz aller Mühe hatte Jimmy selten das Gefühl, es seinem Vater recht gemacht zu haben. Earl Carters Forderungen nach Perfektion waren nicht ausreichend durch Liebe und Zuneigung für Jimmy kompensiert, als dass er sich bestätigt fühlen konnte. Earl musste oft vor dem Morgengrauen zur Arbeit und kam müde nach Haus. Dann war er nicht mehr in der Stimmung, sich Jimmy oder den anderen Kindern emotional zuzuwenden. Jimmy erinnerte sich: „Wir gingen immer in den Wäldern und an den Flüssen unsere eigenen Wege“.[7]

Earls hohe Forderungen und seine Haltung des „Es ist noch nicht gut genug“ trugen unzweifelhaft zur Herausbildung der schüchternen und zwangsneurotischen Persönlichkeit Jimmy Carters bei. Ebenso verständlich werden in diesem Zusammenhang Jimmys Verehrung und Idealisierung Hyman Rickovers, des brillanten, kampflustigen, rachsüchtigen, leidenschaftlich verachteten und tief bewunderten Flottenadmirals, der jeden Einzelaspekt des nuklearen Unterseebootprogramms so pedantisch unter Kontrolle hielt, dass er jeden neuen Bewerber brutal in die Mangel nahm, bevor er ihn für wert befand, in der hoch geschätzten Flotte zu dienen. Jimmy piesackte er zwei Stunden lang. Noch nach fünfzig Jahren erinnerte sich dieser lebhaft: „Er sah mir die ganze Zeit in die Augen und lächelte nie. Ich war in kalten Schweiß gebadet. Endlich stellte er mir eine Frage und ich dachte schon, ich wäre erlöst. Er sagte: ‚Wie waren Ihre Leistungen in Ihrem Jahrgang an der Marineakademie?‘ Ich hatte mein zweites Jahr am Technikum von Georgia abgeschlossen, bevor ich in Annapolis eintrat. Mit stolzgeschwellter Brust antwortete ich: ‚Sir, ich habe Platz 59 in meinem Jahrgang von 820 belegt.‘ Ich wartete auf einen Glückwunsch, der freilich nie kam.“[8]

Statt dessen musste er die typische zwangsneurotische Frage hören, die gleiche Frage, die er sicherlich bei zahlreichen Gelegenheiten früher in Plains von Earl gehört hatte: „Haben Sie Ihr Bestes gegeben?“. Carter: „Ich wollte schon ‚Ja, Sir‘ sagen. Aber da fiel mir ein, wer das war, und ich erinnerte mich an einige der vielen Fälle, in denen ich an der Akademie mehr hätte lernen können, mehr über unsere Verbündeten, unsere Feinde, Waffentechnik und so weiter. Ich war ja nur ein Mensch. Ich schluckte und sagte: ‚Nein, Sir, ich habe nicht immer mein Bestes gegeben.‘ Er sah mich lange an und beendete schließlich die Prozedur mit einer letzten Frage, die ich nie vergessen konnte und auch heute nicht beantworten kann. Er fragte: ‚Warum nicht?‘ Ich saß eine Weile schlotternd da und verließ dann langsam das Zimmer.“[9]

Carter wandelte die aggressive Frage in eine persönliche Herausforderung von tiefer Bedeutung um, indem er Rickovers Mantra zu seinem eigenen machte und „Warum nicht das Beste“ zum Thema eines Präsidentschaftswahlkampfs werden ließ. Aus der Frage resultierte jedoch weniger eine Offenbarung als eine Intensivierung des eigenen Bemühens. Zwangsneurotische Personen sagen sich erbarmungslos: „Wenn ich mir mehr Mühe gegeben hätte, wäre ich besser gewesen." Das hatte schon Earl seinen Sohn gelehrt und das hatte Rickover nun intensiviert.

Jimmy Carters Leben war definiert durch seine Hingabe an die Arbeit, sein Streben nach Perfektion, seinen Drang zur Lenkung, seine übergenaue Konzentration auf Details; ironischerweise Züge, die Zwangsneurotiker vor Bäumen nicht den Wald sehen lassen. Sich in Details zu verlieren, die „große Vision" nicht sehen zu können ist ein Leiden, das – nicht nur – Zwangsneurotikern eigen ist, die auf Grund ihrer Ausbildung oder Veranlagung versuchen, Probleme in linearen, sequenziellen, inkrementalen Schritten zu lösen.

Jimmy Carters unerbittliches Streben nach Perfektion, sein Drang zu Lenkung und sein Bemühen um Beherrschung aller Details beschädigten letztlich seine Leistungen im Oval Office. Während seiner Präsidentschaft hat er es nicht geschafft, eine „Vision" zu entwickeln, die ihn hätte leiten können. Statt dessen versuchte er, das Land „effizient" zu führen, als wäre es eine Egreniermaschine oder ein Einheitspreisgeschäft. Er konzentrierte sich auf Details und es gelang ihm, Stück um Stück und Schritt um Schritt, die Kontrolle über die Operation zu behalten. Als Carter 1980 das Weiße Haus an Ronald Reagan verlor, zeigten Umfragen, dass die erstaunliche Zahl von 83 Prozent aller Amerikaner Carter für „einen Mann mit hohen moralischen Grundsätzen" hielten, aber nur 27 Prozent glaubten, er hätte eine Vision, wie das Land zu regieren sei. Er war ein Mann des Details, des schrittweisen Vorgehens nach Gebrauchsanweisung, was ihm in der Marine gute Dienste geleistet hatte, bei der Führung des Landes dann aber versagte.

Einer von Carters Offizierskameraden in der Marine hielt fest: „Ich wohnte mit Jimmy in einer Kabine und vermute, ihm näher als jeder andere gewesen zu sein. Es war aber keine Beziehung, die ich als enge Freundschaft bezeichnen würde. … Er kannte und tat seinen Dienst besser als jeder andere von uns, ohne viel Theater oder Schwierigkeiten. Der Grund dafür war, dass er sich ständig mit dem Schiff und dessen Energieversorgung befasste."[10]

Korvettenkapitän Frank Andrews sagte: „Für Jimmy Carter würde ich folgende Beschreibung wählen: Pflichterfüllung ist alles; keine Zeit vergeuden; professionell; gut organisiert; höllisch klug. Aber ich könnte nicht mit Sicherheit sagen, wer seine Kumpels waren."[11]

Es gibt aus Carters Zeit in der Marine keine Storys. Er tauchte im Leben seiner „Freunde“ nahezu unbemerkt auf, was für einen Menschen wie Carter nicht ungewöhnlich ist. Neben der zwangsneurotischen Fixierung auf Arbeit und Details verkümmern manchmal die weicheren Emotionen und die Fähigkeit zum Spiel.

Jeden Abend saßen Fregattenkapitän John B. Williams und einige andere Offiziere des U-Boots nach dem Essen in der winzigen Krankenkajüte der „USS Pomfret“ und spielten Poker. Aber Carter schloss sich ihnen nicht an: „Er meinte, vier Stunden Poker seien vergeudete Zeit. Er ging in seine Koje und las ein Buch oder arbeitete an einem Sonarproblem. Immer wollte er etwas Konstruktives tun. Jimmy war kein Kumpel. Wir haben ihn nicht kritisiert oder so, denn er war ein unglaublich motivierter und verantwortungsbewusster Offizier. Aber er blieb stets auf Distanz, kam keinem von uns je nahe.“[12]

Was Jimmy in seinen frühen Jahren gefehlt hatte, waren nicht Disziplin oder harte Arbeit, sondern emotionale Nähe. Von klein auf hatte er wahrscheinlich wenig emotionale Wärme zwischen seinen Eltern oder in ihrem Verhältnis zu ihm verspürt. Mit einem wohlwollenden Diktator als Vater und einer depressiven und zurückgezogenen Mutter gab es kaum emotionale Nähe.

Die Mutter

„Miss Lillian“ Carter, Jimmys Mutter, schien damit zufrieden, die Verantwortung für die Kindererziehung ihrer schwarzen Haushalthilfe zu übertragen, während sie selbst passioniert anderen Interessen nachging: Bridgespiel in der Missionsgesellschaft, Auktionsbesuche, Lesen. Dazu kam als Lieblingshobby Krankenpflege, eine Aufgabe, bei der sie als „Familienärztin“ für die arme schwarze Landbevölkerung, die keinerlei andere Gesundheitsfürsorge erhielt, wirken konnte. „Als ich Kind war, hat Mutter viel für Kranke getan. Sie selbst aber behauptete, es wäre gar nicht so viel“[13], erinnerte sich Jimmy später. „Ich weiß noch, dass Mutter oft nicht da war, wenn ich nach Hause kam.“[14]

Wenn die Carter-Kinder von der Schule heimkehrten, wurden sie oft nicht von ihrer Mutter begrüßt, sondern fanden einen Zettel auf dem Schreibtisch, auf dem Lillian den Grund ihrer Abwesenheit erklärte. Wie wichtig ihre häufige Abwesenheit für Jimmy war, erhellt eine Bemerkung, die er später machte, als er als Erwachsener von seiner Schwester Ruth aufgefordert wurde, sich ein paar alte Möbel der Familie anzusehen. Als er zufällig auf den alten schwarzfleckigen Hartholzschreibtisch stieß, rief er: „Oh, hallo, Mutter!“ Ruth brach in Lachen aus und erinnerte sich, dass die Kinder sich wegen der häufigen Abwesenheit daran gewöhnt hatten, den Schreibtisch Mutter zu nennen.

Und wenn Miss Lillian einmal nicht Schwarze gesund pflegte oder auf einer Auktion war, war sie höchstwahrscheinlich beim Lesen. Sie war Mitglied eines Buchklubs und verbrachte viele Tage bäuchlings auf dem Bett, den Kopf über dem Buch, das auf dem Fußboden lag. Das war ihre Lieblingsposition beim Lesen. Und wenn nicht dort, so las sie vermutlich in ihrem Häuschen am Teich, wo sie ungezählte Stunden allein verbrachte.

Ein weiterer Beleg für den Mangel an mütterlicher Aufsicht, vielleicht sogar für Vernachlässigung, sind verschiedene Unfälle Jimmys beziehungsweise Situationen, in denen er nur knapp davon kam. Als Jimmy zwei Jahre alt war, ließ ihn seine Mutter einmal in der Obhut seines zehnjährigen Cousins Willard zurück, der Jimmy „irgendwie vergaß“. Der wiederum spazierte zu den Eisenbahngleisen. Willard, durch das schrille Pfeifen eines sich nähernden Zugs an seine Pflichten als Babysitter erinnert, konnte Jimmy gerade noch rechtzeitig retten.

Das Pfeifsignal des Zuges war zwar für Willard der Weckruf gewesen, der ihn an seine Verantwortung gemahnte, es blieb aber ohne Wirkung auf Miss Lillian, deren Verantwortungsgefühl auch nicht größer wurde, nachdem Jimmy knapp mit dem Leben davongekommen war. Statt einen verantwortungsvolleren Babysitter zu suchen oder selbst daheim zu bleiben und sich um die Kinder zu kümmern, beschränkte sich Miss Lillian darauf, Willard nur auszuschimpfen.

Andere Unfälle können Jimmys Lebhaftigkeit zugerechnet, aber auch als Zeichen elterlicher Vernachlässigung interpretiert werden. Jimmy brach sich zweimal den Arm, und als er sechs war, fuhr ihm der Schulbus über beide Füße. Die Folge waren mehrere Knochenbrüche, so dass der Junge mehrere Wochen auf Händen und Knien kriechen musste.

Psychologen könnten den Schluss ziehen, der offenbare Stolz des erwachsenen Jimmy auf seine Mutter wäre die Manifestation der Gefühlsverkehrung eines Abwehrmechanismus gewesen, bei der eine Person eine emotionale Reaktion bewusst kultiviert, die unterdrückter Wut oder Abneigung entgegengesetzt ist und zu ihr ein Gegengewicht darstellt. Ungewiss bleibt, ob das bei Jimmy der Fall ist oder er seine Mutter nur so behandelte wie andere schwierige Menschen, indem er ein lächelndes Gesicht aufsetzte und sich mehr Mühe gab, ihnen zu gefallen. Sicher ist jedoch, dass Lillian Carter in Jimmys Kindheit keine wärmende und bildende Kraft für ihn darstellte. Während Vater Earl sich Jimmy gegenüber wohl übermäßig autokratisch verhielt, vernachlässigte Lillian ihn psychisch. Folglich waren die bedeutungsvollsten Frauen in Jimmys Kindheit und Jugend die schwarzen Hausangestellten der Familie und seine Lehrerinnen.

Ersatz-Mütter

Rachel Clark nahm in Lillians Abwesenheit oft Mutterstelle ein. Sie war eine schwarze Frau, die dem Vernehmen nach aus einem afrikanischen Königshaus stammte. Jimmy erinnerte sich an sie als an eine „königinnengleiche" Frau, und Jimmys Schwester Gloria wusste noch, dass ihre Mutter nie daran gedacht hätte, Rachel Hausarbeit anzutragen. Wenn Earl und Lillian aber nicht da waren, blieb Jimmy bei den Clarks in deren heruntergekommener Hütte. Nach und nach empfand er Rachel als seine zweite Mutter. Er unterhielt eine lebenslange Beziehung zu ihr und beschrieb sie als „einen besonderen Menschen in meinem Leben".[15]

In einer tragischen Episode seiner Ambivalenz gegenüber Lillian und seinem „Mutterhunger" war Jimmy von seiner Erstklassenlehrerin Eleanor Chambliss so fasziniert, dass er anbot, ihr den Diamantring seiner Mutter zu geben.

Am Anfang der achten Klasse fand Jimmy eine psychologische Mutter in der Person von Julia Coleman. Unter „Miss Julias" Anleitung entwickelte Jimmy ein lebenslanges Interesse an Musik, bildender Kunst und Dichtung. Er wurde Mitglied des Debattierklubs, in dem politische und soziale Themen behandelt wurden, und als James Earl Carter jun. später neununddreißigster Präsident der Vereinigten Staaten wurde, würdigte er Julia Colemans Verdienst sogar in seiner Antrittsrede.

Julia, geboren in Nacogdoches, Texas, war die Tochter eines akademisch gebildeten baptistischen Geistlichen, der Kinder aus wohlhabenden Familien Privatunterricht erteilte. Die Familie zog später nach Macon, Georgia, als Mr. Coleman das Angebot akzeptierte, Präsident der Mercer-Universität zu werden, der führenden baptistischen Bildungseinrichtung des Staates. Miss Julia hat nie geheiratet, sondern ihr ganzes Leben dem Lehrerberuf gewidmet. Jimmy äußerte über sie: „Ich habe nie einen Lehrer kennen gelernt, der eine so tiefe Wirkung auf die Schüler hatte wie sie."[16]

Für Miss Julia gehörte zu ihren Pflichten als Lehrerin auch die Vermittlung christlicher Werte. Die Schüler mussten Bibelabschnitte auswendig lernen und aus dem Gedächtnis wiedergeben, denn Miss Julia hielt die Bibel für die philosophische Grundlage allen rechten Lebens. Wie vor ihm Truman und Eisenhower lernte auch Jimmy Carter als Kind wichtige Teile der Bibel auswendig und nutzte diese Axiome später für seine Lebensgestaltung. Besonders 1. Korinther 13 mit den Sätzen über die Bedeutung selbstloser Liebe sollte zum Eckstein seiner persönlichen und politischen Philosophie werden.

Voneinander gelöste Familie

Signifikant für die Lösung der Carterschen Familienmitglieder voneinander war der herrschende Ritus beim Abendessen. „Wir durften bei Tisch nicht sprechen", erinnerte sich Gloria, „es gab keinerlei Konversation. Hingegen waren wir ausdrücklich zum Lesen aufgefordert."[17]

Interessant ist, dass Jimmy dieses Modell später in seiner eigenen Ehe wiederholte. Einer seiner Biografen, noch während der Präsidentschaft, schrieb – mit dem Versuch, diese Sitte in bestmöglichem Licht erscheinen zu lassen –: „Wenn man eine Einladung zum Essen in den Privaträumen des Weißen Hauses erhält, sollte man ein Buch mitnehmen. Tut man es nicht, fühlt man sich ziemlich einsam und ausgeschlossen, denn im Haushalt der Carters lesen alle bei Tisch, sogar Amy. Das war schon immer und ist heute noch in der Familie üblich. So weit es Freunde herausfinden konnten, ist dieses Lesen bei Tisch Ergebnis zweier starker Charakterzüge: des lebenslangen Hungers nach Wissen, der sich wohl bei allen findet, und einer deutlichen Abneigung gegen Zeitvergeudung. Jetzt, da der Präsident und Rosalynn so intensiv mit Staatsgeschäften befasst sind, ist die Zeitersparnis durch das Lesen bei Tisch wichtiger denn je. Man sollte also nicht vergessen, ein Buch mitzunehmen."[18]

Nun mag zwar stilles Lesen bei Familienmahlzeiten das Wissen von der Welt vergrößern, es ist aber nicht der beste Weg, mit dem Tun und Denken der anderen Familienmitglieder in Kontakt zu bleiben. Obwohl Jimmy und Rosalynn es später zu einer guten Übung werden ließen, war es ursprünglich doch ein Symptom für familiäre Dysfunktion gewesen, gleichgültig, in welch positiver Beleuchtung man es später auch darstellen mochte.

Jimmy beschrieb sich selbst als „isoliert, jedoch nicht einsam"[19], eine zutreffende Charakterisierung für einen Menschen, der die längste Zeit seines Lebens innerlich zurückhaltend blieb und sich so erbarmungslos in die Pflicht nahm, dass er keine Zeit fand, um sich betreffs seiner Schüchternheit selbst zu beobachten.

Bei Familien mit mangelnder Nähe der Ehepartner zueinander ist es oft so, dass die Eltern ungesunde Beziehungen zu einem Lieblingskind entwickeln. Für Jimmy war es bedauerlich, dass er für keinen Elternteil der Favorit war. Vater Earls Liebling war Ruth, die zum psychischen – und möglicherweise sexuellen – Ersatz für seine emotional distanzierte Frau wurde. In ihrer Adoleszenz entwickelte Earl eine enge Beziehung zu ihr, die sie später als „nicht ganz gesund", als Quelle „emotionaler Schmerzen" beschrieb und die sie zur Gesundbeterin werden ließ.[20] Ob diese Beziehung inzestuös war oder nicht, ist unklar, aber allen wurde deutlich, dass Ruth zum Ersatz für Lillian geworden war und oft mit Earl tanzen ging. Die Erinnerungen, mit denen Lillian starb, waren „zu persönlich, als dass sie mitgeteilt werden könnten", und beziehen sich auf eine Zeit, in der Ruth sechzehn war und „das Leben düsterer nicht sein konnte."[21]

Ob nun wegen Ruths übermäßig enger Beziehung zu ihrem Vater oder aus anderen Gründen, Gloria wurde Ruths Liebling. Die beiden Schwestern entwickelten sich ziemlich unabhängig voneinander, hatten unterschiedliche Freunde und ausgeprägte Persönlichkeiten.

Was für Ruth und Gloria galt, galt ebenso für jedes andere Familienmitglied: Der Ton wurde von Earls und Lillians emotionaler Distanz zueinander vorgegeben, und jedes Kind nahm einen anderen Weg. Es existieren nur zwei Fotos, auf denen alle vier Kinder gemeinsam zu sehen sind. Zwar gibt es viele persönliche Erinnerungen, aber nur wenige beschreiben Situationen, in denen alle Familienmitglieder gemeinsam anwesend waren. Zu Weihnachten verließ Earl oft das Haus, und statt das Erntedankfest gemeinsam mit der Familie zu feiern, ging er an diesem Tag meist zur Jagd. Das jährliche Schweineschlachten machte Earl zu einem Feiertag, aber ein Familienereignis war es kaum, denn die Kinder durften nicht zusehen und Lillian hatte wenig Interesse daran. Der einzige Feiertag, der begangen wurde, war der Unabhängigkeitstag. Da gab Earl eine Grillparty für Nachbarn, seine Landarbeiter und Mieter, aber eine Feier im engeren Familienkreis war auch das nicht.

Dem Vorbild seiner Mutter folgend scheint Jimmy die engsten Beziehungen außerhalb der Familie geknüpft zu haben, und zwar mit Schwarzen. Seine üblichen Spielgefährten waren die Kinder der schwarzen Landarbeiter seines Vaters. Anders als andere weiße Mütter in dieser Gegend erlaubte Miss Lillian nämlich den Umgang mit schwarzen Kindern.

Ungeachtet der allgegenwärtigen Pflichten und der Disziplin, die ihm seine Vater auferlegte, führte Jimmy in den Sommermonaten ein Leben im Stil von Tom Sawyer und Huckleberry Finn. Von April bis Oktober trug er selten ein Hemd oder Schuhe, während er und seine Freunde Aale und Welse im Kinchafoonee oder Chocktawatchee angelten. Da er ein guter Kletterer war, begleitete er oft die Jäger, um Waschbären und Opossums von den Bäumen zu schütteln.

Das Bild von der inneren Auflösung der Familie wird wohl am deutlichsten von Jimmys Bruder Billy gezeichnet, der einmal witzelte: „Ich habe eine Mama, die sich mit achtundsechzig dem Friedenskorps anschloss. Ich habe eine vom heiligen Geist besessene Schwester, die predigt, eine andere trägt einen Helm und fährt Motorrad, und mein Bruder glaubt, er würde Präsident. Ich bin also der einzige in der Familie, der nicht verrückt ist.“[22]

Das Cartersche Lächeln

Jimmys Vater Earl Carter war ein stämmiger, energiegeladener Mann, dem ständig ein Lächeln im Gesicht stand. Aber unter dem geselligen Äußeren verbarg sich ein schüchterner, fast ängstlicher Mann. Er war dafür bekannt, härter als irgendjemand sonst zu arbeiten, und suchte beständig nach neuen Wegen, um Geld zu machen. Viele dieser Charakterzüge finden sich im Leben von James Earl Carter jun. gleichermaßen.

Seit frühester Jugend lernte Jimmy, seinen eigenen Weg zu gehen. Wie oft bei Kindern, die sich an der Disziplin eines machtvollen Elternteils reiben, entwickelte auch er einige passive aggressive Züge, ließ Frustration und Wut an den Geschwistern aus, setzte alle seine Energie in harte Arbeit, durch die er – vergeblich – die Zuneigung seines Vaters zu gewinnen hoffte. Und das tapfere Lächeln! Carter wurde für sein Lächeln berühmt, aber wer ihm nahe stand, wusste, dass dieses Lächeln oft nur die Maske für seine Schüchternheit oder seine Wut war.

Zbigniew Brzezinski, Carters Berater für Fragen der nationalen Sicherheit, der den Präsidenten vermutlich besser als die meisten anderen kannte, hat beobachtet, dass es für Carters Lächeln drei verschiedene Varianten gab. Die erste, seltenste, war echter Ausdruck der Freude. Die zweite, häufigste, war ein etwas gezwungener Versuch, seine lebenslange Schüchternheit zu überwinden, jene Art von Lächeln, das man im

Fotostudio aufsetzt, wenn der Fotograf „Bitte recht freundlich“ sagt. Die dritte Variante war das Lächeln, das Jimmys Wut maskieren sollte. Das war jenes Lächeln, das er vermutlich in seiner Kindheit genutzt hatte, um mit Earls strenger Erziehung und anderen Problemen fertig zu werden. Ein Bekannter aus der High School äußerte über Jimmy: „Wenn du klein, rothaarig und sommersprossig bist, kannst du nur grinsen.“[23]

Als Erwachsener am Georgia Tech in Annapolis und in der Marine galt Carter als einer, der ruhig und höflich war und oft lächelte. Paradoxerweise wird er aber auch als Einzelgänger beschrieben. 1943 auf der Marineakademie war Schikane noch ein übliches Verfahren. Schüler der Abschlussklasse bestraften tatsächliche oder vermeintliche Vergehen, indem sie die Untergebenen mit Besen, langstieligen Vorlegelöffeln oder sonst etwas schlugen, was sie gerade zur Hand hatten. Aber Jimmy wurde mit den Härten der Marineakademie fertig, wie er auch mit Earls strengen Forderungen fertig geworden war, indem er lächelte oder sich mehr anstrengte.

Arthur Middleton, der mit ihm in der gleichen Klasse war, beschrieb, wie Jimmy einmal in sein Quartier marschierte, mit starren eisblauen Augen und einem Gesicht, das vor Wut blass war. „Aber er ließ es nie aus sich heraus“, sagte Middleton, „nie trat er gegen einen Stuhl oder warf ein Buch an die Wand wie wir anderen.“[24]

Neben dem Unterdrücken seiner Wut lernte Carter auch, dass seine lebenslange Strategie, große tyrannische Muskelprotze anzulächeln, an der Marineakademie nicht funktionierte. „Meine größte Sorge war, zu viel zu lächeln“, schrieb er später. „Ich habe schnell gelernt, mich auf einen ernsthaften Gegenstand zu konzentrieren, wenn ich an einer Gruppe kläffender 3/c [Schüler der Abschlussklasse] vorbei ging. … Ich habe auch gelernt, wie ich es ‚zurückzahlen‘ kann.“[25]

Nahe, aber nicht zu sehr

Jimmys Persönlichkeit zeigte sich auch in seinen Beziehungen an der Marineakademie. Ungeachtet von mehr als achthundert Mitschülern und der herrschenden klosterähnlichen Nähe hatte Carter in den drei Jahren, wenn überhaupt, nur wenige enge Freunde. Nicht etwa, dass er verfemt war oder besonders unbeliebt, man nahm ihn einfach nicht zur Kenntnis.

Doch neben seine Schüchternheit zeigte sich auch seine feste Entschlossenheit. Bei seinem ersten U-Boot-Kommando geriet das Boot in einen der schlimmsten Stürme der Geschichte der pazifischen Seefahrt. Sieben Schiffe verlor die Marine in der brüllenden See. Obwohl Jimmy furchtbar seekrank war, lehnte er es doch ab, sich vom Dienst suspendieren zu lassen, nahm vielmehr den Eimer, in den er sich übergeben konnte, mit auf die Brücke. Die „USS Pomfret“ war ein altes U-Boot, das jede Nacht auftauchen musste, um seine Batterien aufzuladen. Eines Nachts, als Jimmy Wache hatte, fegte eine gigantische Woge mit solcher Wucht über die Brücke, dass er sich nicht mehr an der Reling festhalten konnte. Er fand sich im Wasser wieder, wild mit den Armen rudernd, von seinem Schiff abgeschnitten. Carter: „Nachdem ich eine ganze Weile geschwommen war – es schien wie eine Ewigkeit –, ging die Welle zurück und ich landete oben auf einem Geschütz, das sich etwa zehn Meter von meinem vorherigen Standort befand. Ich hielt mich verzweifelt am Rohr fest und konnte mich auf das Deck niederlassen und auf die Brücke zurückkehren, wo ich Wache zu stehen hatte.“[26]

Jimmy gab damit der amerikanischen Redensart „Bleibt bei euren Kanonen, auch wenn Hochwasser kommt oder die Hölle hereinbricht“ eine neue Bedeutung. Es waren dieses Pflichtbewusstsein und Engagement, das ihm den Respekt der anderen eintrug. Jimmy liebte den U-Boot-Dienst, wie er selbst erklärte, weil dort Offiziere und Mannschaften in engem Kontakt miteinander lebten, voneinander abhängig waren und in den engen Quartieren eine Gemeinschaft bildeten. Er sagte: „Es gab unter dem Männern eine Nähe, die mir gefiel.“[27]

Die körperliche Nähe führte aber offenbar nicht zu einer psychischen. Selbst im Winter 1949, als die „USS Pomfret“, das U-Boot, auf dem er diente, eine lange Reise im Pazifik an der chinesischen Küste entlang unternahm, schloss er keine engen Freundschaften. Er war geschätzt und geachtet, aber niemandem emotional nahe. Er passte sich so gut ein, dass er nicht herausragte, und die meisten sahen in ihm einen Einzelgänger.

Obwohl Carter behauptete: „Admiral Rickover hatte entscheidenden Einfluss auf mein Leben, mehr als jeder andere außer meinen Eltern“[28], war das kaum etwas, das man als enge Beziehung bezeichnen könnte. Andere haben festgehalten, dass Rickover viel von den gleichen Charakterzügen besaß, für die Earl Carter eingetreten war und die er seinem Sohn eingepflanzt hatte. So wollte Jimmy, wenn er Rickovers widerstrebende Anerkennung erreichte, unbewusst auch seinem Vater gefallen. Doch Jimmys „Nähe“ zu Rickover war wie die zu Earl mehr Wunsch als Realität. Eines war typisch: Als Carter ernst zu nehmender Präsidentschaftskandidat wurde, musste Rickover dessen Personalakte zu Hilfe nehmen, um seine Erinnerung an den früheren Offizier aufzufrischen, der, wie einige meinten, nun die Philosophie des knurrigen alten Admirals publik machte.

Rosalynn

Freunde erinnerten sich an Rosalynn Smith als ein ungewöhnlich ordentliches und sauberes Kind. Als kleines Mädchen trug sie oft eine große Schleife in ihrem lockigen Haar und ein sauberes Kleid, das sie beim Spielen nie schmutzig machte. Rosalynns Eltern waren Methodisten, so dass das Mädchen die Sonntagsschule, Gebetsversammlungen und Kinderveranstaltungen der methodistische Liga, aber auch die Bibelschule der Baptisten besuchte. Religion war eine bestimmende Kraft in Rosalynns Leben. Ihr Verhältnis zu Gott beschrieb sie später in lebhaften Farben:

„Gott war in meinem Leben wirklich präsent, vor allem in jenen Zeiten der Erweckung. Man lehrte uns, ihn zu lieben, und wir fühlten den Drang und den Wunsch, jenes Leben zu führen, das er von uns erwartete: einander zu lieben, freundlich zu sein, denen zu helfen, die Hilfe brauchten, und gut zu sein. Man lehrte uns aber auch, Gott zu fürchten, und obwohl ich ihn liebte, hatte ich mein ganzes junges Leben lang Angst, ihm nicht zu gefallen."[29]

Im Hause Smith wie im Hause Carter war Religion eine bestimmende Kraft. Anders als bei den Carters herrschte jedoch bei den Familienmitgliedern der Smiths emotionale Nähe. Rosalynns Vater Edgar war ein liebevoller, warmer Mann, der gegenüber Frau und Kindern viel Zuneigung zeigte. Wenn er von der Arbeit kam, ging er in die Küche, wirbelte seine Frau herum und küsste sie. Stundenlang konnte er mit Rosalynn und ihren beiden jüngeren Brüdern spielen oder ihnen Geschichten vorlesen. Seine Liebe zur Familie stand außer Frage.

Zugleich war er aber auch ein rigorose Erzieher und anspruchsvoller Lehrmeister. Jedes Kind hatte Pflichten: Rosalynn musste Betten machen, Milch verbuttern, Geschirr waschen, die Veranda fegen und sich überhaupt um Dinge im Haus kümmern, während ihre Brüder für die Kuh und die Schweine zuständig waren und Holz für den Küchenofen und die Kamine holen mussten.

Rosalynn bemühte sich ständig, ihrem Vater zu gefallen, aber er schlug sie oft, vor allem dann, wenn sie trotz Verbots eine gefährliche und viel befahrene Straße in der Nähe überquerte. Als Rosalynn acht Jahre alt war, zog Edgars Mutter „Mama Sallie" mit zu ihnen. Diese launische alte Frau mochte Kinder nicht sonderlich und hatte eine erstickende Wirkung auf Rosalynn, die in beständiger Angst lebte, die Oma mit zu viel Lärm zu stören. Wie sich die großmütterliche Erziehung auf Rosalynn auswirkte, wird durch deren Erinnerung an einen Vorfall deutlich. Sie hatte einmal eine Schachtel mit Schokoladekirschen in Mama Sallies Zimmer entdeckt und eine davon gegessen. „Das lag mir jahrelang auf dem Gewissen."[30]

Wie Jimmy wurde auch Rosalynn von ihren Lehrerinnen beeinflusst. Als sie zwölf war, vergötterte sie Miss Thelma MacArthur, eine schöne junge Frau, die von der Welt mehr zu wissen schien als jeder andere, den Rosalynn bis dahin getroffen hatte. Als sie im gleichen Jahr aus dem Sommerlager zurückkam, fand sie ihren Vater schwer krank. Gegen Ende des Sommers brach er wegen Atemnot zusammen und wurde bettlägerig, fand aber großen Trost, wenn sich die Familie zum gemeinsamen Bibelstudium an seinem Bett versammelte.

Als Edgar zum Jahresende hin starb, fürchtete die sensible Rosalynn, ihre eigenen negativen Gedanken und ihr Zorn hätten zu seiner Krankheit beigetragen – eine irrationale, aber typische Reaktion von Kindern auf einen Todesfall in der Familie. Zusätzlich zu dem schweren emotionalen Verlust sah sich die Familie jetzt auch vor einer finanziellen Krise. Rosalynn, inzwischen dreizehn, konnte nicht länger Kind sein. Als gleichberechtigte Partnerin ihrer Mutter war sie am Überlebenskampf der Familie voll beteiligt.

Nach dem Tod des Vaters verlor Rosalynn viel von ihrem früheren Selbstvertrauen, fühlte sich verletzlich und schwach. Sogar ihr Verhältnis zu Gott war in Frage gestellt; eine Kompensation versuchte sie, indem sie sich völlig in die schulischen Aufgaben vertiefte. Beständig gehörte sie zur Leistungsspitze ihres Jahrgangs. Von Naturwissenschaften und Mathematik fühlte sie sich besonders angezogen, und ihr Verständnis für die Geheimnisse von Maschinen erfüllte sie mit besonderer Genugtuung. Als sie ohne Manuskript die Abschiedsrede für ihren Jahrgang hielt, gelang ihr das tadellos.

Rosalynns Freundschaft zu Ruth Carter war sehr eng. Trotz des Altersunterschieds teilten sie bei ihren Verabredungen alle Geheimnisse miteinander. Ruths draufgängerische Art, vor allem gegenüber Jungen, war ein Ausgleich für Rosalynns Schüchternheit. Als Rosalynn Ruths Bruder kennen lernte, verlor sie alles Interesse an anderen Jungen und traf sich nur noch mit Jimmy.

Das innige Verhältnis zwischen Rosalynn und Jimmy nahm seinen Anfang, als Rosalynn zu einem Picknick in das Teichhaus der Carters eingeladen wurde. Der zwanzigjährige Jimmy flirtete mit der dunkeläugigen Siebzehnjährigen und lud sie für den nächsten Tag ins Kino ein. Als sie an diesem Abend mit dem rumpelnden Auto unterwegs waren, gab Jimmy Rosalynn einen Kuss, obwohl sie noch nie einem Jungen erlaubt hatte, sie bei der ersten Verabredung zu küssen. Am nächsten Abend brachte Rosalynn Jimmy zum Bahnhof und versprach, ihm zu schreiben, wenn er wieder in Annapolis war.

Als Jimmy zum Weihnachtsurlaub nach Hause kam, gingen er und Rosalynn ins Kino, unternahmen lange Fahrten, saßen danach vor dem Kamin und hörten *White Christmas*. An einem seiner letzten Abende zu Hause machte Jimmy ihr einen Heiratsantrag, aber trotz ihrer Sehnsucht, mit ihm zusammen zu sein, zögerte Rosalynn, als sie sich vor die tatsächlichen Aussichten einer Ehe gestellt sah. Sie hatte eigentlich vorgehabt, das staatliche Frauencollege von Georgia zu besuchen. Aber noch immer schrieben beide einander fast jeden Tag, und ein paar Wochen später nahm Rosalynn Jimmys Antrag an. Am 7. Juli 1946 wurden sie in der methodistischen Kirche von Plains getraut.

Eine psychologische Binsenweisheit besagt, dass wir eigentlich unsere Eltern heiraten, das heißt, wir suchen in unseren Ehepartnern unbewusst die Charakterzüge, die wir bei unseren Eltern entweder verabscheut oder bewundert haben. Ein Psychiater hat es mit treffender Kürze formuliert: „Man sucht die Mutter, die man kannte."[31] Dabei schließt „Mutter" hier mehr ein als die biologische Mutter; es ist ein symbolischer Terminus für beide Elternteile.

Die Verzweigungen dieses Sachverhalts sollen hier nicht diskutiert werden. Es sei aber als gesichert festgehalten, dass die Wahl des Ehepartners in komplexer und tiefgründiger Weise von den frühen Lebenserfahrungen beeinflusst wird.

Das dürfte auch bei Carters Partnerwahl so gewesen sein. Rosalynn war Ruth Carters beste Freundin und hatte das Cartersche Haus seit ihrem dreizehnten Lebensjahr häufig besucht. Welche Wahl konnte für Jimmy besser sein als die Lieblingsfreundin der Lieblingstochter seines Vaters?

Neben dieser Dynamik gab es auch Gerüchte, die beide aber zurückwiesen, dass nämlich Lillian Carter mit Rosalynn nicht einverstanden war und beide Frauen aus Rivalität eine zunehmende Abneigung gegeneinander entwickelten. Welches Verhältnis Rosalynn zu ihrer

Schwiegermutter auch immer hatte, es war ihre Freundschaft zu Ruth, die darunter am meisten litt. Obwohl sich Ruth mit Rosalynn verschworen hatte, um die Aufmerksamkeit ihres Bruders zu wecken, grollte sie und wurde eifersüchtig, als Rosalynn zum Zentrum von Jimmys Aufmerksamkeit wurde. In mancher Hinsicht war Rosalynn, wie auch Jimmy, das emotionale Gegenteil von Ruth, schmerzhaft schüchtern und unsicher, ein deutlicher Kontrast zu Ruths Extravaganz und Kontaktfreudigkeit.

Wenn auch Jimmys Partnerwahl sicher von unbewussten Motiven überlagert war, wie es für die meisten Entscheidungen dieser Art zutrifft, ging am Ende trotzdem alles gut aus, denn Rosalynns und Jimmys liebevolle Beziehung war für diesen ein Ausgleich für die emotionale Distanz seiner Mutter und den gnadenlosen Perfektionismus seines Vaters. Rosalynn wiederum war dadurch in der Lage, eine Partnerschaft mit einem Mann einzugehen, der zwar von ebensolcher schmerzhafter Schüchternheit wie sie selbst war, sie aber innig liebte und nach und nach mit ihr eine Beziehung echter Gleichberechtigung aufbaute. Das jedoch war nicht leicht und ging auch nicht schnell.

Mit neunzehn Jahren lebte Rosalynn jetzt zum ersten Mal außerhalb des ihr vertrauten Umfelds des ländlichen Südens. Dass sie mit einem Mann von der Marine verheiratet war und durch dessen Dienstzwänge viel allein sein musste, machte die Sache nicht gerade besser.

Rosalynn, immer die Perfektionistin, tendierte dazu, sich nicht in neue Erfahrungen zu stürzen, wenn sie nicht das Gefühl hatte, ihnen gewachsen zu sein. Oft musste sie sich den neuen Herausforderungen des Ehelebens allein stellen. Als ihr erster Sohn Jack ziemlich genau ein Jahr nach der Hochzeit geboren wurde, nahm Jimmy zwei Wochen Urlaub, um ihr zu helfen. Aber als er wieder im Dienst war, lasteten alles Kochen, Waschen und die Säuglingspflege dann allein auf ihren Schultern.

Jack war ein Baby, das viel weinte und wenig schlief. Rosalynn weinte offenbar mit ihm, „aus Erschöpfung und Einsamkeit". Und – so ihr späterer Rückblick – obwohl Jimmy freundlich war, „hatte und hat er keine Geduld bei Tränen, dachte statt dessen darüber nach, wie man das Beste aus jeder beliebigen Situation machen konnte, vor allem mit einem Lächeln."[32]

Beim Streit mit einem Zwangsneurotiker hat man oft das Gefühl, in den Wind zu reden. Meist streiten sich Zwangsneurotiker nicht wirklich, sondern schotten sich nur gegen die Argumente des Gesprächspartners ab. Sie hören nicht wirklich zu; was der andere sagt, ist eigentlich unwichtig. Folglich hat ein Streit mit einem Zwangsneurotiker kaum je verbindende Wirkung. Gespräche weichen einander aus wie Schiffe, die durch die Nacht fahren und sich kaum der Anwesenheit des anderen bewusst sind. Brüllen, Schreien, Weinen, Schimpfen, Nörgeln macht da kaum einen Unterschied. Eine Entscheidung, die ein Zwangsneurotiker einmal getroffen hat, ist endgültig. Da herrscht ein stiernackiger Determinismus, den alle Logik und Argumentation der Welt nicht durchdringen können.

Wie andere zwanghafte Personen nutzte auch Jimmy Carter psychische Segmentation und Intellektualisierung als Hauptmittel, um Probleme zu lösen und mit der Angst fertig zu werden. Das bedeutet im Grunde, dass er im Geist die Dinge säuberlich in Schubkästen stecken und dann fast gänzlich von Argumenten von außen isoliert bleiben konnte. So geschah es auch, als Jimmy beschloss, aus dem Offiziersdienst bei der Marine auszuscheiden und nach Plains zurückzukehren. Rosalynn stellte sich dem zwar energisch entgegen, war aber nicht in der Lage, mit ihm darüber zu streiten. Er war von seiner Haltung einfach nicht abzubringen.

Es war Anfang 1953, als Jimmy unverzüglich nach Plains fuhr, nachdem er erfahren hatte, dass sein Vater an Pankreaskrebs erkrankt war und nicht mehr lange zu leben hatte. In den elf Jahren, die seit seinem Weggang an die Marineakademie vergangen waren, hatte sich der Groll auf seinen strengen und fordernden Vater gemildert. Als er ihn jetzt sterben sah und entdeckte, wie vielen Menschen sein Vater über die Jahre in seiner stillen Art geholfen hatte, war er tief bewegt und fragte sich, wie viele Leute wohl zu seinem Begräbnis kommen würden. Dass es dann Hunderte waren, Schwarze und Weiße, die seinem Vater ihre herzliche Achtung erwiesen, war eine tief bewegende Erfahrung in seinem Leben.

Nach dem Tod des Vaters gelangte Jimmy zu der Überzeugung, dass der Verbleib in der Marine nicht sein Weg sein konnte: „Gott wollte nicht, dass ich mein Leben als Instrument zum Töten von Menschen zubringe.“[33]

Diese entscheidende Neubewertung seines Lebens führte zur schwersten Ehekrise, die er und Rosalynn je durchleben sollten. Es kann nach dem bereits Gesagten kaum überraschen, dass nichts Jimmys von seinem Entschluss abbringen konnte, nach Plains zurückzukehren. Dieselbe feste Entschlossenheit, die ihn dazu veranlasst hatte, sich mitten im stürmischen Wellengang an dem Fünf-Zoll-Geschützrohr der „USS Pomfret" festzuklammern, brachte ihn jetzt dazu, mit Rosalynn „bei seinen Kanonen zu bleiben". Er hatte hohen Seegang überlebt und er würde die Hölle überleben.

Und eine Hölle war das, was ihm Rosalynn bereitete, tatsächlich. Als Jimmy sie informierte, dass er die Marine verlassen und nach Plains zurückkehren würde, steigerte sich Rosalynn in ihrem Streit bis zum Schreien. Jimmy blieb davon völlig unberührt. Er hatte einen Entschluss gefasst und konnte nicht zurück. Aber es brachte ihre Ehe dem Scheitern gefährlich nahe. „Sie hätte mich beinahe verlassen", räumte er später ein.[34]

Rosalynn selbst erinnerte sich später, dass sie desto niedergeschlagener wurde, je weiter sie nach Süden fuhren: „Ich wollte nicht in Plains leben. Ich war von dort weggegangen, hatte mich verändert. Aber Jimmy war entschlossen – und glücklich. … Nie waren unsere Vorstellungen gegensätzlicher. Ich glaubte, der beste Teil meines Lebens wäre zu Ende. Aber Jimmy drehte sich mit einem Lächeln zu mir und sagte fröhlich: ‚Wir sind zu Hause'."[35]

In der engen Wohnung 9 A des roten Ziegelhauses der Olive Street fühlte sich Rosalynn elend und reizbar. Wenn Jimmy versuchte, sie mit den Worten aufzuheitern: „Es ist gut, zu Hause zu sein. Eines Tages werden wir glücklich", entgegnete Rosalynn: „Ich werde nie wieder glücklich sein! Sag das nicht noch einmal!"[36]

Schließlich änderte Rosalynn aber doch ihre Meinung und kam mit der neuen Situation zurecht. Ihre Schüchternheit legte sie jedoch nie ganz ab. Ein Biograf, der später über ihr Einsiedlerdasein als First Lady schrieb, beschrieb ihre Zurückhaltung wie folgt: „Für eine Frau in ihrer Position, eine Frau, die in der Öffentlichkeit so entspannt wirkt, ist es merkwürdig, dass Rosalynn Carter praktisch eine gesellschaftliche Außenseiterin ist. Sie hatte nie Zeit, sich feste Freunde zu schaffen. Sie sagt, es läge daran, dass sie immer zu hart arbeiten musste und dass sie nie gern nur für eine Tasse Kaffee irgendwo auftaucht oder den halben Tag damit vergeudet, über unwichtige Dinge zu reden. Ihr Mann sei zugleich ihr bester Freund und sie sagt, sie fände das gut. Ihre einzigen engen Freundinnen sind noch die aus ihrer Kinderzeit: Ruth Carter

Stapleton, Jimmys predigende Schwester, Edna Langford, die Mutter ihrer Schwiegertochter July, und Madeline McBean, ihre persönliche Assistentin."[37]

Auch Jimmy änderte sich wenig. Dieselbe mutige Beharrlichkeit und Zielstrebigkeit, die ihn vordem zurück auf die Brücke der „USS Pomfret" und später zusammen mit seiner widerstrebenden Familie nach Plains gebracht hatte, sollte ihn auch ins Oval Office bringen. Dort sollte das eindrücklichste Bild von ihm das eines Oberkommandierenden sein, der sich in seinem Büro abkapselt und in Schreibtischarbeit vergraben ist. Allein.

Die vielen Persönlichkeiten des Jimmy Carter

Zu Beginn der Phase, in der sich Jimmy Carter um die Präsidentschaft bemühte, beschrieb er sich selbst mit folgenden Worten: „Ich bin Südstaatler und ich bin Amerikaner. Ich bin Farmer und Techniker, Vater und Ehemann, Christ, Politiker, früherer Gouverneur, Planer, Geschäftsmann, Kernphysiker, Marineoffizier und ich liebe neben anderem Bob Dylans Lieder und Dylan Thomas' Dichtung."[38]

Manchem könnte das wie der Versuch eines psychopathischen Politikers erscheinen, allen alles zu sein. Aber in Carters Fall war es ein Symptom seiner psychischen Segmentation und eher eine Selbstdarstellung als ein politischer Winkelzug. Er glaubte tatsächlich, er könne in allen diesen Persönlichkeiten wohnen, versprach aber nie, alles zur gleichen Zeit zu sein.

Wie Jimmy durch seine Rückkehr nach Plains gezeigt hatte, konnte er durchaus ein „guter Sohn" sein. Er übernahm nach dem Tod seines Vaters die Leitung der Familienangelegenheiten, tat das aber in seiner kategorisierenden Art, immer nur eine Sache zu einer Zeit, und versagte so in diesem Prozess als „guter Ehemann". Das kostete ihn beinahe seine Ehe.

Eine ähnliche Segmentation mit Blick auf seine Wahlkampfmannschaft hätte ihn fast um den Wahlerfolg gebracht und beschädigte später seine Präsidentschaft nachhaltig. Das deutlichste Beispiel war seine blinde Loyalität gegenüber Hamilton Jordan, dessen fragwürdiges Privatleben die genaue Antithese zu den hohen moralischen Prinzipien war, die Carter selbst praktizierte und öffentlich verkündete. Während der präsidiale Hoffnungsträger das Land auf den Weg hoher Moral führte, erzählte Jordan beispielsweise neuen Mitarbeitern: „In Carters Wahlkampf haben wir unsere Mannschaft aufgefordert, das Geld für Hotels zu sparen, indem wir bei unseren Unterstützern schliefen." Dann wies er auf Tim Kraft, der die Kampagne im Herbst geleitet hatte, und fuhr fort: „Und dieser Kerl da hat jede Nacht in einem anderen Bett geschlafen."[39]

Während sich sein Boss bemühte, das Land zu einer „geistigen Erweckung" zu führen, hoffte Hamilton Jordan, attraktiven jungen Mitarbeiterinnen zu sexuellem Erwachen zu verhelfen. Während Carter seine tiefe Zuneigung für Rosalynn offen zeigte und über die Heiligkeit der Ehe sprach, heuerte Jordan attraktive junge Frauen mit wenig nutzbaren Fachkenntnissen für die Mitarbeit im Wahlkampfteam an. Und während Carter dem *Playboy* gestand: „Ich habe viele Frauen voller Begehrlichkeit angesehen und in meinem Herzen viele Male Ehebruch begangen"[40], beschränkten Hamilton Jordan und andere Mitarbeiter ihre Begehrlichkeit nicht nur auf das Ansehen oder den Ehebruch nicht nur auf ihre Herzen. Im Ergebnis fragten sich viele, wie Carter moralische Führung für das Land beanspruchen könnte, während sich seine leitenden Mitarbeiter in Hurerei und Ehebruch ergingen.

Gegenüber Reportern bezeichnete Jordan die tiefe Religiosität Carters manchmal als „bizarres Element". Und ein Mitarbeiter sagte der Presse: „Carter wird Sie nicht anlügen. Ich schon."[41]

Auch als sich Jordan im Weißen Haus etabliert hatte, wurde sein Verhalten nicht besser. Auf einer Party bei Barbara Walters im Dezember 1977 wandte sich Hamilton Jordan an die Frau des ägyptischen Botschafters, starrte unverhohlen auf ihre großen Brüste und sagte: „Ich wollte schon immer einmal die Pyramiden sehen."[42] Und die *Washington Post* berichtete, wie ein offensichtlich betrunkener Jordan seinen Amaretto auf den Kleidausschnitt einer Frau aus einer Bar in Georgetown erbrochen hatte.[43]

Hamilton Jordan, Jody Powell und die anderen Machttrunkenen aus Georgia besaßen weder Kultur noch die Neigung, gute Beziehungen zu Kongressabgeordneten oder anderen wichtigen Teilhabern der Macht in Washington zu kultivieren. Einige Jahre später sollte die *Washington Post* reflektieren: „Wenn über die Fehler der Carter-Jahre gesprochen wird, ist das eine Kurzformel für Hamilton Jordan, der im Alleingang mehr Böses verursachte als jeder andere."[44]

Und obwohl Carter ein sehr kluger Mann war, schien er von alledem nichts zu bemerken. Wie kann man das erklären? Mit psychischer Segmentation. Es war keine bewusste Falschheit von Carters Seite, sondern seine zwangsneurotische Haltung des Technikers, zu einer bestimmten

Zeit immer nur eine Sache zu montieren und dann geradlinig zur nächsten Maschine überzugehen. Der Unterschied zwischen einer Baumwollpflückmaschine und dem Staatsapparat schien für den Präsidenten nicht zu existieren.

Carter ordnete Hamilton Jordan vermutlich in die Schublade ein, auf der „Wahlkampfstratege" stand, und weigerte sich, ihn in einem breiteren Kontext zu sehen. Jordan war zwar ein brillanter Wahlkampfstratege, als moralisches Vorbild aber eine Katastrophe. Jimmy Carter spürte jedoch unterbewusst, dass er ohne Hamilton Jordan wohl nie die Präsidentschaft erringen konnte. So belebte er seine geistigen Schubfächer, kletterte auf die Brücke zurück und weigerte sich, über die Art der Party unter Deck nachzudenken.

Als Präsident war er von segmentierten Versuchen besessen, die Wirksamkeit der Regierungsarbeit zu erhöhen, aber diese aufrichtige und hartnäckige Hingabe an die Arbeit vollzog sich ohne eine größere Vision, wie das Land zu führen sei. So sollte seine Präsidentschaft bei Zustimmungsquoten von nicht mehr als zweiundzwanzig Prozent dahin vegetieren, weniger als für Nixon während der Watergate-Affäre.

In den letzten Tagen seiner Präsidentschaft lieferte die Geiselaffäre eine letzte Metapher für das, was in seiner Präsidentschaft falsch gelaufen war. Während sich Carters Technikerhirn intensiv auf das Leben der sechsundsechzig amerikanischen Geiseln fokussierte, schickte Russland 85.000 Mann nach Afghanistan, stürmten 20.000 muslimische Demonstranten die amerikanische Botschaft in Pakistan und brachten mehrere hundert Fanatiker die große Moschee in Mekka unter ihre Kontrolle, wodurch Hunderte Menschen sterben mussten, bevor Streitkräfte der Saudis das Gebäude zurückeroberten.

Sexualverhalten

Es dürfte nach allem Gesagten klar sein, dass Jimmy Carter seine Pflichten mit Kraft, Entschlossenheit, Eifer und Aufmerksamkeit für Details erfüllte. Ob er Erdnussfarmer oder Präsident war, er nahm seine Arbeit ernst und es ist wahrscheinlich, dass solch zielstrebiger Eifer auch das Schlafzimmer beherrschte.

Wir wissen, dass zwanghafte Persönlichkeiten alle Energie auf das Ziel unmittelbar vor ihnen richten, und Jimmys technische Begeisterung verwandelte sich im Schlafzimmer vermutlich in sexuelle Leidenschaft. Stets trieb er sich an, der Beste zu sein, und Jimmy Carter wird den Sex ganz zweifellos als ernsthafte Herausforderung angenommen haben.

Wir können vermuten, das Jimmy im Schlafzimmer um seine Leistung besorgt war und auch hier sein Bestes tun wollte. Und da es zum Sex gehört, den eigenen Körper mit jemandem zu teilen, dürfte ihm hier seine lebenslange Besorgnis wegen physischer Unzulänglichkeit stürmisch ins Bewusstsein gekommen sein.

So wie Jimmy als kleiner Junge versuchte hatte, seine geringe Körpergröße durch härtere Anstrengungen zu kompensieren, wird er sich beim Liebesvollzug besonders angestrengt haben. Ob mit acht oder mit achtzehn, Jimmy kompensierte seine Kleinheit, indem er sich auf andere Weise auszeichnete. In der High School war er zu klein für die Footballmannschaft und schloss sich deshalb dem Debattierklub an. Was ihm auf dem Sportplatz fehlte, machte er im Unterricht wett. Mit dreizehn Jahren las er Tolstois *Krieg und Frieden*. Die High School beendete er nahe der Spitze seines Jahrgangs, und in der Marineakademie gehörte er zu den obersten acht Prozent.

Körperlich jedoch war er nie „mitgekommen", und auf dem Weg nach Annapolis war er in Sorge gewesen, ob er die ärztliche Untersuchung bestehen würde.

Diese Besorgnis hatte frühe Wurzeln. Schon als Elementarschüler hatte er an die Marineakademie geschrieben und, ohne sein Alter anzugeben, Informationen zu den Aufnahmebedingungen erbeten. Als er diese bekam, wurde die Sache für ihn zwanghaft. Er war schon seiner geringen Körpergröße wegen beunruhigt und fand jetzt neue Probleme, über die er grübelte: „Einige der körperlichen Anforderungen des Katalogs ließen mir keine Ruhe. ‚Mangelhafte Okklusion der Zähne' war mein größtes theoretisches Problem. Wenn ich Obst aß, war meine Freude an seinem Geschmack von dem Wissen durchsetzt, dass meine Zahnstellung nicht perfekt war. Es gab noch eine Bedingung, die mir Sorge bereitete: ‚Urinretention'. Ich hatte immer Scheu zu fragen, ob der letzte hängen bleibende Tropfen meine ganze Marinelaufbahn blockieren würde."[45]

Bei seiner Ankunft in Annapolis aber bestand er die Untersuchung dann problemlos – wie auch die darauf folgenden körperlichen Anforderungen der Ausbildung. Was allerdings blieb, war der „Makel" seiner geringen Körpergröße.

Wir können davon ausgehen, dass ein paar Jahre später, als Jimmy Rosalynn heiratete, ihn seine lebenslange Befangenheit wegen seiner Körpergröße auch im Bett beunruhigte. Verbreitete Sexualitätsklischees betonen die Penisgröße als Maß der Männlichkeit. Und obwohl die Korrelation zwischen Körper- und Penisgröße nicht sehr groß ist, muss doch der junge Mann, der Angst hatte, wegen eines hartnäckig an der Penisspitze hängen bleibenden Urintropfens an der Marineakademie abgewiesen zu werden, auch einige Befürchtungen wegen seiner Leistungsfähigkeit im Bett gehabt haben.

Jimmys starke religiöse Überzeugung, seine strenge Erziehung und sein Einsiedlerdasein dürften dazu geführt haben, dass er das eheliche Schlafzimmer jungfräulich betrat, was aber nicht heißt, dass er unvorbereitet gewesen sein muss. Er wird sich auf die neue Herausforderung ebenso vorbereitet haben wie in anderen Fällen auch, indem er las, was die Experten zu dem Thema zu sagen hatten.

Als Carter noch Gouverneur war, wurde er zum Beispiel einmal von Jack Crockford, dem Leiter der Jagd- und Fischereibehörde, zur Schnepfenjagd eingeladen. Jimmy ging dieses Ereignis in seiner typischen Art an, immer der Beste sein zu müssen. „Eigentlich war ja ich der Experte", berichtete Crockford, „aber von Sonnabend bis Mittwoch hatte er die wichtigste Literatur über Schnepfen gelesen. Er wusste mehr als ich. Er konnte die Dinge nicht spielerisch nehmen."[46]

So wie Jimmy zum Schnepfenexperten wurde, wird er wohl auch in Sachen Liebesvollzug nicht darunter geblieben sein. Klein an Größe, in den Jugendjahren von physischen Selbstzweifeln geplagt, wird Jimmy zweifellos eine Kompensation herbeigeführt haben, indem er seine sexuelle Beziehung zu Rosalynn als bestens belesener „Sexperte" begann. Sicher las er alles, was er über Techniken der Erregung finden konnte, und anders als viele Männer seiner Generation wird er sich der Bedeutung des angemessenen Vorspiels, der Stimulierung und anderer Umstände bewusst gewesen sein.

In der Marine hatte er übertriebene Geschichten von verschiedenen sexuellen Heldentaten gehört und wird den Drang verspürt haben, sich als guter Liebhaber zu beweisen und wieder zur Spitze seines Jahrgangs zu gehören. Rosalynn hat sicher vom Versuch ihres Partners profitiert, derjenige zu sein, der die „sexuelle Abschiedrede" hält, und war wahrscheinlich mit Jimmys Fähigkeit zufrieden, die richtigen Knöpfe zu drücken.

Frauen sehnen sich indes nach mehr als einem Partner, der nur die richtigen Knöpfe zu drücken weiß. In der Marinezeit, während Jimmy abwesend war, bemühte sich Rosalynn, das zu sein, was in jener Zeit als „gute Ehefrau" galt. Sie machte sauber und kochte, wusch und bügelte, schnitt Rezepte aus Magazinen aus und strickte Socken für ihren Mann, während sie auf seine Rückkehr wartete. Eisenhower hatte einmal zu Mamie gesagt: „Zuerst kommt mein Land, heute und in Zukunft. Du kommst an zweiter Stelle.“[47] Jimmy sagte das zu Rosalynn nie, aber am Anfang muss sie sich doch so gefühlt haben.

Sogar Jimmys politische Karriere hatte in der für Carter typischen segmentierten Weise begonnen. Der Herbst war für den Carterschen Landwirtschaftsbetrieb die arbeitsintensivste Zeit. Baumwolle und Erdnüsse mussten geerntet werden und Jimmy und Rosalynn arbeiteten mit ihren Hilfskräften praktisch ohne Pause, schliefen sogar im Lagerhaus. Auch die Carter-Söhne Jack, Chip und Jeff arbeiteten mit, wenn sie nicht in der Schule waren. Und mittendrin, völlig ohne Wissen Rosalynns hatte sich Jimmy entschlossen, für den Senat von Georgia zu kandidieren. Rosalynn erinnerte sich, wie unvorbereitet sie für diese neue große Veränderung in ihrem Leben war: „Er stand am 1. Oktober, seinem Geburtstag, auf, zog Slacks statt der Khakihose an, mit der er sonst ins Lager ging. Ich fragte ihn: ‚Wohin gehst du?‘ Er antwortete: ‚Nach Americus. Ich will mal sehen, wer für den Senat kandidiert‘.“[48]

Trotz ihrer Überraschung war Rosalynn die wie immer loyale Partnerin und brachte sich mit all ihrer beachtlichen Kraft in den heftigen Wahlkampf ein. Sie hatte eine größere Begabung für politische Strategie als Jimmy, und die beiden wuchsen danach in ihren vielen politischen Kampagnen psychisch immer enger zusammen. Es war eine treffende Metapher für ihre Ehe, dass Jimmy und Rosalynn nach seiner Amtseinführung als gleichwertige Partner die zwei Kilometer vom Capitol zum Weißen Haus auf der Pennsylvania Avenue Hand in Hand zurücklegten.

So kamen Jimmy und Rosalynn Carter am Ende zu dem, was wohl die beste Ehe im Weißen Haus in den letzten fünfzig Jahren gewesen ist, und sie übertrafen in der Kategorie Familienglück sogar die Trumans. Begonnen hatten sie als ein Paar schüchterner, junger, introvertierter, befangener Menschen, aber Rosalynn und Jimmy wuchsen psychisch und spirituell, blühten als Individuen auf und bewahrten ihr Engagement füreinander und für ihre Familie.

Obwohl Jimmy Carters Präsidentschaft gelegentlich wackelte, wird ihn die Geschichte wohl in einem breiteren Kontext beurteilen. Für Jimmy Carter bedeutete – vermutlich mehr als für jeden anderen Präsidenten – das Weiße Haus nicht den Punkt, von dem aus sein Leben definiert wurde. Nachdem er aus dem Oval Office ausgeschieden war, arbeitete er unermüdlich und mit beharrlichem Engagement weiter, um den Hunger in den Ländern der dritten Welt zu mildern oder Häuser für Obdachlose zu errichten. In vielerlei Weise hat er sich so als einer der großen spirituellen und moralischen Führer unserer Zeit bewiesen.

Auch Rosalynn hat Mut bewiesen und verdeutlicht, dass Liebe blühen und wachsen kann, wenn sich die Partner intensiv umeinander bemühen. Ihre Nähe stellte sich aber nicht von selbst ein und wurde auch nicht durch verbale Interaktionen und offenen Austausch erreicht. Eher war typisch, dass die beiden zufällig auf ihre gegenseitigen Einsichten stießen. So brauchte Rosalynn zum Beispiel ein Vierteljahrhundert, bis sie entdeckte, dass Jimmy nicht gern frühstückte.

Sie erzählte einmal, wie sie und Jimmy kurz nach dem Einzug ins Haus des Gouverneurs darüber beraten hätten, wann die Haushaltshilfen zur Arbeit erscheinen sollten. Rosalynn meinte, dass wenigstens eine vor Tagesanbruch kommen müsste, so dass der Frühaufsteher Jimmy frühstücken konnte, bevor er seinen Arbeitstag begann. An diesem Punkt sah Jimmy ihr gerade in die Augen und sagte – zum ersten Mal –: „Das Beste am Wahlkampf für das Amt des Gouverneurs war, dass ich nicht frühstücken musste. Deinetwegen habe ich fünfundzwanzig Jahre lang jeden Tag gefrühstückt, obwohl ich das gar nicht mag."[49]

Als Jimmy Carter in seiner berühmten Selbstbeschreibung sagte: „Ich bin Südstaatler, ... Farmer und Techniker, Vater und Ehemann, Christ", war das nicht nur eine Pose. Carter ist einer der hervorragendsten Männer, die je im Weißen Haus gearbeitet haben. Kritiker haben zwar zu Recht angemerkt, er habe sich immer nur auf einen einzigen Baum konzentriert und sei so nicht in der Lage gewesen, den Wald zu sehen. Das aber ist etwas ganz Anderes als das eher psychopathisch gefärbte „Alles für jeden" solcher Präsidenten wie Lyndon Johnson oder Bill Clinton.

Trotz Carters fehlenden Visionen als Präsident und den augenfälligen Widersprüchlichkeiten seiner multiplen Persönlichkeit ist sein Leben als Ganzes ein Beispiel für die bei Politikern seltenste Eigenschaft: Charakter.

Mit seiner zweiten Ehefrau Nancy, 1985.

1911	Geboren am 6. 2. in Tampico, Illinois.
1932-1937	Soziologiestudium, danach Radio-Sportkommentator.
1937-1942	Filmschauspieler, Mitwirkung in 29 Hollywood-Streifen.
1940-1949	Ehe mit Jane Wyman, beendet durch Scheidung.
1942-1945	Militärdienst.
1945-1957	Erneut Filmschauspieler (in 53 weiteren Streifen).
1947-1952	Vorsitzender der Schauspielergewerkschaft.
1949	Vorsitzender des Rats der Filmindustrie.
1953	Eheschließung mit Nancy Davis.
1954-1965	Tätig als TV-Schauspieler, Showmaster und Moderator
1959-1960	Vorsitzender der Gewerkschaft der Filmschaffenden.
1962	Nach Mitgliedschaft bei den Demokraten Übertritt zur Republikanischen Partei, dort im rechtem Flügel.
1966-1973	Gouverneur von Kalifornien.
1973-1979	Fernsehjournalist.
1976	Erfolglose Präsidentschaftkandidatur.
1980	Mit 51 % der Stimmen (gegen Carter) zum 40. Präsidenten der USA gewählt; rigoroser Kurs in der Wirtschafts- und Sozialpolitik („Reaganomics“).
1981	Am 30. März bei einem Attentat (Lungenschuss) verletzt.
1984	Wiederwahl.
1986	Gipfeltreffen mit Michail Gorbatschow in Reykjavik, Beginn einer entspannteren Politik gegenüber der UdSSR.

8 Ronald W. Reagan

40. Präsident der Vereinigten Staaten 1981-1989

Ronald Wilson Reagan war ein freundlicher, netter Schauspieler. Der Wechsel von Jimmy Carter, einem ernsten, hart arbeitenden, zwanghaften Techniker, zu Ronald Reagan, dem emotionalen, theatralischen, von Eindrücken geprägten, an Details völlig uninteressierten Schauspieler, konnte psychologisch nicht deutlicher sein. Reagan und Carter verkörpern so etwas wie Yin und Yang in der amerikanischen Präsidentschaft, sie illustrieren zwei diametral entgegengesetzte Herangehensweisen an das Regieren.

Stellen wir uns beide Präsidenten am ersten Tag im Amt vor: Carter kommt in Washington an, setzt seinen breitkrempigen Rangerhut auf, zieht seine olivgrüne Uniform an und macht sich auf, das „Waldreservat" der Bundesregierung zu inspizieren. Sorgfältig analysiert er jeden Baum im Forst. Der Mathematiker in ihm berechnet, wie viele Bretter sich aus jedem der Bäume gewinnen lassen, und der Techniker in ihm schätzt ab, wie viele Häuser mit dem Holz gebaut werden können. Der Kernphysiker denkt über die Zahl der subatomaren Teilchen in den Zellen der Zweige und Blätter jedes Baumes nach. Der Poet und Poesieverehrer in ihm sieht himmelwärts und sagt: „Ich glaub, ich werde niemals sehn / Gedichte, die wie Bäume schön. / Gedichte sind von Narren bloß, / doch Gott allein macht Bäume groß."

Vier Jahre später erscheint Ronald Reagan mit weißem Stetson-Hut, im Sattel sitzend wie John Wayne, gibt seinem Pferd die Sporen durch Busch und Gezweig, bleibt synkopierend im Takt mit dem Galopp der Pferdehufe. Auf einer Lichtung hält er an, dreht sich zu seiner Partnerin auf dem anderen Pferd um und setzt ein breites Grinsen auf: „Verdammt guter Wald, nöch, Nancy?"

Schauspieler leben in einer Welt, die von Emotionen strotzt. Ihre Realität ist farbenprächtig und erregend, voller Gefühle, aber arm an Substanz. Ihre Welt ist die der Eindrücke, nicht der Daten, Romantik regiert über die Wirklichkeit. Ein Kliniker beschreibt eine theatralische Persönlichkeit treffend so: „... tendiert zu einer Weltsicht, bei der der Märchenprinz erscheint und alles gut wird, zu nostalgischen und idealisierten Sammlungen von Figuren und Orten und zu einer sentimentalen Sicht auf die Gegenwart.“[1]

Das heißt nun nicht, dass schauspielerhafte Persönlichkeiten unaufhörlich in romantische Fantasien versunken sind, aber sie leben in einer Welt, die stärker von ihren Gefühlen und Impressionen als von Fakten und Logik bestimmt ist. Diese romantisch getönte Weltsicht geht einher mit Vernachlässigung der Details. Andere Menschen beurteilen sie zumeist global und vom Gefühl her.

Schauspielerhafte Personen treffen Entscheidungen schnell und mit wenig echtem Nachdenken. Zu tiefer geistiger Analyse oder abstraktem Denken scheinen sie unfähig. Anders als Zwangsneurotiker, die sich erst nach erschöpfender Überlegung und Berücksichtigung unzähliger Details entscheiden, werden Schauspielertypen meist von den Dingen schlagartig überrascht und zögern nicht, sich je nach Laune zu entscheiden. Von Gefühlen überflutet und voller Überschwang, besitzen Schauspieler kaum ein kognitives Fundament für ihre Leidenschaften. Sie sind emotionale Bungee-Springer, leben in einer Welt erregender, aber instabiler Eindrücke.

Obwohl die meisten Schauspielertypen eigentlich Frauen sind, gibt es auch eine große Zahl von Männern unter ihnen. Diese wirken meist kontrollierter. Wie ihre weiblichen Pendants lieben auch sie es, im Mittelpunkt zu stehen. Sie suchen Aufmerksamkeit und lieben das Rampenlicht.

Ein liebenswürdiger Schauspieler

Das Wissen darum, dass Präsident Reagan eine schauspielerhafte Persönlichkeit besaß, lässt uns seine sonst widersprüchlichen Wesenszüge verstehen. Es beantwortet auch die Frage nach seinem Intelligenzniveau. Die Washingtoner Meinung über Reagans Intellekt wurde von Clark Clifford geprägt, der den neuen Präsidenten bei einer Schickeriaparty in Georgetown als „liebenswürdige Niete“ bezeichnete.[2]

Dieses Etikett blieb haften, sogar an dem „Teflon-Präsidenten“, und bestimmte nicht nur die Meinung der gegnerischen Demokraten oder der Kritiker Reagans in den Medien. Auch die Meinung, die sich aus

Erinnerungen ausscheidender (und sicher nicht sonderlich loyaler) Mitarbeiter seines Stabs gewinnen lässt, zeichnet einen Präsidenten mit viel Anstand und Entschiedenheit – und wenig Intelligenz. Selbst Peggy Noonan, eine seiner bevorzugten Redenschreiberinnen, beschrieb sein Hirn als „unfruchtbaren Boden“[3], obwohl sie den Präsidenten tief verehrte.

Reagans stets fröhliche und unreflektierte Berichte über sein Leben und die Präsidentschaft ließen seinen Biografen Garry Wills einen Vergleich mit Mr. Magoo ziehen. Wie die stümperhafte, kurzsichtige und freundliche Figur aus der Comicserie schien auch Reagan ein Leben unter einem politischen Glücksstern zur führen und zu glauben, er kontrolliere es. Tatsächlich hatte er aber nur ein verschwommenes Verständnis davon. Und trotzdem bestätigte Neil Reagan seinem jüngeren Bruder ein „fotografisches Gedächtnis“ und bezog sich dabei auf Beispiele, in denen Ronnie nur kursorisch eine Stunde lang in einem Buch geblättert hatte, sich aber genau erinnern konnte und die Prüfung bestand. Ähnlich war es in seinen Jahren in Hollywood, wo man wusste, dass er seine Rollen schnell lernte und die Texte zuverlässig ablieferte. Er war kein besonders guter Schüler, bestand aber trotzdem das Eureka-College mit einer Drei als Durchschnitt und schloss mit Wirtschaftswissenschaften als Hauptfach ab.

War Präsident Reagan eine „liebenswürdige Niete“? Nein. Er war ein liebenswürdiger Schauspielertyp. Wenn wir Ronald Reagan durch das Prisma der Persönlichkeit betrachten, verstehen wir diesen alterslosen Mann besser, der mit seinem mythischen Pferd aus der Hollywood-Filmleinwand herausritt, *General Electric Theater* und *Death Valley Days* im Schwarzweißfernsehen servierte und schließlich das Oval Office im Weißen Haus übernahm.

„Grüne Flecken und verschwommener Dunst“

Reagans Bericht über das folgende Erlebnis erscheint wie eine zutreffende Metapher für sein Leben. Die Sache trug sich eines Sonntags zu, bei einer Fahrt über Land in der Nähe von Dixon, Illinois, als Reagan dreizehn oder vierzehn Jahre alt war.

„Nelly hatte ihre Brille auf dem Rücksitz liegen gelassen. Als wir die sanfte hüglige Prärielandschaft außerhalb der Stadt erreicht hatten, nahm ich die Brille und setzte sie auf. Im nächsten Moment jaulte ich auf, so dass Jack beinahe von der Straße abgekommen wäre. Niemand wusste, warum ich jaulte, aber ich hatte eine Welt entdeckt, von deren Existenz ich vorher nichts wusste. Bis dahin sah ein Baum an der Straße wie eine grüner Fleck aus und eine Reklametafel war verschwommener Dunst. Plötzlich aber konnte ich Zweige an den Bäumen und Blätter an den Zweigen erkennen. Auf den Werbetafeln waren Wörter und Bilder. ‚Guckt mal!', rief ich und zeigte auf eine Herde grasender Milchkühe, die ich vorher nicht gesehen hatte. Ich war überrascht."[4]

Als Reagan vierzehn war, erlebte er also einen plötzlichen Quantensprung seines Sehvermögens, aber seine psychische Sicht blieb auch fortan in mancher Hinsicht undeutlich. Reagans Welt war romantisch verschwommen wie die grüne Landschaft in der Zeit, als er die Brille seiner Mutter noch nicht entdeckt hatte. Anders als sein Sehvermögen waren seine Ideen nie scharf. Sein Intellekt behielt seine Einfachheit, blieb kurzsichtig und ohne scharfe Konturen. Bedeckt vom Schnee der schauspielerhaften Persönlichkeit Reagans, abgedriftet mit den Zelluloidfantasien Hollywoods, blieben die Bäume in Reagans intellektuellem Wald doch nur Flecken, die Werbetafeln verschwommen.

Siebzehn Tage nachdem er Präsident geworden war, feierte Reagan seinen siebzigsten Geburtstag. Obwohl er sich bester Gesundheit erfreute, war er kurzsichtig und schwerhörig und fand die Akustik im Oval Office kompliziert. Ohne Zweifel hat dieses Nachlassen der Sinnesschärfe seine Fähigkeit zur Wahrnehmung von Details weiter vermindert und es ihm schwer gemacht, ihm vorgelegte Einzelheiten zu erfassen. Es war bekannt, dass er schnell gelangweilt war und in Sitzungen häufig einnickte.

Es ist ein scheinbares Paradoxon, dass er sich trotzdem komplizierte Anekdoten merken konnte, sie gern vollständig erzählte und dabei Dialekte und sprachliche Eigentümlichkeiten nachahmte. Und es war nicht nur sein „konservierter Humor", den er so erfolgreich einsetzte. Reagan war auch ein Meister der spontanen Witzelei. Einmal zum Beispiel war sein Kabinett hoffnungslos darüber zerstritten, wie mit einer riesigen Menge an überschüssiger Butter umzugehen wäre. Reagan brachte die Sitzung zu einem ausgelassenen Ende, indem er einen seiner alten Witze hevorholte. Und der hatte, wie fast alles in seinem Gedächtnis, etwas mit Hollywood zu tun: „216.000 Tonnen Butter? Weiß jemand, wo wir 216.000 Tonnen Popcorn finden können?"[5]

Reagans bevorzugte Kommunikationsmittel waren vorzüglich erzählte Anekdoten. Es machte ihm Spaß, seine Umgebung mit Erinnerungen an die „guten alten Tage" zu verwöhnen. Als er Gouverneur wurde, erinnerte er sich an die Zeit in Hollywood, und als er Präsident wurde, erinnerte er sich an die Zeit als Gouverneur. Alles das ist für seinen theatralischen Persönlichkeitsstil charakteristisch: Man transformiert die Welt in eine romantisierte Wirklichkeit, die der entspricht, wie man sie sich ohne Rücksicht auf die wirkliche Lage wünscht – es war ein Lebensansatz nach dem Motto: „Verdirb mir nicht meine Story mit Tatsachen."

Reagans theatralische Vorliebe für Dramatik statt Tatsachen wird durch seine Antrittsrede illustriert. Die Geschichte eines Soldaten, der im Ersten Weltkrieg umgekommen war und ein Tagebuch hinterließ, hatte Reagan zu Tränen gerührt und er wusste, dass er damit auch seine Zuhörer zu Tränen rühren konnte. Der Soldat, Martin Treptow, hatte in sein Tagebuch geschrieben: „Amerika muss diesen Krieg gewinnen. Dafür werde ich wirken, dafür werde ich mich einbringen, opfern, dafür werde ich überdauern. Ich werde fröhlich kämpfen und mein Bestes geben, als hinge der Ausgang dieses ganzen Kampfs nur von mir allein ab."[6]

Reagan sollte seine Antrittsrede vor der Westseite des Capitols halten, von wo aus man einen Blick auf die berühmten Denkmäler Washingtons, den Potomac und den Nationalfriedhof von Arlington hat. Er wollte seine Antrittsrede mit der Geschichte Treptows dramatisch ausklingen lassen und dabei auf den Friedhof von Arlington weisen, wo Treptow begraben sei. Als Reagans Berater die Einzelheiten der Story prüften, stellten sie indes fest, dass Treptow nicht „unter einem weißen Grabmal in Arlington" begraben war, wie es in Reagans Text hieß, sondern unter einem grauen Grabstein einige tausend Kilometer entfernt in Bloomer, Wisconsin. Ungeachtet dessen wollte Reagan nicht auf das dramatische Ende seiner Rede verzichten, nur weil die Fakten nicht genau stimmten, und war zu keinem Rückzieher bereit, obwohl ihn seine Berater dazu drängten. Reagan, der Präsident aus Hollywood, hatte ein Gefühl für das Theatralische und wusste besser als seine Berater, dass um der Story willen Treptow unter einem der schimmernden weißen Grabmäler auf den Hügeln unmittelbar hinter dem Potomac in Sichtweite der Zuhörer begraben sein musste. Wie wichtig waren da ein paar „faktische Details"? Was machte es für einen Unterschied, ob Treptow in Wisconsin oder Arlington begraben war?

Am Ende seiner bewegenden Rede griff Reagan tief in die Kiste der Emotionen und holte die Treptow-Story hervor. Auf die sanften Hügel des Nationalfriedhofs von Arlington und die „ungezählten Reihen einfacher weißer Grabmäler mit Kreuzen oder Davidssternen" weisend, erinnerte Reagan seine Zuhörer theatralisch an die Kosten der Freiheit:

„Sie vereinen sich zu einem nur winzigen Bruchteil des Preises, der für unsere Freiheit gezahlt wurde. ... Unter einem solchen Grabmal liegt ein junger Mann, Martin Treptow, der 1917 sein Friseurgeschäft in einer kleinen Stadt verließ, um mit der berühmten Regenbogendivision nach Frankreich zu gehen. Dort an der Westfront wurde er getötet, als er unter schwerem Artilleriefeuer versuchte, Nachrichten von einem Bataillon zu einem anderen zu überbringen."[7]

Reagans Antrittsrede war nur der Vorbote kommender Dinge. Selten nur ließ er sich eine gute Story von Tatsachen verderben.

Diese Fähigkeit hatte ihren letzten Schliff in der Zeit erhalten, als er vier Jahre lang Sport-Moderator beim Sender WHO in Des Moines, Iowa, war. In jenen Tagen vor dem Fernsehen musste der Reporter in der Pressekabine von Wrigley Field, oder wo die Cubs sonst spielten, einen Spielbericht im Morsecode senden. Reagan saß unter Kopfhörern im Studio des Senders, ihm gegenüber ein Telegrafist namens Curly. Nach jedem Spiel entschlüsselte Curly die Morsezeichen und tippte einen kurzen Text für Reagan, der „über das Spiel berichtete, als wäre er selbst vor Ort gewesen."[8] Reagan erinnerte sich gern an diese Zeit: „Meine Erfindungsgabe wurde bis an die Grenze gefordert."

Einmal wurde vom Spiel der St. Louis Cardinals gegen die Chicago Cubs berichtet. Der berühmte Dizzy Dean stand für St. Louis am Wurfmal, Billy Jurges war Schlagmann für Chicago. Als Reagan gerade einen Wurf Deans im neunten Inning „beschrieb", reichte ihm Curly plötzlich einen Zettel, auf dem statt weiterer Informationen zum Spiel nur stand: „Die Leitung ist unterbrochen."

Jetzt saß Reagan in der Klemme, denn der Ball war gerade zum Wurfmal geflogen, Ronald jedoch hatte keine Ahnung, was als nächstes geschah. Er nutzte aber seine Fähigkeit, Geschichten mit vielen Ausschmückungen zu erzählen. Er entschied, dass das Spiel weitergehen musste. Noch nach einem halben Jahrhundert erinnerte er sich lebhaft an diese Situation: „Nun ja, ich hatte den Ball zum Wurfmal fliegen lassen und irgendwie musste er dorthin gelangen. Ich hätte den Hörern natürlich sagen können, dass die Leitung unterbrochen war, aber dann hätten sie zu einem Konkurrenzsender umgeschaltet. Ich entschied also, dass Jurges schlecht geworfen hätte und Western Union das Problem in den Griff kriegen musste. Um die Zeit zu füllen, beschrieb ich ein paar Kinder auf der Tribüne, die sich über den Fehlwurf stritten. Als mir

Curly mit Gesten zu verstehen gab, dass die Leitung noch immer nicht wieder stand, sagte ich, dass sich Jurges noch einen Fehlwurf geleistet hätte, hin und her lief, dies und das tat und schließlich noch einmal daneben warf, diesmal aber den Homerun nur um wenige Zentimeter verfehlte.

Ich suchte in Curlys Gesicht nach einem Zeichen der Ermutigung, aber er schüttelte nur den Kopf. Jetzt beschrieb ich, wie Dean das Spiel verlangsamte, Jurges noch einmal daneben warf, und noch einmal und noch einmal. Ein rothaariges Kind fand einen der Bälle wieder und hielt ihn wie eine Trophäe triumphierend hoch.

Jetzt steckte ich schon zu tief drin, um die Leitungsstörung noch zugeben zu können. Ich ließ also Jurges Dean unfair angehen und die Serie von Fehlwürfen etwa sieben Minuten dauern. Ich weiß nicht mehr, wie viele Fehlwürfe es gewesen sein könnten, erfuhr aber später, dass jemand diese unerhörte Zahl als Rekord an die Zeitung von Ripley gemeldet hätte.

Endlich begann Curly doch wieder zu tippen und ich wusste, dass das Leitungsproblem behoben war. Ich nahm den Zettel, den er mir durch den Schlitz reichte, und las, dass Jurges schon beim ersten Wurf getroffen hatte.

Noch Tage danach hielten mich Leute auf der Straße an und fragten, ob Jurges wirklich einen Rekord in Fehlwürfen aufgestellt hätte. Ich sagte nur: ‚Ja, er war eine lange Zeit dabei.' Zugegeben habe ich nie etwas.“[9]

Reagans Erinnerungsvermögen war eindeutig nicht beschädigt, aber wie andere theatralische Persönlichkeiten erinnerte er sich an Gefühle, Eindrücke, Erfahrungen, nicht an gesicherte Fakten.

Jimmy Carter, unstreitig der intelligenteste Präsident des vergangenen halben Jahrhunderts, konnte mit spezifischen Details zu den verschiedensten Raketensystemen aufwarten. Reagan konnte kaum ein Raketensystem vom anderen unterscheiden, brachte aber die unerhörte Meisterleistung zustande, den Kalten Krieg durch Verhandlungen zu beenden, denn seine schauspielerhafte, beruhigende Persönlichkeit erlaubte es ihm, sich Gorbatschow emotional zu nähern, statt ihn zu bedrohen.

Reagan war ein Meister im Lesen von Gefühlen, nicht aber von Zahlen. Er erinnerte sich an Storys, nicht an Statistiken. Seine engsten Mitarbeiter wussten, dass man ihn nicht mit Fakten und Zahlen langweilen durfte; konnte man aber eine gute Anekdote mitteilen, würde er sich sicher erinnern und sie dem großen Vorrat hinzufügen, den er schon im Kopf hatte.

Aber oft verzweifelten seine Mitarbeiter auch, weil sie ihn für intellektuell träge hielten. Eines Abends zum Beispiel brachte Stabschef James Baker eine dicke Mappe mit Informationen, die den Präsidenten auf den Wirtschaftsgipfel der westlichen Industriestaaten 1983 in Williamsburg vorbereiten sollten. Als Baker am nächsten Morgen wiederkam, fand er die Mappe ungeöffnet auf dem Tisch, genau dort, wo er sie am Abend zuvor hingelegt hatte. Er wusste, dass der Präsident nicht einen Blick darauf geworfen hatte, obwohl er in weniger als einer Stunde der ersten Sitzung des Weltwirtschaftsgipfels vorsitzen sollte. Frustriert schimpfte Baker mit dem Präsidenten, was für ihn gar nicht typisch war, und fragte ihn, warum er die Mappe nicht einmal geöffnet hatte. „Nun, Jim", antwortete Reagan ruhig, „gestern Abend lief doch im Fernsehen *The Sound of Music.*"[10]

Mit Karteikarten voller Stichwörter in der Hand und Liebenswürdigkeit in seinem Lächeln leitete Reagan den Gipfel dann trotzdem ohne Zwischenfall.

Der Humorist des Weißen Hauses

Ein Biograf hat festgehalten, wie wirksam Präsident Reagan den Humor einsetzte. Für ihn war Reagan „der im Weißen Haus ansässige Humorist und Gagschreiber", sein Stil: „Regieren durch Anekdoten."[12]

Reagans wichtigste Form der Kommunikation war die amüsante Anekdote, die spaßige Erinnerung. Er verband die Liebe des Schauspielers zu Aufmerksamkeit, die nostalgische Sehnsucht nach der Vergangenheit und den Vorrang der Gefühle in einer Weise, die andere unterhielt und sie ihm näher brachte. Er füllte diese Rolle so sehr aus, dass ihn der Washingtoner Reporter Owen Ullmann einmal als „Johnny Carson der nationalen Politik und Chefwitzbold der Vereinigten Staaten"[13] bezeichnete.

Reagan nutzte den Humor vermutlich wirkungsvoller als jeder andere Präsident der Geschichte. Anekdoten oder Einzeiler dienten ihm dazu, anderen die Befangenheit zu nehmen oder seine Kritiker zu schlagen, indem er den Spaß auf sich selbst lenkte. Als er zum Beispiel einmal informiert wurde, dass einige seiner politischen Gegner sein Alter zum Wahlkampfthema machen wollten, machte er selbst darüber Witze im Stil von Jack Benny, indem er sagte, er feiere den dreißigsten Jahrestag seines neunundreißigsten Geburtstags. Und bei einer Debatte mit seinen republikanischen Rivalen in Chicago sagte Reagan, Preiskontrolle habe zu allen Zeiten versagt, schon seit sie zum ersten Mal vom römischen Kaiser Diokletian verordnet worden sei. Und dann witzelte er: „Ich bin einer von den wenigen, die alt genug sind, um sich daran noch zu erinnern.“[14]

Reagan profitierte von dem komischen Wert seiner Reputation als Präsident mit festen Bürozeiten, der den Tag verdöste und seinen Kritikern mit Humor den Wind aus den Segeln nahm. Einmal schrieb er Marlin Fitzwater auf ein Foto, das diesen schlafend in der Präsidentenmaschine zeigte: „He, Marlin, das sollten wir eigentlich nur bei Kabinettssitzungen tun.“ Reagan hatte das Grundprinzip der Comedy verstanden, dass nämlich der Humorist die Herzen des Publikums nur gewinnen kann, wenn er seine eigenen Schwächen nicht verschont. Wie Jack Benny war Reagan seiner selbst sicher genug, um Selbstverspottung als wesentliche Spielart des Humors einzusetzen. Als ihn ein Reporter hämisch um ein Autogramm auf einem alten Studiofoto bat, das Reagan mit dem Schimpansen Bonzo zeigte, tat der Präsident ihm fröhlich den Gefallen und schrieb: „Ich bin der mit Uhr.“[15]

Sein scharfsinniger Biograf Lou Cannon formulierte: „Reagan konnte den Witz auf seine Ignoranz lenken, weil er sich überreich mit gesundem Menschenverstand gesegnet sah. Er konnte über sich lachen, weil er wusste, dass er eine ernsthafte Absicht hatte.“[16]

Beeinflussbar, aber beeindruckend

Reagan war „eine Art Leser der Chancengleichheit“[17], der zu dem Glauben neigte, alles sei wahr, was er gedruckt sah. Er war kein analytischer Leser oder Denker, und sogar Nancy, die sich immer schützend vor ihn stellte, räumte ein, dass der Präsident den Tag mit dem Lesen von Comics anfing: „Ronnie begann mit der *Washington Post*, dann kam die *New York Times*. Und dieses ewige Gerücht, dass er immer als erstes die Comics las – also das stimmt.“[18]

Und was er las, konnte er so formen, dass es zu seinen Ideen passte. Reagan war für seine komischen „Statistiken“ bekannt, mit denen er die Storys aus *Reader's Digest*, der Lokalzeitung oder alten Filmen in seiner Erinnerung würzte. Durch die Vermischung der „Statistiken“ mit seinen eigenen ungeprüften Eindrücken kam es zu einem Erkenntnisgebräu, das auch zu einigen seiner denkwürdigsten Fehler führte.

Im Wahlkampf von 1980 behauptete er, gestützt auf „den besten Ölgeologen“, dass die Vereinigten Staaten größere Ölreserven als Saudi-Arabien hätten. Mark Shields parodierte das so: Reagan glaube, es sei „mehr Öl unter dem Yankee-Stadion als im Nahen Osten.“[19]

Für Reagans Wahlkampfhelfer vielleicht noch bestürzender war einmal die Entdeckung ihres Kandidaten, dass für die Luftverschmutzung primär Bäume und andere Pflanzen verantwortlich seien und dass der Vulkanausbruch des Mount St. Helens mehr Schwefeldioxid in die Atmosphäre emittiert hätte als alle Autos in zehn Jahren.

Dabei betrug der Ausstoß des Mt. St. Helens auf dem Höhepunkt seiner Aktivität geschätzte 2.000 Tonnen Schwefeldioxid pro Tag, gegenüber einem täglichen Ausstoß von 81.000 Tonnen durch Autos. Bei Bäumen, die Luftverschmutzung verursachen sollten, hat Reagan Distickstoffoxid, das von Pflanzen produziert wird, offenbar mit Stickstoffdioxid verwechselt, das aus Schornsteinen austritt. Als Reagan solcherart im Clarement College in Kalifornien sprach, machten sich Studenten über seine „Statistik“ lustig, indem sie an einen Baum eine Tafel mit der Aufschrift hefteten: „Hackt mich um, bevor ich wieder töte.“[20]

Die Berater verzweifelten oft bei seinen falschen Behauptungen, weil es für sie so schwierig war, diese zu ihren Quellen zurück zu verfolgen. Während seiner Reisen im Präsidentschaftswahlkampf erzählte er Hunderte von Geschichten, und mit der Unbekümmertheit theatralischer Persönlichkeiten mischte er dabei „Tatsachen“ und Erinnerungen zu einem Potpourri von Scherzen, die seine Zuhörer erfreuten, aber seine Mitarbeiter zum Wahnsinn trieben.

Einmal bereitete Ed Meese den eben gewählten Präsidenten auf eine Pressekonferenz vor. Reagan, der beständig unterhalten wollte, sagte ihm: „Es ist sehr schwierig für mich, langweilig zu sein.“[21]

Obwohl Reagan der Vorwurf gemacht wurde, er sei „intellektuell träge“ oder „ein Präsident mit Dienstzeit von neun bis fünf“, behauptete keiner von ihm, er sei langweilig. Zwar nickte er manchmal ein, wenn seine Untergebenen ermüdende Haushaltdetails oder diffizile Regierungsprobleme diskutierten, aber er war sofort hellwach, wenn jemand eine gute Anekdote mitzuteilen hatte. Sein Gedächtnis wurde in Zweifel gezogen, aber er vergaß nur selten eine gute Story und sein Erinnerungsvermögen für Filmszenen war verblüffend.

Vergleicht man Reagans Persönlichkeit mit einer klinischen Beschreibung des theatralischen (früher als „hysterisch“ bezeichneten) Persönlichkeitstyps, findet man verblüffende Übereinstimmungen: „Wenn eine schauspielerhafte Person gebeten wird, jemand anderen zu beschreiben, bekommt man wahrscheinlich Antworten wie ‚Er ist so groß' oder ‚Sie ist wunderbar' oder ‚Ich hasse ihn'. Befragt man eine schauspielerhafte Person, erhält man als Antwort Eindrücke, keine Fakten. Diese Eindrücke können interessant und kommunikativ sein und sind auch oft lebendige Schilderungen, aber sie bleiben Eindrücke, sind nicht detailliert, nicht sehr scharf umrissen und bestimmt nicht fachlich. … Manchmal bleibt der theatralischen Persönlichkeit sogar der Sinn oder die Bedeutung einer Frage verschlossen. Das liegt nicht an einem Mangel an Intelligenz, sondern daran, dass die Frage auf technische Fakten oder Daten abzielt, auf die sie nicht vorbereitet sind oder die sie nicht ganz verstehen."[22]

Wir haben bereits erwähnt, was sogar einige von Reagans engsten Beratern seine „intellektuelle Trägheit" nannten. Betrachten wir dies aber durch das Prisma der Persönlichkeit, verstehen wir es als Manifestation nicht von Trägheit, sondern von theatralischem Persönlichkeitsstil: „Um es auf den einfachsten Nenner zu bringen: Mangel an allgemeinem Faktenwissen ist ein relativ sicherer diagnostischer Indikator für theatralisches Wesen; es tritt bei theatralischen Menschen regelmäßig auf. Wie könnte es auch anders sein?"[23]

Die romantisierte nichtfaktische Weltsicht der typischen theatralischen Persönlichkeit erstreckt sich auch auf die Erfahrung des eigenen Selbst. Shapiro schreibt: „Er fühlt sich nicht wie ein substanzielles Wesen mit einer realen und faktischen Geschichte. In der Tat ist er sich oft seiner eigenen Geschichte nicht bewusst … Er scheint sich wie eine Gestalt in einer Romanze zu fühlen, ein Aschenbrödel oder ein heroischer und rasender Don Juan."[24]

Hollywood und seine Spuren

Reagans theatralische Neigung, der „Held" in einer romantischen Geschichte zu sein, verstärkte sich durch seine Jahre in Hollywood und die beständige Versunkenheit in alten Filmen nach seiner Wahl in das Weiße Haus. Als Präsident reiste Reagan an 183 Wochenenden nach Camp David und sah sich bei jedem dieser Trips meist zwei Filme an. Außerdem sah er Filme im Privatkino des Weißen Hauses und im Fernsehen.

Garry Wills, einer von Reagans Biografen, zeigt recht überzeugend, wie Reagans Filmrollen für ihn nach und nach eine Realität wurden, die er oft von den wirklichen Fakten seines Lebens nicht mehr unterscheiden konnte: „Der Zweite Weltkrieg ist in die Persönlichkeit Ronald Reagans tief eingeprägt. Es war ein Krieg, in dem er bereits vor der Bombardierung Pearl Harbors durch die Japaner ‚kämpfte', indem er in einem Film, der 1941 gedreht wurde, einen Yankee in der internationalen Staffel der RAF spielte."[25]

Als schauspielerhafte Persönlichkeit passte Reagan in seinem Temperament zu den inspirierenden Fiktionen des Krieges, jenen zumeist erfundenen heroischen Geschichten, die auf Zelluloid festgehalten und für eine amerikanische Öffentlichkeit zur Mobilisierung gegen das Böse aufbereitet wurden.

Für Menschen, die während oder nach dem Vietnam-Krieg aufwuchsen, ist es weitgehend unmöglich, den tiefen Patriotismus zu verstehen, der seinerzeit in den Amerikanern überreichlich vorhanden war, nachdem die Japaner Pearl Harbor bombardiert hatten. Nur wenige aus der Zeit des Babybooms erinnern sich der Größe des amerikanischen Geistes, der damals in der Nation mit dem Ziel des Sieges über Nazideutschland aufwallte.

Reagans Beitrag zu den Kriegsanstrengungen des Landes bestand in der Mitwirkung in Filmen über junge Märtyrer, die einer edlen Sache dienten. Diese Geschichten aus Hollywood waren tief in seine Psyche eingebettet und wurden dort nie völlig getilgt. Die Trennlinie zwischen dem Schauspieler Reagan und dem patriotischen Kämpfer Reagan war infolge seiner theatralischen Persönlichkeit ständig unscharf.

Als der Krieg ausbrach, stand Reagan auf dem Gipfel seiner Filmkarriere. Es ist also kaum eine Überraschung, dass Hollywood aus seiner Popularität wie aus dem Krieg gleichermaßen Gewinn zog. Fanmagazine zeigten Reagan, wie er „in den Krieg zog", während Jane Wyman als die gute Ehefrau porträtiert wurde, die an der Heimatfront tapfer die Familie aufrechterhielt, solange der Hausherr weit entfernt an der Front kämpfte. In *Modern Screen* stand zu lesen: „Es ist jetzt neun Monate her, seit Ronald Reagan zu Frau und Baby sagte: ‚Mach's gut, Stupsnase', und sich zu seinem Regiment aufmachte."[26] Danach beschrieb der Artikel Janes Einsamkeit und wie sie nach ihrem Mann Ausschau hielt, der aber nicht da war.

Wo aber war Ronald Reagan? In Los Angeles! Eben dort, wo er bereits gewesen war, als er alle seine anderen Kriegsfilme drehte. Ungeachtet aller Versuche Hollywoods, Reagan für Publicityzwecke zu porträtieren, wie er „aus dem Krieg heimkehrte" oder „wieder in der Stadt war", hatte er die Stadt gar nicht verlassen. Und wo war Reagan, als Hiroshima bombardiert wurde? Auf dem Weg durch ebendiese Stadt Los Angeles – ins Disney-Studio, um in einem Kurzfilm über den Krieg als Sprecher mitzuwirken.

Aber mit dem Schwindel Hollywoods und Reagans theatralischer Neigung, die Grenze zwischen Wahrem und Erfundenem zu verwischen, war er eben doch „in den Krieg gezogen", und das in einer Weise, die er später nur schwer von den realen Fakten trennen konnte.

Am 29. November 1983 hatte Reagan im Oval Office ein Gespräch mit dem israelischen Ministerpräsidenten. Dabei erzählte er Jizchak Schamir, im Rahmen seiner „Kriegspflichten" sei er damals beauftragt worden, für die Fernmeldetruppe die Todeslager der Nazis zu filmen. Er hätte auch einen Film aufgehoben, weil er meinte, eines Tages könnte die Authentizität des Holocaust in Frage gestellt werden. Er hätte den Film auch schon einmal gezeigt, um einen Skeptiker zu überzeugen.

Reagan erzählte das derart bewegend, dass Schamir seinem Kabinett davon berichtete. Von dort geriet es in die Zeitung *Near East Report*. Als Reagans Biograf Lou Cannon später gefragt wurde, warum er nie davon berichtet hätte, dass Reagan die Todeslager gefilmt habe, antwortete Cannon: „Weil er das nie getan hat. Er war im Krieg nicht ein einziges Mal außerhalb des Landes."[27]

Aber für Reagan selbst schienen sich die Impressionen, die er nur auf dem Zelluloid durchlebt hatte, in seinem Gedächtnis eingegraben zu haben. Einmal sagte er: „Als ich aus den Luftlandetruppen ausschied, wollte ich – wie Millionen anderer Veteranen – mich nur eine Weile ausruhen, mit meiner Frau schlafen und erfrischt einen besseren Job in einer idealen Welt annehmen."[28]

Wo war er denn gewesen, dass er mit seiner Frau nicht schlafen konnte? In den letzten drei Jahren waren beide die meiste Zeit in Los Angeles gewesen. Getrennt waren sie nur, als Wyman durch den Süden tourte, um Patrioten zum Zeichnen von Kriegsanleihe zu bewegen. In Reagans Erinnerung jedoch war er „im Krieg gewesen."

Beeindruckende Selbstsicherheit

Hand in Hand mit Reagans intellektueller Unschärfe ging eine beeindruckende Selbstsicherheit. Er konnte über sich selbst lachen, weil er niemanden beeindrucken musste. Er war schließlich der Präsident. Reagan besaß eine lächelnde Nachsicht gegenüber sich selbst im Verhältnis zu seinem Amt. Wie Harry Truman hatte auch Reagan vor dem Präsidentenamt eine ehrfürchtige Scheu, trug bei der Arbeit im Oval Office stets Jackett und Krawatte, sah sich selbst aber als Mensch mit gewöhnlichen Talenten, der seine Arbeit macht. Er litt nicht unter der großspurigen Illusion, die Politiker so häufig befällt, hielt sich also nicht für den einzig möglichen guten Präsidenten. Das erlaubte ihm eine unverkrampfte Offenheit gegenüber neuen Informationen, solange diese nicht seine Grundwerte und Überzeugungen in Frage stellten.

Einmal kam während eines literarischen Lunchs beim *Washington Star* die Diskussion auf die fehlerhafte Übersetzung von Dialogen in Western-Filmen aus Hollywood, wenn sie mit italienischen oder französischen Untertiteln versehen wurden. Plötzlich fragte Reagan: „Woher haben wir eigentlich die englische Sprache? Wo kommt Englisch her?" Nach einer peinlichen Pause erklärte Ed Yoder, Leitartikler und Träger des Pulitzer-Preises, dem Präsidenten, Englisch sei eine Mischung aus normannischem Französisch und Angelsächsisch, dessen Entwicklung im elften Jahrhundert begonnen und das etwa zur Zeit Chaucers erkennbare Formen angenommen habe. Reagan dankte Yoder, der darüber verdutzt war, dass der Präsident keine Scheu hatte, eine solche Frage zu stellen.[29]

Ein anderes Mal fragte Reagan George Will: „Was macht eigentlich die Blue Ridge Mountains so blau?" Will hatte keine Antwort, vergaß aber nie die Frage. Wie Yoder war auch er erstaunt, dass es dem Präsidenten nichts ausmachte, unwissend zu erscheinen.

Es war seine kindhafte Natürlichkeit, durch die sich Reagan mit dem Durchschnittsamerikaner verbünden konnte. Sta Spencer bezeichnete das einmal als den „Jo Sixpack" in Reagan.

Reagan war auf Eindrücke orientiert und lebte wie andere theatralische Typen in einer Welt unscharfer Gefühle und verwaschener Eindrücke, tat das aber nicht aus Gründen des Vorwands. Anders als viele schauspielerhafte Menschen, die ihre Fähigkeiten dazu nutzen, die Aufmerksamkeit auf sich zu lenken, bestand Reagans Geschick darin, anderen die Befangenheit zu nehmen. Seine Intuitionen waren auf die Menschen in seiner Umgebung gut abgestimmt. Wenn auch die Fakten nicht genau stimmten und seine Erinnerung sie expansiv ausschmückte, schien er doch im Allgemeinen durch etwas Höheres motiviert als etwa die Vergrößerung der eigenen Macht. Die Kriegsstorys beschönigte er, um einen gefallenen Helden zu preisen oder große Ideen wie Vaterlandsliebe oder Opfer um der Freiheit willen zu veranschaulichen. Sicher wird Reagan mehr für seine Anekdoten und humoristischen Einzeiler in Erinnerung bleiben als für elegante Aphorismen – von der Art: „Frag nicht, was dein Land für dich tun kann, frag, was du für dein Land tun kannst“ –, aber seine Anekdoten waren meist geeignet, andere zu inspirieren.

Psychische Barrieren oder innere Leere?

Wie viele Schauspielertypen wusste Reagan, wie man eine Zuhörerschaft erobert und wie ein dramatischer Auftritt gespielt wird, aber wirklich engen Beziehungen schien er aus dem Weg zu gehen. Der Filmstar Reagan, der Gouverneur Reagan, der Präsident Reagan war in der Lage, sich mit seinem Publikum zu „verbinden“, schuf aber paradoxerweise keine Verbindungen zu denen, die ihm am nächsten standen – seinen Mitarbeitern, seinen Kindern, sogar Nancy. Enge Freunde und die Familie spürten eine Barriere, die sie nie ganz überwinden konnten. „Er ist ein echt netter Mann“, sagte Lyn Nofziger, lange Zeit Reagans innerem Kreis zugehörig, „aber es ist eine Art Barriere zwischen ihm und dem Rest der Welt, eine Schicht, die man nicht durchdringen kann. Man kommt nicht in ihn hinein.“[30]

Diese „Barriere“ hielt alle, oft sogar Nancy, auf Distanz. Nancy Reagan äußerte über ihren Mann: „Wir sind fast vierzig Jahre verheiratet, so dass ich wohl wissen dürfte, was ich sage. ... Obwohl er die Menschen liebt, scheint er oft weit weg zu sein und lässt niemanden zu nahe an sich heran. Um ihn herum ist eine Mauer. Er lässt mich näher heran als jeden anderen, aber es gibt Zeiten, in denen sogar ich diese Barriere spüre.“[31]

Reagans Unfähigkeit, sich mit ihm nahe Stehenden echt zu verbinden, führte den Ökonomen und Schriftsteller Martin Anderson zu dem Schluss, Reagan sei klug, entschieden und hart, aber gleichgültig gegenüber den menschlichen Gefühlen seiner Umgebung, „ein auf freundliche Art rücksichtsloser Mann“.[32]

Das vielleicht tragischste und denkwürdigste Beispiel für Reagans Distanz zeigte sich an der High School von Judson, einer privaten Internatsschule, die sein Sohn Michael absolvierte. Ein Mitglied des Lehrkörpers hatte Michael gebeten, seinen Vater zur Übernahme der Eröffnungsrede bei der Jahres-Abschlussfeier zu bewegen. Reagan war zu der Zeit Präsident des Filmschauspielerverbands und wurde intensiv gedrängt, für den Posten des Gouverneurs von Kalifornien zu kandidieren. Michael erinnerte sich der Ereignisse so:

„Am Tag der Abschlussfeier wurde Vater noch vor seiner Eröffnungsansprache gebeten, sich mit einigen Absolventen fotografieren zu lassen. Natürlich war ich unter denen, die für das Foto ausgewählt wurden. Wir trugen alle unsere Barette und Talare. Ich war der dritte oder vierte in der Reihe. Als einer nach dem anderen an Vater vorbei ging, hörte ich, wie er sich vorstellte und dann nach dem Namen des jeweiligen Absolventen fragte. Als ich vor ihm stand, grinste ich von Ohr zu Ohr. ‚Mein Name ist Ronald Reagan', sagte Vater. ‚Wie heißen Sie?' Ich nahm mein Barett ab. ‚Erinnerst du dich?', sagte ich, ‚ich bin dein Sohn Mike.' ‚O je', sagte Vater, ‚ich habe dich nicht erkannt'."[33]

Ron Reagan sagte über seinen Vater: „Ich kenne ihn so gut wie kein anderer, außer meiner Mutter. Aber wissen Sie, da ist etwas, das er zurückhält. Man kommt ein Stück an ihn heran, dann aber fällt der Vorhang und weiter kommt man nicht."[34]

Die entscheidende Frage bleibt also: Was war hinter dem Vorhang? Was war hinter Ronald Reagans Barriere? War diese offensichtliche Barrikade ein echter Distanzierungsmechanismus wie Richard Nixons paranoider Rückzug, oder fehlten Reagan einfach jene intellektuellen Kapazitäten, die echte und tiefe Beziehungen zu Menschen leicht machen? Der Augenschein legt letzteres nahe. Theatralische Persönlichkeiten sind, einfach gesagt, flach. Wir haben bereits gesehen, dass das nicht dasselbe ist wie geistig verlangsamt. Es bedeutet nicht, dass es Reagan an Kommunikationsfähigkeit mangelte oder dass er dumm gewesen wäre. Reagan war von schneller Intuition und konnte gut arbeiten, wenn er ein Manuskript hatte. Aber aus ähnlichen Gründen, aus denen Reagan stets nur ein Filmschauspieler der zweiten Reihe war – man vergleiche ihn nur mit Richard Burton oder Anthony Hopkins –, fehlte ihm die Tiefe, um echte und tiefe menschliche Beziehungen aufrecht zu erhalten.

Mit psychologischer Projektion oder geschickter Zuordnung kann man Ronald Reagan zu einem intellektuell vielschichtigen Mann machen, der sich auf Grund eines psychischen Kindheitstraumas absichtlich vor menschlicher Nähe zurückhielt. Selbst sein erkenntnisreicher Biograf Lou Cannon vermutet, dass die „emotionale Mauer", die Reagan um sich herum baute, „durch die Reaktion auf den Alkoholismus seines Vaters, den Schmerz und die Isolation nach dem Scheitern seiner ersten Ehe und durch die häufigen Umzüge der Familie Reagan von einer Kleinstadt in Illinois zur anderen, wo der junge Reagan die Kunst des Lebens ohne Freunde lernte"[35], geformt worden sei.

Das Gewicht der Fakten legt jedoch anderes nahe. Reagan war kein komplizierter Mensch. Es gab keine Barriere, denn hinter der Fassade war nichts.

„Man bekommt, was man sieht“

Reagan hatte eine grafische, visuelle Fantasie, wie seine Jahre als „blinder“ Hörfunkreporter mit den lebhaften Details aus den Spielen der Chicago Cubs deutlich bewiesen. Im Geist konnte er Dinge „sehen“, die sich nie ereignet hatten, und an Filmszenen konnte er sich mit solcher Deutlichkeit erinnern, dass sie Teil seiner persönlichen Erinnerung wurden. Er hatte ein verblüffendes visuelles Gedächtnis, aber eben dort endete seine intellektuelle Tiefe, nämlich an der sichtbaren Oberfläche. Unter dem Teppich genauestens erinnerter Anekdoten und visuellen Gedächtnisses war nur blanker Fußboden. Reagans intellektuelles Haus war auf einer Platte erbaut; ein Fundament besaß es nicht. Er besaß nur geringe analytische Fähigkeiten, ein wenig durch Fakten gestütztes Wissen und keine tiefgründige Philosophie. Sein Weltbild war in Hollywood entstanden, so dass sein Zugriff auf Welt-Probleme eher filmtypisch als global war.

Sogar Reagans größte Leistung, die Beendigung des Kalten Krieges, war vermutlich zu einem Teil durch den Science-Fiction-Film *The Day the Earth Stood Still* [Der Tag, an dem die Erde stillstand] inspiriert. Darin zwingt ein Alien aus einer freundlichen und hoch entwickelten Zivilisation die irdischen Nationen, in Frieden zusammenzuarbeiten. Auf dem Weg zum Frieden mit den Russen bezog sich Reagan mehrfach auf Invasionen aus dem Weltraum, so dass Colin Powell, einer seiner Berater, denen er am meisten vertraute, mit den Augen rollte und zu seinem Stab sagte: „Jetzt kommen wieder die kleinen grünen Männchen.“[36]

Die Entspannung wurde durch das Fehlen von Problembewusstsein erleichtert, was es theatralischen Typen einfach macht, ihre Meinung ändern. Für Reagan bedeutete es keine große Anstrengung, seine Meinung über Russland vom „Reich des Bösen“ zum „Partner im Frieden“ zu ändern. Von Alexander Haig, der unter Nixon, Ford und Reagan diente, stammt die Bemerkung, dass Reagan anders als Nixon schnell Entschlüsse fasste, obwohl er nicht immer die Konsequenzen seiner Entscheidungen begriff. Nixon „konnte sich stundenlang mit einer Entscheidung quälen, bevor er sie fällte“, sagte Haig. „Bei Reagan habe ich das nie erlebt. Ich kenne niemanden, der Entscheidungen so elegant und schnell traf wie Reagan.“[37]

In Wirklichkeit waren viele von Reagans einnehmenden Charakterzügen – Aufrichtigkeit, Verzicht auf Prahlerei, Bescheidenheit – nicht so sehr gewählt, sondern natürliche Attribute. Ihm fehlte die kognitive Komplexität, um sich beständig aller möglicher Tricks zu bedienen. Seine Aufrichtigkeit war unverstellt, denn es mangelte ihm an den geistigen Voraussetzungen, um falsch zu spielen. Für Freude an Unaufrichtigkeit war er nicht genügend raffiniert. Nancy Reagan dazu: „Ronnie ist kein anspruchsvoller Kerl. Er ist sehr einfach."[38]

Folglich waren Menschen oft zunächst von Ehrfurcht erfüllt, wenn sie den Präsidenten der Vereinigten Staaten trafen, bis sie dann feststellten, er sei der gleiche „freundliche und echte Mensch", den sie im Fernsehen oder in Filmen gesehen hatten. Sie dachten: „Nanu, der ist ja genauso wie im Fernsehen."[39]

Es ist ein Fehler, Reagan mehr als echte, einfache Transparenz zuzuschreiben. So ist auch Annelise Andersons Behauptung, Reagan sei „äußerst gescheit"[40], im Licht der Tatsachen nicht haltbar. Reagan war weder „äußerst gescheit" noch, wie an anderer Stelle gesagt, „auf freundliche Art rücksichtslos". Das wären Eigenschaften, die ein geistiges Licht voraussetzen, das einfach nicht vorhanden war. Reagan war von wacher Intuition, aber intellektuell einfach. Er war psychisch schnell, aber emotional flach, mit einem Wort: theatralisch.

Die prägende Mutter – Kindheit in Illinois

Nelle Wilson Reagan, Ronalds Mutter, war in seinen prägenden Jahren die wichtigste Person für ihn. Wahrscheinlich war sie es, von der er seine frühesten schauspielerhaften Neigungen erhielt, zu denen auch eine Liebe zum Theater gehörte. Nelles Attitüde „Das Leben ist eine Bühne" gewann unter den unwahrscheinlichsten Umständen Gestalt: in einer pietistischen religiösen Tradition, im Kreis von Glaubensgenossen in einer Kleinstadtkirche. Nelle besaß Extravaganz und Atmosphäre, gab sich sicher, voll Selbstvertrauen und verfügte über eine religiösen, wenngleich theatralischen Lebensstil. Eine Cousine von Nelles Nachbarin erinnerte sich an ihre „theatralische" Stimme, wenn sie die Kinder ins Haus rief.[41]

Die Änderung ihres Taufnamens von dem gewöhnlichen Nellie in Nelle glich fast der Annahme eines Künstlernamens. Eine ihrer Freundinnen nannte das ihren „professionellen Poetinnennamen." Reagan selbst beschrieb seine Mutter einmal als „frustrierte Schauspielerin."[42]

Nelle und Jack Reagan zogen im Februar 1906 nach Tampico, Illinois. Im April desselben Jahres fand in der Christian Church eine Erweckungsveranstaltung statt und im Juni sprach der berühmte Billy Sunday zu tausend Menschen im benachbarten Prophetstown Tabernacle, was zu hundert Bekehrungen führte. Im August kam der Evangelist L. W. Munhall, um das Feuer der Erweckung weiter anzufachen. Bevor der Sommer vorüber war, schätzte die Zeitung von Tampico die Zahl der Bekehrungen auf vierhundertdreizehn.[43]

Religiöse Versammlungen hatten überall Hochkonjunktur. Im April des Folgejahrs hatte sich eine Liga für Gesetz und Ordnung gebildet und nahm Gesetze in Angriff, die „den Verkauf von Rauschmitteln, die Entheiligung des Sabbats und die Eindämmung aller sozialen und moralischer Missstände betreffen."[44] In der Woche nach Gründung der Liga wurden der freie Alkoholausschank unterbunden und für Kinder unter vierzehn eine Ausgangssperre ab einundzwanzig Uhr festgelegt. Vernon Denison, Mitschüler Reagans in der vierten und fünften Klasse, erinnert sich: „Sonntags konnten wir nicht viel tun, nicht mal Ball spielen oder so etwas."[45]

Nelle Reagan gewöhnte sich mit Begeisterung an dieses Leben, ließ sich taufen und trat damit am 27. März 1910, dem Ostersonntag, in die Kirche der Jünger Christi ein. Von da an wurde Nelle ein ergebenes und sogar glühendes Mitglied dieser Kirche. Als Kind war sie nicht areligiös oder gar antireligiös gewesen, hatte aber auch nicht in einer derart pietistischen Gemeinde gelebt. Anscheinend besuchte sie in ihren Jungmädchenjahren auf der Farm die methodistische Episkopalkirche und wäre sicher keine so gute Tänzerin geworden, hätte man sie von Anfang an als eifrige Jüngerin erzogen. Aber der neue Glaube, dem sie sich in Tampico, Illinois, so inbrünstig hingab, hielt ihr ganzes weiteres Leben an und entwickelte sich zu schönster Blüte in Dixon, Illinois, wo sie ein geachteter „Pfeiler" der Kirche der Jünger wurde.

Im Ergebnis von Nelles leidenschaftlicher Spiritualität fand der kleine Ronald in den frühen Jahren sein Zentrum in der christlichen Kirche. Hier unternahm er auch seine ersten schauspielerischen Versuche – als Protagonist in religiösen Sketchen und Spielen, die seine Mutter schrieb. Er ging mit der Tochter des Predigers und leitete einmal sogar einen österlichen Gottesdienst. Mit fünfzehn besuchte er ein College der Jünger in Eureka und pflegte Umgang mit Schülern eines anderen Colleges der Jünger in Drake.

Obwohl die Haltung ihrer inbrünstigen Vorgänger, die zu Beginn des neunzehnten Jahrhunderts „Kentucky in Flammen setzte", schon etwas abgedämpft war – sie glaubten in Nelles Tagen, dass Vernunft in der Auslegung der Bibel zur Erlösung führe –, blieben die Jünger in der Zeit von Reagans Kindheit in ihrer religiösen Praxis emotional, und Nelles theatralisches Talent sowie ihre literarische Bestrebungen fanden in ihren kirchlichen Aktivitäten angemessenen Ausdruck und anerkennende Aufnahme: kirchliche Schauspiele, religiöse Poesie und spirituelle Prosa. Nelle schrieb wöchentlich für die Kirchenzeitung und lehrte regelmäßig an der Sonntagsschule – mit leidenschaftlichem Flehen, Bibelzitaten und unter Ausnutzung ihrer literarischen Fähigkeiten, um Menschen dazu zu bewegen, dass sie die Kirche besuchten und sich, wie sie selbst, den „höheren und edleren" Dingen des Lebens widmeten. In Nelles eigenen Worten: „Ich denke über die höheren, edleren Dinge nach."[46]

Noch viele Jahre später war Reagan gelegentlich von der geistlichen Atmosphäre umgeben. Als einmal eine Gruppe prominenter Prediger, unter ihnen Pat Boone, den Gouverneur und seine Frau besuchte, schlossen sie ihr Treffen mit einem Gebetskreis von sieben Personen, die sich an den Händen hielten. Reverend George Otis erinnert sich: „Ich betete zuerst nur vom Kopf her. Ich nannte die Dinge, die erwartet wurden. Sie wissen schon, Dank an Gott für die Reagans. Ihre Gastfreundschaft und so weiter. Das ging etwa zehn bis fünfzehn Sekunden so und änderte sich dann. Alles verschob sich von meinem Kopf zum Geist hin – zum Geist. Der heilige Geist kam über mich und ich wusste das. Ich wurde wirklich überwältigt. Da war das Pulsieren in meinem Arm. Und meine Hand, mit der ich Gouverneur Reagans Hand hielt, zitterte. Ich wusste nicht, was ich tun sollte. ... Es war kein wildes Schwingen oder so etwas. Aber es war ein eindeutiges pulsierendes Zittern. Ich unternahm große körperliche Anstrengungen, damit es aufhörte, aber ich schaffte es nicht. Als das so weiterging, änderte sich der Inhalt meines Gebets völlig. Die Worte kamen stetiger und konzentrierter. Sie waren besonders an Ronald Reagan gerichtet, den ich mit ‚Mein Sohn' ansprach, dessen Rolle als Führer des Staates ich anerkannte und dessen Arbeit ich als ‚erfreulich' bezeichnete. Es war absolut still. Nur meine Stimme war zu vernehmen und alle hatten die Augen geschlossen. Später erfuhr ich von [Herbert] Ellingwood, der rechts von Reagan gestanden hatte, dass die andere Hand des Gouverneurs ähnlich gezittert hatte." Ellingwood selbst erinnerte sich noch nach Jahren, dass er irgendwie einen „Strahl Elektrizität" gespürt habe, als er Reagans Hand ergriff.[47]

Nelle war eine Frau von leidenschaftlicher Religiosität, die auf ihren Sohn Ronald einen tiefen Einfluss in dieser Richtung ausübte. Vater Jack war ein geselliger, fröhlicher und erzählfreudiger Ire, der in religiöser Hinsicht einen starken Kontrast zu seiner frommen Frau darstellte. Aber obwohl sie in Bezug auf Kirchenbesuch und organisierte Religionsausübung Lichtjahre voneinander entfernt waren, besaßen Nelle und Jack in emotionaler Hinsicht mehr Ähnlichkeiten als Unterschiede. Beide waren lebhafte und temperamentvolle, emotional vielfarbige schauspielerhafte Persönlichkeiten, Nelle eher etwas sanfter, Jack etwas ungebärdiger.

Jack Reagan war abwechselnd reisender Schuhverkäufer, Kurzwarenhändler und Ladenchef, um nur einige seine verschiedenen Tätigkeiten zu nennen. In der Arbeit war er unstet, im Trinken nicht. Jack, der chronische Alkoholiker, schien in allem die Antithese zu dem, wofür die moralisierende, Traktate verteilende und Abstinenz predigende Nelle eintrat.

Das verursachte zweifellos Konflikte in der psychischen Entwicklung des jungen Ronnie, obwohl ihm Nelle erklärte; Jack leide an einer „Krankheit", gegen die er nicht ankäme. Das war ein aufgeklärter, aber abhängiger Blick auf ihren Mann, denn Jack unternahm keine ernsthaften Anstrengungen, um seine Krankheit zu überwinden.

Jahre danach erinnerte sich Reagan, wie er einmal in einer kalten Winternacht im Dunklen heim kam: „Ich wäre fast über einen Haufen in der Nähe der Vordertür gestolpert. Das war Jack, der mit ausgestreckten Armen auf dem Rücken im Schnee lag."[48] Der elfjährige Ronnie beugte sich nach vorn, um zu sehen, was da lag. Er roch Whiskey und wusste sofort, dass sein Vater wie so oft aus einem Lokal mit illegalem Alkoholausschank gekommen und auf der Veranda umgekippt war. „Ich packte ein Stück vom Mantel, zog daran und schleifte ihn ins Haus. Dann bracht ich ihn ins Bett. Meiner Mutter erzählte ich nie von diesem Vorfall."[49]

Als gutes Kind eines Alkoholikers lernte Ronnie schnell, sich um seinen Vater zu kümmern, ihn zu schützen und seine Schwächen geheim zu halten, sogar vor Nelle. Eltern mit so unterschiedlichen Werten und Lebenshaltungen müssen in Ronald einen beachtlichen Konflikt hervorgerufen haben, auch wenn Nelle immer wieder versicherte, dass Jack wirklich „krank" sei und sich nicht selbst helfen könne.

In seinem Temperament war Ronald wie Nelle, während sein älterer Bruder Neil eher dem Vater ähnelte. In Neils Erinnerung war Ronnie ein ruhiger Junge, der stundenlang allein mit seinen Bleisoldaten spielen konnte. Obwohl sich Neil an Cliquen erinnerte, meinte er, dass sein jüngerer Bruder keiner angehört habe. Ein Mitschüler der Reagan-Brüder erinnerte sich: „Neil war ganz und gar Junge, Ronald ein Muttersöhnchen."[50] Ein Biograf hat dazu geschrieben, dass sich die Brüder symmetrisch voneinander weg entwickelten: „Ronald driftete in Richtung auf Nelles deklamatorische Frömmigkeit, Neil zu Jacks Fröhlichkeit hin."[51]

Jacks Alkoholismus trug zweifellos zu einer Instabilität im Reaganschen Familiensystem bei. Zwischen seinem sechsten und zehnten Lebensjahr besuchte Ronald vier Jahre lang jedes Jahr eine andere Schule. Die Familie wohnte in Dixon in fünf verschiedenen Wohnungen, in Tampico in vier und in Galesburg in zwei. Alles waren Mietwohnungen, in denen die Reagans wie bei einem Wanderzirkus aus Koffern lebten. Aber trotz Jacks Unzuverlässigkeit besaß er den Optimismus des Handlungsreisenden, gepaart mit einem großspurigen Wesen. Ein Teil in dem jungen Ronald Reagan war bestrebt, ein „zäher Bursche" zu sein, so wie er als junger Schauspieler dann besonders „Macho"rollen spielen wollte.

Um sich als Erwachsener mit anderen Männern messen zu können, betrieb Reagan ein bisschen Namenswechsel: „Ich habe nie geglaubt, dass ‚Ronald' für einen heißblütigen jungen Amerikaner hart genug wäre, und sobald ich konnte, bat ich die Leute, mich ‚Dutch' zu nennen. Das war ein Spitzname, der auf meinen Vater zurückging, denn der hat mich immer ‚Dutchman' genannt, wenn er von mir sprach."[52] „Dutch" verband Reagan offenbar mit den maskulinen Qualitäten seines Vaters.

In einem weiteren Versuch, Gefühle durch Benennungen zu manipulieren, entschieden Reagans Eltern, die Familie würde sich enger verbunden fühlen, wenn die Kinder sie mit Nelle und Jack statt mit Mama und Papa anredeten. Aber die Anrede Nelle statt Mama hatte den gegenteiligen Effekt – sie reduzierte den Kosenamen auf dieselbe Anrede, die von allen anderen benutzt wurde. Mama oder Papa, Kosenamen, förderten Nähe, Nelle und Jack Distanz.

„Das erste Mädchen, das ich geküsst habe"

Margaret Cleaver war die Pfarrerstochter, mit der Reagan acht Jahre lang ging. Ein halbes Jahrhundert danach bekannte er: „Sie war das erste Mädchen, das ich geküsst habe." Und er erinnerte sich: „Seit meinem zweiten Jahr an der High School von Dixon hatte ich erwartet, Margaret Cleaver zu heiraten."[53]

Als jedoch Margaret in einer entfernten Region von Illinois als Lehrerin zu arbeiten begann und Ronald nach Iowa zog, lebten sie sich wohl auseinander. Zwei Jahre nach Reagans Umzug nach Iowa erhielt er eines Tages einen Brief von Margaret. Er erinnerte sich, dass beim Öffnen „das Zeichen der Verbindung und der Verlobungsring herausfielen."[54]

Margaret hatte sich mit ihren Schwestern auf eine Kreuzfahrt nach Europa begeben und sich in einen Offizier im diplomatischen Dienst verliebt. Reagans Herz war gebrochen, aber er fand etwas Trost in einer alten Behauptung seiner Mutter, „dass alle Dinge auf das Beste hinauslaufen und dass jeder Schicksalsschlag im Leben die Saat von etwas Besserem in der Zukunft in sich trägt."[55]

Nelle Reagans Lieblingsredensart war auch eine zentrale Aussage im Glauben der Jünger: Gott hat einen Grund für alles, was in der Welt geschieht. Damit geriet Ronald Reagan in eine Position irgendwo zwischen dem kalvinistischen Fatalismus gegenüber einem strengen Gott und der übertrieben optimistischen Haltung „Alles wird gut", die er sein ganzes Leben über beibehielt.

Seine Memoiren von 1990 begann er mit folgenden Worten: „Hätte ich den Job bei Ward in Montgomery bekommen, den ich haben wollte, wäre ich vermutlich nicht aus Illinois weggegangen." Er berichtete weiter, dass er danach von zu Hause wegging, um sich Arbeit zu suchen. „Obwohl ich es damals nicht ahnen konnte, begann ich eine Reise, die mich weit von Dixon wegführen und alle meine Träume wahr werden lassen sollte. Meine Mutter hatte wie immer Recht."[56]

Später, in seiner Zeit als Präsident, wurde Nelles Lehre des „Er hält die ganze Welt in seinen Händen" offenbar durch Nancys unfrommen Hang zur Astrologie verwässert. Reagan dazu: „Einer unserer guten Freunde ist Carroll Righter, dessen astrologische Beiträge in mehreren Zeitungen erscheinen. Jeden Morgen sehen Nancy und ich erst einmal nach, was er für Menschen mit unseren Sternzeichen zu sagen hat."[57]

Ob er nun aber glaubte, sein Schicksal stünde in Gottes Hand oder wäre durch eine besondere Konstellation von Himmelskörpern zum Zeitpunkt seiner Geburt vorbestimmt, Reagan blieb lebenslang ein Mann des Glaubens an sich, an Gott, an die Sterne, an die Zukunft, an einen glücklichen Ausgang – und machte so in hohem Alter seine Alzheimer-Krankheit zu einer besonders tragischen Umkehrung des theatralischen Fantasiegebildes „und lebten glücklich bis an ihr Ende."

Jane Wyman und Ronald Reagan trafen sich zunächst bei Strandpartys. Wyman liebte den Strand, wo sie in der Sonne lag und sich bräunen ließ. Sie beobachtete dabei, dass Reagan die meiste Zeit mit Mitgliedern seiner ehemaligen Studentenverbindung verbrachte und mit ihnen viel Sport trieb. Bald erkannte sie, dass der Weg zu seinem Herzen über den Sport verlaufen müsse und nahm an den Volleyballspielen teil. Bald hörte Reagan, was für ein „schicker Kumpel" Jane Wyman sei, und bevor er sich's versah, gehörte sie zur Clique. Jane rückblickend: „Meistens waren die Freunde aus seiner Verbindung dabei. Statt mich mit ihm allein zu treffen, waren da vier Jungen. Sie trieben jeden Sport – besonders Football, Polo, Reiten."[58]

Die strahlenden jungen Mimen Reagan und Wyman: Das Paar wurde alsbald zu Protegés der mächtigen Klatschkolumnistin Louella Parsons, die zudem aus Reagans Heimatstadt Dixon, Illinois, stammte. Parsons, die sich selbst gern als Ehestifterin sah, nahm die beiden auf eine neunwöchige Tour durch diverse Varietés mit, während der ihre Romanze blühte. Danach konnte Parsons nicht nur die Verlobung in ihrer Gesellschaftsspalte ankündigen, sie veranstaltete auch in ihrem Haus den Hochzeitsempfang, einen Tag nach der Eheschließung am 26. Januar 1940.

Es war dies eine maßgeschneiderte Heirat zu einer Zeit, als Hollywood versuchte, seinen angeschlagenen Ruf durch den Anschein der Anständigkeit aufzubessern. Eine Reihe Sittenskandale hatte das Filmestablishment erschüttert, so dass die Zensoren gnadenlos Inhalte, Moral und Botschaften aller Filme überwachten. Es war eine Zeit, in der viele Filmemacher „Keuschheitssymbole" statt Sexsymbolen suchten. In diesem Klima erschien die von Parsons beförderte Ehe Reagan-Wyman als Inbegriff der Anständigkeit schlechthin. So nahm es denn nicht wunder, dass die Werbeabteilung von Warner Bros., wo die beiden unter Vertrag waren, eine entsprechende Broschüre verteilen ließ, getitelt: „DIE HOFFNUNGSVOLLEN REAGANS. Sie freuen sich auf noch mehr von allem Guten, darunter auch Kinder."

Doch Anfang 1948, als die Tochter Maureen sieben und ihr kleiner (wie wir noch sehen werden, adoptierter) Bruder Michael drei Jahre alt waren, zerbrach die für Hollywood geschlossene Ehe. Nach Nancy Reagans Bericht (zweifellos basierend auf dem, was Ronnie ihr erzählt hatte) war er eines Nachmittags nach Hause gekommen und von Wyman zum „Verschwinden" aufgefordert worden.[59]

Das vorangegangene Jahr war für beide schwierig gewesen. Wyman hatte vier Monate zu früh ein Kind geboren, das tags darauf starb. Reagan war in dieser Zeit an einer virösen Lungenentzündung erkrankt und kämpfte im Krankenhaus Cedars of Lebanon um sein Leben. Er brauchte vier Monate, bis er wieder bei guter Gesundheit war, die aber in dieser Zeit ebenso wackelte wie seine Filmkarriere.

Doch, wie ein Beobachter feststellte, unterschieden sich Wyman und Reagan in ihrem Temperament: „Unter Janes kapriziösem Äußeren verbarg sich ein erbitterter Professionalismus. Nie war sie ein ‚guter Kumpel'. Sie wollte auch über ihre attraktiven Jahre hinaus erfolgreich sein und es gelang ihr. Sie tat alles, was sie nur konnte, um nicht mehr das Püppchen oder Spielzeug zu sein, das sie für das Publikum war. ... Ronalds Haltung zu seinem Handwerk – wie auch zum Leben – war ganz anders. Er lernte seinen Text, war gewinnend, gewissenhaft, verlässlich, zermarterte sich aber nicht den Kopf wegen einer Rolle. Vor allem ging es ihm um regelmäßige Arbeitszeiten. Außenaufnahmen liebte er gar nicht, denn die brachten seinen Zeitplan aus Ruhe und Arbeit durcheinander. Er strebte nie danach, die Figur zu werden, die er gerade darstellte."[60]

1948 gab es keinen Film mit Reagan. In diesem Jahr gewann Wyman einen Oscar für ihre Rolle als taubstumme Frau in *Johnny Belinda*. Die Preisverleihung besuchte sie zusammen mit ihrem Liebhaber Lew Ayres, der in dem gleichen Film den sympathischen Arzt gespielt hatte. Reagan kam allein.

Zweifellos war für den ernsthaften, geradlinigen Reagan die Aufforderung, nach acht Jahren Ehe sein Haus zu verlassen, unerwartet und erniedrigend. Der sonst so fröhliche Ronald wurde griesgrämig und streitsüchtig. Er ging mit seiner Forderung, von Jack Warner bessere Rollen zu bekommen, in die Öffentlichkeit und drohte sogar, sich aus dem Filmgeschäft zurückzuziehen und wieder Sportreporter zu werden.

Später versuchte er aber, das Zerbrechen seiner Familie in bestem Licht darzustellen. Nancy sagte er, es sei ein Beweis für die „Güte von Gottes Plan"[61] gewesen, dass er sie nach der Scheidung von Jane Wyman getroffen hätte. Trotzdem war die Trennung von Jane wohl eine der niederschmetterndsten Enttäuschungen seines Lebens. Einen Beleg dafür liefern seine Memoiren, in denen er zu der klassischen theatralischen Verteidigung der Leugnung durch Nichtigkeit greift. In dem 748-seitigen Buch hat er ganze zwei Sätze für die zehn Jahre seines Zusammenlebens mit Jane Wyman übrig: „Im gleichen Jahr, in dem ich den Film

Knute Rockne machte, heiratete ich Jane Wyman, die auch bei Warners unter Vertrag stand. Wir hatten zwei wunderbare Kinder, Maureen und Michael, aber die Ehe funktionierte nicht, so dass wir 1948 geschieden wurden.“[62]

Nancy

Nancy Davis wuchs in bescheidenen Verhältnissen auf, aber ihre Mutter Edith Luckett Robbins zimmerte für sich selbst und ihre Tochter einen aristokratischen Südstaatenhintergrund. Obwohl Edith obszön, grob und unverschämt war – sie fluchte und rauchte in der Öffentlichkeit –, fabrizierte sie Geschichten über ihre Kindheit auf der Plantage einer vornehmen Familie in Virginia. In Wahrheit stammte sie aus einem armen Nest im District of Columbia. In den ersten zehn Jahren ihres Lebens zog die Familie fünf Mal innerhalb eines Areals von vier Häuserblocks im irisch-katholischen Stadtviertel von Washington, D.C. um, das als „Schlammpfütze“ bekannt war. Hier betrieb die Mutter Pensionen.

Aus diesem Grund vermied Nancy auch später genaue Einzelheiten über ihre frühe Kindheit, sondern sprach statt dessen ganz allgemein über die guten alten Zeiten. Tatsächlich war Nancys Mutter jedoch nicht fähig oder willens gewesen, ihre Schauspielerkarriere zugunsten der Familie aufzugeben, und hatte sich um ihre Tochter nur in den ersten zwei Jahren nach der Geburt gekümmert. Dann wurde Nancy zu Onkel und Tante in Bethesda gegeben, wo sie die nächsten sechs Jahre blieb und das kleine Häuschen im holländischen Kolonialstil mit der fünf jährigen Cousine Charlotte und dem Drahthaarterrier Ginger teilte. Es gab nur zwei Schlafzimmer, so dass für Nancy ein kleiner Schlafraum auf der oberen Veranda eingerichtet wurde.

Selbst unter den besten Umständen ist es für ein Kind traumatisch, wenn es im Alter von zwei Jahren auch nur zeitweilig von den Eltern getrennt wird. Nancy versuchte jedoch später, die Situation möglichst positiv darzustellen: „Vielleicht ist die sechsjährige Trennung einer der Gründe, warum ich meine Eltern so schätze und warum wir nie durch eine Phase der Fremdheit gingen. Es kann auch erklären, warum ich Jahre danach, in den Sechzigern, nicht verstehen konnte, wie sich Kinder, auch meine eigenen, gegen ihre Eltern wenden konnten. Ich wollte immer sagen: ‚Ihr wisst gar nicht, wie glücklich ihr seid, dass wir alle diese Jahre zusammen waren‘.“[63]

Irgendwann in den sechs Jahren, in denen Edith von ihrer Tochter getrennt lebte, entwickelte sie eine Beziehung zu dem Neurochirurgen Dr. Loyal Davis. Laut Nancy war er ein großartiger Mensch, respektiert von seinen Studenten und bewundert von anderen. Ein anderer, etwas zynischer Bericht beschrieb Dr. Davis als „erfolglosen, aber hingebungsvollen, bettelarmen Arzt, dem seine erste Frau Hörner aufgesetzt hatte und der nach seiner demütigenden Scheidung in einem zugigen Hotel lebte."[64] Der gleiche Bericht vermerkt, dass Edith sich und ihren ärztlichen Gemahl in etwas verwandelte, was die Gesellschaft von Chicago zur Kenntnis nehmen musste.

Es ist schwierig zu entscheiden, wie sich Nancy fühlte, als sie aus der gewohnten Umgebung im Haus von Onkel und Tante herausgerissen wurde und mit ihrer lange abwesenden Mutter und dem neu erworbenen Stiefvater nach Chicago zog. Obwohl sie immer gut von Dr. Davis sprach, war sie ebenso geschickt wie ihre Mutter, wenn es nötig schien, die Vergangenheit neu zu interpretieren. Zum Beispiel erinnerte sie sich in ihren Memoiren, dass sie "fasziniert war, als er mir schließlich erlaubte, ihn bei einer Operation zu beobachten."[65] Das liest sich bei Jody Jacobs, der langjährigen Gesellschaftsredakteurin der *Los Angeles Times,* freilich ganz anders: „Ich erinnere mich an das, was Nancy mir erzählte: Wenn Dr. Davis sie an Sonnabenden in die Chirurgie mitnahm, hatte sie immer solche Angst, es würde ihr während der Operationen so schlecht werden, dass sie sich erbrechen und ihn stören könnte. Sie sagte, sie sei nur mitgegangen, weil er auf sie stolz sein sollte. Nie habe sie verraten, dass ihr dabei schlecht wurde und es ihr den Magen umdrehte."[66]

Es liegt nahe, dass Nancy auch Dr. Davis' Zwang zur Gepflegtheit und seine Kleidungsbesessenheit nachgeahmt hat, um ihm zu gefallen. Ihr ganzes Leben lang blieb Nancy außergewöhnlich besorgt darum, wie sie auf andere wirkte und dass sie das Richtige sagte. Ohne Zweifel übernahm Nancy ihre eigene narzisstische Haltung von der auf sozialen Aufstieg bedachten Mutter.

Die erste Krönung dieser mütterlichen Anstrengungen stellte Nancys Einführung in die Gesellschaft dar, und zwar mit einem Tanztee im Triangle Club von Princeton in Chicago. Das war die Gelegenheit, bei der Töchter aus prestigeträchtigen Familien die Söhne anderer prominenter und wohlhabender Leute treffen konnten. Edith Davis gab sich größte Mühe, damit jedes Detail perfekt war. Sie verschickte gravierte Einladungen und engagierte Newton Perry und das Orchester der Yale-Universität für 3.500 Dollar.

Nancy, deren Leistungen für eine Zulassung in Vassar, Wellesley oder

Radcliffe wohl nicht ausreichten, schrieb sich am Smith College ein, der größten Schule der elitären weiblichen Ivy League. Zunächst hatte sie mit den strengen Anforderungen ihre Schwierigkeiten, scheint aber dann in den weniger harten Theaterseminaren gute Leistungen erbracht zu haben. Kommilitoninnen ihres Jahrgangs erinnern sich, dass Nancy abgesondert, kalt und distanziert, aber auch außergewöhnlich gepflegt und stets makellos sauber war. Noch nach sechsundvierzig Jahren erinnerte sich eine Mitstudentin an den himmelblauen gesteppten und mit Spitze besetzten Hausmantel, den Nancy bei Treffen im Haus trug, während andere Regenmäntel über Schlafanzügen oder sonst etwas Zwangloses trugen. „Wir alle waren etwas schlampig", berichtete sie, „aber Nancy nicht. Nie sah ich sie anders als perfekt gekleidet, nie."[67]

Eine andere von Nancys Mitstudentinnen sagte etwas, das auch als Diagnose einer narzisstischen Persönlichkeit gelten könnte: „Meine Erinnerungen sind nicht erfreulich, denn sie schien stets eine Rolle zu spielen. Immer posierte sie, immer war sie wie auf einer Bühne. Ich vermute, dass das der Grund war, warum sie so viele Stunden mit Gesichtskrem und allem anderen vor dem Badezimmerspiegel zubrachte."[68]

Trotz Nancys Absonderung hatte sie offenbar mindestens eine oder zwei enge Freundinnen. Sally Gavin See berichtete: „In den Jahren, in denen Nancy und ich am Smith College waren, gab es viel Streicheln und Händchenhalten und Umarmen wie unter besten Freundinnen, aber das war alles ganz unschuldig. Ich glaube nicht, dass es ernsthafte lesbische Beziehungen in unserem Jahrgang gab, aber sicher bin ich mir da nicht." Trotzdem entwickelte sich eine geheime, sehr enge freundschaftliche Beziehung zwischen Nancy und einer Kommilitonin, die später zur bekennenden Lesbierin wurde. „Sie waren in einem Drama verstrickt", sagte Mary Heald Dickert dazu.[69]

Nancy verlobte sich mit James Platt White jun., der von einigen Mitgliedern seiner Verbindung als rosenwangig und effeminiert beschrieben wird. Aus Gründen, die keiner von beiden je öffentlich diskutierte, ging die Verlobung aber wieder auseinander, und nach einiger Zeit galt die vormals prüde Nancy nunmehr in der Stadt als „zugänglich".

Einer der Männer, die Nancy regelmäßig sah, war Dr. Daniel Ruge, Assistent ihres Vaters – er sollte viele Jahre später Ronald Reagans Arzt im Weißen Haus werden. Rückblickend leugnete Nancy indes jede romantische Beziehung zu Ruge.

Berichtet wird auch, wie Nancy durch die Art, in der sie sich von New

York verabschiedete, zwei verheiratete Freunde ihrer Eltern schockierte: „Ben und ich gingen den East Lake Shore Drive am Drake Hotel hinunter", erinnerte sich einer der Männer. „Wir waren gerade mit dem Mittagessen fertig, als wir Nancy sahen, die zu uns herüber rannte. Sie sagte, sie würde die Stadt verlassen und wolle nur Auf Wiedersehen sagen. Sie packte zuerst mich, küsste mich hart auf die Lippen und schob mir ihre Zunge tief in den Mund. Dann warf sie sich auf Ben und behandelte ihn in der gleichen Weise. Tschüs und tralala und weg war sie. Wir waren fassungslos, völlig fassungslos von der ganzen Sache."[70]

Offensichtlich war Nancy aber keine Geliebte mit gleichen Chancen, denn in den nächsten Jahren waren die meisten ihrer engsten Freunde homosexuelle Männer. Nancy lebte in der Welt des Theaters und der Künste und traf dabei permanent Schwule, von denen viele ihre Mentoren in Sachen Mode, Kochen, Kunst und Innenraumgestaltung wurden. Sie hatte offenbar eine Affäre mit einem der Tänzer in *Lute Song*, einer Show, in der sie ebenfalls eine kleine Rolle spielte. Jahre später bekannte er, homosexuell zu sein und in seinem Leben mit nicht mehr als drei Frauen geschlafen zu haben. Nancy war eine von ihnen.

Obwohl gegenüber schwulen Männern früher immer unbefangen – Nancy war ja selbst nicht gerade homophob –, nahm sie später rasch eine schwulenfeindliche Haltung an, als es politisch zweckmäßig war. 1967 drohte eine homosexuelle Affäre Reagans politische Karriere zu zerstören. Private Ermittler fanden Beweise dafür, dass einige von Reagans Beratern, verheiratete Familienväter, homosexuelle Handlungen mit Jungen unter achtzehn begangen hatten. Die *New York Post* berichtete, es hätte „ein Homosexuellenring außerhalb Gouverneur Reagans Büro" sechs Monate mit dessem vollen Wissen operiert, er aber wäre nicht aktiv geworden, bis ihn Mitarbeiter gezwungen hätten, die Männer zu entlassen. Unter PR-Aspekten war es unumgänglich, dass Reagan in einer deutlichen öffentlichen Erklärung seine Position darstellte. Er tat es und verdammte Homosexualität als „eine Abscheulichkeit in den Augen des Herrn". Und Nancy prangerte Homosexualität übertrieben scharf als „Krankheit" und „abnormes Verhalten" an, obwohl sich das kaum mit ihren früheren Modellen von Freundschaft und Liebe vertrug.

Fellatio um der Karriere willen?

Als Nancy noch eine aufstrebende Schauspielerin war und kleine Rollen am Broadway spielte, erlaubte es ihr die Freundschaft ihrer Mutter mit Spencer Tracy, mit Filmstars und Mogulen in Hollywood in einer

Weise zu verkehren, die weit jenseits dessen lag, was ihre schauspielerischen Talente ermöglichten. Tracy verschaffte ihr sogar ein paar Verabredungen mit Clark Gable, wenn der in der Stadt war, und das führte zu einer Reihe von Anrufen durchreisender Filmleute. Unter ihnen war auch Benjamin Thau, Vizepräsident von Lowe und Besetzungschef bei MGM. Der damals unverheiratete einundfünfzigjährige Thau lud die achtundzwanzigjährige Schauspielerin zum Abendessen ein. Er erwähnte die Möglichkeit einer Probeaufnahme, was Nancy sofort aktiv werden ließ. Sie rief ihre Mutter an, die wiederum mit Spencer Tracy telefonierte. Seit Dr. Davis dessen taubstummen Sohn behandelt hatte, fühlte der Starschauspieler eine Dankesschuld und tat nun alles, um Nancy die Probeaufnahme bei MGM zu ermöglichen.

Obwohl es für George Cukor, einen der Studio-Gewaltigen, eigentlich undenkbar war, ein unbekanntes Starlet zu einer Probeaufnahme einzuladen, stimmte er zu, um Spencer Tracy einen Gefallen zu tun. Zu dieser Zeit stand Nancys Affäre mit Thau in voller Blüte, es war keine Frage, dass sie einen Vertrag von MGM erhalten würde. Dort hatte man zu jener Zeit Stars wie Spencer Tracy, Clark Gable, Fred Astaire, Ginger Rogers, Mickey Rooney, Judy Garland, Lana Turner, Jimmy Stewart, Gary Cooper, Errol Flynn, Elizabeth Taylor und andere im Stall – kaum die Liga, in der Nancy spielen konnte, aber da sie Thaus Geliebte war, kam es, wie es kommen musste. „Weil sie mit Benny [Thau] schlief, mussten wir uns mit ihr abgeben und sie in unseren Filmen besetzen", erinnerte sich Produzent Gottfried Reinhardt.[71]

In einem Interview kurz vor seinem Tod 1983 sagte Thau, Nancy sei für oralen Sex in den Büros der Filmgesellschaft berühmt gewesen. Das sei nach Thau einer der Gründe dafür gewesen, dass sie einen Vertrag bekam. Und Peter Lawford wird mit dem Satz zitiert: „Als sie noch unverheiratet war, war Nancy Davis für die beste Fellatio in ganz Hollywood bekannt."[72]

Es ist schwierig, den Wahrheitsgehalt dieser verschiedenen Berichte über Nancy Reagans tatsächliche und angebliche sexuelle Abenteuer zu bewerten. Die Wahrheit darüber, wie, mit wem und mit welcher Variante Nancy Sex hatte, liegt sicher irgendwo zwischen ihren eigennützigen Memoiren und den zynischeren Berichten anderer.

Aber sogar in ihren Memoiren liefert Nancy Kommentare, die das Profil einer nur mittelmäßigen Schauspielerin glaubhaft machen, deren Karriere eher durch die einflussreichen Freunde ihrer Mutter als durch eigene schauspielerische Fähigkeiten Starthilfe bekam: „Meine erste professionelle Rolle erhielt ich nach dem Krieg, als Mutters alte Freundin ZaSu Pitts mir anbot, in einem Stück mit dem Titel *Ramshackle Inn* mitzuwirken. Ich traf die Truppe in Detroit und sprang für eine ausgefallene Schauspielerin ein. Es sollte nicht das letzte Mal sein, dass ich von Mutters Freundeskreis aus dem Showgeschäft profitierte. Viele Kinder bekannter Persönlichkeiten, auch meine eigenen Kinder nutzen nicht gern die Kontakte, die ihr Eltern haben. Aber solche Kontakte können nur die erste Tür öffnen. Der Rest hängt von dir selbst ab. Ich glaube nicht, dass ich ohne Mutter als Bühnenschauspielerin viel zu tun gehabt hätte. Es gab zu viel Konkurrenz und ich hatte nicht den Antrieb, den Mutter besaß."[73]

Nancys erste und einzige Rolle am Broadway war die bereits erwähnte in *Lute Song*, einem Musical über den Orient mit Mary Martin und Yul Brunner in den Hauptrollen, Regie John Houseman. Nancy schreibt dazu erstaunlich offen: „Jahre danach erfuhr ich, dass John Houseman mich entlassen wollte und Mary interveniert hatte, um mir meinen Job zu erhalten. John erzählt in seinen Memoiren, bei *Lute Song* hätte es ‚die übliche Vetternwirtschaft bei der Besetzung' gegeben. Weiter schreibt er: ‚Auf Marys Wunsch engagierten wir für die Rolle des Blumenmädchens der Prinzessin eine rotbäckige und attraktive, aber unangenehme und amateurhafte Jungfrau namens Nancy Davis'."[74]

Über Nancys Leistung in dem Film *The Next Voice You Hear* äußerte sich sogar Spencer Tracy, der Freund der Familie, wenig freundlich: „Sie vermittelt die Leidenschaftlichkeit von Eis am Stiel: gefroren, in der Mitte ein Stück Holz und außen alles nur Vanille."[75]

Es ist eine Ironie, dass sowohl Ronald Reagan als auch Nancy ihren Erfolg im Filmgeschäft primär nicht schauspielerischem Können verdankten: Ronald gelang er infolge seines guten Aussehens und seiner „Bekömmlichkeit", Nancy erreichte ihn auf Grundlage der gesellschaftlichen Verbindungen ihrer Mutter und ihrer eigenen, angeblich „oralen" Geschicklichkeit. Im Grund war aber keiner von beiden als Schauspieler mehr als zweitklassig, Nancy vielleicht nicht einmal das.

Ersatz für Jane

Die Scheidung von Jane Wyman am 18. Juli 1949 ließ Ronald Reagan mit gebrochenem Herzen zurück. Den größeren Teil des folgenden Jahres verbrachte er mit dem Versuch, Jane zurückzugewinnen. Er schickte ihr Blumen, kaufte ihr einen Pudel, begleitete sie sogar zu einigen Besuchen bei ihrem Psychiater, aber alles ohne Erfolg. Jane war offensichtlich von Ronnie gelangweilt und ihrer Ehe mit ihm überdrüssig. Als der Reporter Jim Bacon Jane fragte, wie Reagan als Liebhaber wäre, antwortete sie: „Im Bett ist er etwa so gut wie auf der Leinwand.“[76]

Aber Nancy Davis war entschlossen, Reagans Verletzungen zu lindern, und lauschte seinen Diskursen mit schmeichlerischer Aufmerksamkeit. Um über Wymans Zurückweisung hinwegzukommen, verabredete sich Reagan mit einer ganzen Reihe von Frauen in Hollywood. Zu diesen Frauen, von denen Nancy nur eine war, gehörten Models, Sängerinnen, Starlets, Kosmetikerinnen und auch einige anerkannte Stars. Doris Lilly, Autorin von *How to Marry a Millionaire*, schrieb: „Ich hatte mit ihm nach seiner Scheidung eine erfreuliche kleine Romanze. Im Intimbereich war er nicht gerade beeindruckend, aber er war ein anziehender Kerl und sehr, sehr süß. Ich möchte ihn nicht gern als schwach bezeichnen; passiv wäre vielleicht ein netteres Wort dafür…“[77]

Jacqueline Park, Starlet bei Warner Bros., hat keine so angenehme Erinnerung an Reagan. Wenn sie in sein Apartment kam, so Park, habe er sich so geizig gezeigt, dass er sie zwang, den Bus zu nehmen, um Geld zu sparen: „Ronnie zeigte sich mit mir nie in der Öffentlichkeit, gab mir nie ein Geschenk und zahlte nicht einmal ein Taxi“, erinnerte sich Park. „Er verpflichtete mich zum Stillschweigen über unsere Beziehung, so dass ich niemandem im Studio von uns erzählen konnte. Er stellte mich seiner Mutter Nelle vor, sagte aber nicht, dass ich seine Geliebte war. Er sagte nur, ich wäre ein Fan von ihm. … Als ich dann aber schwanger wurde, musste ich feststellen, dass ihm unsere Beziehung überhaupt nichts bedeutete. Er sagte: ‚Was bist du? Na schön, aber es ist nicht von mir. Ich war‘s nicht. Nein, ich war‘s nicht.‘ Er war schrecklich.“[78]

Reagans Ruf als Swinger verbreitete sich in Hollywood so intensiv, dass das Film-Fanmagazin *Silver Screen* im Mai 1950 schrieb: „Wir hätten nicht gedacht, dass wir Ronnie Reagan einmal öffentlich einen Aufreißer nennen würden, aber plötzlich betrachtet ihn jedes Glamourgirl als sexy und Supereskorte für einen Abend. … Manche sagen, das Feuer, das in ihm für Jane Wyman brannte, wäre schließlich zu einem Flämmchen geschrumpft.“[79]

Nancy aber spürte intuitiv, dass der Weg zum Herzen dieses Mannes über seine Kinder führte. Sie unterschied sich von anderen durch die unfehlbare Bewunderung für Reagan und – am Anfang – für seine Kinder Michael und Maureen. Sie sang Lieder für die zehnjährige Maureen und besuchte sie in ihrer Internatsschule.

Michaels erster Eindruck von Nancy war positiv: „Mir gefielen vor allem die Sonnabende, denn wenn Nancy kam, saß sie im Auto auf dem Vordersitz und ich setzte mich auf ihren Schoß. Dann massierte oder kitzelte sie mir den Rücken. So weit es mich betraf, war ich die Nummer eins. Sie war immer fröhlich, ganz anders als Mama, bei der sich laufend die Stimmung änderte. Sie war liebevoll, Mama dagegen schien sich nur dann wirklich um mich zu kümmern, wenn ich krank war. Nancy hatte auch Eltern, über die sie mit Liebe sprach, während Mama nie über ihre Eltern oder die Vergangenheit redete. Anders als Mama hatte Nancy einen familiären Hintergrund und Wurzeln."[80]

Das sollte jedoch so nicht bleiben. Nach Michaels Erinnerung trübten sich die Beziehungen, nachdem sein Vater Nancy geheiratet hatte: „Anfänglich war meine Beziehung zu Nancy zurückhaltend, aber gut. ... Wie alle im Haus und wie Vater war ich von Nancy etwas eingeschüchtert. Mit Papa hatte ich wenig Kontakt. Ich war die meiste Zeit in der Schule und er reiste im Auftrag von General Electric herum. Wenn er zu Hause war, musste ich mit Nancy um seine Zeit kämpfen, und das gefiel mir nicht. Maureen lebte nie mit Papa und Nancy; an den Wochenenden und in den Ferien war sie bei Mama oder bei Freundinnen. Damals hasste sie Nancy und gab ihr den Spitznamen Drachenfrau, denn auch sie war eifersüchtig auf Nancys Beziehung zu Papa."[81]

Interessant ist die lange vor dem Sohn Michael geheim gehaltene Geschichte seiner Adoption. Er stammte nämlich aus einem „Fehltritt" von Jane Wyman, den Reagan ihr verziehen hatte. Als der Junge dann älter wurde, suchte er Klarheit. Nancy schrieb dazu: „Als Ronnie einmal unterwegs war, fragte Mike, ob ich den Namen seines leiblichen Vaters herausfinden könnte. Er war zu der Zeit sechzehn und ich dachte, seine Bitte sei fair und verdiene eine Antwort. Er war offenbar wegen seiner Adoption beunruhigt und ich meinte, er hätte ein Recht, die Wahrheit über seinen eigenen Hintergrund zu erfahren. Ich musste seine schlimmsten Befürchtungen bestätigen, dass er nämlich unehelich war."[82]

Michael hatte das anders in Erinnerung. Er räumte ein, lange Zeit wegen seiner biologischen Wurzeln neugierig gewesen zu sein, er habe sich aber nicht in der Lage gesehen, danach zu fragen, ohne die Gefühle seiner Eltern zu verletzen. Und weiter: „Ich fand die Gelegenheit zufällig 1961, als ich sechzehn Jahre alt war und Nancy mein Zeugnis in die Hand bekam. Es war schlecht wie sonst auch. Sie ging mit mir in ihr Schlafzimmer und setzte mir mit Worten gehörig zu. Am Ende sagte sie: ‚Du wirst dem Namen und dem Image der Reagans nicht gerecht, und wenn es mit dir nicht besser wird, wäre es das Beste, wenn du deinen Namen änderst und das Haus verlässt.' Sie sagte aber nicht, wohin ich gehen könnte.

Nancy hatte mir damit eine günstige Gelegenheit gegeben, etwas über meinen biologischen Vater herauszufinden. ‚Na schön', sagte ich, ‚warum sagst du mir dann nicht meinen Geburtsnamen, damit ich wenigstens weiß, welchen Namen ich verwenden soll, wenn ich aus dem Haus verschwinde.' ‚Okay, Mr. Reagan', sagte sie, ‚genau das werde ich tun.'

In der darauf folgenden Woche sagte mir Nancy, als ich von der Schule kam: ‚Ich habe jetzt die Information, um die du gebeten hast.' Ich dachte erst, sie macht Witze. Dann sagte sie mir, ich wäre als John L. Flaugher geboren, und buchstabierte den Familiennamen. Sie sagte, ich wäre im Krankenhaus der Queen of Angels geboren, mein Vater sei Unteroffizier in der Army gewesen, der bei einem Urlaub eine Affäre mit meiner Mutter hatte. Er ging dann nach Übersee und ließ sie schwanger zurück. Er kam nie zurück. ‚Du bist das Ergebnis dieser Beziehung', sagte sie mit eisiger Stimme. ‚Waren meine Eltern verheiratet?', fragte ich kaum hörbar. ‚Nein', sagte sie."[83]

Die Memoiren von Nancy und die von Michael Reagan tragen passende Titel. Nancys *My Turn* [Ich bin an der Reihe] ist eine 384-seitige eigennützige Erwiderung auf die zahlreichen negativen Dinge, die in ihrer Zeit als First Lady über sie gesagt wurden. Michaels *On the Outside Looking In* [Von außen hineinsehen] ist die Lebenschronik eines jungen Mannes, der sich wegen seiner Adoption nie völlig als Teil seiner Familie fühlte, hin und hergerissen infolge seiner emotional unbeständigen Mutter und der folgenden Scheidung. Aus einer ganzen Reihe von Gründen gelang es ihm auch nicht, mit seiner nächsten Familie zu verschmelzen. Die unablässige Feindschaft zwischen seiner Mutter und Nancy Reagan bedeutete, dass er nie Zuneigung für eine Mutter zeigen konnte, ohne dabei die andere zu „verraten". Was auch immer der letzte Grund gewesen sein mag, Michael fühlte sich nie als voll akzeptiertes Mitglied der Familie Reagan, blieb immer einer, der von außen hineinsah.

Von verliebten Augen zu „Old blue eyes"

Nancy erzählte gern, dass sie als Neuling bei MGM so leichtgläubig gewesen sei, dass sie den Chefmaskenbildner Bill Turtle ernst genommen habe, als der zum Spaß behauptete, ihre Augen wären „für den Film zu groß." Sie berichtete, daraufhin den Rest des Tages mit halb geschlossenen Augen herumgelaufen zu sein. „Schließlich nahm mich George Fooley beiseite", erinnerte sie sich, „und fragte, ob ich müde sei und was der Grund dafür wäre. Ich erzählte ihm, was mir Bill Tuttle gesagt hatte, und dachte, George würde nie mehr zu lachen aufhören. Schließlich wischte er sich die Tränen aus den Augen und sagte: ‚Nancy, weißt du denn nicht, dass Augen nie zu groß für den Film sein können?'"[84]

Wenn Nancy überhaupt das Zeug zum Star gehabt hätte, dann wohl wegen ihrer Augen. Ihre Figur war nicht gerade aufregend, und schon früh war ihr gesagt worden, dass ihre Beine zu dünn seien. Es war also nur ihr Gesicht und da besonders die Augenpartie, welche die Kameramänner in den Filmen groß herausbrachten. Vermutlich spürte sie, dass das eines ihrer höchsten Güter war, und nutzte es auch später, um ihren geliebten Ronnie ins Weiße Haus zu führen. Zu ihren Augen sagte ein Beobachter: „Sie vermitteln eine Blickintensität ohne spezifische Suggestion, die der Film noch verstärkt, eine Art ausdrucksloser Dringlichkeit, die man unterschiedlich auffassen kann. Eine Art wahllose Schwermut. Damit war auch Mrs. Reagans berühmter starrer Blick auf ihren Mann geboren."[85]

Nicht nur Nancys Filmaugen schafften es ins Weiße Haus, sondern auch „Old blue eyes" [der alte Blauäugige] Frank Sinatra – oder genauer, er kehrte ins Weiße Haus zurück.

Zwanzig Jahre zuvor hatte Sinatra, ein Mann mit Gangstermoral, eine Freundin (Judith Campbell Exner) gefunden, die wie Elizabeth Taylor aussah. Als Frank mit ihr fertig war, teilte er sie großzügig mit seinen kriminellen und politischen Kumpanen, Sam Giancana und John F. Kennedy. Etwa zu der Zeit jedoch, da die CIA Gangster zur Ermordung Fidel Castros anheuerte, begannen J. Edgar Hoover und seine Agenten, ihre Domäne zu schützen. Sie ließen Justizminister Bobby Kennedy davon in Kenntnis setzen, das FBI wisse, dass sich JFK und Giancana in eine Freundin teilten. Das war eine Information, die selbst der Prinz von Camelot nicht überlebt hätte, wenn sie öffentlich geworden wäre. Mit enormem Druck verbot Bobby Judith Exner weitere Besuche im Weißen Haus. Zudem pfiff er die auf Castro angesetzten Gangster zurück und unterband die weitere Beziehung zu Sinatra.

Aber in einer der bemerkenswertesten Kehrtwendungen der Geschichte der Politik wie der Unterhaltung wurde Frank Sinatra, der politisch bisher Liberale, am Ende sogar für die Kennedys zu zwielichtig, 1980 Vorsitzender des konservativen Komitees zur Amtseinführung Reagans.

Nachdem ein Werbefilm für Reagan mit dem im Hintergrund singenden Sinatra den republikanischen Delegierten auf ihrem Konvent in Dallas gezeigt worden war, ging Frank erstmals zu Nancy in die Loge. Wenig später, am Abend der Amtseinführung des Präsidenten, sang Sinatra dann *Nancy with the laughin' face* für die neue First Lady, die ihm am Ende eine Kusshand zuwarf.

Bei der Party zu Ronnies siebzigstem Geburtstag, der wichtigsten Party, die Nancy je gab, war die Gästeliste auf einhundertzwanzig Personen beschränkt und enthielt niemanden, den Nancy nicht leiden konnte. An der Erstfassung der Liste fällt auf, dass Namen wie George Bush, Lyn Nofziger und Helene van Damm fehlen. Als man Nancy darauf hinwies, dass der Präsident ihr Fehlen merken würde, setzte sie sie widerstrebend wieder auf die Liste. Von den Kindern wurde nur Maureen Reagan eingeladen.

Obwohl zu dieser Party aller Partys nur eines der Kinder und nur vier Kabinettsmitglieder eingeladen wurden, standen Elizabeth Taylor und Jimmy Stewart auf der Liste. Einen Ehrenplatz direkt neben Reagan hatte Irene Dunne, seine Lieblingsschauspielerin aus alten Tagen. Den Ehrenplatz am Tisch der First Lady hatte ihr zur Rechten Frank Sinatra.

Wenn ein Bild mehr sagt als tausend Worte, dann dürfte ein Foto, das das Weiße Haus nach der Party veröffentlichte, wohl alles sagen: Nancy und Frank tanzen eng aneinander geschmiegt, Sinatra hat der First Lady seinen Arm um den Rücken gelegt und drückt sie fest an sich. Mit etwas ratlosem Blick legt Reagan die Hand auf den Arm seiner Frau, wohl um der Sache ein Ende zu machen, während Sinatra dem Präsidenten unbeschwert über die Schulter zulächelt. Nancy sieht aus, als wäre sie gerade aus einem Traum erwacht, scheint irritiert, dass sich Ronnie in den Tanz mit dem Mann hineindrängt, den sie bewundernd Francis Albert nannte.

Als Michael Deaver am nächsten Tag das Bild sah, brüllte er den Fotografen an: „Sie dämlicher Hurensohn! Sie verdammter Idiot! Warum haben Sie ein Bild der Frist Lady mit Frank Sinatra für die Öffentlichkeit freigegeben? Sie wissen verdammt gut, dass er bis an die Ohren im Dreck steckt. Sie kennen seine Mafiaverbindungen. Was zum Donnerwetter ist mit Ihnen los?“[86]

Wenn schon dieses Bild problematisch war, dann waren Nancys und Franks „Essen zu zweit“ in den Privaträumen des Weißen Hauses noch beunruhigender. Diese Treffen fanden gewöhnlich dann statt, wenn der Präsident nicht in der Stadt war. Sinatras Name erschien nie in Nancys

Terminkalender, und Frank wurde auch immer durch den Hintereingang eingelassen. „Wir hatten Besseres zu tun, als je diese privaten ‚Mittagessen' zu stören", sagte ein Mitglied von Nancys Personal im Weißen Haus. „Zu solchen Zeiten durfte keiner von uns die Privaträume betreten. Wenn er da war, konnte man spüren, wie sich die Atmosphäre veränderte. Natürlich spielte sie alle seine Songs Tag und Nacht, leise natürlich. Sie verlegte die privaten Mittagessen ins Solarium und machte um die Speisefolge und die Blumen großes Theater. ... Nur wenige Leute wussten es, wenn er oben war. Sie plante diese ‚Essen' meist, wenn der Präsident nicht in der Stadt war, und sie dauerten von 12.30 bis 15.30 oder 16 Uhr. Sinatra kam ans Tor und Muffie Brandon [Gesellschaftssekretär des Weißen Hauses] begleitete ihn nach oben. Dann war von ihnen nichts mehr zu spüren. Anrufe durften nicht durchgestellt werden. Wir hatten strikte Anweisung, nicht zu stören. Unter keinen Umständen. Nicht einmal dann, wenn der Präsident anrief."[87]

In Nancys Memoiren finden sich keine Einzelheiten zu ihrer Beziehung mit Sinatra, den sie nur kurz erwähnt. Als ihr Mann durch die Kugel eines Attentäters verletzt worden war, gab es eine Woge der Sympathie und der Gebete für seine schnelle Genesung. Nancy schreibt in ihren Memoiren: „Viele, viele Freunde riefen an, um mich zu trösten." Dann nennt sie verschiedene Leute, die ihr Hilfe anboten, und fährt fort: „Frank Sinatra sagte einen Auftritt ab und flog nach Washington. Elizabeth Taylor war mit *Little Foxes* in der Stadt und ließ die Vorstellung ebenfalls ausfallen. Ich war für all diese Hilfe und Unterstützung sehr dankbar."[88]

Man kann nur mutmaßen, wie Nancys geliebter Francis Albert sie in dieser Zeit getröstet haben mag, denn die Frau, die „Tausende Meter Holzzaun gereinigt"[89] hatte, um Ronnie Reagan zu erobern, wird sicher auch ihre Memoiren „gereinigt" haben, um ihn nicht zu verlieren.

Reagan und Gorbatschow: Die Rolle seines Lebens

Wir haben bereits ausgeführt, dass es in Reagans Persönlichkeit nichts gab, was „hinter einem Vorhang" verborgen war. Was man sah, bekam man auch. Und als ein günstiger Zeitpunkt der Geschichte Verhandlungen mit dem sowjetischen Führer Michail Gorbatschow möglich erscheinen ließ, war. Reagans sanfte, emotional orientierte theatralische Persönlichkeit dafür genau das Richtige. Über das Geschehen hat er später berichtet:

„Das Feuer loderte, als wir in die Hütte kamen und auf den bequemen Stühlen vor dem Kamin Platz nahmen. … Es war in den ersten Augenblicken dieses Kamingesprächs, dass ich sagte, wir beide wären in einer einzigartigen Situation. Hier wären wir, sagte ich, zwei Männer, geboren in abgelegenen kleinen dörflichen Nestern mitten in ihrem jeweiligen Land, beide aus ärmlichen und bescheidenen Verhältnissen. Jetzt seien wir die Führer unserer Länder und vermutlich die beiden einzigen Männer in der Welt, die den Dritten Weltkrieg herbeiführen könnten. Gleichzeitig aber, sagte ich, wären wir möglicherweise auch die beiden einzigen Männer in der Welt, die dieser Welt den Frieden bringen könnten."[90]

Es ist bemerkenswert, wie geschickt Reagan hier an Gorbatschows Sinn für Geschichte appellierte und wie gut er sich seinem Gesprächspartner auf einer Brücke der Einfühlung – „Wir sind beide Jungen vom Dorf" – näherte.

Nach mehr als einer Stunde mit Gesprächen dieser Art gingen Reagan und Gorbatschow zum Hauptgebäude zurück, um dort wieder mit ihren anwesenden Rüstungskontrollexperten zusammenzutreffen. Und wieder waren es Reagans Sinn für gutes Timing und seine scharfsinnige Kenntnis von der Stimmung des „Publikums", die ihn einen überraschenden Vorschlag machen ließen:

„Nach dem halben Weg, mitten auf einem Parkplatz hielt ich ihn zurück, weil ich das Gefühl hatte, es wäre der richtige Moment. Und ich lud Gorbatschow zu einem weiteren Gipfeltreffen nach Washington ein. Er nahm die Einladung nicht nur an, sondern lud mich seinerseits zu einem dritten Gipfel nach Moskau ein. Keiner von uns erwähnte das gegenüber den anderen, als wir uns wieder hinsetzten. Aber als die Sitzung zu Ende war und ich den Mitgliedern unseres Teams berichtete, dass Gorbatschow und ich bereits zwei weitere Gipfeltreffen vereinbart hatten, gingen sie vor Überraschung fast durch die Decke."[91]

Das war Ronald Reagan in Bestform: Ein Ziel ansteuern, indem man zunächst eine Art sanfter Beziehung mit Gorbatschow wie zwischen zwei guten Kumpels herstellt und das Ganze mit zahlreichen Anekdoten abpolstert.

In einer Aktennotiz über ein Abendessen der Reagans mit den Ehepaaren Gorbatschow und Schewardnadse schrieb US-Außenminister George P. Shultz: „Mein erster Eindruck betraf die Lebhaftigkeit der Konversation und die fröhliche Leichtigkeit des Abends. Gorbatschow schien entschlossen, an Witzen nicht nachzustehen, und sogar Raissa erzählte ein paar, um die Unterhaltung zu würzen. Es gab kaum ein Zeichen anhaltender Verbitterung aus den morgendlichen Gesprächen oder den erkennbaren Wunsch, zum alten Streit zurückzukehren."[92]

Ja, Reagan hatte vermutlich Glück. Der Unfall von Tschernobyl zeigte nachhaltige Wirkung bei den sowjetischen Führern, und das fortgesetzte Wettrüsten wurde für ihre Wirtschaft extrem kostspielig. Aber diese Faktoren hätten noch keinen Frieden für die Welt und keine Demontage des Kommunismus aus eigenem Antrieb gebracht. Führender Akteur dabei war der Präsident aus Hollywood, und er spielte seine Rolle perfekt.

Auf seiner Russland-Reise sprach Reagan eloquent über Freiheit und drückte intuitiv das Streben der Russen nach Freiheit mit so viel Überzeugung aus, als spräche er über die Freiheitsliebe der Amerikaner.

„Wie ich es sehe", sagte Reagan, „verlangt politische Führung in einer Demokratie, dass man hinter die Abstraktion sieht, die gewaltige Vielfalt der Humanität erkennt und das mit Bescheidenheit tut. Das heißt, man muss so gut wie nur möglich nicht nur auf die in den hohen Positionen hören, sondern auch auf die misstönenden Stimmen der einfachen Leute und diesen Millionen Menschen vertrauen. … Und das Wort, das wir hierfür haben, lautet Freiheit."[93]

Das war der alte Reagan, der Hollywood-Darsteller und „Jo Sixpack", alles in einem.

Bei seiner Rückkehr aus Moskau verglich Reagan seine Odyssee mit einem Filmepos von Cecil B. DeMille, sagte aber zugleich mit seiner charakteristischen Bescheidenheit, er sei „in einen großen historischen Augenblick hineingeworfen worden."[94] Das war er in der Tat, und er hatte seinen Part sehr gut gespielt. Für Reagan war es, wie es im Titel von Lou Cannons Biografie heißt, die Rolle seines Lebens.

Mit Ehefrau Barbara, 1993.

1924	Geboren am 12. 6. in Milton, Massachusetts.
1941-1945	Nach Meldung als Kriegsfreiwilliger jüngster Marineflieger der USA.
1945	Eheschließung mit Barbara Pierce (geb. 1925).
1948	Studienabschluss (Nationalökonomie) an der Yale-Universität.
1949-1964	Führende Positionen in der texanischen Ölindustrie.
1966	Senator der Republikanischen Partei für Texas.
1971-1972	Botschafter der USA bei der UNO.
1972	Wahl zum Vorsitzenden der Republikanischen Partei.
1974-1975	Leitung des Verbindungsbüros der USA in Peking.
1976-1977	Leiter des Geheimdienstes CIA.
1981-1988	Vizepräsident unter Ronald Reagan.
1988	Wahl zum 41. Präsidenten der USA.
1989	Bei Gipfeltreffen mit Michail Gorbatschow im Dezember Erklärung der Beendigung des Kalten Krieges.
1990	Unterzeichnung des Zwei-plus-vier-Vertrages (zwischen den Siegermächten des Zweiten Weltkriegs und den beiden deutschen Staaten), damit völkerrechtliche Grundlage für die Wiedervereinigung Deutschlands.

9 George H. W. Bush

41. Präsident der Vereinigten Staaten 1989-1993

Furchtlosigkeit im feindlichen Feuer

Der Morgen des 2. September 1944 war wie fast jeder andere Morgen im Südpazifik warm und feucht. Der Himmel war klar; die wenigen weißen Wölkchen stellten keine Sichtbehinderung für die Marineflieger dar, die Kampfeinsätze gegen japanische Ziele flogen. Der zwanzigjährige Unterleutnant George Herbert Walker Bush überprüfte die Instrumente und startete dann den Motor seiner Maschine. An diesem Morgen hatte er den Auftrag, seine Last von Fünf-Zentner-Bomben auf eine Reihe von Funksendetürmen entlang der östlichen Küste der Insel Chichi Jima abzuwerfen. Auf der stark befestigten Insel gab es etwa 15.000 Mann Besatzung und ein ausgeklügeltes System unterirdischer Bunker, die durch Türen wie bei Banktresoren verbunden waren. Die Japaner waren offenbar entschlossen, ihre Kommunikationseinrichtungen um jeden Preis zu schützen.

Wichtigstes Ziel für Unterleutnant Bush und seine Fliegerkameraden waren die Radarinstallationen und Flugabwehrgeschütze, die die Sendetürme schützten und alle Versuche zu deren Zerstörung zu einem gefährlichen Unternehmen machten. Ein amerikanischer Angriff am Vortag war eine Katastrophe gewesen. Eins der Flugzeuge war nicht zurückgekehrt. George Bush, dem jüngsten Fliegeroffizier in der Marine, war Gefahr nicht fremd. Hochgewachsen und schlaksig, war er 1,85 Meter groß und 73 Kilo schwer. Die schnellen Reflexe, die ihn in Andover zu einem hervorragenden Football- und Basketballspieler gemacht hatten, gaben ihm Vertrauen in seine Fähigkeit, den Torpedobomber TBM Avenger zu fliegen. Bush liebte diese Maschine, wenn auch besonders die Landungen auf dem Deck des Flugzeugträgers „San Jacinto" stets vollste Konzentration von ihm forderten. Seine Geschicklichkeit wird durch 116 erfolgreiche Einsätze vom 24. Januar bis zum 29. November 1944 bewiesen.

Aber an diesem Septembermorgen dachte Unterleutnant Bush nicht darüber nach, wie er *Barbie* (er hatte sein Flugzeug nach seiner Verlobten Barbara Pierce genannt) wieder landen würde. Für diese Sorgen würde er Zeit haben, sobald er zurückkehrte, falls es überhaupt eine Rückkehr geben sollte. Sorgen machten ihm die Flakgeschütze auf Chichi Jima. Zwar konnte er die Gefahr, die ihn und seine Besatzung umgab, nicht völlig abschätzen, aber er hatte schlimme Berichte über Grausamkeiten der Japaner gegen amerikanische Kriegsgefangene gehört. Sogar von gelegentlichem Kannibalismus war die Rede gewesen.

Als sich Bush seinem Ziel näherte, stieg er auf zwölftausend Fuß, bevor er mit sechzig Grad den Sturzflug auf die Sendetürme begann. „Die Japaner waren vorbereitet und warteten", erinnerte sich Bush später. „Die Flakgeschütze zielten auf uns, als wir zum Sturzflug ansetzten."[1] Rauch aus den japanischen Geschützen nahm ihm die Sicht. Seine Maschine war von gleißenden Leuchtspurgeschossen umgeben. „Plötzlich", so Bush, „gab es einen Stoß, als ob eine Riesenfaust in den Bauch des Flugzeugs geschlagen hätte. Rauch strömte ins Cockpit und ich sah Flammen, die auf den Flügeln entlang in Richtung auf die Treibstofftanks liefen."[2]

Der junge George musste jetzt eine höchst kritische Entscheidung treffen: sich entweder auf eine sicherere Position zurückziehen oder weiter im feindlichen Feuer bleiben. Bush entschied sich für die letztere Lösung. Seine Augen schmerzten von dem Rauch, so dass er außerstande war, die Instrumente abzulesen. Trotzdem gelang es ihm, den Kurs beizubehalten und seine Maschine erst im letztmöglichen Moment hochzuziehen. Seine Ladung Fünf-Zentner-Bomben zerstörte, was von den Türmen noch übrig war. Im Wissen um die irreparable Beschädigung seiner TBM wendete Bush und nahm Kurs auf die offene See. Seiner Besatzung rief er zu: „Springt ab!", während er gleichzeitig versuchte, die Maschine noch einige Momente auf Höhe zu halten.[3]

Als die unbrauchbar gewordene Avenger ihre letzten paar hundert Meter stotternd hinter sich brachte, legte Bush Kopfhörer und Sicherheitsgurt ab und schob sich aus dem Cockpit auf den Flügel. Seine Höhe betrug jetzt etwas mehr als zweitausend Fuß – fünfhundert bis tausend Fuß zu wenig, um mit einem „sauberen" Sprung vom Flugzeugrumpf wegzukommen. Da er aber keine andere Wahl hatte, sprang Unterleutnant Bush, betätigte die Reißleine, stieß sich aber dabei den Kopf am

Höhenleitwerk des Flugzeughecks und riss sich zudem eine beträchtliches Loch in seinen Fallschirm, als der sich kurzzeitig am Heck verfing. Bush blutete aus der Schnittwunde an der Stirn und sein beschädigter Fallschirm hatte nur geringe Wirkung. Bush fiel mit großer Geschwindigkeit, schaffte es aber noch, sich von den Fallschirmgurten zu befreien, bevor er auf dem Wasser aufschlug.

Um 8.25 Uhr bestätigten die Japaner über Funk den Abschuss eines feindlichen Flugzeugs und sandten Boote aus, um danach zu suchen. Bush „schwamm wie wahnsinnig"[4] und schaffte es, sein aufblasbares Rettungsfloß in den Griff zu bekommen. Es war ein Glück für den jungen Unterleutnant, dass amerikanische Jagdflugzeuge die eifrigen Japaner abdrängten, während Bush auf das Meer hinauspaddelte. Sein Kopf schmerzte und ihm war schlecht von dem brackigen Wasser, das er geschluckt hatte. Aber er war dankbar, sich über Wasser halten zu können. Ihn lähmte jedoch der Gedanke, dass seine beiden Kameraden nicht so viel Glück hatten. Einer war aus der brennenden Maschine abgesprungen, aber sein Fallschirm hatte sich verheddert und nicht geöffnet. Der Mann war ertrunken, bevor er sich befreien konnte. Der andere war offenbar mit dem Flugzeug abgestürzt.

Besonnenes Verhalten trotz Beschuss, Pflichterfüllung und Treue gegenüber Gott und dem Vaterland – das waren die Qualitäten, die dem jungen Piloten das Distinguished Flying Cross und drei weitere Luftkampfauszeichnungen einbrachten. Am Ende seines Dienstes in der Marine standen für Bush 1.228 Flugstunden, 126 Landungen auf Flugzeugträgern und 58 Kampfeinsätze zu Buche.[5]

Wie konnte ein solcher Mann später als Schlappschwanz oder Versager[6] bezeichnet werden? Als er für die Präsidentschaft kandidierte, tauchten viele Fragen der folgenden Art auf: Er ist ja ein netter Kerl, aber wofür tritt er eigentlich ein? Er hat eine gute Biografie, aber bekommt nie etwas fertig. Er ist kein Führer. Manche Kritiker behaupteten, Bush wäre wie Wasser, das die Form des Behälters annimmt.

Wie der Vater, so der Sohn

Ein Teil der Antwort liegt in Bushs persönlichem Herangehen an Politik. Es war nicht sein Stil, die Opposition heftig zu attackieren. Seine Politik und ebenso die meisten seiner anderen Werte waren durch das Leben seines Vaters Prescott Bush geprägt. Gut aussehend, talentiert und athletisch, war der 1,90 Meter große ältere Bush eine beeindruckende

Figur. Zugleich war er ein bewundertes Beispiel für die Ehrenhaftigkeit von Bewohnern der Neuenglandstaaten.

Prescott Bush war persönlich bescheiden, aber im Auftreten theatralisch. Durch seine Umgangsformen und seine würdevolle Präsenz, aber auch durch seine Leidenschaft für das Singen wurde er bei geselligen Treffen schnell zum Zentrum der Aufmerksamkeit. Er sang in den landesweit gefeierten Whiffenpoofs und in der Liedertafel von Yale. Später organisierte er das Silver Dollar Quartet, das in verschiedenen Städten der Ostküste auftrat. Aber unter der Oberfläche seiner geselligen Natur und seiner theatralischen Talente lag stets ein Kern von Schicklichkeit. Als er und seine Frau Dorothy einmal an einem Bankett teilnahmen, wurde ein schlüpfriger Witz erzählt, in dem das Wort Scheiße vorkam. Prescott und Dorothy standen auf und verließen die Gesellschaft ohne Aufsehen und ohne Erklärung. Georges Bruder Jonathan erzählte, er habe nie gehört, dass sein Vater je „einen Darmwind abgehen ließ."

Einer von seinen Cousins, ein Psychoanalytiker, glaubte, dass George immer „seinen Vater besänftigte. Später besänftigte er dann seine Chefs. Das ist die Art seines Verhaltens: Nie definierte er sich aus einem Gegensatz zu den Autoritäten heraus."[7]

In ihren Memoiren erzählt Barbara Bush, dass George und Prescott jun., damals zehn oder elf Jahre alt, im Hof spielten. Einer der Jungen warf einen Ball, der die Frontscheibe des Autos traf und zerstörte. „Georges Vater kam zur Tür heraus und brüllte Poppy [George] und Pressy [Prescott] an, sie wüssten ganz genau, dass sie in der Nähe des Hauses nicht Ball spielen dürften."[8]

Aber Prescott Bush war nicht nur ein Mann der Etikette. Als Jugendlicher war er Schülermeister von Ohio im Golf, und noch als Sechsundfünfzigjähriger gewann er 1951 die Golfmeisterschaft der Senioren. Es überrascht nicht, dass er eine sportliche Frau heiratete, die im Tennis nur schwer zu schlagen und viele Jahre lang die beste Läuferin der Familie war. Dorothys Vater George Herbert Walker war früher der beste Amateur-Schwergewichtsboxer in Miami gewesen.

Als Prescott Bush in der Wall Street genügend Geld gemacht hatte, um die finanzielle Zukunft seiner Familie zu sichern, errang er einen Sitz im Senat der Vereinigten Staaten, wo er neben seinen Aktivitäten in der Legislative oft mit Präsident Eisenhower Golf spielte. Prescott war ein Mann, der trotz aller Anerkennung in Business, Musikszene und öffentlichem Leben keine überzeugende Vision für die Zukunft entwickelte. Er war kollegial, warmherzig und weithin respektiert, aber er brachte keine Gesetzesvorlage ein, die man als Meilenstein bezeichnen könnte. Im Sand der Zeit hinterließ er keine großen Spuren, aber sein exemplarisches Leben und die Werte, die er seinen Kindern einpflanzte, sind wahrlich keine geringen Leistungen.

Zu diesen Werten gehörten Bescheidenheit und gute Manieren. Bei Tennis, Football und anderen Sportarten sollten die Bush-Kinder hart kämpfen, aber bei Siegen bescheiden bleiben. Diese Werte wurden noch verstärkt, als sich George an der Phillips Academy in Andover, Massachusetts, einschrieb, denn dort betonte man christliche Lehren und körperliche Fitness. Miese Tricks waren nicht akzeptabel. Die Jungen wurden angehalten, „hart miteinander zu wetteifern, aber als Freunde zu essen und zu trinken."[9]

Das waren die Werte, mit denen George Bush aufwuchs. Gute Haltung galt mehr als Kreativität, Beachtung von Regeln war Voraussetzung, um dabei sein zu können. Bush hat solche Forderungen nie zurückgewiesen oder als Belastung empfunden. Die Religion war stets integraler Bestandteil im Familienleben der Bushs gewesen. An Wochentagen las Prescott der Familie vor dem Frühstück aus der Bibel vor, und der Kirchenbesuch an Sonntagen stand außer Frage.

In der Zeit, in der Bush später um ein Wahlamt auf nationaler Ebene kämpfte, standen seine tief verwurzelten Werte von Höflichkeit und guten Manieren in den USA nicht sehr hoch im Kurs. Prescott Bushs Benehmen und seine ruhige Würde, wie sie sich in seinem Sohn George spiegelten, galten vielen als „schwächlich". Außerdem war George wohl noch zurückhaltender als sein dynamischer Vater.

Die meisten Familiensysteme haben Platz für nur einen „Helden", und die anderen Familienmitglieder funktionieren quasi als Monde, die von der Reflexion des größeren Lichts leben. In der Familie Bush waren Prescott und Dorothy „Sonnen" mit eigener Umlaufbahn, und die Kinder waren, wie es sich in den Jahren um 1930/40 für gut erzogene Nachkommen gehörte, respektvoll, zurückhaltend und sogar ein bisschen schüchtern. George Bush besaß nicht jenen primär narzisstischen Kern, der bei Männern wie Kennedy, Johnson oder Clinton so klar ausgeprägt war. Im Vergleich zu letzterem als politischem Gegner hatte Bush einfach nicht genügend von der Haltung „Ich bin der Größte", und wenn er es trotzdem versuchte, wirkte es gekünstelt.

Bei einer Debatte mit Geraldine Ferraro etwa, die 1984 für den Posten der Vizepräsidentin kandidierte, war Bush so uncharakteristisch sarkastisch und unhöflich, dass er wie ausgetauscht wirkte und kaum noch zu erkennen war. Am nächsten Tag schien er bei einer Gruppe von Schauerleuten in New Jersey zu bestätigen, dass er mit einem neuen Machismo prahlen wollte, als er sagte: „Wir haben gestern Abend versucht, in einen kleinen Arsch zu treten."[10] Das war ein Satz, der wohl kaum die Billigung seines Vaters gefunden hätte, denn der war ein Mann, der eine Dinnerparty verließ, weil jemand ein übles Wort gebraucht hatte.

Alles in allem war George Bush ein freundlicher und sanfter Mensch, der in einer Familie aufwuchs, in der kraftvolle Anstrengung beim Erreichen eines Ziels, aber auch Bescheidenheit bei Erfolgen betont wurden. Gewinnen war schön, man wurde auch dazu ermutigt, aber in der Familie Prescott Bushs galt es als weniger wichtig, ob man siegte oder verlor, entscheidend war, wie man das Spiel spielte.

Die frühen Jahre: ein freundlicher und sanfter Junge

Prescott und Dorothy Bushs zweites Kind wurde am 12. Juni 1924 geboren. Der Name sollte nach Dorothys Vater gewählt werden, und zwar – ungewöhnlich – nicht nur nach dessen beiden Vornamen, sondern unter Einschluss des Familiennamens. So erhielt der Kleine also drei Namen und hieß George Herbert Walker Bush. Ein derart langer Name war aber für einen so kleinen Jungen unpassend. Dorothys Brüder, die ihren Vater Pops nannten, gaben ihrem neuen kleinen Neffen den zärtlichen Spitznamen „kleiner Pops" oder „Poppy", ein Kosename, der an George noch lange haften blieb, als er schon erwachsen war. Seiner Schwester und seinen drei Brüdern war George ein glücklicher, großzügiger, liebender Freund. Von Natur aus gesellig, fühlte er sich besonders zu dem zwei Jahre älteren Prescott jun., dem erstgeborenen Kind hingezogen. Um Platz zu sparen, teilten sich Pressy und Poppy ein Schlafzimmer. Als sie älter wurden, überlegte sich Dorothy, was man tun könnte, um den Jungen ihre notwendige Privatsphäre zu sichern, un ließ eine Trennwand ins Zimmer einbauen. Als dann die Feiertage heranrückten und die Kinder gefragt wurden, was sie sich zu Weihnachten wünschten, sagten Pressy und Poppy sofort, sie wollten „wieder ein gemeinsames Zimmer!"

George war das großzügigste der fünf Kinder und teilte immer mit den anderen in einem Umfang, dass ihm seine Geschwister den Spitznamen „Hälfte behalten" gaben.[11] Obwohl George der beste Sportler war und sogar Prescott jun. übertraf, prahlte er nie mit seinem Können im Tennis oder einer anderen Sportart.

Wenn Bush in späteren Jahren von einer „freundlicheren und gütigeren Nation" sprach, kam das tief aus seinem Inneren. Dieses Ich verschwand allerdings manchmal in den Turbulenzen politischer Scharmützel, die Bush bei seinem Aufstieg zur nationalen Bedeutung begleiteten. Einmal zum Beispiel schlug Ed Rollins, zweiter Vorsitzender des Nationalkomitees der Republikaner, seinen Parteifreunden vor, dem Präsidenten entgegenzutreten oder entsprechende Vorlagen in den Kongress einzubringen. Daraufhin ging Bush in die Luft und schrie seinen Pressesekretär Marlin Fitzwater an, Rollins müsste gefeuert werden. „Ich weiß nicht, warum ich diesen Scheißkerl überhaupt hierher gelassen habe"[12], ereiferte sich der Präsident.

In den meisten Fällen jedoch ging Bush nicht leicht und schon gar nicht von Natur aus mit derart harten Bandagen zu Werk. Brian Mulroney, vormaliger Premierminister von Kanada, beobachtete bei Bush „ein großes Herz und ein Gefühl für Treue." Es sei ihm schwer gefallen, „Dinge zu tun, die ein Politiker tun muss", und er sei das Musterbeispiel des „netten Burschen" in der Politik gewesen.[13]

Über Bushs vielzitierten Satz „Ich will eine freundlichere und gütigere Nation" sagte seine Redenschreiberin Peggy Noonan: „Solche Sätze funktionieren nur, wenn sie aufrichtig gemeint sind. Ich habe ein wertvolles Erinnerungsstück aufgehoben, einen frühen Entwurf, in dem bei ‚Ich will eine freundlichere Nation' als Korrektur das zusätzliche Wort ‚gütigere' hingekritzelt ist. ... Er [Bush] sprach mit bewundernswerter Güte. Das war die Geburtsstunde des Satzes ‚Ich will eine freundlichere und gütigere Nation'."[14]

Viele Beispiele für George Bushs Freundlichkeit sind überliefert. Das beginnt bereits in seiner Schulzeit. Als George elf Jahre alt war, beobachteten seine Familie und andere Gäste die Aktivitäten am Besuchertag der Tagesschule von Greenwich County. Während des Hindernislaufs begannen plötzlich alle außer dem jungen George zu lachen, weil ein dicker Junge stecken geblieben war, als er durch ein Fass kriechen wollte. Als Dorothy Bush zu ihrem Sohn hinüber blickte, sah sie, dass George weinte. Er lief dann auf das Feld, befreite den Jungen, der im Fass steckte, und lief den Rest des Rennens neben ihm her.[15]

Als er älter wurde und in Andover zur Schule ging, legte George seine Freundlichkeit nicht ab. Eines Nachmittags schikanierte ein Junge aus der Oberklasse einen schmächtigen, heimwehkranken Jungen namens Bruce Gelb. Der Ältere hatte es auf Bruce abgesehen und nötigte ihn, einen großen Polstersessel wegzutragen. Bruce versuchte es, konnte den

Sessel aber nur wenige Schritte weit befördern. Er sagte dann dem Älteren, er könne jetzt nicht mehr, aber der drehte ihm daraufhin den Arm auf den Rücken. Plötzlich hörte Bruce eine Stimme: „Lass das Kind los!" Der Ältere gab den Kleinen frei und schlich davon. Später fragte Bruce einige, die die Szene beobachtet hatten, wer das gewesen sei. „Oh", antworteten die, „das war Poppy Bush. Er ist der beste Kumpel an der Schule. Ein toller Sportler und alle mögen ihn."[16]

Frank DiClemente, Sportinstrukteur und Trainer in Andover, den die Schüler „Deke" nannten, beurteilte Bush so: „Er war einfach ein Naturtalent. Seine Leistungen waren gut. In fast jeder Phase seines schulischen Lebens hinterließ er seine Spuren. Wir hatten Kinder, die im Gottesdienst dem Priester halfen und die Kollekte einsammelten. George war ihr Leiter. Einmal hat er das jährliche Benefizspiel organisiert. ... Er war Kapitän der Nachwuchs-Baseballmannschaft. ... Er wurde von allen sehr geschätzt. Über niemanden hat er je etwas Schlechtes gesagt. Wenn er sich über jemanden äußerte, dann nur positiv."[17]

Bushs Sanftheit wurde besonders gut daran erkennbar, wie er auf den Verlust eines seiner Kinder durch eine unheilbare Krankheit reagierte. Georges und Barbaras zweites Kind, ein blauäugiges blondes Mädchen, wurde am 20. Dezember 1949 geboren. Sie hieß Pauline Robinson und wurde Robin gerufen. Im zeitigen Frühjahr 1953 wurde die dreijährige Robin blass und lethargisch. Der Arzt hatte noch nie ein Blutbild mit so vielen Leukozyten gesehen. Robin litt an Leukämie in fortgeschrittenem Stadium und würde wahrscheinlich in den nächsten drei Wochen sterben. Die Bushs brachten Robin nach New York ins Sloan-Kettering Memorial Hospital, wo sie von den führenden Spezialisten des Landes behandelt wurde. Sie erhielt ein neues Medikament gegen Krebs, das ihren Zustand zeitweilig zu bessern schien. Barbara zog in die Wohnung von Verwandten, um jeden Tag bei Robin sein zu können, und George flog an den Wochenenden nach New York. Es war für die Familie eine grauenhafte Zeit. George und Barbara verboten allen, während der Besuche bei Robin zu weinen – aber zu anderen Zeiten weinte George oft und ohne es zu verbergen.[18]

Barbara Bush zitiert in ihren Memoiren einen Brief, den George einige Jahre nach Robins Tod, aber offenbar vor der Geburt ihres letzten Kinds Dorothy, Doro genannt, an seine Mutter geschrieben hat. Darin berichtete er eingangs, wie nahe er sich Robin noch immer fühle und wie das kleine Mädchen ein wichtiger Teil seines und Barbaras Lebens geblieben sei:

„Dieser Brief … ist eine Art Beichte … zwischen dir und mir, einer Mutter und ihrem kleinen Jungen, der jetzt nicht mehr so klein ist, dir aber noch immer ebenso nahe. Aber wenn wir älter sind, ist es nicht mehr so leicht, so viel aus tiefstem Herzen zu sagen.
In unserem Haus fehlt etwas. Die pulsierende Unruhe der vier Jungs, die sich zu lernen bemühen, die wachsen, … ihr fröhlicher Lärm, mit dem sie die Welt wahrnehmen …, alle diese Wunder brauchen ein Gegenstück. Wir brauchen ein steif gestärktes Kleidchen neben unseren Helmen und abgewetzten Jeans. Wir brauchen weiches blondes Haar neben unserem Bürstenschnitt. Wir brauchen jemanden …, der die Oberstimme zu ‚Alouette' singen kann, während sie draußen rennen, um den Ball wieder zu fassen, den sie immer wieder über das Dach werfen wollen, aber meist nur gegen die Fliegengitter prallen lassen.
Wir brauchen einen richtigen Weihnachtsengel, einen, der keine Hosenaufschläge unter dem Kleid hat.
Wir brauchen jemanden, der Angst vor Fröschen hat.
Wir brauchen jemanden, der weint und nicht streitet, wenn ich ausraste.
Wir brauchen jemanden, der küssen kann, ohne Ei oder Marmelade oder Kaugummi zurückzulassen.
Wir brauchen ein Mädchen.
Wir hatten einmal eins. Es stritt sich und weinte und spielte wie die anderen. Aber da war auch noch die besondere Zartheit.
Sie war geduldig. Ihre Umarmungen waren nur ein bisschen weniger kräftig.
Wie die anderen kletterte sie zum Schlafen zu mir ins Bett, aber irgendwie passte sie auch hinein.
Sie trat mich nicht, drehte sich nicht um und weckte mich nicht mit ihrer Stupsnase und den spitzbübischen Augen einen herausfordernden Zentimeter von meinem verschlafenen Gesicht entfernt.
Nein, sie stand neben unserem Bett, bis ich sie dort spürte. Still legte sie mir ihr wunderbares duftendes Haar an die Brust und schlief ein.
Ihre Ruhe gab mir das Gefühl der Stärke und der Wichtigkeit.
‚Mein Väterchen' war eine Liebkosung, eine Art Besitz, der mich ein bisschen anders berührte als das ‚Hallo, Papa', das ich so liebe.
Aber sie ist noch bei uns. Wir brauchen sie und haben sie noch. Wir können sie nicht berühren und fühlen sie dennoch.
Wir hoffen, sie bleibt noch lange, lange Zeit in unserem Haus.
In Liebe Pop."[19]

Als die danach geborene Tochter Doro später selbst Mutter war, erinnerte sie sich an ihre Kinderjahre, in denen ihre Eltern ein Bild Robins auf der Anrichte stehen hatten. „Papa brachte mich jeden Abend ins Bett", berichtete sie, „und erzählte mir von Robin. Und dann weinten wir beide."[20]

George Bushs Freundlichkeit blieb nicht auf die traurige, zärtliche Erinnerung an eine verlorene Tochter beschränkt. Sie zeigte sich vielmehr in einem starken Sinn für Fairness im Umgang mit anderen. Als Bush auf Nixons Bitte Vorsitzender des Nationalkomitees der Republikaner (RNC) wurde, war es eine seiner ersten Aufgaben, im Rahmen der Haushaltskonsolidierung das Personal zu verringern. Im Gegensatz zu vielen anderen Politikern, die die „Drecksarbeit" der Entlassung von Mitarbeitern anderen überlassen, tat Bush das selbst. Nancy Thawley, die lange Zeit mit ihm in der Politik zusammenarbeitete, berichtet: „Er ließ sie kommen und sagte es ihnen selbst. Er war offen und ehrlich, sprach mit ihnen und erklärte, warum es nötig war."[21]

Als Vorsitzender gewann er durch seinen bescheidenen persönlichen Standard die Achtung der Mitglieder. Er flog stets Economy-, nie Erste Klasse und fuhr ein kleines Auto von American Motors, während Bob Strauss, sein Pendant beim Nationalkomitee der Demokraten – Texaner wie Bush –, eine Limousine mit Fahrer benutzte.

In ähnlicher Weise musste er in seiner kurzen Amtszeit als Direktor der CIA einige Schwachpunkte in den oberen Rängen des Dienstes durch den Austausch von Personen beseitigen. Da gab es keine geheimen oder anonymen Aktivitäten; Bush trat denen, die er entlassen musste, ebenso offen entgegen, wie er das bei den Entlassungen im RNC getan hatte.

Schließlich wird George Bushs Freundlichkeit am besten dadurch illustriert, dass sie manchmal sogar über seine Brieftasche triumphierte. So verkaufte er etwa seinen Anteil an der Ölbohrgesellschaft Zapata Offshore, die er und ein Freund gegründet hatten, für 1,1 Millionen Dollar. Ein anderer Interessent hatte 400.000 Dollar mehr geboten, aber dieses Gebot davon abhängig gemacht, dass Bush von seiner Forderung, niemanden in der Firma nach dem Verkauf zu entlassen, Abstand nahm. Bush veräußerte seinen Anteil an den Käufer mit dem niedrigeren Gebot, obwohl ihn dieser Akt der Loyalität gegenüber den Beschäftigten fast eine halbe Million Dollar (mit der Kaufkraft von 1966!) kostete – ein beachtlicher Preis für Freundlichkeit.

Persönlichkeitsstil

In George Bush sahen andere, wie auch in Gerald Ford, einen typischen „netten Kerl“. Doch Ford war dieser „nette Kerl“ eher aus Abhängigkeit und wegen seiner Entscheidungsunfähigkeit, deshalb versuchte er, es jedem recht zu machen, allen zu gefallen. Auch Bush galt als Präsident, der keine klare Vision hatte, wirkte aber selbstbestimmter und viel weniger unsicher.

Bush war für seine Loyalität bekannt. Freunde oder Mitarbeiter ließ er nicht im Stich. Als Ronald Reagan 1980 die Nominierung für die Republikaner fast geschafft hatte und eine Fortsetzung des Kampfs Bush selbst nur schaden konnte, war George nicht zur Aufgabe bereit. Angesichts seiner deutlich abzusehenden Niederlage gegen Reagan wollte er trotzdem dranbleiben, denn er wollte seine Wahlkampfhelfer nicht enttäuschen. Er sprach von den vielen Stunden, die sie aufgewandt hatten, davon, wie sie mit Gehaltskürzungen einverstanden waren und noch immer an Bord blieben. „Wie könnte man sie jetzt einfach stranden lassen?“, fragte er. Schließlich konnten Jim Baker und Vic Gold die Realität deutlich genug darstellen, um den widerstrebenden Bush zur Beendigung der Kampagne zu bewegen. Aber wie von Baker erwartet, war das nicht leicht. Bush war eben von hartnäckiger Loyalität.

Betrachtet man seinen Persönlichkeitsstil, so war George Bush gemäßigt normal. Er besaß nicht das paranoide Misstrauen Nixons, die obsessive Detailversessenheit Carters, den schauspielerhaften Flair Reagans oder die Glattzüngigkeit Clintons. Er erinnerte in seiner psychischen Ausgeglichenheit eher an Truman.

Frauen in Bushs Leben

Die Mutter

Nach allem, was zu erfahren ist, war Georges Mutter Dorothy sportlich und hübsch. Zu Beginn des 20. Jahrhunderts mit einem Mann vom Prestige und Auftreten Prescott Bushs verheiratet zu sein, ohne von ihm überschattet oder beiseite geschoben zu werden, war schon eine Leistung an sich. Es gelang, weil Dorothy über die ihr vorgeschriebenen Rollen als Gattin, Mutter und Hausfrau hinausging und selbstbewusst auch Dinge tat, die für Frauen in jenen Tagen durchaus ungewöhnlich waren.

Als zum Beispiel Bill Preston, ein angeheirateter Cousin, mit schweren Verwundungen aus dem Ersten Weltkrieg zurückkam, war es Dorothy, die seine Rehabilitation nach einem längerem Krankenhausaufenthalt übernahm. Sie – eine exzellente Tennisspielerin, die 1918 bei den nationalen Mädchenmeisterschaften Zweite geworden war – mietete in Aiken, Südkarolina, einen Tennisplatz und begann erfolgreich mit Tennis als Therapie. Preston, der danach Geschichtsprofessor wurde, schätzte rückblickend ein, dass Dorothy Bush der entscheidende Faktor gewesen sei, der zu seiner Genesung führte.

„Gutherzig, ausgeglichen, liebevoll", das waren die Worte, mit denen Barbara Bush ihre Schwiegermutter Dotty zu beschreiben pflegte. Und: Dottys Einfluss auf George sei „zehn Mal größer" gewesen als der des Vaters.

Es ist wahrscheinlich, dass sich Dorothys Elan und ihre Energie auf ihre Kinder übertrugen. Ebenso wahrscheinlich ist aber auch, dass Dorothys Dominanz zu Georges Zurückhaltung beitrug. Auch als er erwachsen war, ließ sie nicht ab, korrigierend einzugreifen. Als er einmal bei einer politischen Veranstaltung über seine Kriegserlebnisse berichtete, tadelte sie ihn wegen seiner Prahlerei. Er fragte zurück, ob sie ihn vielleicht nur aufziehe, aber ihre Antwort lautete: „Nein, ich meine das ernst." Selbst nach der Entgegnung, ihr Ehemann Prescott müsse ja wohl auch kräftig in Horn gestoßen haben, als er für den Senat kandidierte, blieb sie fest: „Nein", sagte sie, „über sich selbst hat er nie in glühenden Farben gesprochen."[22] Sogar als Bush schon Vizepräsident war, tadelte Dorothy ihn wegen schlechter Manieren, wenn er bei Reden Präsident Reagans in Papieren las. Dabei wies sie auch seine Erklärung zurück, er habe nur den gedruckten Text verfolgt.

Als Junge sprach George mit Außenstehenden nicht über seine Familie. Ein Werfer in Poppys Baseballmannschaft äußerte: „Das einzige, wovon ich ein bisschen spürte, war die Angst, die er vor seiner Mutter hatte. Das war aber nur ein Gefühl. Hätte sie gesagt: ‚Spring!', hätte er gefragt: ‚Wie hoch?'"[23]

Barbara Bush beschrieb der Schriftstellerein Peggy Noonan Georges Mutter mit folgenden Worten: „[Sie] war eine beeindruckende und starke Frau. Meine Mutter auch. Wir wollten endlich dem elterlichen Blick entgehen und auf uns selbst gestellt sein."[24]

Von beiden Eltern erhielten George und seine Geschwister eine starke, direkte und nüchterne Erziehung. In den Köpfen der Bush-Kinder gab es keine Unklarheit darüber, wie auf eine Bitte oder Anordnung eines Elternteils zu reagieren war.

Während der Weihnachtsferien 1941 besuchte der siebzehnjährige George mit einigen seiner Freunde einen geselligen Tanzabend im Country Club von Round Hill. Dabei fiel ihm alsbald die ein Jahr jüngere Barbara Pierce ins Auge, die graziös zur Musik von Glenn Miller tanzte.

George hatte aber nur wenig Gedanken für Romanzen. Einige Tage zuvor hatten die Japaner Pearl Harbor bombardiert, damit hatte der seit zwei Jahren in Europa tobende Zweite Weltkrieg plötzlich auch für die Amerikaner persönliche Bedeutung bekommen. Die Bewohner der Westküste nahmen an, sie würden die nächsten Opfer sein, auch an der gesamten Ostküste wurde Luftalarm gegeben.

Obwohl George Bushs Gemüt also von dunklen Wolken verdüstert war, folgte sein Blick der leuchtenden Gestalt des großen schlanken Mädchens mit rötlichbraunem Haar und rot-grünem schulterfreiem Kleid. Hätte George sie vier Jahre früher getroffen, als Barbara ein molliges zwölfjähriges Mädchen von fast siebzig Kilo war und nach ihrer eigenen Aussage „wie ein Schweinchen"[25] aussah, wäre seine Freude über ihre erste Begegnung wohl nicht so groß gewesen. Inzwischen aber hatte Barbara Pierce viel von ihrer früheren Molligkeit abgelegt und war ein großer schlanker Teenager von 1,70 Meter, mit dunklen sprühenden Augen. Noch hatte sie nicht die gleiche Klasse wie ihre Schwester Martha, die als Collegestudentin des Jahres auf dem Titelblatt der Zeitschrift *Vogue* abgebildet war, aber Barbara besaß eine gute Haltung – und als George nun beobachtete, wie sie auf der Tanzfläche herumwirbelte, war er verzaubert. Barbaras Begleiter an diesem Abend war Jack Wozencraft, einer von Georges Tennispartnern. George konnte es kaum erwarten, dass der Tanz zu Ende war und er Jack bitten konnte, Barbara vorgestellt zu werden.

George war zwar sportlich ein As, jedoch kein besonders guter Tänzer. Als Jack ihn Barbara vorstellte, hatte er nicht den Mut, sie zum Tanzen aufzufordern. Barbaras offensichtliches Können schüchterte ihn wohl zu sehr ein, so dass er und Barbara die meiste Zeit nur da saßen und redeten. Sie erinnerte sich später: „Wir tanzten ein bisschen und es machte Spaß, mit ihm zu sprechen. Er fragte mich, ob es mir etwas ausmachte, den nächsten Tanz auszulassen, denn das sei ein Walzer, den er nicht könne."[26]

Mit seinen Worten aber war George offenbar erfolgreicher als mit den Füßen. Nach dem Dienst in der Marine kehrte er heim und heiratete

Barbara Pierce am 6. Januar 1945, vier Jahre und einige Tage nach ihrer ersten Begegnung beim weihnachtlichen Tanz. Am Abend feierten 250 Gäste gemeinsam mit dem jungen Paar bei einem Empfang im Apawamis-Club, wo George und Barbara ihre erste Verabredung gehabt hatten. George war beim Tanzen unbeholfen wie üblich, ließ aber keinen Zweifel daran, wie glücklich er war. „Das Eheleben", schrieb er kurz darauf seiner Schwester Nancy, „übertrifft alle Erwartungen. Barbara ist eine tolle Frau."[27]

Jahre danach erinnerte sich Barbara an ihren Hochzeitstag mit Augenzwinkern und sagte einem Zeitungsreporter: „Ich habe den ersten Mann geheiratet, den ich je geküsst habe. Wenn ich das meinen Kindern erzähle, kriegen die sich nicht wieder ein."[28]

Georges und Barbaras Teenagerromanze und die folgende Heirat sollten den Dauertest bestehen. Wenn sie in den Jahrzehnten danach gemeinsam in der Öffentlichkeit auftraten, vermittelten sie das Gefühl, einander nach wie vor zugetan zu sein. Anders als Nixon, der seine Frau Pat nur selten berührte und dann auch nur für die Kameras, waren George und Bar, wie er sie nannte, einander sichtlich in Liebe zugetan.

Barbaras Nüchternheit war und ist bei vielen Amerikanern sehr beliebt. Nach der Unpopularität der „Drachenfrau" Nancy Reagan und der laufenden Verwirrung um Hillary Clinton erscheint Barbara Bush wie der sprichwörtliche „frische Luftzug". Sie ist weder ein Diktator hinter der Szene noch eine abhängige treibende Kraft und kann wohl am besten durch das Prisma ihrer Memoiren betrachtet werden.

Barbara Bushs Memoiren wurden rasch zum Bestseller, vermutlich wegen ihres offenen und herzlichen Grundtons. Im Gegensatz zu Nancy Reagans Lebenserinnerungen – einer reinen Selbstrechtfertigung mit dem passenden Titel *My Turn* [Ich bin an der Reihe] – enthält Barbaras Buch Anekdoten aller Art und porträtiert nicht nur den äußeren Glanz, sondern enthüllt auch die Banalität der Politik.

In der Rückschau auf Georges ersten Auftritt im öffentlichen Leben, der Bewerbung um den Vorsitz bei den Republikanern von Harris County, bekennt Barbara, dass das Ganze „langweilig" gewesen sei. Sie erinnert sich, wie George, „meist gemeinsam mit mir", alle zweihundertzehn Parteibezirke besuchte. Sie erinnert sich an die Abende als „lang und quälend. Da nahm ich dann meine Stickerei zu Hand, nur um nicht hinsehen zu müssen und mich zu Tode zu langweilen. Ingesamt hörte ich Georges Reden zweihundert Mal."[29]

Barbaras Qualitäten wurden von George und der Öffentlichkeit gleichermaßen geschätzt. „Bar“ war in mancher Hinsicht wie Dorothy, Georges geliebte Mutter. In der Ehe ist es oft so, dass man „die Mutter sucht, die man kannte“, und das scheint sich auch für George Bush bewahrheitet zu haben. Bar war wie seine Mutter Dorothy eine Frau mit starker Persönlichkeit und ausgeprägtem Charakter. Sie besaß funkelnde Energie und engagierte Direktheit, freute sich an Aktivitäten im Freien und zeigte tiefes Interesse an Menschen, besonders an Kindern. Sie fühlte sich in einem Lebenslauf wohl, der primär auf das häusliche Leben orientiert war. Ihr scharfer Intellekt wird in der ungeschminkten Wahrnehmung des öffentlichen und privaten Lebens evident. Georges Biograf Fitzhaugh Green stellte fest: „Jeder, der sowohl Bushs Mutter wie auch seine Frau kennen gelernt hat, kann erkennen, dass beide zur gleichen Kategorie gehören.“[30]

Jennifer

Jennifer Fitzgerald war angeblich die „andere Frau“ in George Bushs Leben. Nachdem sie in seinem letzten Jahr beim Nationalkomitee der Republikaner seine Sekretärin gewesen war, reiste sie mit ihm auch nach China.

In dem delikaten politischen Manöver nach Nixons Rücktritt hatte Präsident Ford kurz zuvor nicht Bush, sondern Nelson Rockefeller als seinen Vizepräsidenten bestimmt. Mit einem Anruf des Präsidenten, den Bush danach als apologetisch bezeichnete, hatte der immer freundliche Jerry ihn zu trösten versucht: „Es war sehr hart. Sie hatten enorme Unterstützung und ich wollte nur, dass Sie das wissen.“[31] Bush, der Richard Nixon gegenüber nie eine entspannte Kameradschaft gespürt hatte, schätzte Fords Versuch, ihm zu einem besseren Gefühl zu verhelfen.

Zwei Wochen später bat Ford Bush ins Weiße Haus und bot ihm den typischen politischen Trostpreis an, eine Auswahl an Botschafter-Posten. Paris, London und ebenso Beijing stünden zur Wahl, sagte er. In weniger als einer Stunde entschied sich Bush für Beijing, was nicht nur Barbara und seine Familie, sondern auch viele andere überraschte. Warum er den Posten in China den prestigeträchtigeren Positionen in Paris oder London vorzog, war vielen ein Rätsel. Ein Freund erklärte es als Bushs Wunsch, so weit wie möglich aus dem Dunstkreis von Watergate herauszukommen.[32]

Und weit weg war es tatsächlich. Isoliert auf der anderen Seite des Globus, bewacht von grün uniformierten verschwiegenen Soldaten der Volksbefreiungsarmee, bedient von einem halben Dutzend chinesischer

Diener, von denen keiner Englisch sprach, verglich Bush diese Erfahrung mit einer Exilierung in ein „mongolisches Kraftwerk". „Welche Frustration!", notierte er in seinem Tagebuch.[33]

Wohin er in Beijing ging oder mit dem Rad fuhr, wohin er ins Land reiste, überall fiel Bush auf. Und wenn er von „C. Fred", dem Hund der Familie, begleitet war, wurden die üblichen ausdruckslosen Blicke zu unverstellter Gafferei. Die Chinesen, die noch nie einen Hund mit blonden Locken gesehen hatten, hielten Fred fälschlich für eine Katze, bis Barbara genügend Chinesisch gelernt hatte, um ihnen zu erklären, dass er ein kleiner Hund sei und niemanden beiße. Rückblickend sagte sie dazu: „Wir haben nie bereut, ihn mitgenommen zu haben. Es gab Zeiten des Alleinseins, in denen wir es uns beide mit einem Buch und C. Fred an der Seite bequem machten."[34]

Bush konnte nicht nur nicht mit den einheimischen Helfern oder anderen Chinesen kommunizieren, sondern fühlte sich auch ganz allgemein von der Außenwelt abgeschnitten. Er und Barbara hörten oft die Stimme Amerikas und gelegentlich die BBC, aber der Empfang war schlecht und schwand oft mitten in einer wichtigen Information. Um über die Ereignisse in den USA auf dem Laufenden zu bleiben, waren sie auf Zeitungen angewiesen, die aber schon mehrere Tage alt waren, wenn George und Barbara sie in die Hände bekamen. Doch alte Nachrichten waren immer noch besser als gar keine.

Wie aus dem Nichts kam plötzlich das Gerücht von einer Beziehung Bush-Fitzgerald auf. Genährt wurde es zweifellos von der Tatsache, dass Barbara über lange Zeiträume abwesend war, um zu Hause, auf der anderen Seite des Planeten, bestimmte Dinge zu erledigen. Mehr als mit anderen Mitgliedern des Botschaftsstabs war George mit Jennifer auch außerhalb der Arbeitszeit zusammen. Gemeinsam gingen sie in Beijings Kaufhaus zum Shopping oder verbrachten einen geselligen Nachmittag in der amerikanischen Botschaft in Tokio, bevor sie zu einer Konferenz in Hawaii weiterflogen.

Heißt das, dass die beiden auch eine sexuelle Beziehung hatten? Nicht zwingend, aber zumindest hatte ein solcher Verdacht eine reale Basis. Die Wahrheit wird schwer zu eruieren sein, denn die Hauptinformationsquellen für Bushs Erlebnisse in China sind entweder sein *Tagebuch von Beijing* oder die Memoiren seiner Frau. Und beide Quellen sind kaum dazu angetan, die Wahrheit darüber zu enthüllen, ob George und Jennifer „ein glühendes sexuelles Abenteuer" hatten, selbst wenn das tatsächlich der Fall gewesen sein sollte.

Nancy Bush Ellis machte sich über den Klatsch lustig. „Die pummelige kleine Jennifer", soll sie lachend gesagt haben, „war die verlässlichste Person, die ich kenne. Wir alle haben sie seit jeher gekannt. Sie bewundert George absolut, wie alle anderen Leute auch."[35] Eine glaubwürdige Abwiegelung, aber von Bushs eigener Tochter wohl zu erwarten.

In einer Sache allerdings sind sich alle Beobachter einig: Welcher Art die Beziehung auch gewesen sein mag, Jennifer war keine Schönheitskönigin und entschieden kein Püppchen. Tatsächlich dachten viele, dass Fitzgerald eine bemerkenswerte Ähnlichkeit mit der matronenhaften Barbara hatte.

Bekannt dafür, ein „nüchternes" Amt auszuüben, war Jennifer mit Zähigkeit und politischem Durchblick eine gute Ergänzung zu Georges gelassener Ungezwungenheit. Es war Fitzgerald, die mit all den Vermittlern und Lobbyisten verhandelte, die im amerikanischen Verbindungsbüro (damals noch nicht im Status einer Botschaft) in China auftauchten. Jennifer verstand etwas von Politik, und in ihrer Differenziertheit bei der Bewältigung der verschiedenen komplizierten Situationen übertraf sie alle anderen im Büro. Dieses Vermögen in Verbindung mit ihrem besonderen Zugang zum Chef nahmen einige übel – und das ist natürlich eine gute Grundlage für böse Gerüchte.

Nach der Arbeit in China schloss sich Fitzgerald 1980 der Mannschaft Bushs zu den Präsidentschafts-Vorwahlen an und wurde dort erneut zum Zerberus. Sexistische Neigungen führen oft dazu, dass kraftvolle Frauen mit negativen Spitznamen belegt werden. Jennifers schroffe Art, ihr aufbrausendes Temperament und das herrische Verhalten ließen die anderen Mitarbeiter für sie bald Spitznamen wie „Eislady", „Scheusal auf Rädern" oder andere finden.

Haben George Bush und Jennifer Fitzgerald nun also oder haben sie nicht? Wir werden es wohl kaum erfahren, denn Jennifer hat nie einen Bericht von der Art „Küssen und erzählen" über ihre Jahre mit George geschrieben. Auch war sie nicht (wie etwa Monica Lewinsky) geneigt, mit der Presse oder Freunden über ihre sexuellen Erfahrungen zu sprechen. Robert Dornan, einem Freund aus dem Kongress, sagte sie: „Diese Geschichten sind widerlich ..., unerträglich sind sie."[36]

Schließlich wird in der Welt, die Washington heißt, politischer Vorteil oft dadurch erzielt, dass über den Opponenten Gerüchte in Umlauf gebracht werden. Es war deshalb nicht überraschend, dass 1992, als Bill Clinton Vorwürfe sexuellen Fehlverhaltens abwehren musste, Hillary neben anderen auch den Namen Jennifer Fitzgerald ins Spiel brachte.

Überraschender ist da wohl doch, dass Nancy Reagan Bush nie traute. Obwohl George und „der Schwindler" gut miteinander auskamen, fürchtete Nancy, die sich immer paranoid schützend vor Ronnie stellte, dass der Vizepräsident versuchen könnte, ihren Mann in den Schatten zu stellen. Folglich wird behauptet, sie habe bereits im dritten Monat der Reagan-Administration falsche Gerüchte in Washington ausgestreut, indem sie verbreitete, Bush hätte eine Affäre mit der Witwe eines ehemaligen Kongressabgeordneten gehabt. Bush vermerkte dazu in seinem Tagebuch: „Ich habe es immer gewusst, dass mich Nancy nicht sehr gut leiden konnte, aber ich kann da nichts tun. Sie tut mir Leid, aber noch mehr bedaure ich Präsident Reagan."[37]

Es ist schwer zu entscheiden, was man über George und Jennifer glauben soll. Schwierigkeiten bereitet es schon, die überlieferten Berichte zu bewerten, die im besten Fall zweideutig sind. Ein Teil der Bush-Fitzgerald-Synergie bezieht sich wahrscheinlich auf den „Guter Bulle – Böser Bulle"-Antagonismus ihrer unterschiedlichen Persönlichkeiten in der gemeinsamen Arbeitssituation. Zweifellos bewältigte Jennifer viel Unangenehmes für ihren liebenswürdigen Chef. Aber wir haben bereits gesehen, dass auch Bush Menschen entlassen konnte und dies bei früheren Gelegenheiten mit Würde und Fairness getan hatte. Einen „scharfen Hund" neben sich zu haben, war für ihn also keine so absolute Notwendigkeit wie für Gerald Ford, der einen General Haig brauchte, oder für Ronald Reagan, der dafür Nancy hatte.

George Bush schien ein Mann von festem Charakter zu sein, und seine Ehe mit Barbara war offenbar in den vielen gemeinsamen Jahren gut. Aber auch ein anderer Mann mit hohen Prinzipien, Dwight Eisenhower, verliebte sich in seine Mitarbeiterin, als er von seiner Frau getrennt war. Und George Bushs vierzehn Monate in China könnten für ihn und Jennifer Fitzgerald denselben „durchsichtigen unsichtbaren Tunnel" erzeugt haben, in dem sich Kay Summersby mit Ike eingeschlossen fühlte, als sie gemeinsam in Europa waren.

Als George und Jennifer in China waren, lag zwischen ihnen und Amerika die halbe Welt. Sie arbeiteten und lachten zusammen, teilten gemeinsame Ziele und schlugen sich mit gemeinsamen Problemen herum. Sie sahen einer gemeinsamen politischen Zukunft entgegen, und unter solchen Umständen ist es psychologisch gesehen sicher, dass ihre Bindung intensiver wurde.

Alles das verstärkte sich noch durch die Fremdheit der Kultur, in die sie hineinversetzt waren. Unter solchen Umständen kann aus einer arbeitsbezogenen Vertrautheit leicht mehr werden. Kann, aber muss nicht. Und damit wollen wir dieses Kapitel abschließen.

Mit Ehefrau Hillary, 1994.

1946	Geboren am 19. 8. in Hope, Arkansas.
1973–1976	Studium der internationalen Beziehungen und Rechtswissenschaften, danach Juradozent. Anschluss an die Demokratische Partei.
1976	Eheschließung mit Hillary Diane Rodham.
1977–1979	Justizminister von Arkansas.
1979–1981	Gouverneur von Arkansas.
1983–1993	Mehrfache Wiederwahl zum Gouverneur von Arkansas.
1992	Durch Sieg über George Bush und Henry Ross Perot Wahl zum 42. Präsidenten der USA.
1994	Der Sieg der Republikaner bei den Kongresswahlen zwingt Clinton zu stärkerer Zusammenarbeit und erschwert die Durchsetzung eigener Programme.
1996	Wiederwahl im November.
1998	Beginn der Untersuchungen zur „Lewinsky-Affäre" (Verdacht der Anstiftung zum Meineid) durch Sonderstaatsanwalt Kenneth Starr.
2001	Im Januar Ende von Clintons Präsidentschaft. George W. Bush wird 43. Präsident der USA.

10 William J. Clinton

42. Präsident der Vereinigten Staaten 1993-2001

Zwei Psychen

Um William („Bill“) Jefferson Blythe Clinton zu verstehen, müssen wir das Konzept der zwei Persönlichkeiten heranziehen, die nebeneinander existieren, siamesische Psychen, die nie chirurgisch getrennt wurden, erblich miteinander verkoppelte Zwillinge, die abwechselnd durch die Odyssee des Lebens steuern.

Psychologen der traditionellen Freudschen Schule sehen Persönlichkeit als etwas, das einer Torte aus drei Schichten ähnlich ist. Die unterste Schicht (bekannt als Id oder Es) enthält unausgesprochene, undenkbare Triebe und Uremotionen wie Aggression und rohe Sexualität. Diese Schicht verlangt unmittelbare Befriedigung und funktioniert auf der Basis des Lustprinzips. Die mittlere Schicht (Ego oder Ich) ist das Zentrum des bewussten Denkens. Hier werden Probleme gelöst und Emotionen fein abgestimmt. Vom Ego wird behauptet, es funktioniere auf Grundlage des Realitätsprinzips. Die oberste Schicht (Superego oder Über-Ich) hat zwei Bereiche, das Gewissen und das Ich-Ideal. Gewissen ist ziemlich genau das, womit wir zuerst in der Sonntagsschule vertraut gemacht werden, die „lautlose Stimme“, die uns ruft, wenn wir etwas Unrechtes tun, und die uns zum ethischen Verhalten hin drängt. Das Ich-Ideal ist wie die Glasur auf der Torte unserer Entwicklung und enthält unsere Hoffnungen, Ziele, unsere edelsten Bestrebungen, es fixiert die höchsten Ideale in unserem Bewusstsein und spornt uns zu altruistischem Handeln an.

Die physiologische Forschung stützt die Existenz eines dreigeteilten Hirns, das in etwa Freuds „Schichttorte“ entspricht. So unterscheidet zum Beispiel der renommierte Hirnforscher Paul D. MacLean drei deutliche Teile innerhalb des menschlichen Hirns: Der ursprünglichste Teil (dem Freudschen Es entsprechend) liegt an oder nahe der Region, die die Neurologen Hirnstamm nennen. Der zweite Teil, der Bereich, der den oberen Teil des Stamms umgibt, ist als das limbische System bekannt. Das ist ein Hirn höheren Niveaus, ähnlich dem von niedereren Säugetieren. Schließlich der dritte Teil, der Kortex (die Rinde), um die tieferen Strukturen und darüber liegend. Das ist eine intellektuelle „Krone", die „Denkkappe".

MacLean ist nun überzeugt, dass die drei Teile in unserem Hirn nur lose miteinander verbunden sind und dass es vom biologischen Standpunkt aus leicht ist, unsere kortikale „Denkkappe" von den inneren Bereichen abzuspalten. Psychoanalytiker beharren seit langem darauf, dass eine solche Spaltung existiert: Tief in uns, behaupten sie, gibt es eine dunkle, mächtige, stumme, uns unbewusste Seele, die uns machtvoll umtreibt, und das trotz allen gegenteiligen Anstrengungen des Bewusstseins.

Der Psychiater Eric Berne hat Freuds Modell um zwischenmenschliche Beziehungen erweitert. Er nannte sein System Transaktionsanalyse und entwarf ein Bild, in dem Menschen wiederum in drei Schichten handeln: auf der kindlichen Ebene (grob dem Es entsprechend), der erwachsenen (entsprechend dem Ich) oder der elterlichen (ähnlich dem Über-Ich).

Im Fall Bill Clintons funktioniert diese dreischichtige „Torte" der psychischen Entwicklung freilich nicht. Bei manchen Menschen vollzieht sich – nach MacLean – die Entwicklung auf zwei getrennten Spuren, so dass die höhere „Denkkappe" keinen wesentlichen Einfluss auf die Teile darunter hat. So hat es sich auch bei Billy Blythe zugetragen. Wie andere Kinder, die Chaos und Gewalt ausgesetzt sind, entwickelte er eine Doppelspur und wechselte geschickt zwischen unterschiedlichen Persönlichkeitsstilen, je nachdem, was im Moment gerade vorteilhafter schien.

Wenn man die Dualität in der Persönlichkeitsentwicklung des jungen Billy Blythe nicht versteht, so muss Bill Clinton später als einer der gerissensten und unehrlichsten Präsidenten des letzten halben Jahrhunderts erscheinen. Ein Mann, der verbal geschickt genug war, um Wähler mit Sätzen wie „Ich fühle euren Schmerz" zu überzeugen. Ein Politiker, der öffentlich für die Gleichberechtigung der Frauen eintrat, privat aber seine Frau anbrüllte: „Noch bin ich hier der Boss! Vergiss das nicht, du Schlampe!"[1]

Die rätselhaften Kontraste in Clintons Psyche und seine außerordentliche Fähigkeit, immer diejenige Persönlichkeit ins Spiel zu bringen, die für die jeweilige Situation am besten geeignet war, kann man als voll entwickelte Manifestation dessen verstehen, was sich an Charaktereigenschaften bereits in seiner Kindheit herausgebildet hatte. Das sind die Jahre, in denen sich seine zwei Persönlichkeiten – ich werde sie den Baptisten Billy und den cleveren Willy nennen – nebeneinander entwickelten.

Clintons bipolare Persönlichkeit: der Baptist Billy und der clevere Willy

Ein Aphorismus unter Psychologen lautet: „Du bist nur so krank wie deine Geheimnisse." Das Verbergen von Geheimnissen, speziell Familiengeheimnissen, verlangt viel psychische Energie. Deshalb brauchte Billy Blythe in seiner Kindheit auch viel Energie, um Familiengeheimnisse nicht nach draußen dringen zu lassen, und seine psychische Erfahrung war die zweier unterschiedlicher Kinder. So geschieht es manchmal bei klugen Kindern, die nicht mehr intakte Familien überleben – Clintons Intellekt und Energie erlaubten ihm nicht nur zu überleben, sondern machten ihn auch fähig, die jeweils besondere Persönlichkeit wirken zu lassen, die von seiner Umwelt erwartet wurde.

Die eine Seite von ihm, der Baptist Billy, war freundlich, umsichtig, besorgt um die eigene Sicherheit wie die der Mutter und des kleinen Bruders. Dieser Charakterzug hat sich bis in seine Präsidentschaft erhalten und äußerte sich in Tränen und Mitgefühl für die Entrechteten und Leidenden.

Aber die psychische Fehlfunktion seiner Familie zwang auch zur Herausbildung der anderen Spur. Der clevere Willy ist die psychopathische Spur in Clintons Persönlichkeit. Psychopathen sind typische Schwindelkünstler. Sie nutzen ihre sozialen Fähigkeiten, um andere auszubeuten, und spüren keine Reue, wenn sie ihre Mitmenschen betrügen oder übers Ohr hauen. Vielmehr ist das für sie ein großes Vergnügen. Solche Ausbeutung kann finanzieller oder emotionaler Art oder beides sein. Oft sind Psychopathen verbal geschickt, nutzen aber ihre rhetorische Fähigkeit im Allgemeinen, um andere zu betrügen. Der Begriff des Psychopathen assoziiert zwar oft die Vorstellung von Serienmördern, doch viele Psychopathen werden nicht etwa zu kriminellen Gewalttätern, sondern nutzen statt dessen ihr Talent, um mit miesen Tricks Geld zu machen, andere sexuell zu verführen oder die Konkurrenz beim Verkauf von Versicherungen, Autos oder Staubsaugern auszustechen. Nicht alle Verkäufer sind Psychopathen, wohl aber alle Psychopathen Verkäufer. Immer wollen sie etwas „zu besonders günstigen Konditionen" verkaufen. In diesem Kapitel werden wir viele Beispiele dafür finden, wie die psychopathische Seite Bill Clintons – der clevere Willy – glattzüngig, verbal überzeugend und gewandt ihren Nutzen aus Menschen zog. Das ist das wesentliche Charakteristikum der Psychopathen: Sie benutzen andere. Mit Blick auf seine verbalen Fähigkeiten gehörte der clevere Willy dabei zu den Besten. Er hätte, um ein berühmtes Wort zu zitieren, selbst den Eskimos Eis verkaufen können.

Auch Clintons Halbbruder Roger hatte starke psychopathische Elemente in seiner Persönlichkeit. Er schritt den weiten Toleranzbereich im Umfeld von Hot Springs äußerst erfolgreich aus: nahm Drogen, fuhr wie ein Irrer, ignorierte Strafzettel. Aber da ihm die spirituellen Wurzeln des Baptisten Billy und wohl auch das verbale Geschick des cleveren Willy fehlten, kam er vom Weg des erlaubten Verhaltens ab und endete schließlich im Bundesgefängnis.

Bill Clintons psychopathischer Bruder

Zum ersten Mal wurde Roger wegen Verkehrsdelikten festgenommen. Wie sein Bruder Bill (der zufällig auch Gouverneur war) hatte er eine Schwäche für zu schnelles Fahren. Als er aus dem Gefängnis Little Rock seinen großen Bruder und der wiederum den Polizeichef anrief, war es keine Überraschung, dass Roger ohne Auflagen in die Obhut seines Cousins Sam Tatom entlassen wurde, der zufällig Vorsitzender der Kriminalkommission des Staates war. Ein paar Jahre später wurde Roger wegen Fahrens unter Alkohol und Besitzes von Zubehör zum Drogenkonsum verhaftet. Nachdem der Fall mehr als ein Jahr verschleppt worden war, gaben das Büro des Sheriffs und die Staatsanwaltschaft schließlich dem politischen Druck nach und ließen die Anklage fallen.[2]

Wiederum ein paar Jahre später jedoch, als ein großes Geschworenengericht Roger wegen der Verbreitung von Kokain in fünf Fällen und der Verabredung zur Verbreitung von Kokain in einem Fall verurteilte, konnte auch Bruder Bill ihn nicht mehr gegen Bürgschaft freibekommen.

Besonders erhellend – und typisch psychopathisch – in Rogers Verhalten war, wie unbekümmert er zur Urteilsverkündung ins Gerichtsgebäude ging. Mit einem breiten Grinsen erklärte er den Reportern keck: „Ich fühle mich toll."[3] Drin gab er sich dann gelangweilt und ruhelos, seufzte oft ungeduldig und betrachtete die Decke. Das ist klassische Psychopathie, die ruhige, gelangweilte Haltung „Bringen wir's hinter uns“ des psychopathischen Kriminellen, der sich schweren Anklagen ausgesetzt sieht. Diese Haltung entsteht häufig in einer Kindheit voll missbräuchlicher Gewalt und inkonsequenter Anwendung von Strenge und Milde. Roger und Bill Clinton kamen aus einem solchen Umfeld.

Eine abwesende Mutter

Die dreiundzwanzigjährige Virginia Blythe war mit ihrem ersten Kind im fünften Monat schwanger, als ihr Mann bei einem Autounfall ums Leben kam. Am 19. August 1946 wurde William Jefferson Blythe IV im Julia-Chester-Krankenhaus von Hope geboren. Als er ein Jahr alt war, zog seine Mutter Virginia nach New Orleans, um Krankenschwester zu werden. Ihr Baby ließ sie in der Obhut ihrer Eltern Eldridge und Edith Cassidy.

Die Cassidys waren aus dem zwanzig Kilometer entfernten Bodcaw nach Hope gezogen, weil Edith für ihre Familie mehr Möglichkeiten haben wollte, als sie sich auf der Farm boten. Edith war eine ehrgeizige Frau, die Krankenpflege im Fernunterricht erlernt hatte. Eldridge, der oft zu viel trank, arbeitete unregelmäßig in verschiedenen Jobs – als Wächter einer Sägemühle oder als Eisverkäufer –, um Essen auf den Tisch zu bringen. Als Billy noch Kleinkind war, eröffnete sein Großvater einen kleinen Lebensmittelladen an der Grenze des so genannten farbigen Viertels von Hope. Cassidy behandelte alle seine Kunden ungeachtet ihrer Hautfarbe mit der gleichen Freundlichkeit, gewährte ihnen Kredit für ihre Lebensmittelkäufe und bot ihnen sogar die Möglichkeit, illegalen Alkohol zu kaufen.

In Billy Blythes ersten Lebensjahren hatten seine Großeltern einen starken religiösen Einfluss auf ihn. Seinen Großvater Eldridge beschrieb er später einmal als „den freundlichsten Mann, den ich kenne.“[4] Trotz Opa Eldridges Trinkerei waren Billys Großeltern fromme Baptisten, flößten ihm spirituelle Werte ein und unterstrichen die Wichtigkeit der Bildung. Der Großvater lehrte Billy zeitig lesen und wies ihn immer wieder darauf hin, er möge „etwas aus sich machen“. Aber neben den geistlichen Werten zeigte der Großvater auch, wie man illegalen Alkoholhandel und Kirchenbesuch miteinander verbinden konnte. Er verkaufte Schnaps in einer Region, die mehrheitlich für Abstinenz votiert hatte.

Die Flaschen versteckte er unter dem Mineralwasser in einem großen Kühlschrank. Als Billy vier war, schloss Virginia ihre Ausbildung als Anästhesieschwester am Charity-Krankenhaus in New Orleans ab und zog wieder nach Hope zurück, war also wieder mit Billy zusammen. Obwohl sie jetzt offiziell seine Mutter war, verbrachte er weiter viel Zeit bei seinen Großeltern, wenn Virginia arbeitete oder auf Partys ging.

Geraunte Hoffnung

„Sanft wie die Stimme eines Engels, eine nie gehörte Lehre atmend…" – ohne Zweifel hat der Baptist Billy die vertrauten Rhythmen der Hoffnung auf seiner Gitarre gespielt, sie seinem Tenorsaxofon entlockt und sich auch von der Seele gesungen. Kein musikalisch begabter Jugendlicher, der im Herzen des christlich-fundamentalistischen Südens aufwuchs, entging dieser Melodie, die sich auch in Billys reifende Seele eingrub. Und selbst nach Jahren kamen ihm die geistlichen Lehren, die er in Hope, Arkansas, verinnerlicht hatte, gelegentlich noch ins Gedächtnis und sorgten zumindest für etwas Ausgleich zu den irdischeren Einflüssen, die ihn nun umgaben.

Auf den Knien seines Großvaters und bei seinen Sonntagsschullehrern dürfte der kleine Billy Blythe *Jesus liebt mich* singen gelernt haben, bevor er noch die Bedeutung der Worte verstehen konnte. Und obwohl er als Teenager *You Ain't Nothing But a Hound Dog* herunter gehämmert oder *Love Me Tender* gesungen und dabei Elvis, das Idol seiner Mutter, imitiert haben dürfte, kann man mit Sicherheit annehmen, dass das frühe Raunen der Spiritualität, wie er sie von seinen Großeltern gelernt hatte, nie ganz verstummte.

Gennifer Flowers, eine der vielen Geliebten, die Clinton als Erwachsener haben sollte, erinnerte sich eines Beispiels, bei dem Clinton Gewissensbisse gehabt haben dürfte. Er war wie üblich in ihre Wohnung gekommen. Sie saßen auf der Couch und fingen an, sich zu küssen und miteinander zu spielen, bevor sie schließlich ins Schlafzimmer gingen. Sie waren gerade ins Bett gekrochen und hatten mit dem Sex begonnen, als Clinton plötzlich aus dem Bett sprang, an die Wand zurückwich und zu zittern und zu weinen begann. Als ihn Gennifer fragte, was los sei, „sagte er nichts. Er konnte überhaupt nicht reden und auch nicht zu weinen aufhören." Sie mutmaßte, er sei plötzlich von Schuldgefühlen wegen seines Tuns überwältigt worden: „Vielleicht hatte er versucht, Hillary treu zu sein, das aber nicht geschafft, und war nun wegen seiner

Schwäche verstört. So sehr er mich auch mochte, es blieb Untreue, und das wird ihn hin und wieder beunruhigt haben."[5]

Flowers hatte mit ihren Mutmaßungen wahrscheinlich Recht. Vielleicht hatte Clinton eine entfernte Kirchenglocke läuten gehört, sich eines Sonntagsschullehrers erinnert, an Hillary gedacht oder Oma Edith über die Jahre raunen gehört. Nie hat der Baptist Billy die Kontrolle völlig an den cleveren Willy abgetreten, wenigstens nicht ohne geraunten Protest.

Der Apfel fällt nicht weit vom Stamm

Um die psychopathische Spur der Persönlichkeit Bill Clintons – den cleveren Willy – zu verstehen, muss man nicht allein seinen psychischen Hintergrund, sondern auch seinen genetischen Ursprung berücksichtigen. In den vergangenen Jahrzehnten sind klare Beweise dafür erbracht worden, dass genetische Faktoren einige (nicht alle, wie ich ausdrücklich hinzufüge) Aspekte der Persönlichkeitsentwicklung beeinflussen. Die biologische Matrix, aus der heraus wir uns entwickeln, hat nicht den endgültigen oder allein entscheidenden Einfluss auf die erwachsene Persönlichkeit, bildet aber die Grundlage, auf der diese Entwicklung stattfinden muss. Studien an Zwillingen, die bei der Geburt getrennt und von verschiedenen Familien adoptiert wurden, stützen die These von einem genetischen Faktor im psychopathischen Verhalten. Genetische Tendenzen können oft von konsequenter Erziehung oder klaren Grenzen außer Kraft gesetzt werden, aber trotzdem üben die Chromosomen ihren Druck aus.

Im Fall der Psychopathie zum Beispiel hat die physiologische Forschung mit der Hirnwellenmessung gezeigt, dass Psychopathen zu einer Untererregung tendieren und deshalb Spannung und Sensationen suchen, um sich selbst zu stimulieren. Leicht gelangweilt begeben sie sich in spannungsgeladene Aktivitäten, die oft ungesetzlich sind. Wir werden später sehen, dass ein Teil Bill Clintons zwanghaft zu einem spannungsgeladenen destruktiven Verhalten getrieben wurde, wie es selbst Hillary – die starke, intelligente, glänzende, berechnende Hillary – nicht bieten konnte.

Hillary war in der Schule hervorragend und gewann bei den Pfadfinderinnen alle Medaillen, die es gab. Ihr klarer und unbeirrbarer Ehrgeiz brachte ihr unter den Mitschülerinnen den Spitznamen „Schwester Kühlschrank" ein. Es ist kaum eine Überraschung, dass Schwester Kühlschrank als Billys Frau schon bald die Madonna-Komponente des klassischen Madonna-Prostituierten-Komplexes war, von dem ihr untreuer Ehemann befallen war. Nicht nur, dass sie ihn nicht vom Fremdgehen abhalten konnte, sie musste sich auch damit abfinden, dass er ihr in sexueller Hinsicht wenig Aufmerksamkeit entgegenbrachte. Ein Mitglied der Sicherheitstruppe Clintons berichtete, er habe Hillary einmal sagen hören: „Bill, ich muss mehr als zweimal im Jahr gefickt werden.“[6]

Auch der Blick auf Clintons Herkunft enthüllt, dass sein genetisches Potenzial mit Strudeln von Impulsivität, Alkoholismus, oberflächlichem Charme, Promiskuität und Sensationslust übervoll war, alles Charakteristika, die sich bei Erwachsenen schnell zur Psychopathie wandeln können.

Ein Vater, den er nie kennen lernte

Bills Eltern trafen sich erstmalig, als „W. J.“ Blythe, ein siebenundzwanzigjähriger Handlungsreisender, seine damalige Freundin in die Notaufnahme des Tri-State-Krankenhauses brachte, wo die Lehrschwester Virginia Cassidy arbeitete. Virginia berichtete später, wie die Dinge ihren Lauf nahmen: „Ich dachte, die beiden wären verheiratet, und sprach ihn mit ihrem Familiennamen an, nur um zu erfahren, ob sie wirklich verheiratet waren. Er sagte: ‚Tut mir leid, so heiße ich nicht.‘ Und dann lud er mich ein.“[7]

Virginia zeigte sich von W. J. schnell angetan, schon ihre erste Verabredung resultierte aus der gleichen „sofortigen Anziehung“, die später ihrem Sohn Bill oft vorgeworfen werden sollte. Als sie heirateten, kannten sie sich nicht einmal zwei Monate. Virginia war der Annahme, dass der Mann, den sie heiratete, vorher noch nicht verheiratet gewesen war, aber offenbar hatte sie nicht gefragt und er nichts erzählt.

W. J. Blythe war das sechste von neun Kindern von William Jefferson und Lou Birchie Ayers Blythe. Nach Abschluss der achten Klasse ließ W. J. die Schule sausen und nahm Arbeit in einem örtlichen Milchladen an, um die Familie zu unterstützen, während sein Vater einen aussichtslosen Kampf gegen den Krebs führte. Nach dem Tod seines Vaters war W. J. dann als Molkereiarbeiter, Automechaniker und in einigen anderen Berufen tätig und tat schließlich das, was er am besten konnte: verkaufen. Freundlich, gut gelaunt und überzeugend, hatte er ein gutes Einkommen, indem er mit den verschiedensten Dingen – Autoteilen, Eisenwaren und anderem – hausierte.

Nach allen Berichten war W. J. ein lebenslustiger (sprich: die Aufregung suchender) charmanter Mann, der gern trank, tanzte und hübsche Frauen zum Lachen brachte. Bei seinen Verkaufstouren mit verschiedenen Waren sammelte er auch diverse Ehefrauen.

Die erste war Adela Gash, die dem Vernehmen nach schwanger war, als W. J. in eine nahe gelegene Stadt durchbrannte und dort seine zweite Frau Vera Ramey heiratete. Vera behauptete, der Vater des Kindes sei nicht W. J., sondern ein anderer Mann aus der Familie Blythe. Jahre danach versicherte Gash jedoch, sie sei zum Zeitpunkt der Hochzeit gar nicht schwanger gewesen, sondern hätte W. J. geheiratet, weil sie ein eigenes Heim haben wollte und er sich um Arbeit in einer Molkerei bewarb, die über firmeneigene Wohnungen verfügte. Als es mit der Arbeit nichts wurde, zogen sie und W. J. zu seinen Eltern und teilten dort ein Schlafzimmer mit W. Js. älterem Bruder und dessen Frau. Das ging natürlich nicht sehr gut. Als Adela eine Tante in Dallas besuchte, kam er nicht etwa, um seine Frau heimzuholen, sondern schickte ihr stattdessen ein Paket mit ihrer Kleidung. Sie erreichte in Dallas die Scheidung, behauptete später aber, sie und W. J. hätten weiterhin „miteinander verkehrt", wenn sie in der Gegend war. Sie blieb dabei, dass W. J. der Vater ihres Sohns Leon Blythe war. Schließlich zog Adela mit ihrem Sohn nach Kalifornien.

Adela berichtete, dass etwa zu der Zeit, als sie erneut heiratete, W. J. ihre Schwester Faye (seine dritte Frau also) geheiratet habe, „um nicht ein anderes schwangeres Mädchen heiraten zu müssen."[8] Die Ehe soll ein paar Jahre später gescheitert sein, aber es ist kein Dokument überliefert, das dies erhärtet. Beweise allerdings gibt es dafür, dass W. J. am 3. Mai 1941 Wanetta Ellen Alexander (die vierte Frau) geheiratet hatte und dass er noch mit ihr verheiratet war, als er am 3. September 1943 die (fünfte) Ehe mit Bills Mutter Virginia Cassidy schloss. Gerichtsakten zufolge wurden W. J. und Wanetta erst im März 1944 geschieden.[9]

Aber solche Details konnten das verliebte Paar nicht stören, das zwei Monate nach der ersten Begegnung heiratete. Virginia beschrieb ihre Gefühle für W. J. als „Liebe auf den ersten Blick" und sagte, wenn er sie ansähe, bekäme sie „weiche Knie."[10] Kurz danach zog W. J. nach Europa in den Krieg und Virginia ging nach Hope zurück. Nachdem er den Krieg überlebt hatte, kehrte W. J. nach Hause zurück, kam aber kaum drei Monate danach ums Leben. Als an einem nebligen Morgen an seinem Buick – W. J. raste wieder einmal – ein Vorderreifen platzte, schleuderte das Auto über die Straße, überschlug sich zweimal und landete kopfüber in einem Abwassergraben. W. J. ertrank vermutlich in einer Wasserlache, nachdem er völlig benommen auf der Fahrerseite aus dem Fenster gekrochen war.

Wir fassen zusammen: Bill Clintons Stammbaum enthält einen liebenswerten, stark trinkenden, baptistischen Großvater. Sein biologischer Vater war ein beredter, heftig trinkender Handlungsreisender, der zu der Zeit, als er Bills Mutter Virginia Cassidy ehelichte, Bigamist war.

Und als ob die genetischen Würfel nicht schon mit genügend Impulsivität und Überspanntheit geladen gewesen wären, zog es Virginia Blythes schauspielerhafte Persönlichkeit nach dem Tod ihres Mannes auch noch zu „Dude" Clinton, einem Typ, der nüchtern bezaubernd, betrunken aber ein Scheusal war. Er wurde der einzige Vater, den Bill Clinton je kennen lernte.

Natur und Erziehung wirkten zusammen und verstärkten die psychopathische Seite in Clintons Persönlichkeit, den cleveren Willy, und obwohl seine frühe Entwicklung eine kraftvolle spirituelle Basis, den Baptisten Billy, besaß, fand er mit zunehmendem Alter in seiner Mutter kaum einen spirituellen Mentor. Sie liebte die Nachtklubs und Pferderennen von Hot Springs und nahm manchmal sogar den kleinen Billy zu ihren nächtlichen Exkursionen mit.

Die „Wilde" von Hot Springs

Nach den Berichten der Zeitzeugen war Virginia Cassidy Blythe eine „Wilde". In ihren hochhackigen Schuhen, die damals in Mode waren, ging sie bis zum Morgengrauen trinken und tanzen. Sie putzte sich auffällig heraus, trug viel Schmuck, lange falsche Augenwimpern – alles für theatralische Typen charakteristisch. Legt man die üblichen Maßstäbe an, war sie keine hübsche Frau, hatte aber mit blitzenden blauen Augen, beständigem Lächeln und rauem Lachen wenig Schwierigkeiten, die Aufmerksamkeit der Männer auf sich zu ziehen.

Schon an der High School hatte Virginia als kokett und leichtsinnig gegolten. Ihre Selbstdefinition kommt in der Unterschrift auf dem Abschluss-Gruppenfoto zum Ausdruck: „Ich möchte gern ernst sein, aber alles ist so spaßig." In der üblichen scherzhaften „letztwilligen Verfügung" schrieb sie: „Ich, Virginia Cassidy, vermache Mary Jo Monroe meine magnetische Anziehungskraft auf Jungen."[11]

Aber es waren nicht nur Äußerlichkeiten, die den schauspielerhaften

Typus Virginias offenbarten. Auch die Umstände der Begegnung, Heirat, Scheidung und erneuten Heirat mit ihrem zweiten Mann Roger „Dude" Clinton sind übervoll mit Charakteristika theatralischer Impulsivität bei fehlendem Urteilsvermögen. Schauspielertypen werden von ihren momentanen Emotionen umgetrieben. Während es für Zwangsneurotiker etwa typisch ist, dass sie monate-, sogar jahrelang mit einem Partner „gehen", bevor sie sich zur Eheschließung entscheiden, umschiffen theatralische Typen in ihrer romantisch verschwommenen „Liebe auf den ersten Blick" fröhlich alle umständlichen Erwägungen.

Die Umstände der ersten Begegnung von Virginia und Roger Clinton bleiben etwas verschwommen. Ein Biograf meint, Virginia hätte Roger Clinton zum ersten Mal „bei einem ihrer häufigen Streifzüge durch das Nachtleben von Hot Springs"[12] getroffen, wogegen ein anderer behauptet, Virginia wäre „Dude" begegnet, als er einen seiner diskreten Besuche zur Lieferung von illegalem Alkohol in dem Lebensmittelgeschäft des Großvaters machte. Wie auch immer, sie trafen sich jedenfalls nicht bei einer Gebetsversammlung oder einem Gemeinschaftspicknick.

Wie für Schauspielertypen üblich, war Virginias Urteil über Dude Clintons Charakter auch beim zweiten Mal nicht scharfsinniger. Als sie ihn traf und kurz darauf heiratete, war ihr nicht bewusst, dass er in Hot Springs noch eine Ehefrau und zwei Stiefsöhne hatte. Ebenso wenig wusste sie, dass Ina Mae Murphy Clinton bei der Einreichung ihres Scheidungsbegehrens Dude beschuldigt hatte, sie misshandelt zu haben. Sie behauptete, er hätte sie einmal mit dem Schuh ins Gesicht geschlagen, was ihr ein blaues Auge und eine blutende Kopfwunde eintrug.

Aber wenn sie vor der Hochzeit mit Roger Clinton schon nicht wusste, dass er gegen seine Frau gewalttätig geworden war, wusste sie doch, dass er viele Affären hatte. Sie hatte einmal einen Hinweis bekommen, dass er sich mit einer Stewardess vergnügte, und ging daraufhin in seine Wohnung. Dort war kein Mensch, aber Damenunterwäsche lag verstreut herum. In ihrem extravaganten theatralischen Stil hängte Virginia die Wäschestücke draußen auf eine Wäscheleine. Trotzdem beschloss sie, sehr zur Bestürzung ihrer Familie, Roger Clinton zu heiraten. Als sie ihrem Lieblingsonkel Buddy Grisham erzählte: „Ich habe vor, Roger Clinton zu heiraten", antwortete der Onkel, der wusste, dass Roger mit Autos handelte: „Du stehst davor, einen Haufen Buicks zu heiraten!"[13]

Virginias Mutter Edith war über die angekündigte Eheschließung so erregt, dass sie wegen einer möglichen Vormundschaft über den vier

Jahre alten Billy einen Anwalt konsultierte. Diese Drohung wurde jedoch nie in die Tat umgesetzt, und so wurde Virginia Blythe am 19. Juni 1950 Virginia Clinton. Ihre Eltern und ihr vierjähriger Sohn Billy waren bei der Zeremonie nicht anwesend.

Kurz danach wurde Billy aus Oma Ediths Obhut genommen und zog mit seiner Mutter und ihrem neuen Mann in ein einstöckiges Fachwerkhaus an der Ecke South Walker und Dreizehnte Straße. Dude arbeitete nicht nur als örtlicher Buick-Händler, sondern hatte noch einen nächtlichen Job als Rausschmeißer in einem Nachtklub. Nüchtern war er liebenswürdig und charmant, wenn er getrunken hatte, war er grobschlächtig, brutal und widerlich. War er in einem Bourbon-Rausch, schlug er seine Frau und terrorisierte den jungen Billy. Von Bill Clintons viertem Lebensjahr bis zu der Zeit, als er von zu Hause weg und an die Georgetown-Universität ging, hatte Dude großen negativen Einfluss auf sein Leben.

Auch Virginias Persönlichkeit spielte in der weiteren Beziehung zu ihrem gewalttätigen Mann eine Rolle. Ihre theatralische Neigung, impulsive Entscheidungen auf der Grundlage von Gefühlen zu fällen, machte sie anfällig für Dudes Entschuldigungen und seine Versicherungen, sich zu ändern. Also lebte sie weiter mit einem Mann, der sie in betrunkenem Zustand der Gewalt, Eifersuchtsszenen und physischer Gefahr aussetzte. Billy war erst fünf, als sein betrunkener Stiefvater zum ersten Mal kategorisch untersagte, dass Virginia und Billy die Großmutter im Krankenhaus besuchten, und dabei sogar einen Schuss in die Zimmerdecke feuerte. Virginia rief die Polizei und Dude verbrachte eine Nacht im Gefängnis. Solche Szenen waren ständige Begleitmusik von Bill Clintons Kindheit.

Als Bill dreizehn war, entschloss sich Virginia zur Scheidung von Dude. In ihrer eidesstattlichen Erklärung dazu heißt es: „Er warf mich auf den Fußboden und fing an, auf mir herumzutrampeln. Dann zog er mir einen Schuh aus und schlug mich damit mehrmals auf den Kopf.“[14]

Virginia trennte sich von Roger, aber als er danach versprach, mit dem Trinken aufzuhören, zog sie wieder mit ihm zusammen. Doch Roger Clinton hörte nicht auf. Bei einer Weihnachtsparty ein paar Jahre später betrank er sich sogar bis zur Bewusstlosigkeit, so dass Virginia ihn nicht allein ins Auto verfrachten konnte. Bill musste ihr helfen.

Die Scheidung von Virginia und Roger Clinton wurde am 15. Mai 1962 vollzogen. Virginia und die Jungen zogen in ein bescheideneres Heim. Aber Roger zeigte sich reuevoll und bettelte darum, zurückkehren zu dürfen. Tag um Tag saß er, ohne zu trinken, vor Virginias Haus in seinem Auto. Und so stimmte Virginia in der für theatralische Persönlichkeiten typischen Gefühlsgehorsamkeit und trotz inständiger Bitten des sechzehnjährigen Billy, es nicht zu tun, seiner Rückkehr zu. Am 6. August 1962, knapp drei Monate nach ihrer Scheidung, heirateten die beiden erneut.

In einer Geste, durch die er die Familiensolidarität zu stärken hoffte, änderte Bill seinen Namen nun offiziell von Blythe in Clinton, aber sein Stiefvater reagierte darauf nicht mit einem formellen Adoptionsgesuch.

Kurz nach der Wiederheirat wurde bei Roger Krebs diagnostiziert. 1967 starb er. In Roger Clintons letzten sechs Wochen Lebenszeit machte Bill, damals Student an der Georgetown-Universität, endgültig seinen Frieden mit dem einzigen Vater, den er je kennen gelernt hatte.

Wie bei schauspielerhaften Typen üblich, lernte Virginia nicht aus Erfahrung. Auch ihre dritte Ehe war nicht besser. Jeff Dwire, ein Mann mit langen Koteletten, schwarzem, pomadisiertem Haar und sanftem, einnehmendem Benehmen betrieb einen der beliebtesten Schönheitssalons in Hot Springs, wo er zahlreiche Frauen, darunter auch Virginia Clinton, bezauberte. Er hatte eine keineswegs fleckenlose Vergangenheit und war neun Monate wegen Aktienbetrugs im Gefängnis gewesen, aber das war Virginia entweder nicht bekannt oder nicht wichtig – sie heiratete ihn fröhlich. Bill war um diese Zeit aber schon im College, so dass Dwire wenig Einfluss auf sein Leben nahm.

Wie wir sehen, war Bill Clintons Kindheit von Gewalt und Chaos umgeben. Ständiger religiöser Einfluss kam jedoch von seiner Kinderfrau, Mrs. Walters. Die fromme Baptistin glaubte, Bill wäre für den Priesterberuf bestimmt, und fragte häufig die Mutter: „Haben Sie darüber nachgedacht, wie er Menschen zu Christus führen kann?“[15] Es war Mrs. Walters, die Bill dazu drängte, die Familienbibel zu lesen und jeden Sonntag die Kirche zu besuchen.

Aber obwohl Bill fortan regelmäßig zur Kirche ging, war er nicht etwa immun gegen die irdischen Freuden von Hot Springs. Als er auf der High School war, fuhr er seinen eigenen schwarzen Buick mit hochgezogenen glänzenden Flossen. Damit kutschierte er seine Freunde durch die Stadt, berechnete ihnen aber zwei Dollar für Benzin. Die sechziger Jahre waren eine berauschende Zeit auch für die Teenager in Hot Springs, Arkansas, einer Stadt der Pferderennen und der Huren in einem neonbeleuchteten Zentrum der Sünde, einer juwelenbesetzten Schnalle der Schändlichkeit im Zentrum des fundamentalistischen Bibelgürtels.

So ist die Geschichte der zwei Psychen, des Baptisten Billy und des cleveren Willy, eine Geschichte der Kontraste: zwei verschiedene Städte, Hope und Hot Springs; seine schauspielerhafte Mutter Virginia und die anderen starken Frauen wie Großmutter Edith; der Direktor seiner High School, Johnnie Mae Mackey, und seine Kinderfrau, Mrs. Walker; zwei Väter, eher einander gleich als voneinander unterschieden, die einen Sohn mit genetisch bedingter Verletzlichkeit und psychischen Narben produzierten. Und William Jefferson Clinton – schon sein Name ein Beschwichtigungsversuch – war fortan stets darauf bedacht, dass sich die Kontraste in der Mitte trafen, wollte alles für alle Menschen sein. In unserem mediendominierten politischen Geschäft funktionierte das irgendwie auch.

In seiner erwachsenen Persönlichkeit verschmolz Bill Clinton die Kontraste – Hope und Hot Springs, Religion und Schändlichkeit, familiäre Dysfunktion und akademischen Erfolg – in einer einträchtigen Partnerschaft von Abhängigkeit und Psychopathie. Diese Verschmelzung öffnete schließlich auch den Weg zur Präsidentschaft; der Abhängige sagte den Wählern: „Ich fühle euren Schmerz", der Psychopath sagte: „Ich habe nicht inhaliert." Die Menschen waren vom Mitleid des Abhängigen bewegt und entschlossen, die Lügen des Psychopathen zu ignorieren.

Sicher ist das einzig und allein eine amerikanische Saga: Virginia Cassidy-Blythe-Clinton-Dwire-Kelly gebar im Verlauf von fünf Ehen, davon zwei mit ein und demselben Mann, zwei Söhne, Roger und Bill. Der eine landete im Bundesgefängnis, der andere wurde Präsident.

Bipolare Persönlichkeit

Der bedeutende Psychoanalytiker Heinz Kohut glaubt, dass das Ich von Natur aus bipolar sei und dass selbst bei optimaler Entwicklung eine gewisse Polarität des Ichs existiere.[16] Verläuft der Lebensprozess, das Aufwachsen des Menschen, normal, so werden schließlich beide Seiten des Ichs integriert und tendieren dazu, einander auszubalancieren.

Manchmal jedoch können sich die beiden getrennten Linien der psychischen Entwicklung nicht vereinen. Ohne das integrierende Zusammenwirken, das normalerweise die beiden Seiten einer Persönlichkeit zu einem einzigen holistischen und in sich geschlossenen Ich modifiziert, verläuft die Persönlichkeitsentwicklung auch weiter in zwei getrennten Spuren.

Oft besteht nur eine geringe Wechselwirkung zwischen den beiden Polen, so dass einer typisch dominant wird und die Persönlichkeit aus dem Gleichgewicht bringt.

So geschah es bei Bill Clinton. Die vor allem von den Großeltern geprägte religiöse Spur verwischend, wurde sehr bald der „clevere Willy“ dominant. Seine schauspielerhafte, kokette, bei Rennen wettende, Partys besuchende Mutter Virginia war kaum in der Lage, religiöse Prinzipien zu vermitteln. Aber was ihr an Prinzipien fehlte, machte sie durch Lebhaftigkeit und Glamour wett, und sie liebte ihren Sohn. Intensiv verstärkte sie seinen Hang zur Großartigkeit und prahlte vor ihren Freunden, dass Billy eines Tages das Land führen werde. Von der koketten Virginia lernte der Sohn, wie man belanglos plaudert, flirtet und mit einer größeren Zahl von Menschen umgeht. Was der junge Clinton von seiner Mutter aber nicht bekam, war ein funktionierendes Gewissen. Einstige Vorbilder wie Oma Edith und seine Lehrer in der Sonntagsschule verblassten um so mehr, je älter er wurde, und sein bedingungsloses Machtstreben nahm statt dessen zu. Der „clevere Willy“ in seiner Persönlichkeit wurde zum dominanten Spieler und lernte schnell die psychopathischen Fähigkeiten der Manipulation und Ausbeutung anderer. Wortgewandt und fähig, in anderen zu „lesen“, nutzte Clinton diese Fertigkeiten bei seinem Aufstieg zur Macht immer mehr und mit immer weniger Bedenken. Es ist tatsächlich schwer, Beispiele dafür zu finden, dass Bill Clinton als Erwachsener auf Grundlage des Gewissens etwas tat, weil es richtig war, oder etwas unterließ, weil es falsch war. Nur das allgegenwärtige Motiv des eigenen Nutzens schien allem zu Grunde zu liegen, was der clevere Willy tat.

Diejenigen, die ihm am nächsten standen, ihn am besten kannten und durch seinen Erfolg oder Misserfolg am meisten zu gewinnen oder zu verlieren hatten, stellten bald fest, dass er außer gelegentlichen Gewissensbissen nur geringe innere Kontrolle besaß. So versuchten sie denn, als äußeres Gewissen für diesen im Wesen gewissenlosen Mann zu wirken. Treffend beschreibt sein Biograf die Schwierigkeiten beim Versuch, Clintons Hemmungslosigkeit von außen her zu beschränken:

„Seit Clinton 1979 Gouverneur von Arkansas wurde, war er ständig von willigen Bewunderinnen umgeben. Rudy Moore, sein erster Stabschef, berichtete, das Büro des Gouverneurs sei ständig von einer Reihe aufreizender Frauen besucht worden, ‚Anhängerinnen, durch die man in Schwierigkeiten geraten konnte‘. Und Randy White, für Clintons Reiseplanung verantwortlich, sagte, der Gouverneur habe an nichts mehr Freude gehabt als zu reisen und dabei spät am Abend Klubs zu besuchen. Sein Tisch war dann voller Frauen, die sich von dem jungen Führer von Arkansas angezogen fühlten. ‚Er liebte die Straße', sagte White.

Seit jenen frühen Tagen bis zur Lewinsky-Affäre waren einige von Clintons Helfern und Beratern einschließlich seiner Frau darum bemüht, dem entgegenzuwirken. In seiner Privatsphäre versuchten sie, ihn gegen seine eigenen, höchst rücksichtslosen Instinkte abzuschirmen, indem sie sexuelle Versuchung von ihm fern hielten, soweit das überhaupt möglich war. Deutlich wurde das während seiner Zeit als Gouverneur, als Hillary Clinton und Betsey Wright seine täglichen Aktionen einzuschränken versuchten. …

Wright übernahm die Rolle der herrischen großen Schwester. Ständig prüfte sie, wo er war und sandte Kundschafter aus, um zu erfahren, was er tat. … Wenn er auf Reisen war, rief sie oft spätabends in seinem Hotelzimmer an, um festzustellen, ob er da war. Clinton ärgerte sich darüber, dass sie ihn zu überwachen versuchte. Als sie darauf bestand, dass er nicht allein zum Joggen gehen dürfte, weil er ihr dann für Stunden aus den Augen geriet, brüllte Clinton: ‚Ich will nicht! Ich will nicht!' Die Anstrengungen, Clinton vor sich selbst zu schützen, gingen auch im Weißen Haus weiter. Der Grund dafür, dass Monica Lewinsky vom Weißen Haus ins Pentagon versetzt wurde, war, dass Evelyn Lieberman, eine Mitarbeiterin Clintons, die im Stab die Interessen der First Lady wahrnahm, wegen der Leichtsinnigkeit der jungen Frau und der Reaktion des Präsidenten auf sie besorgt war."[17]

Wenn es aber nicht gelang, Clinton Grenzen zu setzen, wurden dieselben Frauen seine loyalen Verteidigerinnen. Wright brachte fast das ganze Jahr 1992 damit zu, das einzudämmen, was sie selbst „Puppeneruptionen" nannte, und sobald ihr Mann durch seine Frauengeschichten politische Schwierigkeiten bekam, übernahm Hillary mit schöner Regelmäßigkeit seine Verteidigung. Als die Lewinsky-Geschichte zum ersten Mal ruchbar wurde, versammelte Hillary die Truppen, blies gellend zum Angriff gegen „rechte" Feinde, diskreditierte Kenneth Starr – abhängig stand sie ihrem Mann zur Seite und das in einer Weise die sie selbst einst anderen Frauen wie Tammy Wynette angekreidet hatte.

Als die grellen Details der Rendezvous ihres Mannes mit Lewinsky ins Internet gestellt wurden, zog sich Hillary für ein paar Tage aus der Öffentlichkeit zurück und nahm eine weniger aggressive Haltung gegen ihre und Bills „Feinde" ein. In den folgenden Wochen jedoch revidierte sie sich wieder und unterstützte ihren Mann erneut vor, während und nach den Anhörungen des Repräsentantenhauses zur Amtsenthebung.

Das große Chamäleon

Wenn John F. Kennedy Prinz von Camelot und Ronald Reagan der große Kommunikator waren, dann war Bill Clinton das große Chamäleon. Seine Charakterzüge und seine politische Loyalität können weder durch den störrischen Esel noch den kräftigen Elefanten symbolisiert werden, sondern allein durch das wechselhafte Chamäleon. Obwohl seine Einfühlung echt zu sein schien, solange sie anhielt, schwand und starb sein Mitgefühl so schnell wie seine Stimmung.

Clinton war der Mann, der ankündigte, für eine fünfte Wahlperiode als Gouverneur von Arkansas anzutreten, und seinen Wählern dabei mit unbewegtem Gesicht erklärte: „Ich werde vier Jahre im Amt bleiben. Diese Entscheidung traf ich, als ich mich für die Kandidatur entschied. Ich werde als Kandidat für den Posten des Gouverneurs betrachtet. Das ist der Job, den ich will. Das ist der Job, den ich in den nächsten vier Jahren ausüben werde."[18]

Kaum neun Monate später brach er dieses Versprechen – von dem er von Anfang an wusste, dass er es nicht halten würde –, als er ankündigte, er wolle Präsident der Vereinigten Staaten werden. Seinen engen Freunden erklärte er, er hätte diese Lüge gebraucht, weil er sonst nicht wieder gewählt worden wäre, und er musste Gouverneur sein, um seine Chancen für die Präsidentschaft zu erhöhen.[19]

Auch im darauf folgenden Präsidentschafts-Wahlkampf log er erneut, diesmal bezüglich der ihm vorgeworfenen Affäre mit Gennifer Flowers. In einem Bericht dazu heißt es: „Wie Clintons Wahlkampfhelfer erzählten, saß er Minuten vor einem Interview im CBS-Studio. Zu ihm kam Don Hewitt, der Produzent der Sechzig-Minuten-Sendung, der auch schon 1960 das erste öffentliche Rededuell zwischen Senator John F. Kennedy und Vizepräsident Richard Nixon produziert hatte. Hewitt kniete sich neben Clinton und flüsterte: ‚Wenn er Sie fragt, ob Sie Ehebruch begangen haben, sagen Sie ja. Es wird eine große Sendung. Ich weiß das. Ich kenne das Fernsehen. Beim letzten Mal, als ich so etwas gemacht habe, war es die Debatte Kennedy-Nixon. Dabei ist ein Präsident herausgekommen. Auch bei dieser Sendung heute wird ein Präsident gemacht'."[20]

Aber offensichtlich wusste Clinton es instinktiv besser – wie bei so vielen Gelegenheiten sah William Jefferson Clinton den Menschen (hier: via Fernsehkamera) gerade in die Augen und leugnete kaltblütig. Ein Kritiker fasste das so zusammen: „Es war eine schamlose Lüge, wie viele in Arkansas wussten und eine zunehmende Zahl von Journalisten argwöhnte. Aber Clinton verriet mit keiner Miene, welches Risiko er gerade eingegangen war. Nixons Augen hätten diesen verraten, andere Politiker hätten Schweißausbrüche bekommen, nicht so aber der cleverste junge Mann, der je aus Hot Springs, Arkansas, gekommen ist. Bill Clinton lügt wie ein Mann, der sich von seinem Gewissen entfernt hat oder vielleicht ganz ohne geboren wurde."[21]

Es war wohl nicht zuletzt dieses aalglatte Lügen Bill Clintons, das den *Newsday*-Kolumnisten Jimmy Breslin zur folgenden Analyse veranlasste: „Beschrieben wird er als clever, intrigant, schamlos und schleimig; man sagt, er habe die Selbstkontrolle eines Katers, sei betrügerisch und falsch und ein Mann, der vor langer Zeit einfachen Ehrgeiz in verzweifelte Gier gewandelt hat. Er ist zudem vulgär, protzig und natürlich ein Lügner."[22]

Nachsichtigere Journalisten haben Clintons Cleverness als Folge davon beschrieben, dass er alles für alle sein wollte, alles in seiner Macht Stehende tun wolle, um den Menschen in seinem Umfeld einzureden, er verstünde ihre Bedürfnisse und wolle sich ein Bein ausreißen, um ihnen zu helfen. Sie unterstellten, er meine es im Moment tatsächlich so, wenn aber die Person oder Gruppe gegangen sei und eine andere Gruppe mit neuen Bedürfnissen zu ihm komme, sage er erneut, er verstünde sie und wolle ihnen entsprechen, selbst wenn die neue Zusage zu früheren im Widerspruch stehe. „Besänftige für den Moment. Es geht um Zweckmäßigkeit. Wenn sie dich lächelnd verlassen, hast du deinen Job gut gemacht."[23]

Clinton präsentierte sich stets so, wie es ihm politisch am zweckmäßigsten erschien. Im Kongress stellte er sich einmal als gelernter „Farmer und Fabrikarbeiter" vor, obwohl er gemäß seinem Biografen ‚handwerklich ungeschickt war und weder auf der Farm noch in einer Fabrik je wirkliche Erfahrung gesammelt hat."[24] Das erinnerte an Lyndon B. Johnsons Behauptung, einer seiner Vorfahren wäre bei Alamo gefallen – reine Erfindung.

Es überrascht nicht, dass auch Clintons spätere Berichte über den Umgang mit der Gewalttätigkeit seines Stiefvaters geschönt waren. Als er 1992 Joe Klein vom Magazin *New York* davon berichtete, erklärte der hoffnungsvolle Präsident: „Besonders schwer war es, als ich vierzehn war und der Gewalttätigkeit ein Ende bereiten musste. ... Ich brach einfach die Tür zu ihrem Zimmer auf, als sie eines Abends wieder einmal stritten, und erklärte ihm, ich sei jetzt größer als er und solange ich da wäre, würde so etwas nicht wieder vorkommen."[25] Dass er plötzlich diesem Schlägertyp, der ihn die ganze Kindheit über terrorisiert hatte, Widerstand geleistet haben wollte, scheint äußerst unglaubhaft. Aber ein Bericht dieser Art sollte ausweisen, dass der künftige Präsident eben ein geborener starker Führer war.

Die Frauen in Clintons Leben

Die Mutter eines Jungen ist natürlich eine besonders wichtige Figur im Pantheon seiner Entwicklung. Virginia, das haben wir bereits festgestellt, zeigte zahlreiche theatralische Charakterzüge und liebte die Öffentlichkeit und das Rampenlicht. In Nachtklubs sprang sie gern auf die Bühne, um gemeinsam mit der Band zu singen.

Auch Koketterie ist bei Virginia wie ihren Söhnen zu beobachten. Beständig flirtete sie und beschuldigte zugleich ihren Mann, Frauen gegenüber zu freundlich zu sein. Damit widerspiegelte sie ihre eigenen Eltern; bereits Edith Cassidy hatte ihren Mann Eldridge pausenlos bezichtigt, sie zu betrügen, obwohl man ihr selbst nachsagte, sie hätte sich in Affären mit mehreren Ärzten in Hope eingelassen.

Nach Rogers Verurteilung wegen Drogendelikten sprachen Virginia und Bill zum ersten Mal offen über das Leben mit Rogers alkoholkrankem Vater, über das Leugnen und die Vorkehrungen, die sie als Familie treffen mussten. In dieser Zeit erklärte Virginia ihrem Sohn Bill, sie hätte in ihrem Kopf einen „weißen Raum" eingerichtet, in den sie sich zurückziehen und dabei alles Negative und Unangenehme draußen lassen könne.[26]

Auch eine andere schauspielerhafte Frau, die in Clintons Leben eine bedeutende Rolle spielte, liebte das Rampenlicht. Und wie der junge Billy, der seine Mutter manchmal in die Nachtklubs begleitete, war auch Gennifer Flowers zeitig in Nachtklubs und zügelloses Leben eingeführt worden. Ihr Vater nahm sie mit, wenn er Bars besuchte, wo sie dann in Gang kam, mit der Band sang, „herumwackelte und tanzte" – obwohl sie damals noch kaum ein Teenager war.

Sie selbst erinnerte sich: „Ich sang gern in den Bars. Die verqualmten Räume schienen voll sexueller Spannung, und obwohl ich noch gar nicht recht wusste, was das alles bedeutete, gefiel es mir. Es machte Spaß, Teil der Erwachsenenwelt zu sein. Das war alles so geheimnisvoll und verlockend. Ich wusste nur, dass ich etwas von innen sah, was ich eigentlich nicht sehen sollte. Welches Kind kann dem widerstehen?"[27]

So lebte Gennifer auch danach, als sie älter wurde, in Virginias „weißem Raum", in einer Welt emotionaler Intensität und intellektueller Flachheit.

Ganz anders verhielt es sich da mit Hillarys Welt, die psychologisch vom „weißen Raum" Virginias um Welten entfernt lag (Meisterschaft im Detail, logische Folgerungen und intellektuelle Strenge sind ihre Domäne).

Hillary

Geboren am 26. Oktober 1947 im Edgewater-Krankenhaus im Norden Chicagos, war Hillary Diane Rodham das erste Kind und die einzige Tochter von Hugh Ellsworth Rodham und Dorothy Emma geb. Howell. Nach seinem Kriegseinsatz als Instrukteur in der Marine wollte Hugh für seine Familie die stabile Umgebung, die der wohlhabende Vorort Park Ridge bot. Hugh arbeitete in der City, Dorothy chauffierte die Kinder und hielt das Haus in Schwung. An den Wochenenden zog der verführerische Duft von Gegrilltem aus dem Garten über die sorgfältig gepflegten Rasenflächen der Nachbarschaft.

Hugh war so erfolgreich, dass er Geld beiseite legen und seinen eigenen Textilbetrieb gründen konnte. Er fuhr einen Cadillac, besaß ein Sommerhaus am Lake Winola in den Poconos und ging mit sechzig Jahren in den Ruhestand. In späteren Jahren bekam er Probleme mit seiner Gesundheit und musste sich bei einem Besuch in Little Rock einen dreifachen Bypass legen lassen. Am Ende kauften er und Dorothy eine Eigentumswohnung in der Nähe des Amtssitzes des Gouverneurs und übernahmen die Babysitterfunktionen bei Chelsea, ihrem einzigen Enkelkind.

Als ihr Vater Hugh starb, war Hillary, die sechzehn Tage lang an seinem Bett gewacht hatte, tief betrübt. Ihr religiöser Glaube hielt sie jedoch aufrecht. Hugh jun. merkte an: „Sie war Vatis Mädchen, da ist kein Zweifel möglich."[28]

Als junges Mädchen hatte Hillary treu die methodistische Kirche besucht. Don Jones, der Jugendpfarrer, nahm sie und einige andere Teenager zu Treffen mit armen Hispanoamerikanern und Schwarzen in die Innenstadt von Chicago mit. Bei einer dieser christlichen Exkursionen in die Stadt hörte Hillary auch Martin Luther King jun. reden.

Hillarys Haltung zu Männern wurde von zwei sehr gegensätzlichen Typen geprägt, Hugh Rodham und Don Jones. Hillarys Vater war ein ruppiger, sarkastischer, Gummi kauender, nüchterner Yankee, in dessen Hierarchie persönlicher Werte soziales Feingefühl nicht sehr hoch rangierte. Kamen Besucher ins Haus Rodham, während Hugh gerade ein Bier trank und eine Sportsendung im Fernsehen ansah, bewegte er sich kaum von seinem Stuhl und knurrte nur eine kurze Begrüßung.

Nie hat Hillary ihres Vaters Muster aus hartnäckiger, sich mit Tatsachen abfindender, des eigenen Werts bewusster praktischer Lebenshaltung des typischen Yankees völlig verloren. Und die Botschaft, die sie von ihrer Mutter Dorothy erhielt, war die gleiche wie die von Hugh. Einmal wurde Hillary von einem größeren Mädchen herumgeschubst, das als Rowdy des Viertels galt. Als sie dann heim zur Mama rannte, fand sie wenig Sympathie. „In diesem Haus ist kein Platz für Feiglinge", sagte Dorothy. „Daraufhin marschierte die vierjährige Hillary wieder nach draußen, haute dem größeren Mädchen vor einer Jungengruppe eine runter, rannte wieder nach Haus und erklärte: ‚Jetzt kann ich mit den Jungen spielen'."[29]

Das war eine Lektion in hartem Pragmatismus, die Hillary nie vergaß: Mach dich für dich selbst stark, dann kannst du mit den Jungen spielen. Jahre später konnte Hillary Rodham in einem von Männern dominierten Beruf „mit den Jungen spielen". An der juristischen Fakultät gab es einen Kurs „Politische und Bürgerrechte", in dem Hillary Rodham eine der höchsten Bewertungen erhielt, 78 von 100 Punkten. Einer ihrer Mitstudenten, Bill Clinton, bekam 70.[30]

Hillarys Familie und Freunde erinnern sich an sie als eine nachdenkliche junge Frau, die nicht viel Interesse für Mode hatte. „Als sie fünfzehn oder sechzehn war und die anderen anfingen, Wert auf Makeup und Frisur zu legen, blieb sie dem gegenüber gleichgültig", erinnerte sich Hillarys Mutter. „Das ärgerte mich ein bisschen. [Ohne Zweifel einer der Gründe, warum Hillary nicht wollte!]. Ich dachte immer: ‚Warum kann sie nicht wenigstens ein bisschen Makeup nehmen?'"[31]

Wenig später hörte Hillary völlig auf, ihre Frisur zu gestalten. Auch wegen ihrer Brille war sie nicht länger unsicher. Man befand sich mitten in den sechziger Jahren, und Hillarys unattraktives Aussehen machte sie Tausenden anderer nicht angepasster Studentinnen gleich. Ihre Motivation war allerdings echter. Erst 1980, nach Bills Niederlage beim Versuch, erneut zum Gouverneur gewählt zu werden, wurde Hillary darauf hingewiesen, dass die Wähler ein „traditionelleres" Aussehen vorziehen würden. Daraufhin kaufte sie sich neue Garderobe, trug fortan Kontaktlinsen und nahm Unterricht in Makeup.

Schon in einer bemerkenwerten Rede als Studenten-Vertreterin von Wellesley hatte sich bei Hillary Rodham eine Kombination aus Idealismus und praktischer Lebenshaltung gezeigt (wie sie sie von Pfarrer Jones und ihrem Vater übernommen hatte), mit besonderer Betonung des Pragmatischen: „Ein Teil des Problems mit der Einfühlung", sagte sie den Zuhörern, „besteht darin, dass uns die Einfühlung nichts bringt. Wir hatten viel Einfühlung, viel Sympathie, merken aber, dass unsere Führer die Politik zu lange als die Kunst des Möglichen genutzt haben Jetzt aber besteht die Herausforderung darin, eine Politik zu praktizieren, bei der das unmöglich Scheinende möglich gemacht wird."[32]

Sie fuhr fort, ihre Studienkameraden hätten sie gedrängt, „über Vertrauen zu sprechen", und sagte: „Was aber kann man über ein Gefühl sagen, das eine Generation durchdringt und das vielleicht nicht einmal die verstehen, denen Misstrauen entgegengebracht wird?" Hillary, die schnörkellos sprechende methodistische Gouvernante, moralisierte vor ihren Zuhörern über die Behandlung von Mitmenschen mit „gegenseitigem Respekt, bei dem Menschen nicht als Prozentbruchteile gesehen, Menschen nicht manipuliert werden." Hillarys Worte sollten noch Jahre nachklingen und sie verfolgen. Für Hillary Rodhams künftigen Ehemann war es unmöglich, diese Worte zu beherzigen. Es waren Worte, die sie selbst am Ende missachtete, um „an der Seite ihres Mannes zu stehen", damit er gewählt würde. Worte, die schließlich durch eine pragmatischere Ethik ersetzt wurden: „Man kann das Gute nicht tun, wenn man nicht gewählt wird."

An der juristischen Fakultät, wo sie einander begegneten, erschienen Bill und Hillary als recht unterschiedliche Persönlichkeiten. Bill war gesellig, extrovertiert, politisch, befasste sich mit seinem Studium nur am Rande und schwänzte oft den Unterricht. Hillary hingegen war eine sehr ernsthafte Studentin. Zwar war sie nett und freundlich, kaum aber Mittelpunkt bei Partys und schon gar nicht die Art von Glamourgirl, mit denen sich Bill sonst amüsierte. Dazu der Jugendpfarrer Don Jones: „Ich glaube, er ist lebenslustiger als Hillary. Sie hat für Frivolitäten weniger Zeit."[33]

Einer von Hillarys Kollegen an der juristischen Schule in Fayetteville beschrieb sie als „hoch intelligent, aggressiv, direkt, sehr redegewandt und ganz schön zäh. Viele Leute wussten anfangs nicht recht, was sie von ihr halten sollten, denn ihr Auftreten war ziemlich selbstbewusst."[34] Und

Harlon Dalton, einer ihrer Kommilitonen in Yale, sagte: „Hillary lässt sich nicht leicht begeistern. Ich glaube nicht, dass sie von Bill bezaubert war. Sie sah hinter den oberflächlichen Charme und erkannte, dass da jemand war, der einiges anders machen wollte und sich um die vom Glück weniger Begünstigten ehrlich sorgte.“[35]

Später glaubten viele Bewohner von Arkansas, dass der falsche der beiden Clintons das öffentliche Amt bekleidete. Bill manipulierte, Hillary war direkt. Bill plädierte, handelte, überredete, Hillary erläuterte und zog Schlüsse, ließ sich aber nicht auf Kompromisse ein. Ein Journalist schrieb rückblickend: „Beide handelten auf ihre jeweilige Weise, Hillary zu Gunsten anderer, Bill zu eigenen Gunsten. Und beide betrachteten das Leben in der öffentlichen Arena als das Mittel, die eigenen Ziele zu verwirklichen.“[36]

Doug Eakley, Bills Mitbewohner im Studentenheim, erinnerte sich, wie Hillary Rodham mit ihrer scharfen Stimme Bills Erzählungen von Arkansas mit dem spöttischen Verweis unterbrochen habe: „Nun mach mal halblang, Bill!“ Hillarys Direktheit des mittleren Westens, meinte Eakley, war „der perfekte Kontrapunkt zu Bills Charme der Südstaaten.“[37] Ein anderer Kommilitone berichtete: „Gemeinsam waren sie witzig, sehr lebendig. Hillary nahm keine von Bills netten Storys, seinen Jungengeschichten aus dem Süden, richtig ernst. Sie piekte einfach hinein, zeigte aber dabei echte Zuneigung. Sie sagte: ‚Spuck's aus, Clinton!‘ oder ‚Komm endlich zur Sache, Bill!‘“[38]

Am besten hat den Unterschied zwischen Bill und Hillary wohl Robert Alsdorf formuliert, der ebenfalls mit ihnen an der juristischen Fakultät war. Er stellte fest, dass es Rodham nichts ausmachte, „jemandem auf die Zehen zu treten“, Bill dagegen würde „die Zehen massieren“.[39]

Bei ihrem Mann sitzen

Trotz Hillary Clintons gepriesener Unabhängigkeit war sie das Produkt einer konservativen, traditionellen Familie. Erzogen im Sinne eines starken Arbeitsethos in einem Haus, das sich auf spirituellen Werten gründete, betrat Hillary die Welt der Erwachsenen nicht als Liberale. Sie wuchs in einem republikanischen Haus auf, und nachdem sie Barry Goldwaters *The Conscience of a Conservative* [Das Bewusstsein eines Konservativen] gelesen hatte, wurde sie bei den Wahlen von 1964 ein „Goldwater-Mädchen“ und ging als Wahlwerberin von Tür zu Tür.

Von hartem Pragmatismus geprägt, demonstrierte Hillary fortwährend die Fähigkeit, ihr Image zu verändern, aber nicht in der chamäleonartigen Weise ihres Mannes, der sich von politischen Umfragen treiben ließ oder sich gezwungen fühlte, „allen Menschen zu allen Zeiten zu gefallen“, sondern mehr dadurch, dass sie ihre Position als gleichberechtigte, die Macht teilende Partnerin im Leben ihres politischen Ehemanns bewahrte.

Nach den Enthüllungen von Gennifer Flowers traten Bill und Hillary im Januar 1992 im nationalen Fernsehen auf. Hillary erklärte: „Ich sitze nicht deshalb hier, weil ich irgendeine kleine Frau bin, die ihrem Mann zur Seite steht wie Tammy Wynette.“ Sie hatte nur zum Teil Recht. Tatsächlich stand sie (oder saß zumindest) an der Seite ihres Mannes, wollte aber den Zuschauern deutlich machen, dass sie ihn nicht aus einer Position der Hilflosigkeit oder Unsicherheit heraus unterstützte, wie sie es Tammy Wynette oder anderen Frauen unterstellte. Hillary sagte den Zuschauern: „Ich bin hier, weil ich ihn liebe und respektiere und weil ich würdige, was er durchgemacht hat, was wir gemeinsam durchgemacht haben. Und wissen Sie, wenn das nicht reicht, dann zum Teufel wählen Sie ihn nicht.“[40]

Aber sie war alles andere als überzeugend, und manche nannten sie danach den „mächtigsten Fußabtreter der Welt“. Ihre Herabsetzung der Frauen vom Schlag Wynettes erinnerte an eine andere herablassende Bemerkung: „Ich vermute, ich hätte auch zu Hause bleiben, Plätzchen backen und Teegesellschaften geben können…“ – was ihr den bitteren Spitznamen „Yupppieprinzessin“ einbrachte.

Als als sie da so neben ihrem Mann saß, den man beschuldigte, zwölf Jahre lang eine Affäre mit einer anderen Frau gehabt zu haben, wirkte Hillary, als hätte sie Virginia Clintons „weißen Raum“ der Verweigerung betreten. Als sie von Bill sagte: „Ich würdige, was er durchgemacht hat“, schien sie sich ihre eigene Version von „Ich habe nicht inhaliert“ zu schaffen.

Wahrscheinlich haben damals viele Zuschauer an Hillarys Loyalität gezweifelt. Warum wohl sollte sie „ihrem Mann zur Seite stehen“? War ihre Persönlichkeit eine andere geworden? War sie plötzlich eine naive Schauspielerin, die in einem „weißen Raum“ lebte? Sicher nicht, aber jeder, der Pat Nixons Foto von dem Tag gesehen hat, als sie und Richard das Weiße Haus verließen, wird schnell verstehen, dass der Schmerz über eine zerstörte Präsidentschaft in gleicher Weise geteilt wird. Für Hillary und Bill im Wahlkampf war es die angestrebte Präsidentschaft, die auf dem Spiel stand, und Hillary war nicht hier, um sich in diesem kritischen Moment ihren Weg zur Macht zu verbauen.

Reichlich sechs Jahre danach stand Hillary wieder „ihrem Mann zur Seite“. *Newsweek* vom 2. Februar 1998 berichtete wie folgt: „In einer Krise tun unterschiedliche Menschen unterschiedliche Dinge. Hillary Clinton greift zum Telefon. Mittwoch früh, als der Praktikantinnenskandal ruchbar wurde, nahm die First Lady den Kampf auf. *Newsweek* hat erfahren, dass sie sich mit alten Freunden in Verbindung setzte, so mit dem früheren Handelsminister Mickey Kantor, dem Hollywood-Produzenten Harry Thomason und der New Yorker Anwältin Susan Thomases. Bis Sonnabend war Thomason nach Washington geflogen und hatte im Weißen Haus übernachtet, während sich Kantor den Rechtsberatern des Präsidenten anschloss. Hillary hatte sie um Mitarbeit gebeten, um gegen das zu kämpfen, was sie oft Kenneth Starrs ‚Mission‘ nennt: sie und ihren Mann zu zerstören. Die Charakterisierung mag extrem scheinen, aber die First Lady sieht es nicht so. Sie betrachtet den Sonderankläger als einen geschworenen Feind. …

Das ist vertrautes Terrain für die First Lady. Sie hat natürlich gelernt, ihrem Mann zur Seite zu stehen. Ihre öffentlichen Erklärungen, an Bills Integrität zu glauben, haben seinen Aufstieg in der amerikanischen Politik beflügelt. 1992 hat ihre Ergebenheitserklärung in der Sendung *60 Minuten* dazu verholfen, Gennifer zurückzuschlagen. In dieser Woche wird sie mehrmals an die Öffentlichkeit gehen, darunter in *Heute* am Morgen der Erklärung zur Lage der Vereinigten Staaten. Dabei hofft sie, das gleiche mit Monica zu erreichen. Den größten Einfluss hat sie jedoch hinter der Bühne: sie ist das treueste, entschlossenste und aggressivste Mitglied von Clintons Reparaturmannschaft. …

Noch wichtiger als Hillarys Rat ist ihre Energie, die viele Mitglieder des Stabs ansteckend finden. ‚Sie ist engagiert‘, sagte Lisa Caputo, Hillarys Freundin und vormalige Pressesekretärin. In ihrem Büro war Hillary in der letzten Woche zum Kampf gegen das entschlossen, was nach ihrer Behauptung eine Schmutzkampagne von Starr und den politischen Feinden des Präsidenten sei. …

Wenn sie einen privaten Groll gegen ihren Mann hegt, so zeigt sie ihn wenigstens ihren Freunden und Kollegen nicht. Während viele in Clintons Stab wegen ihres Chefs niedergeschlagen und voller Zweifel sind – ‚Ich hoffe wirklich, dass er die Wahrheit sagt‘, äußerte ein Freund Hillarys seufzend –, ist die First Lady, zumindest im Angesicht anderer, eine erfolgreiche Kämpferin gewesen. Kollegen hat sie gesagt, der Präsident sei schon vorher angegriffen worden und würde es auch diesmal durchstehen. Psychologen könnten es Leugnung nennen, aber bei anderer Betrachtungsweise kann es auch der Eifer eines methodistischen Missionars sein, ungebrochen und ungebeugt. Trotz vielem Auf und Ab in ihrer Ehe und des nur zu schmerzlichen Bewusstseins von der häufigen Untreue Clintons will sie die gemeinsame politische Macht nutzen, um ihre jeweiligen Absichten zu befördern. Vergangene Woche hatte sie Zeit für mehrere Treffen mit Wohltätern in ihrem Büro im Westflügel. Es ging um internationale Hilfe, und einer der Gäste war der Finanzexperte George Soros."[41]

Eine Woche später machte ein anderer Journalist ähnliche Beobachtungen:

„Hillary Rodham Clinton tritt meist in inszenierter Umgebung vor das Publikum, wo ihre Sekundanten das Erscheinen kontrollieren. Sie ist kühl und ergreifend und lässt sich gut fotografieren. Aber in dem harten Scheinwerferlicht der Fernsehteams sah man ihr ihre fünfzig Jahre an, als sie in der vergangenen Woche das Capitol nach der Rede ihres Mannes zur Lage der Nation verließ. Selbst das professionelle Makeup konnte die Falten um Mund und Augen und die fast durchsichtige Haut über ihren Backenknochen nicht verdecken. ‚Die Skandale verlangen ihren Tribut', sagte ein republikanischer Kongressabgeordneter. ‚Aber es ist schwer, mit ihr Mitleid zu haben. Sie besitzt die Hinterlist eines Rasputin.'

Hillary Clinton hat mehr Stürme überstanden als ein Dory vor Neuschottland. Ihre Freunde haben Interviewern erzählt, sie habe von Bill Clintons außerehelichen Affären schon gewusst, als er in den achtziger Jahren oberster Justizbeamter und später Gouverneur von Arkansas war. ‚Hillary Clinton weiß, dass ihr Mann ein Windhund ist', schrieb die gut informierte Kolumnistin Maureen Dowd von der *New York Times* in der vergangenen Woche. ‚Sie wusste es, bevor sie ihn heiratete.' …

In den folgenden fünf Jahren hat Hillary die Gegenangriffe bei einer Reihe von Skandalen angeführt, von Troopergate, bei dem Clintons Leibwächter in Arkansas über seine Frauengeschichten redeten, über Whitewater mit seinem zweifelhaften Grundstücksgeschäft bis hin zu dem, was einigen als Fornigate bekannt ist. Bei jedem dieser Fälle hat Hillary unter Druck bemerkenswerte Eloquenz in der Öffentlichkeit bewiesen, selbst dann, wenn Clintons angebliche Untaten bedeuteten, dass sie betrogen wurde. Sie geht die Kritiker ihres Mannes mit rücksichtsloser Entschiedenheit und Intensität an. Kenner des Weißen Hauses behaupten, dass sie privat Wutausbrüche hat, denen sich sogar der Präsident zu entziehen versucht. Jetzt ist sie wieder auf dem Kriegspfad.

… Als in der letzten Woche Clintons Umgang mit Lewinsky zur Untersuchung kam, war es unausbleiblich, dass auch die Natur des Verhältnisses zwischen Bill und Hillary offen gelegt wurde. Abgöttisch lieben beide Clintons ihre siebzehnjährige Tochter Chelsea, die jetzt im ersten Semester an der Stanford-Universität in Palo Alto, Kalifornien, ist und zu Zeiten der Kleber gewesen sein mag, der die Eltern zusammenhielt. Aber enge Freunde beharren darauf, dass da noch mehr ist. Sie sagen, dass Hillary Bill wirklich liebt und dass Bill Hillary liebt, ‚so gut er kann', wie es ein Mitarbeiter des Weißen Hauses formuliert.

Zur selben Zeit gab es aber auch hässliche und unbewiesene Gerüchte um Hillary. Dick Morris, Clintons früherer politischer Chefberater, der im August 1996 zurücktrat, nachdem man ihn mit einer Prostituierten erwischt hatte, wurde erst in der letzten Woche gefragt, ob der Präsident mit Lewinsky ein Verhältnis gehabt haben könnte. Morris sagte dem Sender KABC in Los Angeles: ‚Nehmen wir's an. Also, die sexuelle Beziehung zu Hillary ist überhaupt nicht so, wie sie sein sollte. Nehmen wir an, einige der Behauptungen könnten wahr sein, dass Hillary manchmal nicht unbedingt geregelten Sex mit Männern hat'."[42]

In die gleiche Richtung geht Gennifer Flowers' Behauptung, Clinton hätte ein Gerücht bestätigt, dass Hillary eine Affäre mit einer Frau gehabt habe, indem er sagte: „Sie hat mehr auf einer Muschi herumgekaut als ich."[43]

Aber wie auch immer Hillarys sexuelle Orientierung sein mochte – und die Behauptungen von Morris und Flowers müssen als unbewiesen betrachtet werden –, wenn man die First Lady verstehen wollte, hatte das wenig mit sexueller Orientierung, alles aber mit Macht zu tun. Sobald ein Skandal die Präsidentschaft ihres Mannes (und auch ihre eigene) bedrohte, änderten sich plötzlich die Machtverhältnisse im Weißen Haus. Wie eine misshandelte Ehefrau, die gerade den Notruf gewählt hat, hielt sie jetzt alle Trümpfe in der Hand. Klinikern, die mit misshandelten Frauen arbeiten, ist dieses Szenarium bestürzend vertraut. Und wenn sie mit Ehepaaren in gewalttätigen Beziehungen arbeiten, kennen sie auch plötzliche und dramatische Machtverschiebungen.

Für Hillary war Macht wichtiger als Blumen. Einmal sagte sie einem Freund, alles, was sie im Leben wirklich wolle, sei, „bei irgendetwas das Sagen zu haben".[44]

Als der Präsident des sexuellen Fehlverhaltens bezichtigt wurde, war seine Präsidentschaft plötzlich gefährdet. Seine politische Zukunft stand auf dem Spiel – und unvermittelt war Hillary äußerst mächtig. Sie war nicht länger die Frau des mächtigsten Manns in der westlichen Welt, sondern war selbst die mächtigste Person in dieser Welt geworden, eine Person, von deren Unterstützung das Schicksal des Präsidenten abhing.

In einem Artikel mit dem Titel *Eine amerikanische Ehe. Wie man Bill und Hillary Clinton erklären kann* in *The New Yorker* fragte Joe Klein: „Warum zum Beispiel sieht Hillary Clinton mitten in einem Sexskandal immer so strahlend aus? Der kanariengelbe Anzug, den sie bei der dritten halboffiziellen Leugnungszeremonie ihres Mannes (der heftigen am letzten Montag) trug, war auf perfekte Art flott und fröhlich, ihr Gesicht gefasst und sorgenfrei, sogar ihre Frisur schien weniger flüchtig als sonst."

Danach bietet Klein mehrere mögliche Erklärungen, wobei die in klinischer Hinsicht einleuchtendste die Machtverschiebung ist: „Eine weitere Erklärung für das Strahlen der First Lady ist weniger freundlich: Sie sieht in solchen Zeiten gut aus, weil sie gestärkt ist. Ihr Mann braucht sie dringend, sie ist das wesentliche Element in seiner Verteidigung." Weiter: „Und doch fragt man sich, wie Hillary Rodham Clinton das eigentlich macht, wie sie ihren Mann so standhaft und mit so unbewegtem Gesicht verteidigen kann. Ihre engsten Freunde sagen, dass der Anlass für seine Seitensprünge etwas ist, worüber sie nie spricht. ‚Ich glaube, sie hat sich buchstäblich entschieden, an ihn zu glauben', sagt ein ehemaliger Mitarbeiter. ‚Sie fokussiert allen Zorn auf die Außenwelt, auf die Feinde, die ihn zur Strecke bringen wollen.' Trotzdem war etwas an Mrs. Clintons Auftreten – die gefasste Erregung –, das an ein viktorianisches medizinisches Phänomen erinnert, die ‚hektische Röte', eine rosige Gesichtsfarbe, die an Schwindsucht erkrankte Frauen kurz vor dem bitteren Ende annahmen. Aber die paranoide Tönung hat ihren politischen Absichten gute Dienste geleistet. Das Gefühl drohender Gefahr und das Wissen um erbitterte Feinde hatten ihren Glauben gestärkt, dass sie und der Präsident wichtige, historische Dinge taten. Gestärkt war auch ihre Fähigkeit, selbst die glaubwürdigsten Behauptungen gegen ihren Mann zurückzuweisen."[45]

Wie immer man es interpretieren mochte, das Verhalten von Hillary Clinton war auf jeden Fall beeindruckend.

Die pragmatische Hillary in Bedrängnis

Wir blenden noch einmal zurück. Nur wenige Jahre nach Hillarys gegen das Establishment gerichteter Rede in Wellesley schien es der ehemals glatthaarigen Hippie-Idealistin nichts auszumachen, sich Werte des

Establishments zu eigen zu machen. Sie begann, ihre Anti-Establishment-Seele für das Linsengericht der Besitzgesellschaft zu verkaufen, indem sie sich der Anwaltskanzlei Rose anschloss, dem juristischen Arm der Reichen und Mächtigen von Arkansas. Zu Roses Klienten gehörte die heilige politische Trinität Stephens, Inc., Wal-Mart und Tyson Foods.

Schon als Mädchen hatte Hillary von ihrem Vater gelernt, Aktienkurse zu lesen, und so war sie ganz Ohr, als ihr Jim Blair eines Tages im Oktober 1978 mitteilte, man könne in Zukunft schnelles Geld mit Vieh machen. Blair war nicht nur ein sehr vertrauter Freund von Bill und Hillary, sondern auch externer Berater von Tyson Foods. Außerdem stand er kurz vor der Hochzeit mit Diane Kincaid, einer von Hillarys besten Freundinnen aus der Zeit, als sie an der Universität von Arkansas lehrte. Clinton nahm die Trauungszeremonie vor, und zu viert machten sie danach oft gemeinsam Urlaub.

Blair hatte einen Weg gefunden, um das große Geld mit Warengeschäften zu machen. Es war natürlich, dass er sein Insiderwissen mit seinen besten Freunden, Bill und Hillary, teilte. Außerdem hatte Blair ein weiteres Mitglied des Tyson-Netzes, Robert „Red" Bone, als Broker rekrutiert. Bone war ursprünglich Fahrer eines Hähnchentransporters gewesen und hatte sich dann bei Tyson bis zum Vizepräsidenten hochgearbeitet. Blair hatte ein spezielles Computerprogramm in seinem Büro, um den Warenmarkt „Sekunde um Sekunde" zu verfolgen. Jeden Nachmittag durfte er ein Konferenzgespräch abhören, an dem Viehaufkäufer, Inhaber von Zuchtfarmen und Parketthändler aus Chicago teilnahmen. Mit diesen Informationen und seinem Computerprogramm machte Blair einmal eine halbe Million Dollar in weniger als zwei Wochen. Da überrascht es nicht, dass sich Hillarys Erstinvestition von 1.000 Dollar unter Blairs wachsamer Obhut in nicht einmal neun Monaten in 99.537 Dollar verwandelte.

Dank Blairs Einfluss brauchte sich Hillary um ihre Konten keine Sorgen zu machen. Einmal zum Beispiel hatte sie einen Verlust von 60.000 Dollar erlitten, während ihr Konto nur 40.000 Dollar aufwies. Andere Kunden müssen in solchen Fällen beträchtlich Summen nachschießen, um den Verlust auszugleichen, aber nicht so Hillary. Blair war ein so guter Kunde, dass sein Einfluss auch seine Freunde schützte. „Sie machten mir keinen Ärger", erklärte er. „Und wenn ich jemanden eingeführt hatte, machten sie auch dem keinen Ärger."[46] „Dem" war in diesem Fall Hillary, die energiegeladene Aufsteigerin und junge Ehefrau von Bill Clinton.

Zwanzig Jahre später, im Verlauf der Lewinsky-Affäre, aber zeigte die pragmatische, starke, ihrem Mann zur Seite stehende First Lady erstmals Zeichen emotionaler Erschöpfung. Es sah sogar so aus, als hätte sie durch den Starr-Bericht einen Schlag auf den Solarplexus bekommen. Margaret Carlson von *Time Magazine* zeichnete folgendes Bild:

„Es war fast Mitternacht im Solarium, dem Raum für zwanglose Begegnungen in der dritten Etage des Weißen Hauses. Das mexikanische Essen war abgeräumt worden und ein paar Gäste hingen herum und warteten auf die Rückkehr des Präsidenten, der telefonieren gegangen war. Als er gerade wiederkam, bemerkte die First Lady aus dem Augenwinkel, dass der Fernseher an war und die David-Letterman-Show lief. Wie nebenbei beugte sie sich hinüber, langte nach der Fernbedienung und schaltete das Gerät ab, bevor der Präsident einen Haufen Witze über den Skandal hören konnte.

Es ist kaum glaubhaft, dass sie es nötig hätte, ihn zu schützen, aber Hillary reagierte immer aus dem Bauch heraus, um den Präsidenten gegen Beschuss von außen zu verteidigen. Der Unterschied jetzt ist ihr Versäumnis, in die Offensive zu gehen. Zum ersten Mal hat sie weder den Stab zusammengerufen noch Feuerschutz befohlen oder ihre eigene Stellungnahme abgegeben. Und als sie unmittelbar vor dem schlechtesten Auftritt seines Lebens am 17. August äußerte: ‚Es ist seine Rede und er soll sagen, was er will', war das nicht hilfreich, sollte es auch nicht sein.

Was für eine Zeit für einen Bummelstreik! Die First Lady dürfte wohl nicht in der Lage sein, den Präsidenten zu retten, wie sie einst den Kandidaten rettete, aber sie wird ihn sicher verletzen, wenn sie nicht wieder versucht, ihm zur Seite zu stehen wie eine Topfpflanze. Nur einige Tage nach dem Ausbruch des Lewinsky-Skandals war Hillary in der Show *Today*, um das Lob ihres Gatten zu singen. Jetzt aber gibt es seit Wochen nur oberflächliche Anmerkungen im Rahmen eiskalter Kurzauftritte, eine schlechte Körpersprache und nicht mehr den Bezug auf den Präsidenten mit den Worten ‚Mein Mann'. …

Wie jede Ehe ist auch die der Clintons ein Geheimnis, sogar ein noch größeres. Wie kann Hillary diesen wiederholten Betrug aushalten? Gelüstet es sie so sehr nach Macht?"[47]

Die Antwort auf Carlsons Frage ist: Ja, Hillary liebte die Macht so sehr. Oder genauer, sie fürchtete den Verlust der Macht und die damit zusammenhängende Demütigung. Hillary wuchs als ehrgeizige moralische Person auf. In ihrer Adoleszenz und Jugend war sie nicht auffallend anders als Rosalynn Carter, aber die folgenden Jahre veränderten die Orientierung ihrer Persönlichkeit. Hätte Hillary einen Mann von der Integrität eines Jimmy Carter geheiratet, hätte sich ihre Erwachsenenpersönlichkeit vielleicht in eine völlig andere – weniger verdächtige – Richtung entwickelt. Und wie bei Rosalynn und Jimmy hätte sich auch bei Hillary und Bill die Liebe im Lauf der Jahre vertiefen können. Statt dessen konstatierten einige der Fotografen, die viel Zeit auf die Beobachtung von Bill und Hillary mit Hilfe ihrer Teleobjektive verwendeten, dass die beiden bereits vor der Lewinsky-Affäre einander nicht sehr nahe waren. Wenn sie glaubten, nicht mehr fotografiert zu werden, endete das zärtliche Händchenhalten.

Auf jeden Fall war die öffentliche Demütigung für Hillary nicht leicht. Aber das war offenbar der Preis, den Hillary zu zahlen bereit war, um auch weiterhin an der Führung beteiligt zu sein. Unter normalen Umständen wäre ein solcher Preis wohl zu hoch, aber wenn der Ehemann Schürzenjäger *und* Präsident ist, wirft man ihn nicht einfach hinaus. Jay Leno formulierte: „Politik ist das einzige Geschäft, bei dem dich deine Frau verteidigen muss, wenn du herumspielst. Wäre er [Clinton] nicht Politiker, wäre seine Kleidung über die ganze Pennsylvania Avenue verstreut und sein Auto stünde in der Auffahrt in Flammen.“[48]

Clintons Biograf David Maraniss beschreibt die Partnerschaft von Bill und Hillary mit den Worten: „Nicht fragen, nichts erzählen“, und nennt sie eine Verschwörung, bei der „es ihre Gewohnheit ist, ihn öffentlich um jeden Preis zu verteidigen, während er weiß, dass sie das tun wird, so dass es für ihn nicht so dringend ist, ihr alles zu erzählen.“[49] Maraniss beobachtet genau: Hillary hatte ein ganzes Vierteljahrhundert lang zu ihrem Mann gestanden, so dass „die Vorstellung, sie könnte ihren Mann nun im Januar verlassen, als die Geschichte ruchbar wurde, oder im August, als er gestand, fast ausgeschlossen schien. Wenn sie es getan hätte, hätte sie sich in Wahrheit selbst verlassen.“[50]

Hillarys unermüdliche Unterstützung hatte eine lange Geschichte. Schon bevor die beiden verheiratet waren, in der Zeit, als Bill sich um den Posten des Justizministers von Arkansas bewarb, gab es neben seiner Beziehung zu Hillary Treffen mit mehreren Freundinnen. Keiner Frau mit einem Intelligenzquotienten wie dem ihren konnte verborgen bleiben, was da ablief. Sie hatte es damals geduldet und ihn trotz seiner Eskapaden geheiratet. Als im Lauf der Zeit die politischen Ziele immer höher gesteckt waren und das Verhalten ihres Mannes immer verantwortungsloser wurde, bahnte Hillarys Abhängigkeit dann den Weg zu einer halbparanoiden Wahrnehmung aller „Feinde“ ihres Mannes. Das war das Mittel, um ihr inneres Trauma in eine äußere politische Sache zu verwandeln.

Anfang 1994 widmete sie einen beträchtlichen Teil ihrer Zeit inoffiziellen Gesprächen mit Redakteuren und Meinungsführern in Washington, bei denen sie ihre Verschwörungstheorien präsentierte. Diese Darstellungen wiederholte sie auch im nationalen Fernsehen: „Die große Story hier ist für jeden, der sie finden und schreiben und erklären will, diese riesige Verschwörung von rechts, die gegen meinen Mann seit dem Tag inszeniert wurde, als er seine Präsidentschaftskandidatur erstmals ankündigte..."

Hier äußert sich nicht jener Bruch mit der Realität, den wir von Psychiatriepatienten kennen, aber Hillary musste unbedingt die Realität verzerren, um politisch und psychisch zu überleben. Bills jüngstes Verhalten ließ Hillary nur die Wahl unter schmerzhaften Optionen. Und zwar drei, aber zwei von ihnen waren so unangenehm, dass ihr nur die dritte blieb.

Erste Option: Opfer werden. Es gab indes kaum eine Chance, dass sich die starke Hillary zu Lady Bird Johnson oder Rose Kennedy gesellte, jenen treuen politischen Märtyrerinnen vergangener Jahre. Sie hatte eine zu starke Persönlichkeit, um eine solche Rolle lange durchzuhalten.

Zweite Option: Um die eigenen Angelegenheiten kümmern. Das ist das Modell Jacqueline Kennedy. Es wäre für Hillary weniger unangenehm gewesen als die Opferrolle, aber keine wirkliche Option, denn in dieser Zeit enormer medialer Aufmerksamkeit machte Bills Promiskuität unaufhörlich Schlagzeilen. Kennedys mittägliche Spielereien wurden indes von der Presse ignoriert, und zahlreiche andere tollten ja gemeinsam mit ihm im Pool herum.

Dritte Option: Den misstrauischen Charakterzug verstärken, um Beschuldigungen und Angriffe vorwegzunehmen, die durch die Frauengeschichten des Ehemanns verursacht wurden. Das schien die einzige wirkliche Option für einen intelligenten, starken und gleichberechtigten Partner, und genau diese wählte Hillary: Ihre übermäßige Wachsamkeit und ihr Misstrauen wuchsen, bis sie so evident wie die Verfehlungen ihres Partners waren.

So entstand eine dynamische, lang anhaltende Komplementärneurose. Diese Frau, die, hätte sie Jimmy Carter geheiratet, eine ehrliche und starke Partnerin geworden wäre, wurde statt dessen zu einer sanft paranoiden Persönlichkeit, die echt daran glaubte, ihr Mann wäre das Ziel mehrerer unterschiedlicher Verschwörungen.

Hier ist nicht der Platz für die Analyse, ob oder in welchem Maß der Sonderermittler übereifrig war, aber was auch immer die Politik und die Probleme in den Ermittlungen Kenneth Starrs gewesen sein mögen, einer weniger misstrauischen Hillary müsste sicher erkennbar gewesen sein, dass erst das Verhalten ihres Mannes alles das möglich gemacht hatte. Nach Bills „Geständnis" wurde es dann zunehmend schwieriger, weiter die Falschheit der Anschuldigungen und die Aufrichtigkeit ihres Mannes zu behaupten. So sah man ab August 1998 in der Öffentlichkeit eine gemäßigtere Hillary. Obwohl sie noch im Namen der Demokraten Wahlkampf betrieb und nach einer Phase einsiedlerischen Daseins wieder erklärte, auf Bill „stolz" zu sein, erschien sie am Ende als eine Frau, die im Kummer aufrecht blieb und Gewicht verloren hatte.

Affären

Präsident Clintons zahlreiche außerehelichen Eskapaden sind in mehreren Büchern dokumentiert.[51] Außerdem haben einige seiner Gespielinnen eigene Berichte verfasst, etwa Gennifer Flowers und Dolly Kyle Browning.[52] Dolly hat sogar eine Internetseite (http://www.deardolly.com) eingerichtet, auf der sich interessierte Leser an den „Leckerbissen" gütlich tun können. Seit die Namen Kenneth Starr, Paula Jones und Monica Lewinsky Bestandteil des allgemeinen Sprachschatzes geworden sind, gibt es zudem eine Flut von Storys und Kommentaren in Zeitungen und Magazinen in den Vereinigten Staaten und vielen anderen Länden der Welt. Und schließlich ist das, was einmal Bills und Monicas privates Verhältnis war, durch die Veröffentlichung von Kenneth Starrs Bericht im Internet schlagartig zur globalen politischen Pornografie geworden.

Der Autor verfolgt nicht das Ziel, die Zuverlässigkeit der verschiedenen Berichte von Frauen zu untersuchen, die sich mit William Jefferson Clinton, dem Gouverneur von Arkansas oder dem Präsidenten der Vereinigten Staaten, in ein sexuelles Verhältnis eingelassen haben (oder dies behaupten). Außer jeder Frage steht jedoch, dass Bill Clinton Sex mit zahlreichen Frauen hatte, während er mit Hillary verheiratet war und die höchsten politischen Ämter bekleidete.

Welche Motive zum Beispiel Gennifer Flowers auch gehabt haben mag, als sie von ihrer sexuellen Beziehung mit Bill Clinton berichtete – es gibt klare Beweise, die ihre Story bestätigen, darunter die Berichte von vier Staatspolizisten von Arkansas. Und auch wenn Dolly, Gennifer und andere natürlich ihre eigene Karriere mit Verträgen für „Küssen und erzählen"-Bücher und Zeitschriftenbeiträge voranbringen wollten – am Kern der Sache ändert dies nichts.

Desgleichen ist es unwahrscheinlich, dass sich die „Regenbogenkoalition" der Frauen, mit denen Bill tatsächlich oder angeblich geschlafen hat, ausnahmslos aus Hillarys Gruppen von Sündenböcken rekrutierte: einer „Verschwörung von rechts", Leuten mit Vorurteilen gegen Arkansas, „Kenneth Starrs Gruppe". Der FBI-Bericht, der das Vorhandensein von Clintons Sperma auf Monicas Kleid bestätigt, hat sich als „rauchender Colt" erwiesen, der selbst die unerschütterlichsten Verteidiger des Präsidenten bestürzen musste.

Manche fragen, welchen Dauerschaden damit unser Staatsschiff erleiden wird. Wird die Kapitänskajüte, die zwei Weltkriege, eine Weltwirtschaftskrise und Nixons Rücktritt im Ergebnis von Watergate überstanden hat, auch im Kielwasser von Monicagate intakt bleiben oder wird die Präsidentschaft einen Wassereinbruch wie die Titanic erleben? Wird das notorisch kurze Gedächtnis der Öffentlichkeit unsere Bürger davor bewahren, in den pornografischen Fluten des Starr-Berichts zu ertrinken?

Vermutlich ja. Aller Wahrscheinlichkeit nach wird ein zukünftiges Amerika nicht mehr daran denken, dass 1998 und 1999 Bosnien, Sadam Hussein und eine Menge anderer wichtiger Probleme und Leute wegen der Diskussion über Bill Clintons erregende sexuelle Eskapaden fast vergessen wurden. Vergessen sein werden dann auch jene moralischen Klimmzüge, die die Fellatio nicht als eine Form von Sex zu definieren versuchten. Die Behauptung, die der Präsident mit drohendem Finger vorbrachte, nie Sex mit „jener Frau" gehabt zu haben, wird vor dem Hintergrund anderer Ereignisse verblassen. Und natürlich wird unsere Demokratie überleben.

Bill Clinton und der Sex

In den folgenden Abschnitten dieses Kapitels will ich nicht alle Einzelheiten des Starr-Berichts oder die vielen anderen Geschichten aufwärmen. Ebensowenig werde ich den Riesenberg von Details aus Erklärungen der diversen Anwälte angehen. Schon vor der Veröffentlichung des Starr-Berichts hielt das *Time Magazine* – mit Blick auf die von Paula Jones' Anwälten vorgelegten siebenhundert Seiten an Dokumenten – hellsichtig fest, dass in der Sache Jones gegen den Präsidenten wegen sexueller Belästigung „die Spur des bedruckten Papiers wohl zu eine Meer von Papierbrei werden wird.“[53] Damals schien das viel Papier zu sein, aber nachdem Kenneth Starrs Leute kurz darauf nicht weniger als vierunddreißig Kisten mit Papier auf den Stufen des Kongresses abstellten, waren siebenhundert Seiten gar nicht mehr so viel.

Die Politiker luden das saftige Material schnellstens im Internet ab, und zum ersten Mal in der Geschichte wurde ein Dokument der Regierungsdruckerei der Vereinigten Staaten im Web häufiger angeklickt als konkurrierende Pornoseiten. Das versprach schließlich, der ultimative politische Porno über „Big Daddy“ und die „anziehende Prinzessin“ zu werden, denn hier ging es nicht um bloße Einbildung, sondern um die Realität.

Aber die lüsternen Details wie „Er berührte meine Brüste mit Händen und Mund“ wurden schnell zu starren Formel, die eher abstumpfte als erregte, eher Trübsinn als Leidenschaftlichkeit erzeugte. Der Starr-Bericht wirkte wie die verbale Version eines billigen Hardcore-Videos, das nicht die erotisch fantasievolle Kunst der Verführung zeigt, sondern in dem bereits in den ersten zwei Minuten der sexuellen Begegnung das geschmacklos-gierige Ablegen der Kleidung erfolgt und die nun nackten Akteure in den nächsten zwanzig Minuten nur noch geistlos und keuchend kopulieren. Es gibt nur wenig, was ich den detaillierten Berichten von Bill Clintons sexuellen Abenteuern hinzufügen möchte, denn die sind durch die Technologie des Internets weltweiter Besitz geworden – das Weltdorf als Stätte weltweiten Voyeurismus.

Statt dessen möchte ich mehrere Probleme von psychologischer Bedeutung zur Sprache bringen und mit einer Frage beginnen, die für viele Beobachter von großem Interesse ist: Warum sollte ein Mann, für den so vieles spricht, das alles wegen einer Sexaffäre riskieren?

Roger Rosenblatt von Magazin *Time* versuchte, die Frage nach dem Warum so zu beantworten: „Clinton will nicht Sex, er will Liebe. Als Kind bekam er nicht genug davon und auch jetzt kann er nicht genug davon bekommen. Jeder, der als Kind nicht genug Liebe bekam, sucht für den Rest seines Lebens danach, also auch er. Aber wegen dieses Mangels in seiner Kindheit glaubt er nicht an die Liebe, traut ihr nicht. Vermutlich liebt er Hillary Clinton so sehr, wie er überhaupt eine Frau lieben kann, aber er ist im Wesen treulos.“[54]

Rosenblatt hat zur Hälfte Recht. Er charakterisiert den Baptisten Billy, die fürsorgliche/abhängige Seite des Präsidenten recht genau. Aber das ist nur die eine Seite der Geschichte, es fehlt hier der clevere Willy. Wir haben bereits eingangs festgestellt, dass die Persönlichkeit des Präsidenten aus einem Paar siamesischer Zwillinge bestand, die nie getrennt worden waren.

Sein Biograf hat das genau begriffen: „Bei Bill Clinton ist es oft verführerisch, aber im Allgemeinen irreführend, das Gute vom Bösen zu trennen. Der Teil von ihm, der unentschlossen ist, gefallen möchte und zum Betrug neigt, enthüllt mehr vom inneren Wesen dieses Menschen als der Teil, der unermüdlich, intelligent, mitfühlend und bescheiden ist. Sie existieren nebeneinander."[55]

Diese Dualität des Politikers Clinton wurde schon offenbar, als er noch Gouverneur von Arkansas war. Der dortige Gewerkschaftsführer J. Bill Becker, der viele Jahre in der Politik von Arkansas zugebracht hatte und sich mehrfach mit nicht eingehaltenen Zusagen Clintons konfrontiert sah, sagte, er habe sich von einem Gouverneur noch nie so betrogen gefühlt. In einem bildhaften Vergleich beschrieb er die Dualität des jungen Gouverneurs: „Clinton tätschelt dir den Rücken, während er dir ans Bein pinkelt."[56]

Bei einer Gastvorlesung 1981 an der Universität von Arkansas erwähnte Clinton Abraham Lincoln und Winston Churchill und sagte den Studenten, dass bei allen politischen Führern ein Kampf zwischen Dunkelheit und Licht stattfinde. Bei großen Führern, so Clinton, überwinde das Licht die Dunkelheit, aber es sei immer ein Kampf.

Bill Clintons Persönlichkeit unterscheidet sich jedoch signifikant von denen Lincolns oder Churchills, denn Clintons dunkle Seite ist kaum mit seiner strahlenden verbunden. Außerdem ist die Psychopathie eine besonders unzugängliche Art der Dunkelheit. Lincolns „dunkle Seite" war Depression und würde heute wohl als manisch-depressive oder zyklothyme Persönlichkeit diagnostiziert werden. Jimmy Carter bekannte, mit „Lust im Herzen" zu kämpfen. Bei Clinton sind die helle und die dunkle Seite durch eine vertikale Spaltung getrennt, beide kämpfen nicht wirklich miteinander (wie Carter oder Lincoln mit Lust oder Depression gekämpft haben mögen). Ich erinnere mich an die Tage, als es noch nicht überall Fahrzeuge mit Allradantrieb gab. Wenn in der Zeit, in der ich in Wisconsin aufwuchs, unser Kleinlastwagen in einer Schneewehe stecken blieb, drehte immer nur ein Hinterrad durch. Es schien, als ob sich die Hinterräder im Durchdrehen abwechselten. Wenn wir Sand oder etwas anderes zur Verbesserung der Traktion unter einen Reifen brachten, begann das andere Rad durchzudrehen. Erst in den Tagen des Allradantriebs oder der automatischen Traktionskontrolle ziehen die

Räder gemeinsam. So verhält es sich auch mit Bill Clintons Persönlichkeit. Entweder der Baptist Billy oder der clevere Willy drehte durch. Der Persönlichkeit des Präsidenten fehlte die „Traktionskontrolle“, beide Seiten arbeiteten nicht zusammen. Folglich existiert der vermutete „Konflikt“ zwischen seiner hellen und dunklen Seite nicht wirklich. Clinton ist nicht konfliktbehaftet, er ist ein alternierender Typ mit einer dissoziativen Spaltung zwischen den beiden Persönlichkeiten, die sein Verhalten beherrschen.

Oder wie sein Biograf treffend schrieb: „Schon seit seiner Jugend haben diese Widersprüche in Clinton nebeneinander existiert – entgegenkommend und berechnend, unbekümmert und ehrgeizig, Vermittler und Raubtier.“[57]

Der clevere Willy: eine Studie zur Psychopathie

Immer sitzt neben dem fürsorglichen, abhängigen Baptisten Billy der clevere Willy, Clintons psychopathische Persönlichkeit. Aber nur dann, wenn man sowohl den Baptisten Billy wie auch den cleveren Willy versteht, findet man einen Sinn in der rätselhaften Sexualität des Präsidenten.

Psychologen können keine Gedanken lesen, sind aber oft zu genauen Voraussagen in der Lage, und zwar auf Grundlage der Regel „Vergangenes Verhalten erlaubt die beste Voraussage für zukünftiges Verhalten.“ Verhalten läuft nicht als genaues bitweises Replikat früherer Geschichte ab, aber die großen Züge sind meist ähnlich.

Bei früheren Präsidenten haben wir gesehen, wie viel vom Verhalten des Jungen im Handeln des Erwachsenen wiederkehrte, und in dieser Hinsicht ist auch Bill Clinton keine Ausnahme. Der clevere Willy in Washington unterschied sich nicht auffällig vom cleveren Willy in Hot Springs. Clinton im Weißen Haus war eine kaum elegantere Version des Universitätsstudenten, der in Arkansas Gouverneur wurde. Gennifer Flowers war eine Vorahnung von Monica Lewinsky, und das gleiche Sexualverhalten, das der clevere Willy in Arkansas zeigte, vollzog sich nahezu unverändert in den abgedunkelten Korridoren des Weißen Hauses.

Wie für Psychopathen typisch, nutzte auch Clinton Menschen aus, je nachdem, wie sie ihm Profit bringen konnten. Einmal begleitete ihn sein Biograf bei einer Wahlkampfreise im Auto. Er erinnerte sich, dass Clinton auf seinem Mobiltelefon einen Anruf von Jesse Jackson entgegennahm. Nach dem Gespräch setzte er ihn prompt „sarkastisch als Nervensäge herab."[58] Als er jedoch ein paar Jahre später die öffentliche Darstellung als frommer Büßer brauchte, wurde dieselbe „Nervensäge" Jackson als religiöser Berater ins Weiße Haus gerufen. Damit verband sich für den politisch stets bewussten Clinton eine doppelte Absicht. Der fehlgeleitete Präsident wollte als geistlicher Sinnsucher erscheinen und sich gleichzeitig der Unterstützung der schwarzen Bevölkerung versichern.

Alle Psychopathen benutzen andere Menschen wie Figuren auf dem Schachbrett und gehen persönliche Beziehungen in erster Linie zum Beutemachen ein. Es beunruhigt, dass sie wenig Reue verspüren, wenn sie andere verletzen. Es ist diese kalte und rücksichtslose Art, die sie so destruktiv macht und auf Behandlung nicht ansprechen lässt. Weil sie so zwanghaft ichbezogen sind, leben sie vorzugsweise in der Gegenwart – in einem Zeitrahmen von zehn Minuten. Ihre ganze Welt befindet sich im Jetzt, und obwohl sie beredt sind, gehorcht ihr Verhalten dem Diktum des impulsiven Vierjährigen: „Ich zuerst!" oder „Nein, ich kann nicht warten!" Schaut man sich das Verhalten des cleveren Willy an, werden diese psychopathischen Komponenten augenfällig.

„Noch was? Noch was?"

Berater, die einige Zeit mit Gouverneur Clinton verbrachten, können erzählen, wie er Äpfel mit wenigen Riesenbissen verschlang, samt Kerngehäuse, Stiel und Blüte. Hot Dogs berührten kaum seine Zähne und waren schon weggeputzt, ganze Teller mit Enchiladas und Nachos verschwanden in Sekunden. Der Koch im Haus des Gouverneurs konnte die Schokoladenplätzchen gar nicht schnell genug backen.

„Noch was? Noch was? Noch was?"[59] gehörte zu Clintons am häufigsten benutzten Wendungen. Das war nicht so sehr eine Frage, vielmehr ein Befehl mit der Bedeutung „Machen wir endlich weiter", ein Zeichen für seine ruhelose, leistungsorientierte Impulsivität.

Als Gouverneur ließ Clinton im Kellergeschoss seines Amtsgebäudes einen Flipperautomaten installieren. Einmal hatte sich der siebenjährige Matt Moore, der Sohn eines Mitarbeiters von Clinton, auf eine Kiste gestellt und es irgendwie geschafft, einen Punktestand von 800.000 zu erreichen, was die Maschine in ein Kaleidoskop von bunten Lichtern und läutenden Glocken verwandelte. Das freute den Siebenjährigen natürlich, ärgerte aber den dreißigjährigen, leistungsorientierten, impulsiven, psychopathischen Gouverneur von Arkansas, der es nicht verwinden konnte, dass ihm ein Knabe den Flipperrekord abgenommen hatte. Nachdem alle ihre Arbeit beendet hatten, ging Clinton am Abend in das Spielzimmer, wo er, der clevere Willy, bis früh um zwei verbissen kämpfte, um wieder die Nummer eins im Flippern zu werden. „Noch was? Noch was?“

Taten sagen mehr als Worte

Worte und Versprechungen von Psychopathen sind wie die Schecks, die sie ausstellen und die oft wegen ungenügender Deckung nicht eingelöst werden können. Sagt ein Psychopath: „Ich liebe dich“, ist Vorsicht angesagt, denn das bedeutet in Wahrheit: „Vertrau mir, damit ich dich für meine eigenen Zwecke ausnutzen kann.“

Ein allen manipulativen Menschen – aalglatten Politikern wie gewöhnlichen Gaunern – gemeinsamer Charakterzug ist ihr geschickter Gebrauch der Sprache. Das Leben ist für sie wie ein riesenhaftes Scrabblespiel oder ein Kreuzworträtsel, wo Wörter sorgfältig angeordnet sind, um damit Punkte zu machen oder Leerfelder zu füllen – ihre Verwendung aber ist ausschließlich für die Bedürfnisse des Augenblicks bestimmt.

Bill Clinton war der geschickteste Wortakrobat, der in den letzten fünfzig Jahren im Weißen Haus gesessen hat. Er interpretierte die sexuellen Entgleisungen des cleveren Willy als harmlose Freundschaften und tat das mit juristischen Umschreibungen, die zwar das Gewissen des Baptisten Billy besänftigen konnten, aber kaum in der Lage waren, die Öffentlichkeit davon zu überzeugen, dass er keine sexuelle Verwicklung mit Monica gehabt hatte. Jean Bethke Elshtain schrieb dazu: „Auch wenn man die Definitionen quält wie der Präsident, ist doch etwas entschieden Sexuelles am oralen Sex.“[60]

Sogar Monica Lewinsky, nicht gerade die tiefste Denkerin, die je die Gänge des Westflügels durchstreift hat, dachte, dass „der Hübsche“ sie mit leeren Worten beschwatzen wollte. Nach den ersten sexuellen Begegnungen nannte er sie noch immer „Kindchen“, wenn sie sich in der Halle trafen, so dass Monica meinte, er erinnere sich nicht einmal an ihren Namen. Als sie das nächste Mal allein waren, fragte sie ihn: „Ist es nur wegen Sex?“ Der Präsident lachte und versicherte Monica, er halte die Zeit mit ihr in Ehren. Sogar sie fand es „ein bisschen seltsam“, dass er dies sagte: „Ich hatte den Eindruck, dass er mich noch gar nicht richtig kennt.“[61]

Der unaussprechliche Satz „Es tut mir Leid“

Psychopathische Erwachsene, die eine chaotische Kindheit hatten, sehen die Welt oft als einen Ort der Frustration und Gefahr. Sie betrachten andere a priori mit Misstrauen und es ist deshalb kein Wunder, dass sie nach der gar nicht so goldenen Regel „Schlag die anderen, bevor sie dich schlagen“ leben. Psychopathen trauen in letzter Konsequenz nur sich selbst, sind kaum loyal, gehen mit Worten geschickt um und verspüren wenig Reue. C'est la vie, soweit es um Entschuldigungen geht.

„Es tut mir Leid“ ist ein Satz, den auszusprechen für Clinton fast unmöglich war. Der Grund dafür, dass dieser Satz ihm solche Probleme bereitet, liegt in der Tatsache, dass er ihn nicht wirklich fühlte. Psychopathen spüren keine Reue. Auch der clevere Willy fühlte keine Reue. Werfen wir dazu noch einmal einen Blick auf Arkansas: Es ist 1981. Der jüngste Gouverneur in der amerikanischen Geschichte verlässt seinen Amtssitz, nachdem er die Wahl für eine zweite Amtsperiode verloren hat, und zieht mit Frau und Tochter in ein gelbes Haus in der Midland Avenue von Little Rock. Eine Betreuerin für Tochter Chelsea wird angestellt und die Clintons gehen zur Arbeit, Hillary in der Anwaltskanzlei Rose, Bill in der Anwaltskanzlei Wright, Lindsey & Jennings.

Denen, die ihn nicht gut kannten, versuchte der abgewählte Gouverneur vorzumachen, wie sehr ihm sein neuer Job gefiele. In Wahrheit aber plante er bereits aktiv sein Comeback, mit Hilfe von Betsey Wright und seinem neuen Mitarbeiter Dick Morris. Dieser war von Hillary gerufen worden, um Bills neue Kampagne vorzubereiten. Morris sagte Clinton, ein öffentliches Eingeständnis von gemachten Fehlern und Schuld sei der beste Anfang. Er riet Clinton, dem Volk von Arkansas zu sagen, dass es ihm Leid tue. Dabei war Morris sehr genau: „Beim Akt der Reue müssen Sie bescheiden sein. Versuchen Sie nicht, sich zu rechtfertigen. Sagen Sie: ‚Es tut mir sehr Leid, ich schäme mich, ich weiß, dass ich Fehler gemacht habe und werde sie nicht wiederholen'.‘ [62]

Aber Clinton fand keine gemeinsame Basis mit Morris, obwohl er ihn als Meinungsforscher schätzte und die nächste Wahl gewinnen wollte. Morris ging es darum, dass der Kandidat eingestand, sich arrogant verhalten und als Gouverneur Fehler gemacht zu haben, aber Clinton konnte sich nicht dazu durchringen, das zuzugeben. Bei einer Passage saßen die beiden Männer stundenlang über der Formulierung für eine Entschuldigung, aber Bill konnte einfach nicht sagen, dass es im Leid tue. Und so sagte er es auch nicht. „Am Ende“, schreibt sein Biograf, „schaffte es Clinton aber doch noch, zu sagen, dass es ihm Leid tue, ohne das

Wort jedoch zu gebrauchen."[63] (War das 1981, ist man zu fragen geneigt, oder 1998?) Im heimischen Dialekt von Arkansas erklärte Clinton schließlich seinen Wählern, in seiner Kindheit habe ihn sein Vater nie zweimal für ein und dieselbe Sache verprügeln müssen. Und wenn man ihn noch einmal zum Gouverneur wählen würde, könne er versprechen, nicht wieder dieselben Fehler zu machen.

Die Menschen schluckten das verbale Manöver des cleveren Willy, das mit der ernsten Aufrichtigkeit des Baptisten Billy vorgetragen wurde. Clinton gewann die nächste Wahl und verlor danach keine weitere.

Gehen wir siebzehn Jahre weiter: Im Juni 1998 beklagte Walter Shapiro im Magazin *Time*, was er das laufende „Zeitalter der Entschuldigung" nannte: „Öffentliche Reue ist zum Refugium für Politiker in mittleren Jahren geworden, die für Körperpiercing zu ängstlich sind. Bill Clinton hat diesen Sermon zu einer Kunstform hochstilisiert. Den Überlebenden der Syphilisexperimente von Tuskegee, Alabama, und den Opfern der Strahlenforschung von 1950 wurde das präsidiale Siegel der Besorgnis verliehen. ... Trotz dieser Flut von Klagegesängen zögern unsere politischen Führer, diese Apologien auf ihr eigenes Verhalten anzuwenden. Nicht einmal hat der Präsident gesagt: ‚Es tut mir Leid, wie wir uns das Geld für meinen Wahlkampf von 1996 beschafft haben.' Stattdessen nimmt er Zuflucht zu bizarren Argumenten, indem er zum Beispiel behauptet, die Cafés im Weißen Haus seien eingerichtet, um Einsamkeit zu mildern. Nächstens wird Clinton noch libysche Schlägertrupps für alles verantwortlich machen.

Ein so geschickter Politiker wie Clinton müsste wissen, dass die Amerikaner eine Schwäche für aufrichtige Entschuldigungen haben. Es wundert mich, dass noch kein Werbefachmann ein Buch *Wie man sich mit Entschuldigungen den Weg an die Spitze erkämpft* geschrieben hat."[64]

Shapiro und andere konnten nicht verstehen, dass sich der clevere Willy nicht entschuldigte, nicht entschuldigen konnte. Der Baptist Billy aber hatte kein Problem, „eure Schmerzen zu fühlen" und sich deshalb für andere zu entschuldigen – bei Strahlenopfern oder Überlebenden von Syphilisexperimenten, weil da jemand „Mist gebaut" hatte. Aber eine Entschuldigung für Willy? Niemals.

Als Monicagate platzte, baute sich Clinton folgendes Entschuldigungsschema: Zuerst spricht der Baptist Billy, gibt sich zerknirscht (zehn Sekunden lang herzzerreißende Selbstenthüllung mit der Darstellung, wie sehr es ihm Leid tue, aber ohne genau zu sagen, was ihm eigentlich Leid tut), aber sofort danach kommt der clevere Willy und attackiert die

Feinde, die das ganze üble Geschäft überhaupt erst nötig gemacht hätten. Dann folgt eine Abhandlung zur Verteidigung mit einer Palette von externen Sündenböcken.

Die „Entschuldigung" endete so, dass man eher meinte, es wäre ein Versuch zur Entlastung des cleveren Willy und nicht echte Reue. Manchmal konnte man sogar den Eindruck gewinnen, als wäre Willy auf unfaire Weise schikaniert worden.

In einem Kommentar der *New York Times* unter dem Titel „Mit Groll und Eingeständnis der alte Bill Clinton" hieß es am 19. August 1998: „Sie war nur wenig länger als vier Minuten, kaum fünfhundert Wörter, die kürzeste große Rede in Bill Clintons Präsidentschaft. Sie musste die Anwälte des Präsidenten, seine Zuhörer und seine Frau zufrieden stellen, und er hielt sie nach einem zermürbenden Tag mit Aussage vor einem großen Geschworenengericht des Bundes und hektischer Bastelei an einer abschließenden Erklärung. Aber mit diesem Ton und Inhalt, in der Mischung von unapologetischem Groll und eng abgestimmtem Eingeständnis war das Mea culpa des Präsidenten so niedrig wie möglich gehalten. ... Mr. Clinton war nämlich überzeugt, dass jedes Zugeständnis auf ihn selbst zurückfallen würde."

Im *Austin American-Statesman* konnte man dazu lesen: „Wie üblich offerierte Clinton eine schnelle, schwache Apologie für einen kritischen Aussetzer seiner Urteilsfähigkeit bei der Affäre und der Täuschung der Öffentlichkeit. Dann attackierte er den unabhängigen Ermittler Kenneth Starr, weil der zu weit gegangen sei und ‚zu viele unschuldige Menschen' verletzt habe. Aber, Herr Präsident, wer ist wohl daran schuld? Wieder zog sich Clinton auf einen juristischen Standpunkt zurück, um seine Lügen zu verteidigen, und gab die Schuld für sein Dilemma anderen. Das wird ihn bei niemandem beliebt machen. Das Land, das von Clinton geführt wird, verdient Besseres als die Vorstellung, bei der er Montag Abend mit dem Finger auf andere wies."

Der clevere Willy bewahrte seine Ruhe. Psychopathische Personen wirken in Situationen, in denen andere Angst bekommen, meist ruhig und entspannt. Und nur ein Mann mit der relativen Gelassenheit eines Psychopathen konnte mitten in einem Amtsenthebungsverfahren eine triumphale Rede zur Lage der Nation halten.

Erfolgreiche Psychopathen

Wir bestaunen Menschen, die nach oben gelangen, auch dann, wenn sie sich kaum Gedanken darüber machen, wen sie dabei zu Boden treten. Geschichten von armen Schluckern, die Millionäre werden, inspirieren uns und manchmal sind wir nicht sehr kritisch, wenn es darum geht, wie der Reichtum erworben wurde. Joseph Kennedy schaffte es – ihm gehörte die mächtige Firma Merchandise Mart, was also, wenn er es dabei nicht immer so genau nahm? Geschäft ist Geschäft. Politiker verlassen sich auf viele Interessengruppen, um gewählt und wiedergewählt zu werden, und so ist es schon normal, dass sie bei vielen Gelegenheiten mit zwei Zungen reden. Die Fähigkeit, geschickt zu lügen, bei einem Streit Ruhe zu bewahren und nie einen Fehler zuzugeben, charakterisiert Politiker wie Psychopathen.

Nixons „Ich bin doch kein Gauner" liegt vor Clintons „Ich hatte mit dieser Frau keinen Sex!" Viele Präsidenten haben Details nur zu leicht „vergessen", wenn es ihren Zwecken diente. Reagan litt an „politischem Alzheimer" lange bevor er im Alter auf tragische Weise an diesem Leiden erkrankte. Er „vergaß" Einzelheiten der Skandale um die Umweltschutzagentur und die Behörde für Wohnungsbau und Stadtentwicklung und behauptete, von Oliver Norths als „Contragate" bekannt gewordenen Tricksereien nichts gewusst zu haben.

Aber die Fähigkeit des „großen Kommunikators" Reagan, aus zahlreichen Skandalen fleckenlos herauszukommen, eine Fähigkeit, die ihm den Beinamen „Teflon-Präsident" eintrug, sollte von dem „großen Chamäleon" Clinton noch übertroffen werden.

Psychopathen betrachten andere Menschen wie Autoteile, als austauschbar. Sobald ein Ölfilter seine Funktion erfüllt hat, wird er einfach herausgenommen, durch einen anderen ersetzt – fertig. In seinen Beziehungen zu Frauen verhielt sich Bill Clinton ähnlich. Stets wollte er mehrere Frauen zur gleichen Zeit haben, nie war er einer abwesenden Freundin treu, stets überzeugt, der Spatz in der Hand sei besser als die Taube auf dem Dach. In seinem einundzwanzigsten Lebensjahr schrieb Clinton zum Beispiel im Sommer sowohl an Denise Hyland, seine erste Freundin in Georgetown, wie auch an Ann Markesun, ebenfalls aus Georgetown. Zwischenzeitlich glaubte Carolyn Yeldell, eine Freundin von der High School, sie und Bill hätten eine besonders enge Beziehung, aber er verbrachte zeitgleich beachtlich viel Zeit mit der Schönheitskönigin Sharon Ann Evans.[65]

In dem Film *Tin Men* spielen Richard Dreyfus und Danny DeVito zwei Männer, die mit allen erdenklichen Mitteln Aluminiumfassaden an jeden verkaufen, den sie dazu beschwatzen können. Der clevere Willy hätte ein großer Tin Man werden und viele Aluminiumfassaden verkaufen können. Seine Psychopathie war freilich nicht von der wilden oder gewalttätigen Art. Der clevere Willy hätte nie jemanden überfallen und ihm das Portemonnaie geraubt. Einmal jedoch verlor Clinton bei einem Streit mit seinem Berater Dick Morris die Kontrolle und schlug ihn zu Boden. Morris blieb bis zum Ende des Wahlkampfs im Team, aber manchmal konnte man ihn brummeln hören: „Ich kann's nicht glauben, dass mich Clinton geschlagen hat."[66]

Auch die Benutzung von Gewaltmetaphern beim Kampf um sein politisches Überleben war für Clinton eher ungewöhnlich und findet sich nur selten, etwa nach seiner Niederlage – der einzigen – bei den Gouverneurswahlen von 1980. Da stellte er sich auf den Standpunkt, er hätte verloren, weil er auf die negative Anzeigenkampagne seines Konkurrenten nicht angemessen reagiert hätte. Seine neue Politik kündigte er mit folgenden Worten an: „Wenn dich jemand mit dem Hammer auf den Kopf haut, sitz nicht einfach tatenlos rum. Nimm ein Fleischerbeil und hack ihm die Hand ab."[67]

Meist aber zog Clinton Händeschütteln vor. Es war ihm lieber, eine Hand zu schütteln als sie mit dem Fleischerbeil abzuhacken. Seine Psychopathie war von der freundlichen, einschmeichelnden Art, bei der eine Hand die andere wäscht. Er ließ eine Kartei mit Daten über fast alle Menschen führen, die er je getroffen hatte, und die wurde Teil dessen, was ein Biograf seinen „permanenten Wahlkampf" nannte.

Clinton hatte eigentlich mit der Präsidentschaftskandidatur schon begonnen, als er noch an der High School war, und er hörte nicht auf daran zu arbeiten, bis er ins Weiße Haus einzog. In dieser Hinsicht glich er Lyndon Johnson – mit dem Unterschied, dass er die Menschen nicht einfach fallen ließ, nachdem er sie benutzt hatte. Seine zwanghafte Geselligkeit verband sich mit seiner eingefleischten politischen Kumpelhaftigkeit, um sicher zu gehen, dass er stets von einer Gruppe von Unterstützern umgeben war. Mehr als jeder andere Präsident der jüngeren Vergangenheit glaubte Clinton, was er einst von Maurice Schock, seinem Professor in Oxford, gehört hatte: „Politik besteht darin, Nutzen aus Menschen zu ziehen, denen man zutraut, sehr clever zu sein."[68]

Freunde waren davon fasziniert oder abgestoßen, wie Clinton Menschen für sich einnehmen konnte, wie andere ihre Geheimnisse mit ihm teilten und wie er am Ende diese Menschen in seinem politischen Netzwerk zu nutzen wusste. „Ich war davon frustriert und eingeschüchtert", erinnerte sich John Isaacson. „Er war raffiniert und moralisch ernsthaft, aber auch ein Scheißkerl, der Geschichten erzählte."[69]

In der folgenden Darstellung seiner sexuellen Gewohnheiten und Verfehlungen werden wir seinen Charme und seine Gefühllosigkeit erkennen, vor allem aber sein verachtungsvolles Vergnügen daran, Hillary und das amerikanische Volk zu linken.

Droge Sex

Einer von Bill Clintons Kommilitonen in Oxford erinnert sich an einen Vorfall, der sich in einer jener kalten Nebelnächte abspielte, für die England berüchtigt ist. Bill erzählte eine Geschichte, die er von einem Mitglied des Fulbright-Lehrkörpers gehört hatte. Auf dem Höhepunkt der Proteste gegen den Vietnam-Krieg ging eine Sekretärin des Weißen Hauses ins Oval Office und fand Lyndon B. Johnson und eine attraktive junge Frau, die zufällig auch eine der Führerinnen der Protestbewegung war, beim gemeinsamen Sex auf dem Fußboden des Oval Office. Gemäß dem Bericht war die Frau oben nackt und trug ein Friedenssymbol an einer Kette, die zwischen ihren Brüsten baumelte. Alle lachten über die Anekdote. Der Mitstudent berichtet aber weiter:

„Ich hatte den Eindruck, Bill fand es toll, dass Lyndon Johnson mit so einer Sache davongekommen war. Es war seine Reaktion, durch die mir das Ganze in Erinnerung geblieben ist. Es war wie – also einfach die Macht, der Gedanke, dass Lyndon die Kühnheit besaß, so etwas auf dem Fußboden des Oval Office zu tun, mitten im Vietnam-Krieg. Da war mehr als nur boshaftes Kichern im Umkleideraum, eher der Gedanke, wie clever und pfiffig Lyndon das angestellt hatte.“[70]

Solches Vergnügen am schlechten Tun ohne Schuldbewusstsein gehört zum eigentlichen Wesen der Psychopathie und charakterisiert trefflich die Seite des cleveren Willy in Bill Clintons gespaltener Psyche.

Drogen und Sex waren stets Teil von Clintons sozialem Milieu. In Oxford, wo er Marihuana rauchte, aber nicht inhaliert haben will, machten die meisten seiner Freunde kein Geheimnis daraus, dass sie alle Pot rauchten. Als Clinton in Arkansas für den Kongress kandidierte, wussten alle, dass der Wahlkampf weder ohne Drogen noch ohne Sex geführt würde. Randy White, der sich als Erstsemestler am College dem Wahlkampfteam angeschlossen hatte, musste in einem Appartement in Fayetteville das Telefon bedienen. Er erinnerte sich, wie er beim Betreten des Zimmers „darin sieben oder acht Leute Pot rauchen“[71] sah. Ein anderer Mitarbeiter wusste zu berichten, dass Roger, der Bruder des Kandidaten, stets von einer Wolke von Potgeruch eingehüllt war. „Es ist nicht schwer zu erraten, wenn man in einen Raum kommt, in dem vorher Roger war, und es darin nach verbranntem Seil riecht."[72]

In ähnlicher Weise war auch Clintons Leben immer mit sexuellen Aktivitäten durchsetzt. Schon der dreiundzwanzigjährige bärtige „Wissenschaftler" spielte in Oxford Strippoker mit vier Freunden, von denen drei Frauen waren. „Wir spielten zu fünft und ich wusste, wer im Spiel verlor, konnte die Nacht über bleiben", erinnerte sich Mandy Merck.[73] Als Clinton zum Justizminister von Arkansas gewählt worden war, hängte er in sein privates Badezimmer ein lebensgroßes Poster von Dolly Parton, das sie nur mit einem extrem knappen Bikini bekleidet zeigte.

Sogar Hillary, die strenge Methodistin, nahm Bills sexuelle Verhaltensweise an. Von Herbst 1971 ab lebte Bill mit der Freundin zusammen, die später seine Frau wurde. Irgendwo blieben die sexuellen Verhaltensnormen der Baptisten und die Moral der Methodisten auf der Strecke und wichen der Sexualethik der siebziger Jahre – und Clintons ständiger Überzeugung, dass für ihn wie für Kennedy und Johnson Ausnahmeregeln gelten würden, wenn es um die eigene Sexualität ging.

Das Auge des Allmächtigen war offenbar kein so großer Hinderungsgrund wie danach die allgegenwärtigen Augen der Wähler. Als nämlich drei Jahre später Hillary in Fayetteville ankam, vorgeblich um an der Universität von Arkansas zu unterrichten, primär aber, um die politische Kampagne ihres Freundes zu unterstützen, erkannten Bill und Hillary, dass es im dritten Kongresswahlbezirk von Arkansas politisch unklug wäre, wenn der Kandidat mit seiner Freundin zusammenlebte, ohne mit ihr verheiratet zu sein. Folglich mieteten beide getrennte Häuser, ehe sie dann einige Zeit später heirateten.

Der anhaltende politische Aktionismus, das unaufhörliche Suchen nach Erregung, der Vorwärtsdrang des cleveren Willy werden auch in den mitgeteilten Erfahrungen von mehreren Geliebten Clintons deutlich.

Gennifer Flowers

Die volkstümliche Feststellung, dass Männer von Frauen angezogen würden, die irgendwie ihren Müttern gleichen, und dass Frauen eine „Vaterfigur" suchten, trifft auch in diesem Fall durchaus zu. Die Ähnlichkeiten zwischen Gennifer Flowers und Clintons theatralischer, durch die Nachtklubs ziehender Mutter liegen auf der Hand, und Flowers selbst stellte Ähnlichkeiten zwischen Bill und ihrem Vater fest. Ihr

Vater sei ein „Frauenheld" gewesen, erinnerte sich Flowers, und seine „Geschichten" hätten am Ende dazu geführt, „dass sich meine Mutter von ihm scheiden ließ, aber er konnte Frauen nicht widerstehen und sie nicht ihm." Und dann: „Als ich Bill Clinton kennen lernte, dachte ich viel über die Ähnlichkeiten zwischen ihm und meinem Vater nach. Bill hatte dasselbe Funkeln in seinen Augen, das ihm die gleiche Reaktion von Frauen sicherte."[74]

Bei ihrer ersten Begegnung mit Bill Clinton, damals junger Justizminister von Arkansas, befand sich Gennifer in einer kleinen Gruppe von Reportern und fragte: „Mr. Clinton, kann ich eine Stellungnahme von Ihnen haben?" Sie erinnerte sich, dass er beim Klang ihrer Stimme „mit einem breiten Lächeln auf dem Gesicht zu mir herüberkam, mich kurz musterte und mit seiner breiten Aussprache von Arkansas fragte: ‚Woher kommen Sie denn?'"[75]

Mehrere Wochen danach hatte sie wieder beruflich mit Clinton zu tun. Immer suchte er dabei den Blickkontakt mit ihr und „schaute mich sexy an. Alle bemerkten das, aber ihn schien es nicht zu kümmern."[76]

Den entscheidenden Schritt machte Clinton dann in der Halle des Justizgebäudes. Wieder einmal wartete sie auf ein Statement, und als er sie sah, ging er direkt zu ihr hinüber und flüsterte: „Ich weiß nichts von Ihnen, aber das halte ich jetzt nicht mehr aus. Ich muss Sie einfach sehen. Geben Sie mir Ihre Telefonnummer."[77]

Wie es weiter ging, hat Flowers so geschildert: „Eins wusste ich über ihn – er war verheiratet. Deshalb versuchte ich, die offensichtlichen Avancen zurückzuweisen, die er mir jedesmal machte, wenn ich zu einem Treffen oder einer Veranstaltung ging und er Gastgeber oder Teilnehmer war." Aber seine Anziehungskraft sei einfach zu groß gewesen, und , schließlich landeten wir im Bett und gaben den Gefühlen nach, die sich in uns beiden aufgestaut hatten." Flowers nennt es eine leidenschaftliche, liebevolle Beziehung, die zwölf Jahre anhielt und sogar die Geburt seiner Tochter Chelsea überdauerte. Sie schrieb: „Ich hätte noch weitergehen können, hätte ich nicht einen Mann gefunden, mit dem ich wirklich den Rest meines Lebens teilen wollte."[78]

Interessant ist, dass nach den vorliegenden Berichten Clinton bei diesen Rendezvous sein Auto immer in der Ladezone vor dem Gebäudekomplex parkte, in dem sich Flowers' Apartment befand. Wenn ein Durchschnittsmann eine Affäre geheim halten möchte, würde er sein Auto kaum an einer Stelle parken, wo man es so deutlich sehen kann und wo es schnell einen Strafzettel bekommen oder abgeschleppt werden kann. Aber Psychopathen vergrößern das Risiko und die Erregung unterbewusst noch dadurch, dass sie mit dem Risiko, in diesem Fall dem Risiko der Entdeckung, auch noch spielen.

Die Erregung durch das „Spielen am Rand“ wird auch durch einen weiteren Bericht Gennifers offenbar. Sie sang eines Abends bei einer Benefizveranstaltung der Demokraten, bei der Bill und Hillary Clinton anwesend waren. Dabei fing Bill McCuen, der Leiter des Staatsarchivs, in einem Raum voller Menschen damit an, sie „anzubaggern“, bis Clinton aufmerksam wurde, aufstand und sich neben sie stellte. Flowers: „Da tauchte plötzlich ohne Warnung Hillary auf, stellte sich mit eiskaltem Gesicht nicht mehr als einen halben Meter entfernt auf, streifte mich mit einem Blick und begrüßte Bill McCuen, als ob ich gar nicht da wäre. Ich dachte: ‚O weh, war‘s das? Wird Hillary vor all diesen Leuten die Affäre von Bill und mir bekannt machen?‘ Mir sträubten sich die Nackenhaare…“[79] Hillary sagte dann zu Bill, sie ginge auf einen Drink an die Bar, und fragte ihn, ob er mitkommen wolle. Clinton blickte seine Frau lächelnd an und antwortete: „Ich komme dann auch. Geh schon voraus.“ Flowers spürte, dass das eine Kraftprobe war und sie gewonnen hatte.

Flowers schreibt, dass Bill beim Sexualakt sehr erfindungsreich war und immer nach „neuen Möglichkeiten zur Erhöhung des Vergnügens“ (sprich: psychopathisch nach neuer Erregung) suchte. Nach Gennifers Bericht ließ Bill Wasser von schmelzendem Eis auf sie tropfen oder drückte Honig aus einer bärenförmigen Plastikflasche auf ihren nackten Körper und massierte ihn dann sinnlich in die Haut ein. Im Lauf der Zeit stellte sie fest, dass seine Einfälle wilder wurden (für Psychopathen typisch). Er wollte sie an den vier Pfosten ihres Betts festbinden, und als sie sich weigerte, ließ er sich anbinden. Einmal hat sie ihn sogar schlagen müssen, bevor es zum Liebesakt kam. Bei anderer Gelegenheit schlug Bill (im Stil Lyndon Johnsons) eine Menage à trois vor, aber Gennifer behauptet, sich geweigert zu haben, weil dies „zu abartig“ wäre. Ebenfalls behauptet Flowers, Bill habe bei zahlreichen Gelegenheiten Marihuana geraucht und dabei auch inhaliert, wenn er bei ihr in der Wohnung war.

Der Fototeil von Flowers‘ Buch enthalt auch Bilder von dem Nachthemd, das Bill ihr schenkte, von einem weißen Tanktop, einem Strumpfbandgürtel und von ihrem Bett, von dem sie sagt: „Bill und ich haben darin so viele glückliche Stunden verbracht. … Bill liebte es, wenn ich seine Hände an den Metallpfosten festband.“[80]

Wie es für Erregung suchende Psychopathen charakteristisch ist, wagte der clevere Willy immer mehr. Nach Flowers habe er ihr gesagt, eine seiner Fantasien sei Sex mit ihr auf seinem Schreibtisch oder dem Teppich im Büro des Gouverneurs, während der gesamte Stab draußen vor der geschlossenen Tür arbeite (Widerhall von Lyndon Johnson?).

Offenbar hat er bei wenigstens einer Gelegenheit auch versucht, diese Fantasie real auszuleben. Flowers berichtet, dass Bill sie auf dem Höhepunkt ihrer Affäre in die Villa des Gouverneurs einlud. Dort sollte sie bei einer gesellschaftlichen Verpflichtung vor einem Footballspiel singen. Gennifer war sich bewusst, dass für sie Hillarys Heim eine „Gefahrenzone" darstellte, aber Bill habe darauf bestanden. Flowers war besorgt, wie Hillary sie behandeln würde: „Sie war mir eigentlich sympathisch. Schließlich hatte mir ihr Mann, der Gouverneur des Staates, schon am Nachmittag deutliche Blicke zugeworfen. Jeder Idiot hätte das sehen können. Sie musste wütend sein. Als ich näher kam, machte ich mich innerlich stark für den Anschnauzer, den ich für sicher hielt."[81]

Statt dessen aber ging Hillary an Gennifer vorbei, keinen halben Meter entfernt. „Sie war mir so nahe, dass ich ihr Parfum riechen konnte. Sie hielt ihre Augen starr geradeaus gerichtet – kein Wort, kein Blick."[82]

Nachdem sie beinahe mit Hillary zusammengeraten wäre, ging Flowers zur Toilette. Als sie wieder zurück war, wartete der Gouverneur schon auf sie. Sie erinnerte sich, dass das visuelle Vorspiel über die Köpfe der anderen Anwesenden hinweg sie beide „aufgeheizt" hatte. Bill fasste sie um die Taille und zog sie an sich, als ob sie nackt in ihrem Schlafzimmer stünden. Sie beschrieb, wie er seine Hand in ihrem Haar vergrub, seine Lippen auf die ihren drückte und alles versuchte, um sie in die Herrentoilette zu ziehen, damit sie dort die aufgestaute Spannung abbauen könnten. „Er hielt mich an sich gedrückt und ich konnte ihn fühlen, warm und hart, wie er sich an mich presste. Die Gefahr, die diese Situation in sich barg, fachte die Flammen in uns nur noch mehr an. ... Er war hartnäckig und überzeugt, wir könnten es zu Ende bringen. Seine Frau und die anderen Leute waren nur ein paar Schritte entfernt und er war bereit, das Risiko einzugehen. Dass wir uns am Rand der Katastrophe bewegten, war Teil unserer beiden Persönlichkeiten – mit dieser Liebe zum Risiko und zur Erregung."[83]

Wie sein Idol Kennedy liebte Clinton die „Verfolgungsjagd". Flowers: „Ich glaube, Bill war nach der Jagd süchtig, nicht so sehr nach dem Geschlechtsakt selbst. Ihm ging es um die Eroberung all dieser Frauen. Die Herausforderung, Orte und Zeiten zu finden, um es geschehen zu lassen, trug zu seiner Erregung noch bei."[84]

Francine du Plessix Gray, Autorin einer Biografie des Marquis de Sade, sagte Clintons Biografen David Maraniss, sie vermute, dass Clinton wie de Sade durch Risiko und Vernachlässigung der Gefahr erregt worden sei. Gray hat zweifellos Recht, wenn sie diese Parallele zieht. Maraniss geht noch einen Schritt weiter und stützt damit die Diagnose der Psychopathie: „Bei keiner Gelegenheit wollte sich Clinton klarmachen, dass das Risiko, das er einging, nicht nur ihn betraf, und dass sein Handeln Konsequenzen nicht allein für ihn und für seine Familie und seine Freunde hatte, sondern auch für Millionen von Menschen."[85]

Gennifer sagt, Bill habe nie ein Kondom benutzen wollen (das tun Psychopathen nur selten), und im Dezember 1977 habe sie festgestellt, schwanger zu sein. Als sie ihm davon berichtete, war sie erleichtert, dass er sich um sie tief besorgt zeigte (der Baptist Billy ist immer für dich da). Zugleich aber wollte Clinton über die Möglichkeit, Hillary zu verlassen, nicht einmal sprechen.

Flowers gestand sich widerstrebend ein, dass sie nie etwas anderes sein würde als Bills Geliebte, und unterzog sich ebenso widerstrebend einer Abtreibung, die Clinton bezahlte.

Als die ersten Storys von ihrer sexuellen Beziehung in der Boulevardpresse erschienen, schwand Bills Zärtlichkeit für Gennifer in psychopathischer Manier sehr schnell. Ein Polizist hörte, wie Clinton Flowers als „verdammte Schlampe" bezeichnete und sagte: „Was will denn diese Hure eigentlich von mir?"[86]

Troopergate – „Schutz und Beschaffung"

So wie Kennedy den Geheimdienst als Zuhälter benutzte, nutzte auch Clinton die Staatspolizei, um Frauen zu beschaffen. Am 20. Dezember 1993 veröffentlichten zwei Staatspolizisten von Arkansas, Roger Perry und Larry Patterson, Berichte, in denen sie angaben, zu ihren offiziellen Pflichten habe auch gehört, die außerehelichen Affären Gouverneur Clintons zu erleichtern und zu decken. Der Zeitraum reichte vom Ende der achtziger Jahre bis Januar 1993, als der gewählte Präsident nach Washington ging. Die Polizisten sagten aus, Clinton habe etwa sechs „feste Freundinnen" gehabt, die er „zwei- oder dreimal pro Woche" gesehen habe. Zwei weitere Polizisten bestätigten diese Anschuldigungen, wollten aber anonym bleiben. Doch auch ihre Namen wurden schließlich bekannt.

Als nach diesen Enthüllungen Clinton von einem Reporter mit seinen außerehelichen Affären in der Zeit als Gouverneur konfrontiert wurde, stotterte er zehn Sekunden oder länger, bis er schließlich antwortete: „Ich habe dazu nichts zu sagen … Wir … wir haben, wenn, die, die, ich, die Geschichten sind einfach nicht so, wie behauptet wird. Sie sind übertrieben und sind gar nicht so.“[87]

Ein weiterer Polizist, der von Ende 1982 bis 1985 zur Wachmannschaft der Clintons gehörte, bestätigte zu einem späteren Zeitpunkt die Berichte der vier Kollegen, die vor ihm an die Öffentlichkeit gegangen waren. Auch er gab an, den Gouverneur seinerzeit mit Dienstwagen des Bundesstaats zu mehreren Treffen mit sexuellem Hintergrund gefahren zu haben. Polizist Brown schätzte, dass er Clinton über hundert Sexpartnerinnen zugeführt und geholfen habe, diese außerehelichen Beziehungen vor Hillary geheim zu halten.

Einige Aussagen der Polizisten:

Larry G. Patterson, seinerzeit zu Clintons Bewachern gehörend, gab an, Clinton einmal zum Parkplatz der Elementarschule von Booker (Chelseas Schule) gefahren zu haben, wo er ein Rendezvous mit einer Verkäuferin aus einem örtlichen Kaufhaus hatte. „Ich konnte sehen, dass Clinton auf dem Vordersitz Platz nahm und die Dame sich ihm dann auf den Schoß setzte. So blieben sie dreißig bis vierzig Minuten im Auto.“[88] In einem anderen Fall stand Patterson Wache, als die Verkäuferin ihren offenen Nissan-Lieferwagen zum Parkplatz der Villa des Gouverneurs fuhr und Bill im Auto Platz nahm. Er sagte, er habe auf dem Monitor im Wachhaus beobachtet, wie die Verkäuferin oralen Sex beim Gouverneur praktizierte. Plötzlich habe er gesehen, dass sich ein weiteres Auto dem Lieferwagen näherte. Darin saß Melissa Jolley, Chelseas Babysitterin. Patterson habe sie abgefangen, ihr etwas von einem Sicherheitsproblem erzählt und sie zum Hintereingang dirigiert. Als Clinton mit dem Sex fertig war, sei er zum Wachhaus gekommen und habe gefragt: „Hat sie uns gesehen? Hat sie uns gesehen?“ Als Patterson erklärte, wie er sie umgeleitet hatte, sagte Clinton: „Prachtkerl!“

Polizist Perry berichtete von regelmäßigen Treffen mit einer anderen Freundin. Es war üblich, dass sie an Clintons Joggingstrecke auf ihn wartete und er sich dann in ihr Auto setzte. Clinton behauptete hinterher stets, mehrere Kilometer gejoggt zu sein – um diesen Eindruck zu erwecken, ging er nach der Rückkehr stets zuerst in das Badezimmer im Wachhaus, wo er sich Wasser ins Gesicht und auf das Hemd spritzte, um den Eindruck starken Schwitzens zu erwecken.[89]

Es gibt kaum Zweifel daran, dass Hillary von den Sexabenteuern ihres

Manns wusste. Als er Gouverneur war, wachte sie einmal morgens um zwei auf und stellte fest, dass Bill nicht da war. Sie rief die Wache an und erfuhr, er sei „weggefahren". Hillary ahnte, was das bedeutete, und sagte: „Dieser elende Scheißkerl!"[90] Als dann einer der Polizisten Bill aufspürte und ihm von Hillarys Bemerkung berichtete, sagte Clinton: „Mein Gott! Mein Gott! Was haben Sie ihr erzählt?" Er rannte zurück zur Villa, wo Hillary schon auf ihn wartete. Es folgte eine Auseinandersetzung mit Flüchen und Schreien. Am nächsten Morgen fand Perry den Küchenfußboden mit Scherben übersät.[91]

Die Schönen von Arkansas

Lencola Sullivan war eine etwa zwanzigjährige afroamerikanische Schönheit aus Arkansas, die bei der Wahl zur Miss Amerika in Atlantic City den vierten Platz belegt hatte und bei ihrer Rückkehr in den Heimatstaat begeistert empfangen wurde. Clinton begrüßte sie offiziell mit einem Dutzend roter Rosen und soll noch im gleichen Monat eine sexuelle Beziehung mit ihr begonnen haben.

Elizabeth Ward, eine frühere Miss Arkansas, wurde 1981 zur Miss Amerika gekrönt. Einigen Quellen zufolge traf Clinton auch diese einundzwanzigjährige Schönheit und ihre Beziehung eskalierte zu einer „schamlosen, glühend heißen Verbindung."[92] Als Ward dann aber im Mai 1992 nackt im *Playboy* posierte, veröffentlichten Clintons Mittelsmänner eine Erklärung, in der Ward leugnete, je mit Bill eine romantische Beziehung gehabt zu haben.

Sally Perdue, auch eine frühere Miss Arkansas, gestand den Studiogästen von Sally Jesse Raphaels Fernsehshow im Juli 1992, dass sie fast zehn Jahre zuvor eine Affäre mit Bill Clinton gehabt hatte. Sie traf ihn zum ersten Mal, als sie als Journalistin im Fernsehstudio von PBS in Little Rock arbeitete. Ihre Affäre beschrieb sie als „Spaß und Spiel" und sagte, Bills Fahrer habe ihn stets abgesetzt und er sei dann durch den Hintereingang in ihre Eigentumswohnung geschlichen, um Sex mit ihr zu haben. Er sei zwischen einer und drei Stunden geblieben, nie die ganze Nacht. Auch Perdue behauptete, dass Clinton Marihuana geraucht habe, und zwar, um „sein sexuelles Vergnügen zu erhöhen."[93]

Diese Show wurde zwar mit Zuschauern aufgezeichnet, aber nie gesendet. Warum wohl?

Paula Jones arbeitete während der dritten Jahreskonferenz des Gouverneurs an der Besucher-Rezeption, als einer von Clintons Mitarbeitern kam und zu ihr sagte: „Der Gouverneur lässt Ihnen ausrichten, dass Sie ihm die Knie weich werden lassen." Auf entsprechende Aufforderung ging sie danach in Bills Hotelzimmer, vorgeblich um mit ihm über einen festen Job zu sprechen. Sie berichtet, dass sie mit Clinton allein im Zimmer war und er sagte: „Ich liebe die Art, wie dir das Haar auf den Rücken fällt", und: „Ich liebe deine Kurven." Dann habe der Gouverneur seine Krawatte gelockert und versucht, näher an Paula heranzukommen, aber sie sei „vor ihm zurückgewichen". Nach einem zweiten und dritten Versuch habe Bill mit der Hand an ihrem Bein entlang gestrichen und unter ihren Hosenrock gefasst, während er sie auf den Nacken zu küssen versuchte. Paula habe ihn weggeschoben und sei aufgestanden. Dann habe Bill seinen Reißverschluss geöffnet, die Hose fallen gelassen und sie gebeten, „ihn [seinen erigierten Penis] zu küssen". Paula behauptete, alle Avancen des Gouverneurs damals zurückgewiesen zu haben, und sagte den Reportern der *Washington Post*:: „Ich werden nie sein Gesicht vergessen. Es war rot, rot wie eine Tomate."[94]

Bobbie Ann Williams, eine vierundzwanzigjährige Prostituierte, die an der Ecke Siebzehnte und Main Street in Little Rocks Nuttenviertel arbeitete, berichtete, zweihundert Dollar dafür bekommen zu haben, dass sie an Clinton orale Sexpraktiken vollzog. Ebenso habe sie später für Clinton eine Orgie mit drei Prostituierten arrangiert, jeder Teilnehmerin habe er dafür vierhundert Dollar gezahlt. Sie behauptete weiter, dass sie und Clinton bei zahlreichen Gelegenheiten Sex im Holiday Inn von Little Rock gehabt hätten und Clinton der Vater ihres zehnjährigen Mulattensohns Danny sei.[95]

Connie Hamzy, ein Groupie, die angeblich Sex mit Hunderten von Rock-and-Roll-Musikern hatte, sonnte sich in einem knappen Bikini neben dem Swimmingpool am Riverton Hilton Hotel in Little Rock, als Bill einen seiner Mitarbeiter zu ihr schickte und sie um ein Treffen bitten ließ. Connie sagte, sie könne zum Gouverneur doch nicht in ihrem „klitzekleinen purpurnen Bikini" gehen, aber der Mitarbeiter lachte nur und sagte: „Ich bin sicher, das geht bei ihm in Ordnung. Deshalb will er Sie ja gerade treffen."[96] Eine sexuelle Begegnung kam nicht zustande, weil kein leeres Zimmer zu finden war, aber trotzdem wurde Hamzy wütend, als die Berater des Gouverneurs wenig später entsprechende Behauptungen in *Penthouse* beiseite wischten und sagten, die Initiative zu der versuchten sexuellen Begegnung sei mitnichten vom Gouverneur, sondern von ihr ausgegangen. „Das ist lächerlich", sagte Connie. „Vor allem wusste ich ja gar nicht, dass er im Hotel ist. Außerdem bin ich ein

Rockgroupie. Politiker sind nicht mein Ding. Aber ich muss gestehen, ich wäre bereit gewesen, wenn er mich aufgefordert hätte."[97]

Die Suche nach dem Risiko

In der Lewinsky-Affäre siebzehn Jahre später sehen wir viele der Antriebe von Arkansas wiederkehren. Lewinsky war eine Widerspiegelung von Flowers, diesmal im Weißen Haus statt in der Villa des Gouverneurs. Und wenn der clevere Willy etwas zum Vernaschen suchte, kam zu Clintons Verhalten immer noch die Intensivierung der Erregung hinzu. Das haben die Journalisten nicht verstanden.

Die richtige Antwort auf die Frage „Warum sollte sich ein Mann, für den so vieles spricht, auf ein so dummes Risiko einlassen?" lautet: Weil er das Risiko sucht. Wie andere Psychopathen nutzte der clevere Willy das Risiko zur Erhöhung seines Vergnügens. Für William Jefferson Clinton war das Risiko wie eine Droge – es intensivierte das Hoch. Sex mit Risiko (mit Monica oder wem auch immer) ist ohne Zweifel erregender als „gewöhnlicher" Sex mit Hillary (der sicheren, dafür bestimmten).

Wenn also der clevere Willy irgendein junges Ding mit hinreichenden Brüsten einen dunklen Korridor entlanggehen sah, war er zu einer Affäre bereit. Wenn diese riskant war, um so besser. Wenn sie sehr riskant war, noch besser. Als Monica ihre erste sexuelle Begegnung mit dem Präsidenten am Ostersonntag beschrieb, erzählte sie auch, dass jemand aus dem Oval Office gerufen habe, da wäre ein Anruf für den Präsidenten. Den störte das nicht, im Gegenteil. Ihre Aussage dazu ist wie folgt protokolliert: „Der Präsident machte deutlich, sie solle oralen Sex an ihm vollziehen, während er telefonierte, und sie gehorchte."

Man beachte all die Elemente zur Verstärkung der Erregung: Es ist Ostersonntag, der heiligste Tag der Christenheit. Der Baptist Billy hat sicher schon die Kirche besucht. Sex an einem Feiertag ist natürlich noch „unartiger" als Sex an einem gewöhnlichen Mittwochabend. Und dazu Sex im Korridor! Das fieberhafte Betatschen wie bei Halbwüchsigen, das Greifen nach Reißverschlüssen und BH-Trägern, eigentlich Stoff der Schüler„liebe" – das ist riskant und erregend! Dann klingelt das Telefon. Hör jetzt nicht auf, das macht doch alles noch aufregender!

Monica berichtete, dass sie und der Präsident ein längeres persönliches Gespräch erst nach der sechsten sexuellen Begegnung hatten. Nein, die Romanze des cleveren Willy und des Mädchens aus dem Tal hatte keinen hohen Beziehungswert, wohl aber ein hohes Risiko. Das ist das Wesen der Psychopathie.

Monica Lewinsky: Das Weiße Haus wird in Flammen gesetzt

Bei Ronald Reagan, dem „liebenswürdigen Schauspielertyp", haben wir einige klassische Charakterzüge der schauspielerhaften Persönlichkeit erkennen können: emotionale Aufgeschlossenheit, Denken in Kategorien von Eindrücken und Vernachlässigung von Details. Reagan spielte seine „Rolle" im vollen Umfang und freute sich über die Aufmerksamkeit seines „Publikums".

In Monica Lewinsky begegnen wir einer noch extravaganteren Ausprägung schauspielerhafter Persönlichkeit. Dies wird in der Wahl ihrer Kleidung, ihrem Makeup, ihrer Sprache und ihrem Verhalten deutlich. Festzuhalten ist auch, dass Monica theatralische Rollenvorbilder und genetische Voraussetzungen in ihrem familiären Hintergrund besaß.

Monicas Mutter und Tante, Marcia und Debra Vilensky, waren Immigranten aus Osteuropa, die nach gesellschaftlicher Einbindung als dem Mittel zur Erfüllung des amerikanischen Traums suchten. Beide begannen ihren gesellschaftlichen Aufstieg durch Ehen mit Ärzten aus Los Angeles. Marcias Ehe, von beständigen Streitereien durchzogen, erwies sich jedoch Ende der achtziger Jahre als völlig gescheitert.

Nachbarn erzählen, dass Monica schon mit zwölf oder dreizehn das Makeup von Erwachsenen trug. Während sie versuchte, möglichst schnell erwachsen zu werden, war Mutter Marcia, die eben vierzig geworden war, indes bemüht, wieder jung zu werden. Für die leicht zu beeindruckende Monica waren Mutter und Tante nicht nur nahe Verwandte, sondern auch Rollenmodelle.[98]

Marcia und Debra, die mehr an Berühmtheit als an Substanz interessiert waren, versuchten (erfolglos), sich eine Karriere als Klatschjournalistinnen aufzubauen. Danach zog es Marcia zur gesellschaftlich aussichtsreichen Welt der Oper, wobei sie in Los Angeles eine flüchtige Bekanntschaft mit Plácido Domingo hatte. Darauf schrieb sie ein Buch *Three Tenors* [Drei Tenöre] über Domingo, Pavarotti und Carreras, was zwar kein großer Erfolg wurde, ihr aber bei einer Signierstunde den Weg zu einer Begegnung mit Peter Straus ebnete. Straus war Mitte siebzig, aber energiegeladen, lebhaft und sehr reich, die perfekte „Vaterfigur" für Marcia. Wenige Monate nach ihrer ersten Begegnung heirateten die beiden.

Monica hatte gesehen, wie ihre wichtigsten Rollenmodelle, Mutter und Tante, Berühmtheiten nachjagten, indem sie sich für reiche und mächtige Männer anziehend machten, und wie die Mutter dabei den Aufstieg auf der gesellschaftlichen Leiter geschafft hatte. Monicas psychische Entwicklung wurde ohne Zweifel durch diese Konzentration auf Berühmtheiten beeinflusst, aber ebenso auch durch das Fehlen sowohl echter mütterlicher Zuneigung wie einer echten Vaterfigur.

Monica war in einer sich permanent streitenden Familie aufgewachsen, zudem war ihr Vater (tags Onkologe, nachts Notarzt) sehr oft abwesend gewesen. Robin Wyshak, eine Nachbarin, erinnert sich, dass „Monica fett war und Abmagerungskuren machte, ihre Eltern ständig Krach hatten, ihr Vater angeblich eine Affäre hatte und ihre Mutter mit einer sorgfältig toupierten Frisur wie Peg Bundy herumlief."[99]

Laraine Pieri Dave, eine Frau aus Los Angeles, wurde nach der Scheidung der Lewinskys zur Ersatzmutter für Monica. Dave berichtete, dass sich die Probleme des Mädchens in der Adoleszenz verdichteten und zu starker Gewichtszunahme führten (Monica wog in jener Zeit einmal mehr als einhundert Kilogramm).

Nicht überraschend für eine theatralische Heranwachsende, dass sich Monica in Daves vierzehnjährigen Sohn Adam „heftig verknallte". Augenscheinlich waren beide einige Jahre lang ein Paar. Dann aber gab Monica „Adam impulsiv den Laufpass, denn er war unaufmerksam und verlor bald das Interesse an ihr. Sie [Monica] war sehr anspruchsvoll."[100]

Neben ihrem sich entwickelnden, im Wesen schauspielerhaften Interesse an Mystik und Karma suchte Monica ständig zwanghaft nach dem „Papi". Da sie ihn zu Haus nicht fand und Adams Liebe nicht erringen konnte, fand sie den „Papi" anderswo – in Andrew Bleiler, einem verheirateten Mann mit Pferdeschwanz, der an der High School von Beverly Hills Schauspiel lehrte. Monica war neunzehn, als sie mit ihrem Lehrer eine fünfjährige Affäre begann. Dave behauptet, Monica von dieser Affäre abgeraten zu haben, aber Lewinsky sagte: „Ich habe einfach Hunger nach Liebe. Und er findet mich anziehend."[101]

Mehrere Jahre danach stand Bleiler vor seinem Haus in Portland, Oregon, neben seiner Frau und seinem Anwalt und äußerte – etwa zehn Minuten, bevor Clinton seine Rede zur Lage der Nation hielt –, er habe 1993 nach seinem Umzug nach Oregon versucht, die Affäre mit Monica zu beenden, aber Lewinsky hätte gedroht, seiner Frau Kathlyn davon zu erzählen.

In dem komplizierten Netz emotionaler Verstrickungen, wie sie für theatralische Personen so charakteristisch sind, war Monica offenbar der Familie von Los Angeles aus gefolgt, war bei den Kindern Babysitterin, freundete sich mit Kathlyn an und schlief die ganze Zeit über mit Andy.[102]

In typisch schauspielerhafter Weise blieb Monica mit den Bleilers auch weiterhin in Kontakt, als sie nach Washington gezogen war, und schickte ihnen sogar Souvenirs vom Weißen Haus. Warum? Weil Menschen vom Typ Monica Lewinsky bei emotional aufgeladenen Beziehungen aufblühen. Sie sehnen sich nach emotionaler Stimulierung und schaffen zwanghaft Bedingungen, die starke Emotionen hervorrufen. Und was ist für die Intensivierung der Erregung besser geeignet, als den früheren Liebhaber und seine Frau über die jüngsten sexuellen Eroberungen auf dem Laufenden zu halten? Monica berichtete den Bleilers, sie „ginge" mit einem hochrangigen Beamten des Weißen Hauses, sei aber frustriert, weil der nur auf oralem Sex stehe. Sie bekannte auch, von einem anderen Mann schwanger gewesen zu sein, sich jedoch einer Abtreibung unterzogen zu haben.

Lewinskys frühere Kollegen berichteten der *Washington Post*, dass Monica schon 1995 vom Präsidenten (dem ultimativen „Papi" des Landes) „besessen" gewesen sei und davon fantasiert habe, mit ihm Sex im Oval Office zu haben. Zwischendurch soll sie auch Vizepräsident Gore anziehend gefunden und George Stephanopoulos ungefragt mit Gebäck und Kaffee versorgt haben. Irgendwann in dieser Zeit soll sie auch eine Beziehung mit einem Mann Mitte dreißig (einem anderen „Papi") gehabt haben. Nach ihrer Versetzung vom Weißen Haus ins Pentagon begann sie ein Verhältnis mit einem dortigen kräftigen Beamten, der zwanzig oder mehr Jahre älter als sie war (überall „Papis").

Schauspielerhaftes Auftreten, schauspielerhafte Sprache

Erinnern wir uns, wie ein Experte die Kleidung einer schauspielerhaften Person beschreibt: „Sie bevorzugt helle Farben: ein Übermaß an Rosa-, Rot- und Gelbtönen fällt ins Auge wie auf einem Plakat für den Karneval oder eine Parade."[103] Das stimmt bemerkenswert gut mit dem überein, was am 27. Juni 1998 in *U.S. News & World Report* über Monica Lewinsky zu lesen war:

„Sie mag sich dessen nicht bewusst sein, aber sie hat ihr erstes Interview gegeben. (Sie können grün vor Neid werden, Barbara Walters.) Nicht mit Worten, aber mit Bildern, Fotos auf einer Doppelseite der Julinummer von *Vanity Fair*. Vor ihrem stilisierten Auftreten in dem Hochglanzmagazin schwieg die berüchtigte Praktikantin, wurde nur gesehen, wenn sie eilig in Restaurants oder Anwaltsbüros ging oder sie verließ. Jetzt ist sie eine Nachbildung Liz Taylors – oder ist es eine junge Delta Burke? –, alles nur Lächeln mit entblößten Zähnen, am Strand und im Gras, als ob sie uns etwas erzählen wollte. Aber was will sie uns wirklich sagen? Noch können wir die Stimme nicht hören, aber die Botschaft ist klar: ‚Tief im Inneren macht es mir wirklich Spaß, berühmt zu sein'."

Und sie stand im Mittelpunkt der Aufmerksamkeit, was ihre theatralische Persönlichkeit zutiefst befriedigte. Der Name der bis dahin namenlosen Frau, mit erfolgloser Karriere, ohne Richtung in ihrem Leben, war jetzt plötzlich in aller Munde – der Traum aller Schauspielertypen.

Auch die Vermarktung lief auf Hochtouren. „Monicagate" lag kaum drei Monate zurück, da hatte die Industrie bereits begonnen, ihren Profit aus dem Skandal zu ziehen. Man produzierte – neben den zu erwartenden zahllosen T-Shirts mit Lewinsky-Motiven – zum Beispiel eine sprechende Figur, *Die liebende Lewinsky*, die wie eine Kinderpuppe aussah und funktionierte. Wenn man an der Schnur zog, sagte sie: „Ich bin eine gute Praktikantin", „Es lebe der Chef", „Ich kann Ihnen die Post holen" und „Alles was Sie wollen, Herr Präsident."[104] Oder: *Four Aces*, einer der größten Hersteller politischer Souvenirs und Scherzartikel, kündigte an, ein „Monicondom" auf den Markt zu bringen. „Es ist dünner, speziell für oralen Sex, bei dem die Sicherheit oft vergessen wird", prahlte Hersteller Joel Carni, und forderte dazu auf, nun „den Skandal im Weißen Haus in einen öffentlichen Dienst mit safer Sex zu verwandeln."[105]

Neben auffälligem Verhalten und Kleidung benutzen schauspielerhafte Personen gern extravagante Wörter, die die Aufmerksamkeit auf sie ziehen und die Gefühlstönung ihrer Unterhaltung intensivieren sollen. Theatralische Typen verfügen über einen inneren Thesaurus mit glitzernden Synonymen für die langweiligen Wörter der gewöhnlichen Sprache. Damit wandelt sich etwa das einfache „viele" in „Gadzillionen", oder aus einem „netten Mann" wird ein „fantabuloser Kerl" Das betrifft natürlich auch Namen. Lewinsky bezeichnete Clinton in E-mails an ihre Kollegin im Büro für Öffentlichkeitsarbeit des Pentagon, Linda Tripp, etwa als „der Große Fiesling" oder „F–ratze"[106].

Das illustriert theatralischen Sprachgebrauch um des Effekts willen. Obwohl sie ihm eifrig hinterherlief und sich beklagte, weil er ihr nicht genügend Aufmerksamkeit schenkte, belegte sie Clinton zugleich theatralisch mit hässlichen Spitznamen.

Auch Monicas berühmter Satz (bezüglich ihres „Liebeskleids“) „Ich werde es nie wieder waschen“ ist klassische theatralische Phraseologie.

Theatralische sexuelle Zurschaustellung – Eine leichte Eroberung

Flirt und sexueller Exhibitionismus sind für den schauspielerhaften Typ so wesentlich wie Wasser für den Fisch. Monicas erste Begegnungen mit dem Präsidenten erinnerten an Clintons erste Treffen mit Gennifer Flowers in der Zeit, als er Gouverneur von Arkansas war. Wir erinnern uns: Mehrere Wochen lang „hielten sie Blickkontakt“, bis der Gouverneur eines Tags sagte, er könne es nicht länger aushalten, er müsse sie sehen, und um ihre Telefonnummer bat.

In den dazwischen liegenden zwanzig Jahren hatte sich das Muster offenbar kaum verändert. Monica berichtete dem Büro des unabhängigen Ermittlers, dass sie in dem Monat nach Beginn ihrer Praktikantenzeit bei jeder Gelegenheit den Blickkontakt mit dem Präsidenten gesucht und bald geglaubt habe, damit seine Aufmerksamkeit geweckt zu haben. Danach wurde Monica in ihrer theatralischen Zurschaustellung unverhohlener. Die Gelegenheit ergab sich am 15. November 1995. Gegen Abend an diesem Tag war sie im Büro des Stabschefs allein mit dem Präsidenten. Im Verlauf ihres Flirts hob sie ihre Jacke hinten hoch und zeigte ihm die Träger ihrer Unterwäsche oberhalb der Hose.[107] Etwa gegen 20 Uhr ging sie wieder am Büro von Stephanopoulos vorbei, wo der Präsident allein saß. Er winkte sie herein. Als Monica Bill sagte, sie sei in ihn verschossen, lachte er und fragte, ob sie sein Privatbüro sehen wolle.

Subtilität ist nicht die Stärke der Schauspielertypen. Zeig ihm deine Unterwäsche, sag ihm, dass du in ihn verschossen bist – so brauchte der clevere Willy nur wenig Ermutigung.

Monica fand sich plötzlich im privaten Arbeitszimmer des Präsidenten, weit weg vom Oval Office. Ihre Fantasien standen kurz davor, im realen Leben wahr zu werden. Sie und Bill sprachen kurz miteinander, um sich zu versichern, dass zwischen ihnen „die Chemie stimmte“, und dann fragte der Präsident, ob er sie küssen dürfe. Es überrascht nicht, dass Monica Ja sagte.

Später, etwa um 22 Uhr, saß Monica allein im Büro des Stabschefs. Erneut kam Bill und lud sie ein, in ein paar Minuten zu einem Rendezvous in das Büro von Stephanopoulos zu kommen. Dort, im diesmal dunklen Büro küssten sich Bill und Monica, dann knöpfte Lewinsky nach eigener Aussage ihre Jacke auf, öffnete ihren Büstenhalter oder zog ihn hoch, so dass der Präsident ihre Brüste streicheln und küssen konnte. Danach fuhr ihr er mit der Hand in die Hose und stimulierte sie. Während Clinton ein Telefongespräch führte, vollzog Monica an ihm oralen Sex, aber ohne dass es zum Höhepunkt kam.[108]

Ihre vierte sexuelle Begegnung fand am 7. Januar 1996 statt. Monica erinnerte sich, dass der Präsident erst auf einer Zigarre herumkaute und diese dann in der Hand hielt. Sie berichtete, er habe die Zigarre in „einer irgendwie unanständigen Art" angesehen. Dann „sah ich auf die Zigarre und schaute ihn an und sagte, wir könnten auch das irgendwann machen."[109]

Etwa eine Woche später hatten Monica und Bill zum ersten Mal Telefonsex, und am 31. März 1996 löste Monica ihr „Zigarrensex"-Versprechen im Weißen Haus ein. Hillary befand sich in Irland. Nach Lewinskys Bericht küsste der Präsident ihre nackten Brüste und streichelte ihre Genitalien. Plötzlich führte er die Zigarre in Monicas Vagina ein, nahm sie danach in den Mund und sagte: „Es schmeckt gut."[110]

Am Ostersonntag, dem 7. April 1996, waren der Präsident und Monica erneut bei einem ihrer Sexspiele. Clinton küsste und streichelte ihre Brüste, öffnete den Reißverschluss seiner Hose und ... da klingelte plötzlich das Telefon. Der Präsident nahm den Anruf entgegen, zeigte Monica aber an, dass sie oralen Sex vornehmen solle, während er telefonierte. (Eine Liste weist aus, dass das Gespräch, mit Dick Morris von 17.11 Uhr bis 17.20 Uhr dauerte.[111])

Die inzwischen bekannten sexuellen Details müssen hier nicht weiter ausgemalt werden. Festgehalten aber sei, wie klar Monica Lewinsky auch hier ihren schauspielerhaften Persönlichkeitsstil illustrierte. Ihre unverhüllten sexuellen Offerten gegenüber dem Präsidenten waren in klassischer Weise theatralisch. Sie ließ für ihn ihre Unterwäsche aufleuchten, hakte ihren Büstenhalter auf, öffnete den Reißverschluss seiner Hose und erleichterte Bill Clinton in vielerlei Hinsicht die Annäherung. Sicher könnte niemand den zweiundvierzigsten Präsidenten der Vereinigten Staaten der Vergewaltigung oder der sexuellen Belästigung bei diesen Treffen beschuldigen.

Vom ethischen Standpunkt aus sieht das anders aus, denn es gab zwischen dem knapp volljährigen jungen Mädchen und dem mächtigsten Mann der Welt einen riesigen Machtunterschied. So betrachtet, hatten ihre Begegnungen eher den Charakter von Geschlechtsverkehr mit einer Minderjährigen.

Betsey Wright, Architektin von Clintons Comeback nach seiner Niederlage von 1980, war bei den „guten alten Kerlen" der Generalversammlung nie besonders beliebt. Sie sahen in ihr ein übermäßig ehrgeiziges „Weibsstück" mit zu viel Selbstgefälligkeit und einem Mangel an diplomatischem Geschick. Über den Anlass ihres plötzlichen Rückzugs aus Clintons Mannschaft gab es widersprechende Berichte. Einige behaupteten, sie und Bill hätten sich gestritten, andere sprachen von Zerwürfnissen zwischen ihr und Hillary, eine dritte Gruppe behauptete, sie hätte Clinton ein Ultimatum gestellt und er hätte es darauf ankommen lassen. Sie selbst hat sich darüber nie öffentlich geäußert.

Man wird sich ihrer jedoch noch lange erinnern, weil sie den Begriff „Puppeneruptionen" geprägt hat. Damit bezeichnete sie die Sexskandale, die Clintons Präsidentschaftswahlkampf zu torpedieren drohten.

Puppeneruptionen ist ein passender Begrif, denn er beleuchtet ein immer wiederkehrendes Modell in Clintons Sexbeziehungen. Bill fühlte sich permanent durch Frauen vom Schlage der Barmädchen, Stripperinnen und heruntergekommenen Nachtklubbesucherinnen sexuell angezogen, Frauen, deren Bild sich dem Heranwachsenden eingeprägt hatte, als ihn seine Mutter auf ihren nächtlichen Streifzügen in die Vergnügungsstätten von Hot Springs mitnahm, Frauen, die also der unbezähmbaren, theatralischen Virginia Clinton ähnlich waren – und der geradlinigen, hart arbeitenden, intellektuellen Hillary sehr wenig glichen.

„Puppe" [im Original *bimbo*, d. Ü.] ist ein stärkerer umgangssprachlicher Terminus für schauspielerhaftes, theatralisches Wesen. Die meisten von Bills Geliebten hatten dieses Wesen, mal stärker, mal schwächer ausgeprägt. Ihr extravaganter Emotionalismus sorgt bei schauspielerhaften Typen stets auch dafür, dass sie ihre eigenen Gefühle auch beim anderen voraussetzen und das Gegenteil nur schwer zu akzeptieren vermögen. Denken wir zum Beispiel an Monica Lewinskys Äußerung über ihr Kleid, das mit Bill Clintons Sperma befleckt war. Dabei nannte sie Clinton einen „Fiesling", denn alles, was er gewollt habe, sei oraler Sex gewesen. Hatte sie selbst das nicht gemocht? Sogar ihr Vater beschrieb Monica gegenüber Barbara Walters als „sehr erregbar" und sagte, sie neige dazu, „sich hinreißen" zu lassen, wie etwa, als sie mit ihrem Lehrer an der High School eine Affäre gehabt hatte.

Ähnlich bei Gennifer Flowers: Nach dem Ende ihrer Affäre mit Clinton sagte ihre frühere Zimmergenossin Laureen Kirk: „Sie kann einfach nicht akzeptieren, dass er lediglich kam, um zu ejakulieren, sich dann abwischte, den Reißverschluss zumachte und wieder ging."[112]

Sterne oder Opfer?

Unser politisches System ähnelt einer kosmischen Galaxie, die über Washington schwebt. Wenn die Dunkelheit hereinbricht, beherrscht den politischen Nachthimmel ein Doppelstern, der aus einem Riesenstern und einem kleineren besteht: der Präsident und die First Lady. Im politischen Kosmos ist es wie im realen Universum: Wenn ein Riesenstern zu kollabieren beginnt, wird eine gewaltige Energiemenge freigesetzt. Sie führt zu einer Explosion, die beide Teile des Doppelsternsystems zerstört, den Präsidenten und die First Lady.

Bei einem solchen Ereignis beginnen energiereiche Partikel kosmischen Materials im Raum herumzufliegen. Neue Sterne werden geboren, die ihre Existenz von dem Kollaps des Riesensterns ableiten. Analog beginnen neue Sterne in der Dunkelheit des politischen Raums zu zirkulieren: Monica Lewinsky, Paula Jones, Kenneth Starr. Einer dieser neuen Sterne, die leuchtende Lewinsky, hat zudem aktiv die Kultivierung ihrer Rolle als „Opfer" des großen Sterns betrieben.

Hillary hat zweifellos immens gelitten, aber sie hatte sich einst für die Ehe mit Bill Clinton entschieden, obwohl sie wusste, dass er sich mit anderen Frauen sogar in den Monaten unmittelbar vor der Hochzeit einließ. Sie hat einen Schurken geheiratet und es gewusst. Das milderte wohl kaum ihren nunmehrigen Schmerz – doch sie hatte ja bei der Gestaltung ihrer Verhältnisse eine gewisse Wahlmöglichkeit. Die Tochter Chelsea hingegen hatte keine Wahl. Sie spielte bei den Eskapaden ihres Vaters keine Rolle, konnte sich ihre Eltern nicht aussuchen.

Chelsea

Chelsea wurde am 27. Februar 1980 geboren, siebzehn Tage vor dem prognostizierten Termin. Bill war gerade aus Washington nach Hause gekommen, als bei Hillary die Wehen einsetzten. In den folgenden Jahren war Chelsea stets ein wichtiger Faktor in Bills und Hillarys Leben. Wenn es die Zeit erlaubte, las der Vater seiner Tochter Geschichten vor. Doch diese Zeit war häufig nicht vorhanden. Als die kleine Chelsea einmal ihren Vater beschreiben sollte, sagte sie: „Er hält Reden, trinkt Kaffee und spricht am Telefon."[113]

Der 3. Oktober 1991 war ein heller und klarer Tag. Im alten Parlamentsgebäude in Little Rock, Arkansas, hatten sich mehrere tausend Freunde und Gratulanten eingefunden, um Clintons formelle Ankündigung dessen zu hören, was viele als seinen brennendsten Wunsch seit der Jugend kannten: Er verkündete, er würde sich um die Präsidentschaft der Vereinigten Staaten bewerben. Bei diesem Ereignis war natürlich auch die inzwischen elf Jahre alte Chelsea anwesend. Ein alter Freund der Familie beschrieb später die Szene: „Alle drei, Chelsea nicht ausgenommen, hatten Tränen in den Augen." Von der Tochter, die er mehrere Jahre nicht gesehen hatte, meinte er: „Obwohl Chelsea unter Politikern und Berühmtheiten aufgewachsen ist, scheint sie zu einem angenehmen und ausgeglichenen Menschen gereift zu sein."[114]

Nur acht Jahre später, im Zusammenhang mit der Lewinsky-Affäre, musste man dann lesen: „Es gibt in der Familie ein Opfer, und das ist Chelsea. Eine nette neunzehnjährige Collegestudentin, die sagt, dass sie bereits ein Geschwür habe."[115]

Der Beobachter könnte Recht haben. Chelsea könnte das eigentliche Opfer in diesem nationalen Sexdrama gewesen sein.

Ihr Vater wollte als großer Mann in die Geschichte eingehen. Statt dessen wird man sich bald mit anzüglichem Grinsen wohl nur noch daran erinnern, wie er sich öffentlich zum Gespött gemacht hat. Er suchte Zustimmung und Bestätigung als starker Führer der größten Weltmacht. Statt dessen endete er als komische und verspottete Figur.

Und wenn der Präsident so in Erinnerung bleibt, wird Chelsea zur Tochter dieser komischen Figur. Die Gesichter der weiblichen Nixons, die während Richards letzten Stunden im Weißen Haus fotografiert wurden, sind ein grimmiges Zeugnis der Qualen, die ähnlich schuldlose Familienmitglieder eines Präsidenten erleiden mussten. Man denke nur an Julie Nixon, Richards Lieblingstochter, die er bis zum letzten Moment aus dem Geschehen herauszuhalten versucht hatte. Diese Bilder der Familie eines Präsidenten, der nicht nur die Nation, sondern auch Frau und Kinder belogen hatte, peinigten das Land jahrelang. Vierundzwanzig Jahre danach mussten wir das Remake durch Clinton erleben.

Über dem Präsidenten und seiner Familie schwebten nun pornografische Bilder. Wie Krähen, die ein getötetes Tier auf der Straße ausweiden, werden die Erinnerungen wieder und wieder kommen und sich an Bill und Monica nähren. Im Bewusstsein der Nation werden diese Bilder zwar nicht endlos lange festgeschrieben bleiben, aber sie werden auch nicht völlig verschwinden. Sie werden freilich häufig von anderen überlagert werden – so wie die schwarzen Krähen eine Zeit lang wegflattern, wenn sich ein Auto nähert.

Am Ende kehrt aber alles zurück: Das Bild des zweiundvierzigsten Präsidenten der Vereinigten Staaten, der seine Zigarre als Sexspielzeug an einem Mädchen benutzt, das etwa das Alter seiner Tochter hat, wird aus der Psyche der Nation nie ganz getilgt werden. Jeder andere Mann in vergleichbaren Umständen würde nie wieder öffentlich eine Zigarre rauchen. Aber wie jeder andere Psychopath wird der clevere Willy zweifellos genau das tun.

Bill und Hillary haben abseits aller Eskapaden des Vaters versucht, Chelsea auf das öffentliche Leben vorzubereiten. Wir können nur hoffen, dass sie stark ist und ihren eigenen Weg finden wird.

Vorbild Kennedy

John F. Kennedy war Clintons Idol und Vorbild, seit dieser ihm 1963 in Washington als Mitglied einer Studentengruppe erstmals begegnet war. Damals hatte der schlaksige Bill aus Arkansas in der ersten Reihe gestanden, nur durch ein paar Honoratioren und Sicherheitsleute vom Präsidenten getrennt. Kennedy sagte ein paar Worte und schüttelte dann einigen Offiziellen an seiner Seite die Hand. Als danach die Jungen vorwärts drängten, war Bill Clinton der erste, der Kennedys Hand ergriff. An diesem Tag im Juli 1963 begann Clinton zu planen, wie er Präsident der Vereinigten Staaten werden könne.

Achtundzwanzig Jahre später beschwor Bill Clinton in seiner ersten Rede als Präsidentschaftskandidat zweimal die Erinnerung an John F. Kennedy, und das war mehr als der bloße Versuch, sich an die Rockschöße des glänzendsten Präsidenten der jüngeren Geschichte zu hängen. Es war die politische Version seiner „Vatersehnsucht".

Auch in Clintons Sexskandal findet man unter der Oberfläche ein subtiles, aber unverkennbares Kennedy-Muster. Monica Lewinsky hat, wie bereits erwähnt, in einer Aussage den Eindruck geäußert, der Präsident habe trotz zweier voraufgegangener Treffen mit Sex nicht gewusst, wie sie heiße, denn als er in der Halle an ihr vorüberging, habe er sie „Kindchen" genannt.

Da glich er seinem Vorbild exakt, wie es der folgende Bericht beschreibt: „Es war ihm [Kennedy] gleichgültig, ob eine Frau Ja oder Nein sagte. Es gab immer eine andere. Er war in Bezug auf die Frauen, mit denen er eine Affäre hatte, so zerstreut. Ich hatte einmal eine Mitbewohnerin, die eine sehr angenehme Affäre mit Kennedy hatte, diese aber nicht sehr ernst nahm, was mir klug schien. Er konnte sich aber nie an ihren Namen erinnern. Er begrüßte sie mit den Worten: ‚Hallo, Kindchen, wie geht's dir?' Er wusste nicht einmal, wie er mit ihr in Kontakt kommen könnte. Deshalb musste er den Pförtner des Hauses rufen und ihm die Frau beschreiben, bis der Mann wusste, wer gemeint war."[116]

Fräulein Lewinsky sagte vor den Geschworenen aus, die meisten ihrer zehn sexuellen Begegnungen mit Clinton hätten im fensterlosen Korridor vor dem privaten Arbeitszimmer jenseits des Oval Office stattgefunden. Dabei habe sich der Präsident meist an die Tür des Badezimmers gegenüber dem Arbeitszimmer gelehnt und dazu gesagt, dies „täte seinem schmerzenden Rücken gut."[117]

Auch hier wieder die Parallele zu Kennedy: sowohl hinsichtlich der sexuellen Ausnutzung wie auch in Bezug auf den schmerzenden Rücken. Vor diesem „Korridorgeständnis" hatte man noch nie etwas von einem schmerzenden Rücken Bill Clintons gehört. Ich bin zwar nicht über Clintons orthopädische Befunde informiert, halte die zitierte Aussage aber für eine unterbewusste Identifizierung mit seinem Superhelden.

War Bill Clinton sexsüchtig?

Manche haben argumentiert, Clinton leide an einer Sucht nach Sex.[118]

Aus Gründen, die an anderer Stelle[119] genauer dargestellt sind, glaube ich nicht, dass die Terminologie der Suchtforschung geeignet wäre, die komplizierten Muster der Sexualität aufzuklären, wie sie sich aus der gespaltenen Persönlichkeit des Präsidenten ergeben. Die Suchtmetapher wird auf eine Fülle intensiv betriebener Verhaltensformen angewandt, vom Kaufrausch mit Kreditkarte bis zur Hortung nutzloser Gegenstände. Entsprechend vielfältig sind denn auch die entsprechenden Anti-Sucht-Programme. Das aber hilft in unserem Fall nicht weiter. Außerdem würde damit gerade jene Art von Opferverhalten genährt, dessen sich der Psychopath gar zu gern bedient, um sein Verhalten zu erklären und zu entschuldigen, ohne dafür selbst Verantwortung zu übernehmen - „Meine Sucht hat mich dazu getrieben."

Zusammenfassung

Bill Clinton war wohl die komplexeste Persönlichkeit unter den Präsidenten der jüngeren Vergangenheit. Er kann nicht als singulärer Primärtyp charakterisiert werden wie Johnson (narzisstisch), Nixon (paranoid) oder Ford (abhängig). Wie Jimmy Carter, der eine Kombination aus zwangsneurotischen und vermeidend/zurückhaltenden Elementen aufwies, ist William Jefferson Clinton eine verbundene, aber segmentierte Kombination aus einer abhängigen und einer psychopathischen Persönlichkeit. Das verleiht seiner Persönlichkeit eine gewisse „Balance" und machte ihn für viele Amerikaner abwechselnd anziehend und abstoßend. Sein bekanntes „Ich fühle eure Schmerzen" klang in dem Moment, in dem er es sagte, wahr, war aber nur flüchtig und wich schnell neuen und widersprüchlichen Worten und Verhaltensweisen. Clinton wusste mit großem Geschick den Puls des Volkes zu fühlen und immer jenem Bild zu entsprechen, das die Menschen im Moment sehen wollten. Man erinnere sich nur an seine Rede zu Lage der Nation, wenige Stunden nachdem der Sexskandal um Lewinsky 1998 bekannt geworden war. Die Öffentlichkeit sah den Präsidenten, wie sie ihn sehen wollte, und seine Beliebtheit erreichte Spitzenwerte.

Clinton hat sich seinen Weg durch ganze Felder von Skandalen gebahnt, Skandale der Art, die viele große Politiker vor ihm zum vorzeitigen Rücktritt veranlasst hatten. Keiner der in diesem Buch dargestellten früheren Präsidenten ist je so gewieft gewesen. Nixon hat es versucht – lächelnd, winkend, in der Öffentlichkeit „freundlich" erscheinend, privat indes feindselig und paranoid –, aber sein Herangehen war unbeholfen. Wenn dieser Mann versuchte, sein Lächeln zum öffentlichen Gebrauch aufzusetzen, sah er ungefähr so glücklich aus wie ein ängstliches Kleinkind, das für ein Foto mit dem Weihnachtsmann posiert.

Bill Clinton hingegen wechselte so schnell zwischen seinen kontrastierenden Persönlichkeiten, dass sein Bild ruckfrei projiziert wurde, in fleckenloser Farbigkeit und mit Raumklang. Die Illusion war fast perfekt. Man vergaß die Realität.

Bei allem werde ich an den Rat eines Fachkollegen erinnert, der viel Erfahrung in der Behandlung von Psychopathen hat: „Der Schlüssel zum Verstehen solcher Menschen ist ihr Verhalten. Viele sind in ihrer Sprache und im sinnvollem Vorgehen begabt und geschickt. Sie können verführerisch sein, aber ihr Verhalten, das über längere Zeit unstet ist, steht im Widerspruch zu ihren Worten. Deshalb muss sich eine Behandlung mehr auf die Beobachtung ihres Verhaltens stützen als auf verbale Wechselwirkung, Erläuterungen, Versprechungen und so weiter."[120]

Von solcher Art war Clintons Macht. Er mischte Abhängigkeit und Psychopathie so geschickt, dass nur wenige den Bruch bemerkt haben. Wenn man ihn eine guten Mann nennt, ist das nur die halbe Wahrheit. Wenn man ihn eine bösen Mann nennt, ist das auch nur die halbe Wahrheit. Und so endet unsere *Geschichte von den zwei Psychen* denn auch mit der Feststellung, dass Clinton den USA „die besten Zeiten und die schlimmsten Zeiten" zugleich gebracht hat.

Nachbemerkung: Muss unser Präsident makellos sein?

Was mich bei meinen Studien zu unseren zehn Präsidenten der Jahre 1945 bis 2000 am meisten beeindruckt hat, ist die einzigartige Gemeinsamkeit, die sie alle hatten. Nein, einzigartige Gemeinsamkeit ist kein Oxymoron. Jeder Mensch ist einzigartig. Es gibt keine nationale Maschine, die Präsidenten produziert. Zehn unterschiedlichere Personen wird man wohl kaum finden können. Aber sie haben trotzdem das wichtigste gemeinsam: Jeder kam auf seine eigene Weise aus dem Herzen Amerikas.

Harry Truman, der Farmersjunge, kam aus „Muzoorah". Dwight Eisenhower war ein wilder barfüßiger Junge aus Abilene, Kansas, der auf den gleichen Hinterhöfen Cowboy und Indianer spielte, auf denen Wild Bill Hickock einst Gesetz und Ordnung durchgesetzt hatte. Lyndon Johnson war ein grober Junge aus dem texanischen Hügelland. Richard Nixon kam aus einer einfachen Quäkerfamilie. Jerry Ford grillte als Junge zur Mittagszeit Hamburger in einem Schnellimbiss, um mit dem verdienten Geld die Schule zu bezahlen. Jimmy Carter war Sohn eines Erdnussfarmers, Ronald Reagans Vater verkaufte Schuhe. Bill Clinton hat seinen leiblichen Vater nie gesehen, seine Mutter war eine ausschweifend lebende Krankenschwester.

Jede Illusion von der „Aristokratie" der Kennedys schwindet, wenn man sich vergegenwärtigt, dass John Kennedys Urgroßvater Pächter in Irland gewesen war, für den es schon einen Erfolg bedeutete, wenn er sich einmal satt essen konnte. Sein Sohn, JFKs Großvater, wollte sich mit solchem Leben nicht zufrieden geben und baute in Boston ein erstes Geschäft auf, das er später zu einem Whiskeygroßhandel erweiterte. Dessen Sohn wiederum, JFKs Vater Joseph, wurde ein ausgebuffter Geschäftsmann, der Millionen mit geschmuggeltem Alkohol machte und die Börse manipulierte. Das so gehortete Vermögen benutzte er dazu, sich in Washington Einfluss und damit seinen Söhnen politische Prominenz zu verschaffen.

Was ich damit sagen will? Es gibt keine Aristokratie, aus der Amerika seine Präsidenten herleitet.

So bleibt es also ein Wunder der Demokratie, dass die mächtigste Nation der Erde ihre Staatsführer aus einem sehr unterschiedlichen Spektrum meist „gewöhnlicher" Männer rekrutiert.

Muss unser Präsident makellos sein? Muss er frei von allen Spuren einer Neurose sein? Vermutlich nicht. Wenn wir ihm von Angesicht zu Angesicht gegenüberstünden, würden wir ihn schließlich mit Sir oder Mr. President anreden, nicht mir Unser Vater im Himmel. Von unserem Präsidenten erwarten wir keine Perfektion – wohl aber ein geregeltes Leben, was Familie und Sexualität betrifft. Wir haben sehen müssen, wie bei nicht wenigen der hier Dargestellten diese unsere Erwartung keineswegs erfüllt wurde.

Ist also die Vorstellung von einem moralischen und prinzipienfesten Präsidenten nur noch ein infantiler Mythos, den die Realität ad absurdum führt?

Wenn Sie, verehrte Leserinnen und Leser, jetzt sagen: „Solange der Präsident gute Arbeit bei der Führung des Landes leistet, ist mir sein Sexualleben völlig gleichgültig", dann zeigen Sie damit die gleiche psychische Spaltung wie all jene Wähler, die Bill Clinton ins Amt gebracht haben. Ich halte dagegen: Charakter ist doch ein wichtiges Thema. Unser Präsident ist mehr als der Manager der mächtigsten Regierung der Welt, er hat auch eine Vorbildfunktion. Für unser Thema bedeutet das: Die Erste Familie hat eine Vorbildfunktion auch für das Familienleben.

Das Argument, das Sexualleben des Präsidenten sei Privatsache und für seine Funktion als Führer der freien Welt nicht relevant, trifft nur dann zu, wenn seine sexuellen Aktivitäten auf seine Frau beschränkt bleiben. Ist er jedoch promiskuitiv, wird das rasch zu einer nationalen Angelegenheit.

Was nicht etwa heißt, dass die amerikanische Öffentlichkeit damit das Recht habe, voyeuristisch in das Schlafzimmer des Präsidenten zu schauen. Wir haben uns aber darum zu kümmern, wenn der Sexualtrieb den Präsidenten mit gerade mal volljährigen Untergebenen in die dunklen Korridore und Badezimmer des Weißen Hauses führt oder wenn sexuelle Ausschweifungen bei Wahlkämpfen oder anderen Reisen durch das Land stattfinden.

Präsident sein heißt mehr als nur an der Ökonomie herumzubasteln.

Alan Greenspan mag seine Veränderungen an den Zinssätzen vornehmen, aber seine sexuellen Aktivitäten sind mir offen gesagt völlig egal. Mit dem Präsidenten ist das aber anders. Er ist nicht nur der Manager des Landes, er ist auch Rollenmodell. Und wir wollen, dass er unser Land mit Würde und in Ehren führt. Wir wollen nicht, dass sich der Präsident mit leichten Mädchen herumtreibt, und wir bestehen darauf, dass er Frau und Kinder nicht hintergeht.

Quellennachweise

Buchtitel werden verkürzt angeführt, die vollständigen bibliographischen Angaben finden sich im Literaturverzeichnis.

Einleitung

1 Mazo: Richard Nixon, S. 16
2 Barber: The Presidential Character, S. 400
3 Abrahamsen: Nixon vs. Nixon, S. 58

Kap. 1 Harry S. Truman

1 Eric Sevareid, zit. in: McCullough: Truman, S. 992
2 Truman: Memoirs, Bd. 1, S. 113
3 Zit. in: Steinberg, S. 17
4 Washington Post, 6. 12. 1950
5 Truman an Paul Hume, 7. 12. 1950 (später in *Washington News* abgedruckt)
6 Bericht von Henry P. Chiles, zit. in: McCullough: Truman, S. 53
7 Truman: Memoirs, Bd. 1, S. 124 f.
8 McCullough: Truman, S. 54
9 Ebd., S. 55
10 Truman: Memoirs, Bd. 1, S. 122
11 Bess W. Truman, S. 32
12 Brief vom 22. 6. 1911, in: Ferrell (Hg.), Dear Bess, S. 40
13 Brief vom 12. 7. 1911, in: Ebd.
14 Brief vom 19. 11. 1913, in: Ebd., S. 145
15 Zit. in: Freidel, Over There, S. 80
16 Niederschrift einer mündlichen Mitteilung, Harry S. Truman Library
17 Truman: Memoirs, Bd. 1, S. 19
18 Brief vom 13. 5. 1945, in: Off the Record, S. 23
19 Public Papers of the Presidents of the United States. Harry S. Truman (nachfolgend zit. als PP. HST), 16. 4. 1945, S. 3
20 McCullough: Truman, S. 351
21 Bess W. Truman, S. 260
22 McCullough: Truman, S. 380
23 Ebd., S. 577
24 Ebd., S. 578
25 Time, 2. 6. 1947

26 McCullough: Truman, S. 571
27 Brief vom 1. 8. 1947, in: Truman: Letters from Father, S. 96
28 McCullough: Truman, S. 579
29 Ebd., S. 576
30 Parks/Leighton, My Thirty Years Backstage at the White House, S. 28
31 Niederschrift einer mündlichen Mitteilung von Robert Lovett, Harry S. Truman Library
32 John M. Berecz: Sexual Styles: A Psychologist‘s Guide to Understanding Your Lover‘s Personality
33 West: Upstairs at the White House, S. 111
34 Ebd.
35 Niederschrift einer mündlichen Mitteilung, Harry S. Truman Library
36 Sullivan: The Bureau, S. 38
37 Memorandum vom 12. 5. 1945, in: Off the Record, S. 22
38 PP. HST, 11. 4. 1951, S. 223 ff.
39 Zit. in: Phillips, S. 350
40 Zit. in: McCullough: Truman, S. 992

Kap. 2 Dwight D. Eisenhower

1 Young „Ike“, S. 19
2 Eisenhower: At Ease, S. 36
3 Kornitzer: Great American Heritage, S. 19
4 Eisenhower: At Ease, S. 36f.
5 Great American Heritage, S. 23
6 Interview mit Dwight D. Eisenhower, in: Ambrose: Eisenhower, Bd. I, S. 21
7 Ebd.
8 Interview mit Milton S. Eisenhower, ebd.
9 Eisenhower: At Ease, S. 4
10 Ebd.
11 Neal: The Eisenhowers, S. 35
12 Cawthorne: Sex Lives of the Presidents, S. 200
13 Brandon: Mamie Doud Eisenhower, S. 45
14 Ebd.
15 Neal: The Eisenhowers, S. 40
16 Eisenhower: At Ease, S. 181
17 Neal: The Eisenhowers, S. 64f.
18 Morgan: Past Forgetting, S. 60
19 Ebd., S. 54

20 Ebd., S. 75
21 Ambrose: Eisenhower, Bd. II, S. 16
22 Eisenhower: Diaries, Bd. I/5, S. 42
23 Ambrose: Eisenhower, Bd. I, S. 189
24 Ebd.
25 Morgan: Past Forgetting, S. 132
26 Ebd., S. 80
27 Ebd., S. 87
28 Ebd.
29 Cawthorne: Sex Lives of the Presidents, S. 202
30 Ebd., S. 203
31 Ambrose: Eisenhower, Bd. I, S.278
32 Morgan: Past Forgetting, S. 134
33 Ebd., S. 147
34 Ebd.
35 Ebd., S. 151
36 Ebd., S. 194
37 Ebd., S. 202
38 Eisenhower: Letters to Mamie, S. 183
39 Ambrose: Eisenhower, Bd. I, S. 308
40 Ebd.
41 Ebd., S. 309
42 Ebd.
43 Morgan: Past Forgetting, S. 216
44 Ebd., S. 279
45 Ambrose: Eisenhower, Bd. I, S. 294
46 Ebd., S. 293
47 Morgan: Past Forgetting, S. 249

Kap. 3 John F. Kennedy

1 Schlesinger: A Thousand Days, S. 7
2 Collier & Horowitz: The Kennedys, S. 62
3 Reeves: A Question of Character, S. 57
4 Hersh: The Education of Edward Kennedy, S. 28 f.
5 „Honey Fitz“, S. 290
6 Reeves: A Question of Character, S. 35
7 Kessler: Sins of the Father, S. 229
8 Ebd.
9 Ebd., S. 23

10 Hamilton: J. F. K. Reckless Youth, S. 65
11 Ebd., S. 662
12 Kessler: Sins of the Father, S. 13
13 Hamilton: J. F. K. Reckless Youth, S. 72
14 Kennedy: Times to Remember, S. 138 ff.
15 Kessler: Sins of the Father, S. 268
16 Hersh: The Dark Side of Camelot, S. 29
17 Stein/Plimpton: American Journey, S. 35
18 Kennedy: Times to Remember, S. 139
19 Meloy: The Psychopathic Mind, S. 70
20 Hersh: The Education of Edward Kennedy, S. 15 f.
21 Hamilton: J. F. K. Reckless Youth, S. 116
22 Martin: A Hero for Our Time, S. 49
23 Zit. in Reeves: A Question of Character, S. 33
24 Hamilton: J. F. K. Reckless Youth, S. 33
25 Ebd., S. 41
26 Ebd., S. 43
27 Ebd., S. 44
28 Ebd., S. 47
29 Reeves: A Question of Character, S. 32
30 Kessler: Sins of the Father, S. 245
31 Ebd., S. 23
32 Hamilton: J. F. K. Reckless Youth, S. 358
33 Ebd., S. 112
34 Ebd., S. 110
35 Ebd., S. 111
36 Ebd., S. 115
37 Lincoln: My Twelve Years with John F. Kennedy, S. 24 f.
38 Hersh: The Dark Side of Camelot, S. 22 f.
39 Ebd., S. 23
40 Leamer: The Kennedy Women, S. 429
41 Ebd.
42 Ebd., S. 428 f.
43 Ebd., S. 428
44 Ebd., S. 429
45 Ebd.
46 Ebd., S. 430
47 Ebd., S. 433
48 Marie Ridder, zit. in Leamer: The Kennedy Women, S. 433

49 Ebd., S. 439
50 Ebd., S. 442
51 Ebd., S. 490
52 Salinger: With Kennedy, S. 71 f.
53 Schlesinger: A Thousand Days, S. 602
54 Salinger: With Kennedy, S. 99
55 Ebd., S. 71
56 Hersh: The Dark Side of Camelot, S. 227
57 Ebd., S. 229 f.
58 Ebd., S. 230
59 Ebd.
60 Ebd., S. 237
61 Ebd., S. 21
62 Salinger: With Kennedy, S. 101
63 Hersh: The Dark Side of Camelot, S. 20
64 Ebd., S. 160
65 Reeves: A Question of Character, S. 106
66 Parmet: John, S. 351
67 Schlesinger: A Thousand Days, S. 95
68 Hersh: The Dark Side of Camelot, S. 29 f.
69 Ebd., S. 30
70 Ebd., S. 244
71 Ebd., S. 12

Kap. 4 Lyndon B. Johnson

1 Dugger: The Politician, S. 65
2 Miller: Lyndon, S. 3
3 Conkin: Big Daddy From The Pedernales, S. 17
4 Car: The Path to Power, S. 68
5 Miller: Lyndon, S. 17
6 Dallek: Lone Star Rising, S. 34
7 Car: The Path to Power, S. 68
8 Ebd., S. 69
9 Miller: Lyndon, S. 16
10 Dugger: The Politician, S. 66
11 Johnson: My Brother Lyndon, S. 10
12 Dallek: Lone Star Rising, S. 38
13 Ebd., S. 45
14 Car: The Path to Power, S. 102

15 Ebd.
16 Ebd., S. 109
17 Ebd.
18 Ebd., S. 156
19 Ebd., S. 160
20 Ebd.
21 Ebd., S. 157
22 Ebd., S. 159
23 Dallek: Lone Star Rising, S. 73
24 Car: The Path to Power, S. 202
25 Ebd., S. 330
26 Ebd., S. 331
27 Ebd., S. 334
28 Ebd.
29 Dallek: Lone Star Rising, S. 121
30 Ebd., S. 188
31 Kohut: The Restoration of the Self, S. 78 f.
32 Car: The Path to Power, S. 119
33 Ebd., S. XVII
34 Ebd., S. 256
35 Ebd., S. 275
36 Ebd., S. 274
37 Johnson: My Brother Lyndon, S. 93
38 Ebd., S. 92 f.
39 Ebd., S. 251
40 Ebd., S. 252
41 Dallek: Lone Star Rising, S. 5
42 Car: The Path to Power, S. 61
43 Ebd., S. 155
44 Ebd., S. 163
45 Dallek: Lone Star Rising, S. 113
46 Car: The Path to Power, S. 116
47 Ebd., S. 302
48 Ebd.
49 Ebd., S. 303
50 Dallek: Lone Star Rising, S. 187
51 Car: The Path to Power, S. 239
52 Dugger: The Politician, S. 21
53 Ebd., S. 22

54 Means of Ascent, S. 240
55 Ebd., S. 257
56 Cawthorne: Sex Lives of the Presidents, S. 241
57 Dallek: Lone Star Rising, S. 189
58 Car: The Path to Power, S. 478
59 Cawthorne: Sex Lives of the Presidents, S. 238
60 Ebd., S. 239
61 Ebd., S. 241
62 Ebd., S. 242
63 Offit: The Sexual Self, S. 61 f.
64 Dallek: Lone Star Rising, S. 120
65 Guns or Butter, S. 540
66 Ebd.

Kap. 5 Richard M. Nixon

1 Abrahamsen: Nixon vs. Nixon, S. 185
2 Ebd., S. 186
3 Nixon: RN. The Memoirs of Richard Nixon, S. 5
4 Ebd., S. 6
5 Abrahamsen: Nixon vs. Nixon, S. 248
6 Nixon: RN. The Memoirs of Richard Nixon, S. 4 ff
7 Ebd., S. 13
8 Brodie: Richard Nixon, S. 57
9 Ebd.
10 Ebd., S. 56
11 Nixon: RN. The Memoirs of Richard Nixon, S. 10
12 Ebd., S. 21
13 Brodie: Richard Nixon, S. 25
14 Haldeman: Ends of Power, S 74 f.
15 Brodie: Richard Nixon, S. 40
16 Ebd., S. 70
17 Hoyt: The Nixons, S. 7
18 Brodie: Richard Nixon, S. 68
19 News Tribune (Fullerton, Kalifornien), 7. November 1968
20 Ebd.
21 Kalifornisches Staatsarchiv, Bestand 952, Bl. 1
22 Kornitzer: The Real Nixon, S. 45 f.
23 Spalding: The Nixon Nobody Knows, S. 29
24 Ebd., S. 42

25 Ebd., S. 40
26 Shapiro: Neurotic Styles, S. 74 ff.
27 Ebd., S. 77
28 Schulte: The Young Nixon, S. 224
29 Tom Dickson an Fawn Brodie. Zit. nach Brodie: Richard Nixon, S. 66
30 Bela Kornitzer: My Son. Interviews mit Rose Kennedy und Hannah M. Nixon. The Week Magazine, 18. September 1960
31 Ebd.
32 Ebd.
33 Spalding: The Nixon Nobody Knows, S. 62
34 Abrahamsen: Nixon vs. Nixon, S. 146
35 Ebd., S. 145
36 U.S. Congress, House Committee on the Judiciary, Transkription von Tonband, 18. März 1973, Transkriptionen von acht aufgezeichneten Aussagen des Präsidenten. 93. Kongress, 2. Sitzungsperiode, Mai/Juni 1974
37 Brodie: Richard Nixon, S. 504
38 Alsop: Nixon and Rockefeller, S. 195, 200 f.
39 Ambrose: Nixon, S. 668
40 Ebd., S. 669
41 Shapiro: Neurotic Styles, S. 56 f.
42 Nixon: RN. The Memoirs of Richard Nixon, S. 244 f.
43 Los Angeles Times, 8. November 1982
44 Nixon: RN. The Memoirs of Richard Nixon, S. 245
45 Nixon: Pat Nixon, S. 437 ff.
46 Ebd., S. 439
47 Abrahamsen: Nixon vs. Nixon, S. 6
48 Nixon: RN. The Memoirs of Richard Nixon, S. 7
49 Hoyt: The Nixons, S. 186
50 Nixon: RN. The Memoirs of Richard Nixon, S. 6
51 Woodward/Bernstein: The Final Days, S. 452
52 Shapiro: Neurotic Styles, S. 75 f.
53 Abrahamsen: Nixon vs. Nixon, S. 215 f.
54 Ebd., S. 180
55 Miller: Plain Speaking, S. 189, 135
56 Reston; The End of a Presidency, S. VII f.
57 Brodie: Richard Nixon, S. 10
58 Woodward/Bernstein: The Final Days, S. 188
59 Ebd., S. 188
60 Ebd., S. 196

61 Ebd., S. 195
62 Ebd., S. 193
63 Ebd., S. 191
64 Ebd., S. 199
65 Woodstone: Nixon's Head, S. 30
66 Brodie: Richard Nixon. S. 28
67 Woodward/Bernstein: The Final Days, S. 403 f.
68 Ebd., S. 423
69 Ebd., S. 424
70 Cronkite: A Reporter's Life, S. 251
71 Ebd., S: 255
72 Morgan: „Whittier", S. 34
73 Abrahamsen: Nixon vs. Nixon, S. 101
74 Jackson: Coming of Age, S. 10
75 Brodie: Richard Nixon, S. 123
76 Nixon: RN. The Memoirs of Richard Nixon, S. 20 f.
77 David: The Lonely Lady of San Clemente, S. 39
78 Ebd., S. 39
79 Ebd., S. 40
80 Nixon: RN. The Memoirs of Richard Nixon, S. 23
81 Ebd.
82 David: The Lonely Lady of San Clemente, S. 9
83 The New Republic, 22. Dezember 1958
84 David: The Lonely Lady of San Clemente, S. 73
85 Nixon: Speeches, S. 277
86 McCain Smith: „Ordeal!", S. 129
87 Brodie: Richard Nixon, S. 23
88 Ebd., S. 235
89 Ebd., S. 236
90 David: The Lonely Lady of San Clemente, S. 84
91 Alsop: Nixon and Rockefeller, S. 195
92 Abrahamsen: Nixon vs. Nixon, S. 469
93 Woodward/Bernstein: The Final Days, S. 187
94 Nixon: RN. The Memoirs of Richard Nixon, S. 21

Kap. 6 Gerald R. Ford

1 Reeves: A Ford, Not a Lincoln, S. 22
2 U.S. News and World Report, 19. August 1974
3 Washington Post, 14. August 1974

4 Newsweek, 19. August 1974
5 Ford: A Time To Heal, S. 207
6 Reeves: A Ford, Not a Lincoln, S. 41
7 Ebd., S. 120
8 Ford: A Time To Heal, S. 45
9 Ebd., S. 44
10 Reeves: A Ford, Not a Lincoln, S. 25
11 Ford: A Time To Heal, S. 84
12 Ebd., S. 289
13 Ebd., S. 47
14 Ebd., S. 53
15 Ebd., S. 56
16 ter Horst: Gerald Ford, S. 34
17 Vestal: Jerry Ford Up Close, S. 44
18 Ford: A Time To Heal, S. 47 f
19 Ebd., S. 51
20 Ebd.
21 Ebd., S. 12
22 Vestal: Jerry Ford Up Close, S. 11
23 Reeves: A Ford, Not a Lincoln, S. 22 f.
24 Vestal: Jerry Ford Up Close, S. 21
25 Reeves: A Ford, Not a Lincoln, S. 23
26 Ebd.
27 Ebd., S. 46
28 Ebd., S. 47
29 Nessen: It Sure Looks Different from the Inside, S. 5
30 Reeves: A Ford, Not a Lincoln, S. 45
31 Vestal: Jerry Ford Up Close, S. 4
32 Nessen: It Sure Looks Different from the Inside, S. 247
33 Ford: A Time To Heal, S. 85
34 Reeves: A Ford, Not a Lincoln, S. 47 f.
35 Ebd., S. 417
36 Ebd., S. 31
37 Vestal: Jerry Ford Up Close, S. 18
38 Ebd., S. 19
39 Reeves: A Ford, Not a Lincoln, S. 65 f.
40 Ebd., S. 66
41 Ebd.
42 Ebd., S. 75

43 Ebd.
44 Nessen: It Sure Looks Different, S. 31
45 Ford: A Time To Heal, S. 4
46 Ebd., S. 30
47 Ebd.
48 Reeves: A Ford, Not a Lincoln, S. 81
49 Ebd., S. 28
50 Ebd., S. 42
51 Ebd., S. 119
52 Ebd., S. 21
53 Ford: A Time To Heal, S. 205
54 Vestal: Jerry Ford Up Close, S. 65
55 Ford: A Time To Heal, S. 57
56 Ebd., S. 56
57 Ebd., S. 67
58 Ford: Betty. A Glad Awakening, S. 35
59 Ebd.
60 Ebd., S. 35 f.
61 Ebd., S. 7 f.
62 Ebd., S. 8 f.
63 Ebd., S. 9
64 Ebd.
65 Ebd.
66 Ebd., S. 22
67 Ebd., S. 17
68 Vestal: Jerry Ford Up Close, S. 13
69 Ebd.

Kap. 7 James E. Carter

1 Bourne: Jimmy Carter, S. 24
2 Ebd., S. 34
3 Morris: Jimmy Carter, S. 47
4 Ebd.
5 Ebd., S. 65
6 Ebd.
7 Ebd., S. 68
8 Carter: Why Not the Best?, S. 39
9 Ebd., S. 59
10 Bourne: Jimmy Carter, S. 70

11 Washington Post, 27. November 1976
12 Glad: Jimmy Carter, S. 60
13 Morris: Jimmy Carter, S. 46
14 Bourne: Jimmy Carter, S. 29
15 Carter: An Outdoor Journal, S. 21
16 Bourne: Jimmy Carter, S. 38
17 Morris, Jimmy Carter, S. 46
18 Norton: Rosalynn, S. 105
19 Carter: Why Not the Best?, S. 32
20 Stapleton: The Gift of Inner Healing, S. 16
21 Ladies' Home Journal, August 1977
22 Rifkin/Howard: Redneck Power, S. 124
23 Morris: Jimmy Carter, S. 99
24 Mazlish/Diamond: Jimmy Carter, S. 97
25 Bourne: Jimmy Carter, S. 49
26 Ebd., S. 66
27 Glad: Jimmy Carter, S. 60
28 Bourne: Jimmy Carter, S. 75
29 Carter: First Lady from Plains, S. 9
30 Bourne: Jimmy Carter, S. 58
31 Arieti: Interpretation of Schizophrenia, S. 539
32 Carter: First Lady from Plains, S. 28 ff.
33 Bourne: Jimmy Carter, S. 80 f.
34 Ebd., S. 81
35 Ebd., S. 82
36 Ebd., S. 83
37 Norton: Rosalynn, S. 113 f.
38 Carter: Why Not the Best?, Zitat im Klappentext
39 Bourne: Jimmy Carter, S. 337
40 Playboy, November 1976, S. 136
41 Bourne: Jimmy Carter, S. 315
42 Ebd., S. 428
43 The Washington Post, 19. Februar 1978
44 Ebd., 15. November 1992
45 Carter: Why Not the Best?, S. 42
46 Bourne: Jimmy Carter, S. 498
47 Ambrose: Eisenhower: Bd. I, S. 76
48 Bourne: Jimmy Carter, S. 114
49 Norton: Rosalynn, S. 46

Kap. 8 Ronald W. Reagan

1 Shapiro: Neurotic Styles, S. 118
2 The Wall Street Journal, 8. Oktober 1981
3 Schaller: Reckoning With Reagan, S. VIII
4 Reagan: An American Life, S. 36
5 Cannon: President Reagan, S. 130
6 Antrittsrede von Präsident Ronald Reagan, 20. Januar 1981. – Ohne Treptows Namen zu nennen, zitierte Reagan am 19. September 1986 Worte aus dessen Tagebuch in einer Unterrichtung des Weißen Hauses; bei dieser Gelegenheit sagte er, der Schreiber des Tagebuchs sei ein junger amerikanischer Soldat, der im Ersten Weltkrieg gefallen und auf einem Friedhof in Frankreich begraben sei.
7 Cannon: President Reagan, S. 100
8 Reagan: An American Life, S. 72
9 Ebd., S. 73
10 Cannon: President Reagan, S. 57
11 Ebd., S. 120
12 Ebd.
13 The Philadelphia Inquirer, 17. August 1986
14 Cannon: President Reagan, S. 258
15 Ebd., S. 378
16 Ebd., S. 125
17 Ebd., S. 128
18 Nancy Reagan: My Turn, S. 244
19 Ebd, S. 260
20 Cannon: President Reagan, S. 129
21 Barrett: Gambling with History, S. 25
22 Shapiro, Neurotic Styles, S. 111 ff.
23 Ebd., S. 115 f
24 Ebd., S. 120
25 Wills: Reagans‘s America, S. 162
26 Modern Screen, Januar 1943
27 Wills: Reagan‘s America, S. 168
28 Hubler: Where‘s the Rest of Me?, S. 159
29 Cannon: President Reagan, S. 135
30 Ebd., S. 172
31 Nancy Reagan: My Turn, S. 106
32 Cannon: President Reagan, S. 133
33 Michael Reagan: On the Outside Looking In, S. 96

34 Cannon: President Reagan, S. 229
35 Ebd., S. 230
36 Ebd., S. 63
37 Ebd., S. 151
38 Ebd., S. 228
39 Ebd., S. 173
40 Ebd., S. 134
41 Wills: Reagan's America, S. 22
42 Ebd.
43 Ebd., S. 16
44 Ebd.
45 Ebd., S. 16
46 Ebd., S. 23
47 Slosser: Reagan Inside Out, S. 14 f.
48 Reagan: An American Life, S. 33
49 Ebd.
50 Wills: Reagan's America, S. 27
51 Ebd.
52 Reagan: An American Life, S. 21
53 Ebd., S. 75
54 Ebd., S. 76
56 Ebd., S. 21
57 Hubler: Where's the Rest of Me?, S. 283
58 Silver Screen, August 1941
59 Cannon: President Reagan, S. 228
60 Wills: Reagan's America, S. 173
61 Ebd., S. 212
62 Reagan: An American Life, S. 92
63 Nancy Reagan: My Turn, S. 70
64 Kelly: Nancy Reagan, S. 18
65 Nancy Reagan: My Turn, S. 76
66 Kelly: Nancy Reagan, S. 26
67 Ebd., S. 38
68 Ebd., S. 39
69 Ebd., S. 37
70 Ebd., S. 54
71 Ebd., S. 63
72 Cawthorne: Sex Lives of the Presidents, S. 252
73 Nancy Reagan: My Turn, S. 84

74 Ebd., S. 86
75 Kelly: Nancy Reagan, S. 72
76 Ebd.
77 Ebd., S. 76
78 Ebd., S. 77
79 Ebd., S. 78
80 Michael Reagan: On the Outside Looking In, S. 35
81 Ebd., S. 84
82 Nancy Reagan: My Turn, S. 157
83 Michael Reagan: On the Outside Looking In, S. 89
84 Wills: Reagan's America, S. 187
85 Ebd., S. 188
86 Kelly: Nancy Reagan, S. 325
87 Ebd.
88 Nancy Reagan: My Turn, S. 13
89 Kelly: Nancy Reagan, S. 79
90 Reagan: An American Life, S. 636
91 Ebd., S. 637
92 Ebd., S. 710
93 Ebd., S. 785
94 Ebd.

Kap. 9 George H. W. Bush

1 Bush: Looking Forward, S. 36
2 Ebd.
3 Parmet: George Bush, S. 57
4 New York Times Magazine, 10. Februar 1980
5 Hyams: Flight of the Avenger, S. 210
6 Washington Post, 10. Juli 1988
7 Los Angeles Times, 22. November 1987
8 Barbara Bush, S. 31
9 Green: George Bush, S. 21
10 Germond/Witcover: Wake Us When It's Over, S. 326
11 Green: George Bush, S. 12
12 Rollins: Bare Knuckles, S. 222
13 Green: George Bush, S. 501
14 Noonan: What I Saw at the Revolution, S. 304
15 Green, George Bush, S. 19
16 Ebd., S. 24

17 Parmet: George Bush, S. 40
18 Radcliffe: Simply Barbara Bush, S. 6
19 Barbara Bush, S. 48 f.
20 Bush: Looking Forward, S. 84
21 Green: George Bush, S. 130
22 Ebd., S. 17
23 Parmet: George Bush, S. 30
24 Noonan: What I Saw at the Revolution, S. 303
25 Radcliffe: Simply Barbara Bush, S. 79
26 Barbara Bush, S. 16
27 Green: Bush, S. 41
28 Parmet: George Bush, S. 61
29 Barbara Bush, S. 57
30 Green: George Bush, S. 213
31 Parmet: George Bush, S. 172
32 Washington Post, 9. August 1988
33 Bush: Peking Diary, S. 157, 311
34 Barbara Bush, S. 108
35 Parmet: George Bush, S. 241
36 The Village Voice, 15. November 1998
37 George Bush: Tagebucheintrag 8. April 1991, Büro von George Bush, Houston

Kap. 10 William J. Clinton

1 Walker: The President We Deserve, S. 105
2 Arkansas Gazette, 3. August 1984
3 Ebd., 10. November 1984
4 Arkansas Democrat, 25. August 1977
5 Flowers: Passion and Betrayal, S. 62
6 Hagood: Presidential Sex, S. 202
7 New York Times, 14. August 1992
8 Ebd.
9 Oakley: On The Make, S. 19 ff.
10 Maraniss: First in His Class, S. 26
11 Hope Star (Zeitung der High School von Hope), 28. Mai 1941
12 Oakley: On The Make, S. 24
13 Maraniss: First in His Class, S. 30
14 Walker: The President We Deserve, S. 56
15 Ebd., S. 51

16 Kohut: The Restoration of the Self
17 Maraniss: The Clinton Enigma, S. 60 f.
18 Oakley: On The Make, S. 419
19 Ebd.
20 Germond/Witcover: Mad as Hell, S. 185
21 Tyrell: Boy Clinton, S. 34
22 Walker: The President We Deserve, S. 134
23 Oakley. On The Make, S. XIV
24 Maraniss: First in His Class, S. 330
25 Magazin New York, 20. Januar 1992
26 Walker: The President We Deserve, S. 104
27 Flowers: Passion and Betrayal, S. 11
28 Oakley: On The Make, S. 96
29 Maraniss: First in His Class, S. 250
30 Ebd., S. 248
31 Vanity Fair, Mai 1992
32 Maraniss: First in His Class, S. 258
33 Oakley: On The Make, S. 103
34 Warner: Hillary Clinton, S. 85 f.
35 Ebd., S. 103
36 Oakley: On The Make, S. 148
37 Maraniss: First in His Class, S. 247
38 Ebd.
39 Alsdorf, S. 264
40 Hagood: Presidential Sex, S. 215
41 Newsweek, 2. Februar 1998
42 MacLean's, 9. Februar 1998
43 Flowers: Sleeping With the President, S. 49
44 Oakley: On The Make, S. 495
45 New Yorker, 9. Februar 1998
46 Maraniss: First in His Class, S. 371 f.
47 Time, 21. September 1998
48 Advertising Age, 24. August 1998
49 Maraniss: The Clinton Enigma, S. 84
50 Ebd.
51 Wesley Hagood: *Presidential Sex*; Nigel Cawthorne: *Sex Lives of the Presidents*; Ronald Kessler: *Inside the White House: The Hidden Lives of the Modern Presidents and the Secrets of the World's Most Powerful Institution*; George Carpozi Jr.: *Clinton Confidential: The Climb to Power.*

52 Gennifer Flowers: *Passion and Betrayal*; Dolly Kyle Browning: *Purpose of the Heart*.
53 Time, 23. März 1998
54 Ebd., 9. Februar 1998
55 Maraniss: First in His Class, S. 355
56 Maraniss: The Clinton Enigma, S. 72
57 Ebd., S. 124
58 Ebd., S. 10
59 Maraniss: First in His Class, S. 383
60 The New Republic, 31. August 1998
61 The Starr Report, S. 58
62 Maraniss: First in His Class, S. 398
63 Ebd.
64 Time, 30. Juni 1997
65 Maraniss: First in His Class, S. 116
66 Ebd., S. 455
67 Ebd., S. 396
68 Ebd., S. 140
69 Ebd., S. 144
70 Oakley: On The Make, S. 68
71 Maraniss: The Clinton Enigma, S. 334
72 Ebd.
73 Ebd., S. 218
74 Flowers: Passion and Betrayal, S. 8
75 Ebd., S. 1
76 Ebd., S. 2
77 Ebd., S. 3
78 Ebd., S. 5
79 Ebd., S. 64
80 Ebd., S. 78
81 Ebd.
82 Ebd.
83 Ebd., S. 67
84 Ebd., S. 77
85 Maraniss: The Clinton Enigma, S. 11
86 Hagood: Presidential Sex, S. 213
87 Ebd., S. 221
88 Ebd., S. 226
89 Ebd.

90 Ebd., S. 255
91 Kessler: Inside the White House, S. 24
92 Clinton Confidential, S. 221
93 Hagood: Presidential Sex, S. 223
94 Ebd., S. 65
95 Ebd., S. 225
96 Ebd.
97 Ebd.
98 Newsweek, 23. Februar 1998
99 U.S. News & World Report, 2. März 1998
100 Time, 9. Februar 1998
101 Ebd.
102 Ebd.
103 Offit: The Sexual Self, S. 52
104 The New Republic, 13. April 1998
105 Ebd.
106 Newsweek, 23. Februar 1998
107 The Starr-Report, S. 50
108 Ebd., S. 51
109 Ebd., S. 57
110 Ebd.
111 Ebd., S. 67
112 Penthouse, Dezember 1992
113 Maraniss: First in His Class, S. 442
114 Ebd., S. 463
115 Ebd., S. 18
116 Hersh: The Dark Side of Camelot, S. 22
117 The Starr Report, S. 39
118 Levin: The Clinton Syndrome, S. 47
119 Berecz: Sexual Styles
120 Wishnie: The Impulsive Personality, S. 113

Literaturverzeichnis

Abrahamsen, David: *Nixon vs. Nixon* [Nixon contra Nixon]. New York: Farrar, Straus and Giroux 1976

Adler, Bill: *The Kennedy Wit* [Der Geist Kennedys]. New York: Bantam Books 1964

Alsop, Stewart: *Nixon and Rockefeller: A Double Portrait* [Nixon und Rockefeller: Ein Doppelporträt]. Garden City: Doubleday & Company 1960

Ambrose, Stephen E.: *Eisenhower.*
Volume I: Soldier, General of the Army, President-Elect, 1890-1952 [Bd. 1: Soldat, Armeegeneral, gewählter Präsident]. New York: Simon and Schuster 1983
Volume II: The President [Bd. 2: Der Präsident]. New York: Simon and Schuster 1984

Ambrose, Stephen E.: *Nixon: The Education of a Politician 1913-1962* [Die Erziehung eines Politikers]. New York: Simon and Schuster 1987

Barber, James David: *The Presidential Character: Predicting Performance in the White House* [Der präsidiale Charakter: Vorhersage der Leistung im Weißen Haus]. Englewood Cliffs: Prentice Hall 1972

Barrett, Laurence: *Gambling With History: Ronald Reagan in the White House* [Spielen mit der Geschichte: Ronald Reagan im Weißen Haus]. Garden City: Doubleday 1983

Berecz, John M.: *Sexual Styles: A Psychologist's Guide to Understanding Your Lover's Personality* [Sexualverhalten: Ratgeber eines Psychologen zum Verstehen der Persönlichkeit deines Liebhabers]. Atlanta: Humanics 1998

Berecz, John M.: *Understanding Tourette Syndrome* [Zum Verständnis des Tourette-Syndroms]. New York: Springer 1992

Bernstein, Irving: *Guns or Butter: The Presidency of Lyndon Johnson* [Kanonen oder Butter: Die Präsidentschaft Lyndon Johnsons]. New York: Oxford University Press 1996

Berne, Eric: *Games People Play* [Die Spiele der Erwachsenen]. New York: Grove Press 1964

Bourne, Peter G.: *Jimmy Carter: A Comprehensive Biography from Plains to Postpresidency* [Eine umfassende Biografie von Plains bis zur Zeit nach der Präsidentschaft]. New York: Scribner 1997

Brandon, Dorothy: *Mamie Doud Eisenhower.* New York: Charles Scribner's Sons 1954

Brodie, Fawn M.: *Richard Nixon: The Shaping of His Character* [Die Formung seines Charakters]. New York: W. W. Norton 1981

Browning, Dolly Kyle: *Purpose of the Heart* [Absicht des Herzens]. Dallas: Direct Outstanding Creations Corporation 1995

Bush, Barbara: *Barbara Bush: A Memoir* [Memoiren]. New York: Scribner 1994

Bush, George (in Zusammenarbeit mit Victor Gold): *Looking Forward* [Blick nach vorn/Sich freuen]. New York: Bantam Books 1998

Cannon, Lou: *President Reagan: The Role of a Lifetime* [Die Rolle des Lebens]. New York: Simon & Schuster 1991

Cannon, Lou: *Reagan.* New York: G. P. Putnam's Sons 1982

Caro, Robert A.: *The Years of Lyndon Johnson.* New York: Knopf
Bd. 1: *The Path to Power* [Der Weg zur Macht]. 1983
Bd. 2: *Means of Ascent* [Die Mittel des Aufstiegs]. 1990

Carpozi, George Jr.: *Clinton Confidential: The Climb to Power – the Unauthorized Biography of Bill and Hillary Clinton* [Clinton vertraulich: Der Aufstieg zur Macht – die nicht autorisierte Biografie von Bill und Hillary Clinton].Del Mar: Emery Dalton Books 1995

Carter, Jimmy: *Why Not the Best?* [Warum nicht der Beste?]. Nashville, TN: Broadman Press 1975

Carter, Jimmy: *An Outdoor Journal* [Ein Tagebuch im Freien]. New York: Bantam Books 1988

Carter, Rosalynn: *First Lady From Plains* [Die First Lady aus Plains]. New York: Ballantine 1984

Carter Stapleton, Ruth: *The Gift of Inner Healing* [Das Geschenk der inneren Heilung]. Waco: Word 1976

Cawthorne, Nigel: *Sex Lives of the Presidents: An Irreverent Expose of the Chief Executive from George Washington to the Present Day* [Das Sexualleben der Präsidenten: Eine respektlose Enthüllung über den obersten Beamten von George Washington bis zur Gegenwart]. New York: Martins Press 1998

Cleckly, Hervey: *The Mask of Sanity: An Attempt to Clarify Some Issues About the So-Called Psychopathic Personality* [Die Maske der geistigen Gesundheit: Ein Versuch zur Aufhellung einiger Probleme im Zusammenhang mit der so genannten psychopathischen Persönlichkeit]. St. Louis: Mosby 1955

Collier, Peter, und D. Horowitz: *The Kennedys*

Conkite, W.: *A Reporter's Life* [Das Leben eines Reporters]. New York: Ballantine 1996

Cutler, John Henry: *"Honey Fitz": Three Steps to the White House* [„Liebling Fitz": Drei Stufen zum Weißen Haus]. New York: Bobbs-Merrill 1962

Dallek, Robert: *Lone Star Rising: Lyndon Johnson and His Times 1908-1960* [Ein einsamer Stern geht auf: Lyndon Johnson und seine Jahre 1908-1960]. New York: Oxford University Press 1991

David, Lester: *The Lonely Lady of San Clemente: The Story of Pat Nixon* [Die einsame Dame von San Clemente: Die Geschichte der Pat Nixon]. New York: Thomas Y. Crowell Publishers 1978

Dugger, Ronnie: *The Politician: The Life and Time of Lyndon Johnson The Drive for Power, from the Frontier to Master of the Senate* [Der Politiker: Lyndon Johnson, sein Leben und seine Zeit. Der Drang zur Macht, von der Grenze zum Meister des Senats]. New York: W. W. Norton 1982

Eisenhower, Dwight D.: *At Ease: Stories I Tell to Friends* [Rührt euch! Geschichten, die ich Freunden erzähle]. New York: Doubleday 1967

Eisenhower, Dwight D.: *Letters to Mamie* [Briefe an Mamie], hg. von John S. D. Eisenhower. New York: Doubleday & Co. 1978

Eisenhower Nixon, Julie: *Pat Nixon: The Untold Story* [Die nicht erzählte Geschichte]. New York: Simon and Schuster 1986

Ferrell, Robert H. (Hg.): *Dear Bess: The Letters from Harry to Bess Truman, 1910-1959* [Liebe Bess: Die Briefe von Harry an Bess Truman, 1910-1959]. New York: Norton 1983

Ferrell, Robert H. (Hg.): *Off the Records: The Private Papers of Harry S. Truman* [Inoffiziell: Die privaten Papiere Harry S. Trumans]. New York: Penguin 1980

Ferrell, Robert H. (Hg.): *The Eisenhower Diaries* [Eisenhowers Tagebücher]. New York: W. W. Norton 1981

Flowers, Gennifer (in Zusammenarbeit mit Jacquelyn Dapper): *Gennifer Flowers: Passion and Betrayal* [Leidenschaft und Verrat]. Del Mar: Emery Dalton Books 1995

Ford, Betty (in Zusammenarbeit mit Betty Chase): *A Glad Awakening* [Frohes Erwachen]. Garden City: Doubleday & Company 1987

Ford, Gerald R.: *A Time To Heal* [Zeit des Heilens]. New York: Harper & Row 1979

Freidel, Frank: *Over There. The Story of America's First Great Overseas Crusade* [Da drüben. Die Geschichte von Amerikas erstem großen Kreuzzug nach Übersee]. Boston: Little, Brown & Company 1964

Germond, Jack, und Jules Witcover: *Mad as Hell: Revolt at the Ballot Box* [Völlig verrückt: Revolte an der Wahlurne]. New York: Warner Books 1992

Glad, Betty: *Jimmy Carter in Search of the Great White House* [Jimmy Carter auf der Suche nach dem großen weißen Haus]. New York: Norton 1980

Gormley, Beatrice: *First Ladies: Women Who Called the White House Home* [First Ladys: Frauen, die das Weiße Haus ihr Zuhause nannten]. Turtleback 1997

Green, Fitzhugh: *George Bush: An Intimate Portrait* [George Bush: ein intimes Porträt]. New York: Hippocrene Books 1989

Greene, John Robert: *The Presidency of Gerald R. Ford* [Die Präsidentschaft Gerald R. Fords]. Lawrence: University Press of Kansas 1995

Hagood, Wesley: *Presidential Sex* [Sex der Präsidenten]. Secaucus: Citadel 1995

Haldeman, H. Robert (in Zusammenarbeit mit Joseph DiMona): *The Ends of Power* [Die Enden der Macht]. New York: Quadrangle Books 1978

Hamden-Turner, Charles: *Maps of the Mind* [Landkarten des Geistes]. New York: Macmillan 1981

Hamilton, Nigel: *J.F.K. Reckless Youth* [Die rücksichtslose Jugend John F. Kennedys]. New York: Random House 1992

Hardeman, D. B., und Donald C. Bacon: *Rayburn: A Biography* [Rayburn: eine Biografie]. Austin 1987

Hatch, Alden: *Young "Ike"* [Der junge „Ike"]. New York: Washington Square Press 1969

Hersh, Burton: *The Education of Edward Kennedy: A Family Biography* [Die Erziehung Edward Kennedys: eine Familienbiografie]. New York: Morrow 1972

Hersh, Seymour: *The Dark Side of Camelot* [Die dunkle Seite Camelots]. Boston: Little, Brown & Company 1997

Horowitz, Mardi: *Hysterical Personality* [Die hysterische Persönlichkeit]. New York: Jason Aronson 1977

Hoyt, Edwin P.: *The Nixons: An American Family* [Die Nixons: eine amerikanische Familie]. New York: Random House 1972

Hyams, Joe: *Flight of the Avenger: George Bush at War* [Flug der Avenger. George Bush im Krieg]. New York: Berkeley Books 1992

Jackson, Peter: *Coming of Age in America: The Youth of Richard Nixon* [Mündig werden in Amerika: Die Jugend Richard Nixons]. Typoskript 1970

Johnson, Sam Houston: *My Brother Lyndon* [Mein Bruder Lyndon]. New York: Cowles 1969

Kelly, Kitty: *Nancy Reagan: The Unauthorized Biography* [Die nicht autorisierte Biografie]. New York: Pocked Books 1991

Kennedy, Rose Fitzgerald (in Zusammenarbeit mit Robert Coughlan): *Times to Remember* [Erinnernswerte Zeiten]. New York: Doubleday 1974

Kessler, Ronald: *Inside the White House: The Hidden Lives of Modern Presidents and the Secrets of the World's Most Powerful Institution* [Das Weiße Haus von innen: Die verborgenen Leben moderner Präsidenten und die Geheimnisse der mächtigsten Institution der Welt]. New York: Pocket Books 1995

Kessler, Ronald: *The Sins of the Father: Joseph P. Kennedy and the Dynasty He Founded* [Die Sünden des Vaters: Joseph P. Kennedy und die von ihm gegründete Dynastie]. New York: Warner 1996

Kohut, Heinz: *The Restoration of the Self* [Die Wiederherstellung des Ichs]. New York: International Universities Press, Inc. 1977

Kornitzer, Bela: *The Great American Heritage: The Story of the Five Eisenhower Brothers* [Das große amerikanische Erbe: Die Geschichte der fünf Eisenhower-Brüder]. New York: Farrar, Straus and Cudahy 1955

Kornitzer, Bela: *The Real Nixon: An Intimate Biography* [Der wahre Nixon. Eine intime Biografie]. Chicago: Rand McNally 1960

Leamer, Laurence: *The Kennedy Women: The Saga of an American Family* [Die Frauen der Kennedys: Die Saga einer amerikanischen Familie]. New York: Villard Books 1994

Lidner, Robert: *The Fifty-Minute Hour: A Collection of True Psychoanalytic Tales* [Die Fünfzig-Minuten-Stunde. Eine Sammlung wahrer psychoanalytischer Berichte]. New York: Jason Aronson 1982

Lincoln, Evelyn: *My Twelve Years With John F. Kennedy* [Meine zwölf Jahre mit John F. Kennedy]. New York: David McKay 1965
Maraniss, David: *First in His Class* [Erster in seiner Klasse]. New York: Simon & Schuster 1995
Martin, Ralph G.: *A Hero for Our Time: An Intimate Story of the Kennedy Years* [Ein Held für unsere Zeit: eine intime Geschichte der Kennedy-Jahre]. New York: Fawcett Books 1984
Mazlish, Bruce und Edwin Diamond: *Jimmy Carter: A Character Portrait* [Jimmy Carter. Ein Charakterporträt]. New York: Simon and Schuster 1979
Mazo, Earl: *Richard Nixon: A Political and Personal Portrait* [Richard Nixon. Porträt des Politikers und des Menschen]. New York: Harper 1995
McCullogh, David: *Truman.* New York: Simon and Schuster 1992
Meloy, J. Reid: *The Psychopathic Mind: Origin, Dynamics, and Treatment* [Der psychopathische Geisteszustand: Entstehung, Dynamik und Behandlung]. Northvale: Aronson 1988
Michaud, S., und H. Aynesworth: *The Only Living Witness* [Der einzige noch lebende Zeuge]. New York: New American Library 1983
Miller, Merle: *Lyndon: An Oral Biography* [Lyndon: eine mündlich mitgeteilte Biografie]. New York: G.P. Putnam's Sons 1980
Miller, Merle: *Plain Speaking: An Oral Biography of Harry S. Truman* [Offen gesprochen. Eine mündlich mitgeteilte Biografie Harry S. Trumans]. New York: Berkley Publishing Corporation 1974
Morgan Summersby, Kay: *Past Forgetting: My Love Affair with Dwight D. Eisenhower* [Unvergesslich: Meine Liebesaffäre mit Dwight D. Eisenhower]. New York: Simon and Schuster 1976
Morris, Kenneth E.: *Jimmy Carter: American Moralist* [Jimmy Carter, ein amerikanischer Moralist]. Athens: The University of Georgia Press 1996
Neal, Steve: *The Eisenhowers: Reluctant Dynasty* [Die Eisenhowers, eine widerstrebende Dynastie]. Garden City: Doubleday 1978
Nessen, Ron: *It Sure Looks Different from the Inside* [Von innen sieht es sicher anders aus]. New York: Simon and Schuster 1978
Nixon, Richard: *RN: The Memoirs of Richard Nixon* [RN. Die Memoiren des Richard Nixon]. New York: Grosset & Dunlap 1978
Nixon, Richard: *Speeches, Remarks, Press Conferences and Study Papers of Vice President Richard M. Nixon, August 1 through November 7, 1960. 87th Congress, 1st Session, Senate Report no.* 944, pt. 2 [Reden, Kommentare. Pressekonferenzen und Studienmaterial von Vizepräsident

Richard M. Nixon, 1. August bis 7. November 1960. 87. Kongress, 1. Sitzungsperiode, Senatsbericht Nr. 944, Teil 2]. Washington, DC 1961
Noonan, Peggy: *What I Saw at the Revolution* [Was ich bei der Revolution sah]. New York: Random House 1990
Oakley, Meredith L.: *On the Make: The Rise of Bill Clinton* [Auf der Jagd nach Gewinn: Der Aufstieg des Bill Clinton]. Washington: Regnery Publishing 1994
Offit, Avodah K.: *The Sexual Self: How Character Shapes Sexual Experience* [Das sexuelle Ich. Wie der Charakter sexuelle Erfahrung formt]. Northvale: Jason Aronson 1995
Parks, Lillian Rogers, und Frances Spatz Leighton: *My Thirty Years Backstairs at the White House* [Meine dreißig Jahre unauffällig im Weißen Haus]. New York: Fleet 1961
Parmet, Herbert: *George Bush*. New York: Scribner 1997
Parmet, Herbert: *Jack: The Struggle of John F. Kennedy* [Jack: Der Kampf John F. Kennedys]. New York: Dial Press 1980
Phillips, Cabell: *The Truman Presidency: The History of a Triumphant Succession* [Die Präsidentschaft Trumans. Die Geschichte einer triumphalen Nachfolge]. New York: Macmillan 1966
Radcliffe, Donnie: *Simply Barbara Bush: A Portrait of America's Candid First Lady* [Einfach Barbara Bush: ein Porträt von Amerikas offener First Lady]. New York: Warner Books 1990
Reagan, Michael (in Zusammenarbeit mit Joe Hyams): *On the Outside Looking In* [Von außen hineinsehen]. New York: Kensington Publishing Corp. 1988
Reagan, Nancy (in Zusammenarbeit mit William Novak): *My Turn: The Memoirs of Nancy Reagan* [Ich bin dran. Die Memoiren der Nancy Reagan]. New York: Random House 1989
Reagan, Ronald: *An American Life* [Ein amerikanisches Leben]. New York: Simon and Schuster 1990
Reagan, Ronald, und Richard G. Hubler: *Where's the Rest of Me?* [Wo ist der Rest von mir?] New York: Dutton 1995
Reeves, Richard: *A Ford, Not a Lincoln* [Ein Ford, kein Lincoln]. New York: Harcourt Brace Jovanovich 1975
Reeves, Thomas C.: *A Question of Character: A Life of John F. Kennedy* [Eine Frage des Charakters. Ein Leben des John F. Kennedy]. New York: The Free Press 1991

Reston, James (und Redakteure der New York Times): *The End of a Presidency* [Das Ende einer Präsidentschaft]. New York: Holt, Rinehart and Winston 1974

Rifkin, Jeremy, und Ted Howard (Hg.): *Redneck Power: The Wit and Wisdom of Billy Carter* [Kraft eines Redneck: Witz und Weisheit Billy Carters]. New York: Bantam 1977

Rollins, Ed (in Zusammenarbeit mit Tom Defrank): *Bare Knuckles and Back Rooms: My Life in American Politics* [Nackte Fäuste und Hinterzimmer: mein Leben in der amerikanischen Politik]. New York: Broadway Books 1997

Sabato, Larry J.: *Feeding Frenzy: How Attack Journalism Has Transformed American Politics* [Wahnsinn schüren: Wie aggressiver Journalismus die amerikanische Politik verwandelt hat]. New York: The Free Press 1991

Salinger, Pierre: *With Kennedy* [Mit Kennedy]. Garden City: Doubleday 1966

Schaller, Michael: *Reckoning with Reagan: America and Its Presidents in the 1980's* [Abrechnung mit Reagan. Amerika und seine Präsidenten in den 1980er Jahren]. New York: Oxford University Press 1992

Schlesinger, Arthur M.: *A Thousand Days: John F. Kennedy in the White House* [Tausend Tage: John F. Kennedy im Weißen Haus]. Boston 1965

Schulte, Renee: *The Young Nixon: an Oral Inquiry* [Der junge Nixon: eine mündliche Befragung]. Fullerton: California State University

Shapiro, David: *Neurotic Styles* [Neurotische Verhaltensformen]. New York: Basic Books 1965

Slosser, Bob: *Reagan Inside Out* [Reagan von innen nach außen]. New York: Word Books 1984

Spalding, Henry D.: *The Nixon Nobody Knows* [Nixon, wie ihn keiner kennt]. Middle Village: Jonathan David Publishers 1972

Smith Helen McCain: *"Ordeal!" Pat Nixons's Final Days in the White House* [„Tortur!" Pat Nixons letzte Tage im Weißen Haus]. New York 1980

The Starr-Report. Mit Analysen durch Redakteure der Washington Post. New York: Public Affairs 1998

Steinberg, Alfred: *The Man from Missouri: The Life and Times of Harry S. Truman* [Der Mann aus Missouri: Leben und Zeit des Harry S. Truman]. New York: Putnam's 1962

Sullivan, William C. (in Zusammenarbeit mit Bill Brown): *The Bureau: My Thirty Years in Hoover's FBI* [Das Bureau: Meine dreißig Jahre in Hoovers FBI]. New York: Norton 1979
ter Horst, Jerald F.: *Gerald Ford and the Future of the Presidency* [Gerald Ford und die Zukunft der Präsidentschaft]. New York: The Third Press 1974
Truman, Harry S.: *Memoirs. Vol. I: Year of Decisions* [Memoiren. Bd. 1: Das Jahr der Entscheidungen]. Garden City, NY: Doubleday 1955
Truman, Margaret: *Bess W. Truman*. New York: Macmillan 1986
Tyrell, R. Emmett: *Boy Clinton*. Washington: Regnery 1966
Vestal, Bud: *Jerry Ford Up Close* [Jerry Ford in Nahaufnahme]. New York: Coward, McCann & Geoghegan 1974
West, J. B. (in Zusammenarbeit mit Mary Lynn Klotz): *Upstairs at the White House: My Life with the First Ladies* [Oben im Weißen Haus. Mein Leben mit den First Ladys]. New York: Coward, McCann & Geoghegan 1973
Walker, L. E.: *The Battered Woman* [Die misshandelte Frau]. New York: Harper & Row 1979
Walker, Martin: *The President We Deserve. Bill Clinton: His Rise, Falls, and Comebacks* [Der Präsident, den wir verdient haben. Bill Clinton, sein Aufstieg, sein Fall und sein Comeback]. New York: Crown 1996
Warner, Judith: *Hillary Clinton: The Inside Story* [Die Geschichte der Hillary Clinton von innen beleuchtet]. New York 1993
Weisberger, Bernard A.: *They Gathered at the River* [Sie sammelten sich am Fluss]. New York: Quadrangle 1966
Whalen, Richard J.: *Founding Father: The Story of Joseph P. Kennedy* [Der Gründervater. Die Geschichte des Joseph P. Kennedy]. New York: The New American Library of World Literature 1964
Wheelis, A.: *How People Change* [Wie sich Menschen ändern]. New York: Harper & Row 1973
Wishnie, Howard: *The Impulsive Personality: Understanding People With Destructive Character Disorders* [Die impulsive Persönlichkeit. Zum Verständnis von Menschen mit destruktiven Charakterstörungen]. New York: Plenum 1977
Woodstone, Arthur: *Nixon's Head* [Nixons Kopf]. New York: St. Martin's Press 1972
Woodward, Bob, und Carl Bernstein: *The Final Days* [Die letzten Tage]. New York: Simon and Schuster 1976